·通用经济系列教材·

创业投资实验教程

张元萍　主编

刘泽东　曹　琤　副主编

中国人民大学出版社

·北京·

图书在版编目（CIP）数据

创业投资实验教程/张元萍主编．—北京：中国人民大学出版社，2013.5
（通用经济系列教材）
ISBN 978-7-300-17340-5

Ⅰ.①创…　Ⅱ.①张…　Ⅲ.①企业管理-教材　②投资-教材　③融资-教材　Ⅳ.①F270
②F830.59　③F830.45

中国版本图书馆 CIP 数据核字（2013）第 069442 号

通用经济系列教材
创业投资实验教程
张元萍　主编
刘泽东　曹　琤　副主编
Chuangye Touzi Shiyan Jiaocheng

出版发行	中国人民大学出版社		
社　　址	北京中关村大街 31 号	**邮政编码**	100080
电　　话	010－62511242（总编室）		010－62511398（质管部）
	010－82501766（邮购部）		010－62514148（门市部）
	010－62515195（发行公司）		010－62515275（盗版举报）
网　　址	http://www.crup.com.cn		
	http://www.ttrnet.com（人大教研网）		
经　　销	新华书店		
印　　刷	北京密兴印刷有限公司		
规　　格	185mm×260mm 16 开本	**版　　次**	2013 年 6 月第 1 版
印　　张	18	**印　　次**	2018 年 2 月第 2 次印刷
字　　数	407 000	**定　　价**	36.00 元

出版说明

随着经济全球化的不断深入，中国经济走上了高速发展的通道，获得了前所未有的发展。越来越多的人认识到，要想真正融入现代社会，无论是什么专业背景、从事何种工作，学习经济类课程对工作都非常有帮助。顺应这一形势，我国大部分高等院校也开始重视经济类课程的教学和经济类课程的普及。一方面，越来越多的经济类课程成为高校非经济专业选修的热门课程；另一方面，许多理工科学生把经济类专业当作第二学位来学习。但是，现有的经济类教材大部分在内容上都有一定的深度，对初涉经济学的学生来说有一定的难度，适合的教材较少。鉴于这种情况，我们组织编写了这套“通用经济系列教材”。本套教材在组织编写上，遵循了以下原则：

第一，所列课程均为经济类的基础课程，能够适应不同专业学生的普及学习。

第二，教材在编写上力求简明、通俗，篇幅适中，重视基础知识和基本原理的讲解。

第三，在内容上尽量减少纯理论的阐述、证明等，增加一些实际案例、专栏、开篇案例导读之类的东西，使教材的可读性更强，内容更易于理解。

我们秉承中国人民大学出版社“出教材学术精品，育人文社科英才”的宗旨，紧跟时代脉搏，不断推出精品，提升教材的质量，为中国高等教育和实践水平的提升作出贡献。我们希望广大读者的建议和鞭策能够促使我们不断对本套丛书进行改进和完善，以更好地服务读者。

中国人民大学出版社

前　言

随着我国经济的快速发展以及自由化程度的不断提高，更多的年轻人期望把创立一个属于自己企业的梦想变为现实，尤其是那些具有高科技知识的人才，希望自己的研究成果能够最终转变为产品，服务于社会。但是，在创业过程中，大多数创业者都是科学技术型人才，缺乏募集创业资金和企业运作的知识和经验。2012 教育部推出《普通本科生学校创业教育教学基本要求（试行)》，因此，编写出一本极具操作性的《创业投资实验教程》是十分必要的。

1. 本教材的编写主要是针对那些本身已经拥有了商业项目，需要向创业投资领域进行融资的创业者。因此，本教材在编写上将创业投资置于微观经济环境中考虑，侧重于实务操作层面，结合了大量的实验案例，对创业者进行创业和融资方面的指导。

2. 在创业融资案例的选取上，以国内的案例为主，同时增加了大量的国外小型初创企业借助风险资本（VC）获取成功的案例，使读者在目前外商投资基金进入中国的背景下，更好地了解国外完善的创业投资的运营方式，同时对我国该市场中的问题也有深刻的了解。

3. 本教材的核心部分是案例分析、实验设计，目的在于直接并全面地对创业者的创业活动进行有针对性的指导，用成功的案例对创业者进行启示。本教材在内容上尽量与创业投资行业的发展现状同步，作为一本指导性和实用性教材，保持了时效性。

4. 本教材突出的特色在于：第一，创新性。本教材从一个全新的角度来了解创业投资的全过程，把投资、融资等金融活动和后续的企业管理结合起来，使读者对创业投资过程有全面的了解。第二，前沿性。本教材在介绍相关理论时，注重介绍相关理论的最新发展，使读者可以了解新的解释和理论，同时在传统创业投资教材的基础上，增添创业投资的一些新的内容，如公司治理、利润分配、财务管理等。第三，实用性。在内容上注重管理学、金融学理论与实践的结合，在范围上尽可能涵盖创业投资活动的全过程，包括融资、投资以及资金的运作等。

本教材主编为张元萍，副主编为刘泽东、曹琤。各部分编写人员为：第一篇张元萍、曹琤、王军，第二篇刘泽东、刘建光，第三篇张元萍、聂毓晨，第四篇刘泽东、赵子臣。本教材得到天津财经大学重点教材建设的资助。

目　录

第一篇　创业基础

第 1 章　创业的理论基础 …… 3
案例导读：美国研究与开发公司 …… 3
第一节　创业与环境 …… 4
第二节　创业过程 …… 10
第三节　创业型企业家和创业者团队 …… 13
知识拓展：创业投资基本流程 …… 16
实验设计：个人创业能力自查 …… 18
第 2 章　创业商机的识别 …… 21
案例导读：一句话里听出 8 亿元的商机 …… 21
第一节　有创造力的商业构想 …… 22
第二节　商业机会的考察和识别 …… 26
第三节　如何筛选、评估商机 …… 28
第四节　创业资金的筹集 …… 31
知识拓展：神话与现实 …… 33
实验设计：商机筛选 …… 36
第 3 章　创业风险管理 …… 38
案例导读：三株的兴衰 …… 38

第一节　创业风险管理概述 …… 41
第二节　创业风险识别与评估 …… 47
第三节　创业风险的防范与控制 …… 50
知识拓展：风险评估的蒙特卡罗方法 …… 53
实验设计：风险管理常用方法——风险坐标图 …… 53

第二篇　融资篇

第 4 章　创业融资导论 …… 59
案例导读："信息王"王维嘉成功融资创业 …… 59
第一节　创业融资概述 …… 60
第二节　创业融资渠道 …… 63
第三节　创业融资障碍 …… 68
知识拓展：美国、英国科技企业创业融资的经验 …… 74
案例分析：小微企业融资难的原因与对策 …… 77
第 5 章　商业计划书的编制 …… 80
案例导读：周鸿祎：给我的商业计划书 10 页就够
——风险投资商对商业计划书的理解 …… 80
第一节　商业计划书的概念与作用 …… 83
第二节　商业计划书的写作方法 …… 85
知识拓展：后生凶猛——80 后财富新贵 …… 99
案例分析：商业计划书的财务分析 …… 101
实验设计：撰写一份商业计划书 …… 102
第 6 章　获取投资 …… 106
案例导读：蒙牛借助风险投资资本快速成长 …… 106
第一节　寻找适合自己的融资对象 …… 108
第二节　获取风险投资的过程 …… 112
第三节　与风险投资商的谈判 …… 121
知识拓展：风险投资协议的主要内容 …… 126
实验设计：企业价值评估方法 …… 127

第三篇　投资篇

第 7 章　创业投资的理论基础 …… 133
案例导读：风险投资追逐"小肥羊" …… 133
第一节　创业投资的概念 …… 134
第二节　创业投资的过程 …… 137
第三节　创业投资基金的组织模式及比较 …… 140

知识拓展：《合伙企业法》的修订与创业投资 …………………………… 145
案例分析：温州东海创业投资合伙企业 …………………………………… 146
实验设计：对创业投资企业进行调研 ……………………………………… 149
第 8 章 创业投资的资本募集与投资战略 ……………………………… 150
案例导读：联合投资与分段投资策略的成功运用
——阿里巴巴的融资历程 ………………………………………………… 150
第一节 创业投资的资本募集 ……………………………………………… 151
第二节 创业投资的战略 …………………………………………………… 155
第三节 创业投资对象的选择 ……………………………………………… 158
知识拓展：项目价值评估的方法 …………………………………………… 164
实验设计：对创业投资企业进行尽职调查 ………………………………… 165
第 9 章 商业计划书的审查 ………………………………………………… 168
案例导读：创业投资公司如何审查商业计划书 …………………………… 168
第一节 商业计划书的基本要点分析 ……………………………………… 170
第二节 商业计划书其他问题的分析 ……………………………………… 172
知识拓展：商业计划书中隐藏的问题 ……………………………………… 176
案例分析：商业计划书原件 ………………………………………………… 177
实验设计：审查商业计划书 ………………………………………………… 179
第 10 章 投资、控制与退出 ………………………………………………… 180
案例导读：蓝山中国资本投资 ITAT 服装连锁 …………………………… 180
第一节 与创业者进行的投资谈判 ………………………………………… 181
第二节 投资交易控制中的问题与相应对策 ……………………………… 189
第三节 投资的退出 ………………………………………………………… 192
知识拓展：世界主要创业板市场简介 ……………………………………… 201
案例分析：反稀释条款的玄机 ……………………………………………… 202
实验设计：模拟风险企业上市过程 ………………………………………… 204

第四篇 运营篇

第 11 章 风险企业的组建 ………………………………………………… 209
案例导读：特里德恩特资本公司与阿科森技术公司合作组建风险企业 …… 209
第一节 风险企业的基本特点 ……………………………………………… 214
第二节 委托代理关系的确立 ……………………………………………… 216
第三节 风险企业组织结构的构建 ………………………………………… 222
知识拓展：有限责任公司的设立 …………………………………………… 230
实验设计：风险企业管理者能力测试 ……………………………………… 232
第 12 章 风险企业的资本运作 ……………………………………………… 233
案例导读：如家酒店的资本运作 …………………………………………… 233

第一节　风险企业营运资金的内涵与内容 …… 235
第二节　风险企业资金管理制度的建立 …… 241
第三节　对风险企业运作的监管 …… 246
知识拓展：企业资本运作中的合理避税 …… 247
实验设计：风险企业的资本运营机制分析 …… 248
第 13 章　风险企业的治理 …… 251
案例导读：国美之争与公司治理 …… 251
第一节　风险企业的激励与约束机制 …… 255
第二节　风险企业的监控体系 …… 259
知识拓展：美国 3COM 公司虚假陈述民事赔偿案件 …… 263
实验设计：评价风险企业的治理情况 …… 264
第 14 章　风险资金的终结 …… 266
案例导读：风险投资在李宁有限公司上市后退出 …… 266
第一节　投资收益的实现与分配 …… 268
第二节　创业资金的主要退出方式 …… 269
第三节　创业资金退出时机选择的一般性原则 …… 271
第四节　创业资金的退出壁垒 …… 271
第五节　创业资金应对退出壁垒的方法 …… 272
知识拓展：风险资本退出的主要法律问题 …… 273
案例分析：Aveling Barford 诉 Perison 公司案 …… 274
实验设计：风险资本退出时机的选择 …… 275
参考文献和网站 …… 277

第一篇

创业基础

第1章 创业的理论基础

案例导读　美国研究与开发公司

故事的发生要追溯到1946年6月6日，美国第一家风险投资公司美国研究与开发公司（ARD）在马萨诸塞州成立。之所以选择马萨诸塞州是因为坐落在马萨诸塞州的麻省理工学院在第二次世界大战期间开发出来的大量新技术有着广阔的商业前景。ARD成立以后投资了几笔业务，都是比较成功的，但它真正获得巨大利润是在1957年。

当时有4个麻省理工学院的毕业生，也就是后来数据设备公司（DEC）的创始人，有许多改进计算机的想法。但是绝大部分人对计算机的认识还很肤浅，这项技术也停留在实验室阶段。他们中最杰出的一个叫奥尔森，他大胆地写了一封信给ARD的创始人多里奥特，建议他创办一家计算机公司。这是他们的第一次交往，也从此开启了两位最富智慧的人的成功合作。奥尔森的提议引起了ARD董事会的极大兴趣，他们派人观看了奥尔森和他同事的研究成果，随后，奥尔森提交了一份为期四年的经营计划书。虽然多里奥特很看好DEC，但是当时计算机市场很难判断前景，ARD只同意投资7万美元，贷款3万美元，并换取公司77%的股份，这一方案在今天看来是很苛刻的，甚至是无法接受的，但是当时科研项目的地位比较低，没有太多讨价还价的余地，所以奥尔森还是愉快地接受了。

公司的发展可以说是一帆风顺的。到1960年底，DEC的第一台计算机——程控数据处理机（PDP1）上市了，这种计算机大约有冰箱那么大，可以和显示器联合在一起，从而实现人机对话，完全改变了当时价值百万元的巨型计算机纸带打印的运算方式。当时的售价虽然是12万美元，仍然十分畅销。PDP1计算机的诞生标志着计算机行业步入了一个崭新的时代，也为DEC带来了滚滚财源。1965年推出的PDP8，共售出了5万多台，使公司的利润呈几何级数增长。

DEC公司于1966年8月16日公开上市，由于DEC公司业绩辉煌，其股价飞速上涨，DEC公司的价值直冲云霄。这一天ARD公司的7万美元一下子变为3 850万美元，升值500多倍。

创业是一个充满诱惑的字眼，创业意味着成功、财富、地位和名望；创业也是一个恐怖的字眼，因为它也意味着失败、艰辛、落魄和名誉扫地。就是这样让人充满期待又犹豫不决的两个字，吸引越来越多的人义无反顾地走上创业之路，收获披荆斩棘后令人羡慕的果实。

创业离不开融资，融资无疑是创业成败的关键，它几乎贯穿于创业的整个过程，从史玉柱的案例中我们可以看到，即使企业初创成功，若融资出现问题，辛苦培育的企业大厦依然会轰然倒塌。那么创业企业应该如何融资、作为融资对象的客体又有什么样的规程，了解这些对于创业者来说其重要程度是不言而喻的，本书将围绕这些问题逐步展开讨论，就让我们从了解创业开始吧。

学习目标

1. 理解什么是创业，了解创业的时代背景和社会环境
2. 了解创业的构成要素，理解创立企业的过程
3. 理解创业者应具备的素质和创业团队的作用

第一节　创业与环境

只有那些能够创造出一些新的、与众不同的产品或服务，并能创造价值的活动才是创业。世界目前的经济已由“管理型经济”转变为“创业型经济”，企业唯有重视创新与企业家精神，才能再创企业生机。——彼得·德鲁克

一、创业概述

创业，是现代人的梦想；成功，是创业者追求的目标。经济快速发展的中国给创业者提供了前所未有的商业机会和有利条件。经济的持续高速发展，科技创新步伐的日益加快，以及加入世贸组织和西部大开发等历史性机遇，给创业者带来源源不断的商机。国家扶持中小企业的政策陆续出台、各种服务机构（会计师事务所、律师事务所、金融公司、猎头公司）不断开设和完善中小企业服务项目、创业板市场即将建立都为创业者成就事业提供了政策、融资与运营等环境和服务支持。创业者不必拥有一项专门技术，不必掌握多种知识，也不必自己拥有大量资金，只要有一个好的创意并具备一定的素质和能力，就可

以借助风险投资大胆创业，实现心中的理想。

近几十年来，创业在推动科技发展、促进经济增长等方面的作用日益显著，创业问题也成为国内外研究人员的关注对象。究竟什么是创业？在英文中常用“entreprenurship”表示创业。“entreprenurship”一词源于一个法语词根，表示从事（to undertake）的意思。今天，人们用不同的词表示创业，如 start-up、adventurism、risk taking、thrill seeking、innovating 等。

创业是一个跨越多个学科领域的复杂现象，不同的学科都从其特有的研究视角、运用本领域的概念和相关术语对创业现象进行观察和研究，目前还没有一个得到普遍认同的关于创业的概念。不同时期、不同角度对于创业行为的诠释存在一些差异，概念本身还处在不断变化中，这就决定了创业学的研究对象和内容也处在不断发展中。因此，创业学迄今为止尚未形成一个明确的体系，它还是一个交叉学科的范畴。从不同的方向关注创业行为就可能得出不同的概念。

Higgins 认为，创业是寻找投资和生产机会、组织企业从事一个新的生产过程、融资、雇工、安排原材料的供应、寻找生产场地、引进新的技术、发现新的原材料来源、选择主要日常管理人员等的有机组合。①

在这个定义中，创业被描述成冒风险、发现新事物、组织和协调资源。

John Kao、Howard Steveson 认为创业是通过发现商业机会，对商机进行适当的风险管理，运用沟通和管理技能组织开办企业所需的人员、资金和物质资源，创造价值的企图。②

这个概念涉及资本、技术和人才的融合。创业是一个动态和充满风险的过程，创业既是一门艺术，也是一门科学。

根据 Diamond 的观点：创业包含愿意为从事一种经济活动，特别是一种新的经济活动承担风险之意。它可能有创新性，也可能没有创新性。它总是涉及冒险和决策，尽管这些冒险和决策可能不太重要。在这个定义中，创业是指创新、开办一家新企业，接受挑战，承担风险。③

Jaffery A. Timmons 将创业定义为从无到有，创建新企业的行为。从根本上讲，一个人有创造性的行为，是指其有创办一家企业并维持其运转的能力，而不仅仅是观察、分析企业。他需要适当的承担风险、尽可能减少失败的能力。这是一种形成一个强有力团队的能力，对机会具有敏感性；是一种能够发现、扩展和控制资源，保证企业在需要的时候有足够资金的能力。④

上述观点都从不同的侧面对创业进行了描述，由于出发点不同，得出的概念也有所差异。全球创业观察项目（GEM）将测度创业活动对经济发展的贡献作为重要的研究目的之一。该项目将创业活动分为机会型创业和生存型创业两种类型。⑤ 一般来说，机会型创

① 参见刘健钧：《对创业投资概念的总结》，载《科技创业》，2005（1）。
② 同上。
③ 同上。
④ 同上。
⑤ 参见张玉利：《创业管理》，北京，清华大学出版社，2006。

业是以追求高度成长为目标的创业行为，这类企业通常有较强的发展潜力，它们雄心勃勃，有长远的发展规划，愿意承担与计划相适应的风险，使用与之相对应的、正确的组织管理形式，如果发展顺利，通常能发展到相当规模。与之相反，生存型创业行为更关注通过创业活动来解决其面临的困难，不以高度成长为必要目标，组织形式也更为灵活，更愿意满足一个适当盈利的规模，通常不愿意承担更高的风险。

本书所指的创业行为通常指第一类，因为这些创业者一旦创业成功，通常成为创业型企业家，他们对社会有更高的贡献，他们的创业过程和涉及的因素也更复杂。这样做并非认为第二类创业不重要，恰恰相反，大多数创业，尤其是草根创业的结果往往是第二种类型。但一般的观点是，前一类创业过程的复杂程度足以涵盖第二类，如果对于机会型创业企业进行了足够的探讨，生存型创业企业的相关问题则相对更容易把握。此外，也存在这两者间相互转化的情况，但本书不再将生存型创业作为一个单独的类型加以讨论。

二、创业的基本构成要素

从创业行为的概述我们可以归纳出创业行为必备的要素——创业者、创业项目、创业资金。

（一）创业者

创业者是创业行为的主体，在过去，我们可能会形成一种思维定式：创业似乎过于伟大，以致普通老百姓只能敬仰，不能接近。而“草根创业时代”的来临，意味着对创业的这种误解正在消除，每个人都能够尝试，每个人都可能成功。从这个意义上讲，本书认为创业者是时代和环境的产物，而不是先天的、神秘的，大多数人都可能成为成功的创业者。

必须指出，创业者通常表现为一个团队，而不是一个孤独的行者，为人所熟知的那些传奇创业人物只是某个团队的杰出代表，而团队的其他成员尽管很少被提及，但这并不表明他们不重要。关于创业者的素质和创业团队将在后面展开更为详细的论述。

（二）创业项目

创业项目是创业的对象，没有项目，创业就无从谈起。常见的一些误解就是认为项目必然来自权威或高科技的地方，其实项目常常来自身边。“把小生意做成大买卖”的普通人创业故事正在不断变换着各种形式呈现出来：安徽农民在上海开起了馒头连锁店叫板洋快餐；东北农民研制“玉米特强粉”，企业资产已达 5 000 万元；还有卖扁豆卖成“大王”的；做印花布拿到奥运会订单的；卖臭豆腐干卖到酒吧里，引领饮食时尚的。创业项目作为一种经济上的可能性，它包括理论的可能性和现实的可能性两方面。

经济的理论可能性说明了创业项目在经济上的合理性，它说明一个企业在一个典型的市场环境中具有成功的可能。一个连基本经济理论逻辑都违背的创业项目我们很难说它是一个好的创业项目，在创业之初，在理论模型下进行推演是完全必要的。

在创业项目上容易犯的错误往往不是忽视项目的理论可能性，而是过分强调项目的理论可能性。经济学理论都是在某些假设下建立起来的，这些假设往往忽略了现实中的某些因素，而应用理论进行实践分析时必须善于将这些忽略的因素还原，并正确评估它们对理论模型的影响。创业者在考虑自己的项目时由于个人的情感因素，往往不愿正视计划中的小缺陷，或者无法正确评估这些缺陷对现实运行的影响，从而无法控制相应的风险，使项目的现实可行性大大降低。

一个创业者必须在创业项目的两个可能方案之间作充分的考量。对于本教材的阅读对象（一些初创业者，特别是年轻人）来说，对创业项目的现实可能性应该作更详尽的考量，以减小由于经验不足带来的不必要的风险。

（三）创业资金

创业项目是创业的前提，而创业资金却是创业顺利实施的必备条件。在货币化时代，资金也就代表了资源。本教材所指的创业资金不必是货币形态的，但货币形态的资金却是必需的。它是维持企业现金流的必要前提。

寻找风险投资也是当代创业的一项重要内容，这个过程不仅仅是一个寻找资金的过程，也是对你的投资项目再考虑的过程，风险投资者往往会对你的项目和你的团队进行慎重的考察，从这个意义上说，如果能赢得风险投资，也能证明你前期工作的价值。当然，由于风险资金的偏好不同，一个项目往往被一家投资者否定，而被另一家风险机构看中，因此，寻找风险投资常常成为一个艰苦的过程。

三、创业的时代背景和社会环境

创业无疑是在一定的时代背景下展开的，不同的时代背景有不同的规定性，当前，很多创业学教材都建立在当代西方经济学背景下，都是对西方特别是美国创业行为的观察、概括和总结。尽管这些教材能给我们提供很多借鉴，但由于我国在经济发展阶段、法律政策、税收环境、资本市场成熟度以及文化等方面和西方发达国家存在很大的差异，因此，我们研究创业，不仅要抽象出关于创业行为的一些共性，同时也要高度关注创业行为的一些个性，以使这门学科真正成为兼具普遍性和针对性的实用课程。

（一）中国的三代创业浪潮

改革开放后的制度变革有三次浪潮，这三次浪潮伴随了三代中国企业家的创业和成长，也是三次经济高速增长的主要动力。①

第一次浪潮出现在20世纪80年代，主要是农村的“能人”转变为企业家。改革开放之前，农村人没有机会进入城市。改革开放之后，农村出现自由市场，一些“能人”，包括乡镇干部开始办企业。当时城市里也有一些人经商，主要都是不能去政府和国企的人，成了个体户。这是推动20世纪80年代经济发展的一个浪潮。

现在来看，个人创业很正常，但当时不同，从事商业活动要冒很大的风险，要背很大的罪名。典型的是安徽芜湖出了个“傻子瓜子”，这家企业的创办人靠炒瓜子赚钱，公安机关要逮捕他。这个案子两次闹到中央，可以想象当时环境的恶劣。由于私营企业环境恶劣，很多私营企业选择戴了“红帽子”。这导致多年以后，产权改革面临的一大难题就是

---

① 参见 http://cache.baidu.com/c? word。

这些“红帽子”企业怎么办。

第二次企业家创业浪潮出现在20世纪90年代，1992年邓小平南方谈话改变了中国的政策环境，使很多人看到了商业活动的前途，一批党政干部和知识分子下海经商。这批以官员、知识分子下海为主形成的企业家队伍，是20世纪90年代经济增长的主要推动力量。

20世纪90年代的企业家和80年代的不一样。后者是乡镇企业家，主要做贸易或者制造产品；前者的受教育程度比较高，视野比较开阔。例如，20世纪90年代中国出现了房地产泡沫，而20世纪80年代的企业家是搞不起泡沫的。搞泡沫要具备相当开阔的视野、相当高的智商才行。这样的人成为企业家，把中国经济搞活了。可以说，中国经济在20世纪80年代是量变，20世纪90年代是质变。

第三次企业家创业浪潮是在2000年前后，随着互联网的发展，出现了一批以海归人员为主的专家型企业家。这批企业家可以说是21世纪开始以“新经济”、“网络经济”为重要特征的经济增长的推动力量。

（二）草根创业和社会创业精神的风起云涌

如果说2000年前的创业浪潮还是少数所谓精英人士的创业的话，那么，第三次浪潮正在迅速扩大和演化。这是以新技术层出不穷和日益发展的资本市场为背景的——草根创业和风险投资时代。[①] 也许我们预言第四次创业浪潮的时机尚早，但现在这个趋势正在日渐明朗。不管你以何种心态面对本书所展示的观点，草根创业都以不可遏止的势头正在改变着我们的生活与财富分配方式。

草根是一个外来词，起源于19世纪美国淘金时期的词语grassroots，当时指的是茂盛的草根下面蕴藏着黄金，最近已经成为互联网上最热门的词语之一。草根文化，源于民间，充满乡野气息，反映的是基层群众的心声，不崇拜权威，没有主流的疏导。草根文化的盛行完全根植于当代经济、技术的高度发展，尤其受益于知识经济和高新技术的发展，而资本市场的发展又为这些创业提供了强大的支撑。

（三）创业的社会环境

在这样一个时代背景下，创业正在变得普遍而简单。那么创业的社会环境主要包括哪些呢？创业的社会环境通常包括创业的法律政策环境和税收环境、资本市场发育程度等。

1. 创业的法律政策环境和税收环境

在开始创业前，需要了解创业的基本法律环境。我国尚处于社会主义市场经济的初级阶段，在许多领域仍有很多计划经济的痕迹，政府对经济的管制还比较多，许多经营项目需要审批，行政检查比较多，税外费用也时有发生。随着政府经济管理水平和企业自律能力的提高，上述问题将逐步得到解决。

我国是成文法国家，执法和司法均以法律、法规、规章以及规范性文件为依据，判例不是法律，没有普遍约束力，但具有越来越大的参考意义，特别是最高人民法院公布的案例。

---

① 参见禹路、胡国安：《财富第六波》，广东，广东经济出版社，2007。

设立企业必须到工商行政管理部门办理登记手续，领取营业执照，如果从事特定行业的经营活动，还需事先取得相关主管部门的批准文件。我国企业立法已经不再延续按企业所有制立法的旧模式，而是按企业组织形式分别立法，根据《民法通则》、《公司法》、《合伙企业法》、《个人独资企业法》等法律的规定，企业的组织形式可以是股份有限公司、有限责任公司、合伙企业、个人独资企业，其中以有限责任公司最为常见。设立企业还需要了解《企业登记管理条例》、《公司登记管理条例》等工商管理法规、规章。

我国实行法定注册资本制，如果不是以货币资金出资，而是以实物、知识产权等无形资产或股权、债权等出资，还需要了解有关出资、资产评估等法规规定。

企业设立后，需要办理税务登记，需要会计人员处理财务，这其中涉及税法和财务制度，创业者需要了解企业需要缴纳哪些税，如营业税、增值税、所得税等等，还需要了解哪些支出可以计入成本，开办费、固定资产怎么摊销等等。如果聘用员工，这其中涉及劳动法和社会保险问题，需要了解劳动合同、试用期、服务期、商业秘密、竞业禁止、工伤保险、养老保险、住房公积金、医疗保险、失业保险等诸多规定。另一个重要的方面是需要处理知识产权问题，既不能侵犯别人的知识产权，又要建立自己的知识产权保护体系，创业者需要了解著作权、商标、域名、商号、专利、技术秘密等各自的保护方法。在业务中还要了解《合同法》、《担保法》、《票据法》等基本民商法律以及行业管理的法律、法规。

对于创业者来说，了解国家的产业政策也是十分重要的。由于我国现行的体制，国家对产业的发展有很强的干涉能力，如果选择创业，需要对此有比较深的理解。要明确自己所创企业在国家产业政策中的位置，为国家产业政策所鼓励还是限制，如果是鼓励，则需要进一步了解国家对此种行业有什么优惠，如果是限制，则需进一步了解受限的程度。设立特定企业，还有必要了解有关开发区、高科技园区、其他园区（基地）等方面的法规、规章、有关地方规定，这样有助于创业地点的选择，以享受税收等优惠政策。

以上只是简单列举创业中常遇到的法律政策问题，在企业实际运作中还会遇到大量诸如此类的问题。通常来说，一个创业者只需要对这些问题有一些基本的了解，专业问题需由律师或其他专业人士处理。

2. 资本市场发育程度

由于资金在创业中具有举足轻重的地位，因此资本市场的发育程度对创业有着深刻的影响。创业资本市场是资本市场的一个组成部分，创业资本的形成、投资、增值、变现都是在一定的资本市场环境中进行的，没有相配套的多层次的资本市场环境，创业资本就不可能加速发展。相对而言，新兴资本市场对创业资本的影响最大。这就是创业投资机构和创业投资家们对创业板等新兴资本市场倾注这么大热情的关键所在。资本市场通过影响资本的进入、流转、退出对创业起作用。

（1）创业的阶段性需要资本市场具有多层次性。创业是一个将创业方案付诸实施，并经历创立、成长、成熟、重组、再扩张的过程。创业企业成长的周期性决定了资本市场对应的多层次性。资本市场面对企业在创业、成长到成熟周期中任一阶段都有巨大融资需求的状况，要求资本市场完善结构、丰富产品，形成与创业各阶段相对应的多层次。资本变现和接力在每个创业阶段都会同时发生，在每一阶段，资本市场应为资本变现和接力提供资本市场的参照系，为不同收益偏好和风险偏好的投资人相应提供分层次的资本市场板块和产品，为不同阶段的创业投资机构提供不同的市场坐标。主板、创业板、三板、场外市场对应创业、创业投资的阶段性形成功能上的多层次性与递进性，资本市场越发达，分层越细，响应越敏感，创业资本市场就会越专业化；同时资本市场多层次市场越健全，就越会分层次响应创业资本阶段性资本退出与变现的需求，就会形成更大范围的分工，促使创业投资调整策略，最终形成创业资本市场的多层次市场，从结构上与资本市场多层次相呼应。

（2）资本市场需要为创业资本的筹集与变现提供条件。创业资本的大循环是创业资本的形成与放大；中循环是创业基金的募集与清算；小循环是创业投资的进入与退出。三者均需要资本市场提供进入与变现机制。多层次资本市场要为创业资本的筹集提供市场条件，要起到促进创业资本形成、募集的作用，为创业资本增值和变现并进入下一个良性循环提供资本市场制度与结构安排。创业资本基金的供给者希望创业资本是有高额回报的，并且在不长的时间内能够按合同对创业基金清算，得到精确的回报率。创业资本的周期性决定创业资本基金在货币资本上追求高速成长；创业资本基金特殊的制度安排使得要实现人力资本上的高额回报必然要追求创业资本的高回报率。

（3）当前我国资本市场状况。目前，我国的资本市场的现状是，主板市场由上海交易所和深圳交易所组成，主要面向成熟的企业。

因此，推动多层次资本市场建设是当前我国资本市场的重要任务。为此，证监会提出了以下几方面措施：一是积极培育蓝筹股市场，继续推动大型优质企业上市，鼓励现有主板公司利用各种方式做优做强；二是大力发展中小企业板，支持更多中小企业进入资本市场发展壮大；三是适时推出创业板市场；四是积极推动债权市场发展，大力发展公司债券、资产证券化证券等固定收益类产品，稳步扩大基础证券。

随着我国资本市场的不断完善，创业者将迎来新的春天。

第二节　创业过程

对创业过程的研究，可以为创业者提供阶段性模型，并启发创业者根据创业的特定阶段采取相应的管理措施，以最大限度地提高创业的成功率。

创业过程具体涵盖了哪些内容？这是准备创业者关心的首要问题。广义的创业过程通常包括一项有市场价值的商业机会从最初的构思到形成新创企业，以及新创企业的成长管理过程。狭义的创业过程往往只是指新企业的创建。

很多人对创业过程存在一些误解，认为创业是一个清晰的按部就班的过程，存在一般性步骤，简单而容易。

事实并非如此，创业过程最使人困惑的一面就是它自身存在的矛盾。由于这个过程具有高度流动、模糊和混沌的特征，所以它不断地变化，常常出现一些似是而非的情况。看似没有潜力或潜力很低的机会可能会是一个很好的商机。苹果计算机公司的案例是这种似是而非情况中最著名的例子之一。苹果公司的创始人斯蒂夫·乔布斯（Steve Jobs）和斯蒂夫·沃兹尼亚克（Steve Wozniak）曾向他们的雇主惠普公司提出开发台式个人计算机的建议，但被告知，这对惠普而言不是一个商机。所以，他们决定创建自己的公司。在很多情况下，被一些风险投资家否决的项目，到了另外一些投资者那儿，却创造出了传奇式的成功故事。比如，Quicken 软件的制造公司——直觉公司，曾被 20 个风险投资家否决，但凭着直觉，公司的创始人没有放弃，最终得到了资金支持。

为了成功，一个人必须先经历失败。通常发生的情况是，第一个企业失败了，但创业者从中学到了东西，继而创建起一家极为成功的公司。杰瑞·卡普兰（Jerry Kaplan）和莲花发展公司的创始人米奇·卡普尔（Mitch Kapor）合伙开发了最早的输入式计算机。在花完 8 000 万美元的风险投资后，他们的公司倒闭了。卡普兰继续创建了一家拍卖公司进行互联网荷兰拍卖业务，现在他们的公司成长势头迅猛，并于 1996 年上市。①

那么，是不是创业过程就是神秘而不可把握的呢？否，虽然创业并不具备一个必然的流程，但通过大量的研究却可以发现这个过程中有一些必经的步骤或者阶段，这些步骤几乎是不可或缺的，尽管它们可以以不同的形式表现出来，并且有些步骤要重复很多次才能进入下一个过程。大致来说，一个企业的创立过程分为这么几个阶段：创业动机的产生；识别与评估市场机会；获取和整合创业所需资源；创建新企业；管理新企业和企业的成长、发展。

一、产生创业动机

创业是创业精神与创业机会的结合，创业活动的主体是创业者。一般来说，创业动机强烈的人会投入较多的精力探寻创业机会；在有些情况下，人们发现了创业机会，由于潜在的收益诱惑，激发了创业动机，进而成为一名创业者或创业团队成员。

一个人能否成为创业者，直接受三个方面因素的影响。第一个是个人特质。事实上，每个人都具有创业精神，但其创业精神的强度不同，强度的大小有遗传的成分，更受到环境的影响。温州人有强烈的创业动机，其中环境起了很大的作用，成功的创业者受到了普遍的尊敬，人们与创业者接触，自然就激发了更多的创业者。这种情况在公司内部也如此，勇于变革、创新的文化氛围会培养出更多的变革性领导者，通用电气公司就是典型的例子。第二个是创业机会。创业机会的增多会形成巨大的利益驱动，促使更多的人创业。社会经济转型、技术进步等多方面因素在使创业机会增多的同时，也降低了创业门槛，进而形成更大的创业浪潮。第三个是创业的机会成本。创业者的机会成本一般比较低，也就是说，如果不创业而从事其他工作，他们获得的收入和需求的满足程度会比自己创业低。创业者的机会成本往往是他们的时间和劳动的投入。比较起来，那些在国有企业有较高职位和稳定收入的人“下海”创业，似乎机会成本很高，但凭借他们的经验和能力，即使创业不成功，也不会有太大的损失，他们还可以谋求稳定的工作，实际上机会成本并不高。

随着社会保障体系的建立和健全，随着产权体制的改革和深化，原有体制差别形成的特殊利益会逐渐减少，结果会进一步降低创业成本，激发人们的创业动机。

---

① 参见杰弗里·蒂蒙斯：《战略与商业机会》，北京，华夏出版社，2002。

二、识别、评估创业机会

识别创业机会是创业过程的核心，也是创业管理的关键环节。通常，具有动机的个体在获取初始创意时，机会识别过程就开始了。创业机会与单纯的市场机会不同。单纯的市场机会，简单地说，就是未被满足的需求，这些市场机会常常被很多人所感知，但并非感知到这种需求的人就能采取必要的行动来满足这种需求。而创业者关注潜在的、可持续发展的市场需求，并将市场需求发展成一个相对清晰的概念，必须清楚谁是消费者，并能找到独特的满足消费者需求的方式。

对市场机会和商业概念的评估和把握有助于创业者识别机会的价值，也有助于提升自己获得机会价值的能力。创业者需要周全地考虑、评估和计划，也许，当商业计划从打印机里打印出来时，它已经过时了，这是无法避免的情况，但人们还是需要花大量精力预测和评估未来。所以，创业者必须培养起一种规划和随机应变的习惯，不断综合大脑信息和内心感受，不断对选择进行重新评价。创业的世界不是整齐、有序、线性、具有一贯性和可预测性的，即使我们希望它能够这样。这些似是而非的情况证实了这个世界是多么的矛盾和混乱。要想所创事业在这个世界上茁壮成长，创业者必须十分擅长处理模糊、混沌和不确定性，还要掌握颇有预见性的管理技巧。

三、获取整合创业所需资源

“巧妇难为无米之炊”，创业也是如此。对于创业者来说，获取和整合资源的行动从产生创业想法时就开始了。

创业资金通常是创业者考虑的关键资源之一，通常也是难点之一，关于如何获取创业资金我们在以后的章节中将展开详细的论述。事实上，除创业资金外，创业者还需要特别关注创业团队和社会资本。

尽管创业者个人对创业活动的成败起到了决定性作用，我们说到成功的企业，往往都只是强调某一个创业者的贡献，并将其视为英雄，但实际上，创业者往往是与一个团队一起创业的，那些高成长性的创业活动更是如此，团队创业有助于创业的成功及核心事业的发展。调查显示，美国500强企业中，62%的企业是由创业团队创建的。创业团队的工作与管理实践在很大程度上决定了企业初创期的成长。

“社会资本”的概念最初由经济学的“资本”演变而来。格伦·罗瑞（Glenn Loury）首先把社会资本的概念引入经济学。关于社会资本的概念，虽然不同的学者给出不同的解释，但其基本思想是清晰明白的，即给予信任、制度、规则、传统惯例、习俗、投资，以及社会关系的人与人、人与组织、组织与组织之间的网络关系，并可以为个人或组织的生存和发展提供动力和方便。

华人社会是一个特别重视并善于利用关系网络来达到各种社会目的的社会。对海外华人企业研究享有国际盛名的雷丁（Redding）指出：关系网是理解海外华人社会与经济生活所必须注意的基本情况，中国人的家族企业通过复杂的外界网络扩大交易与势力，家族联盟通过广泛的亲属网消除互不信任的问题。个人关系网的建立是为了从三个方面取得便利：①取得信息，为此在一个行业中保持和各方面的接触是至关重要的；②稳定供应来源和市场；③巩固企业内部某些关键性的关系。在当代中国的文化氛围中，社会资本在创业与发展过程中起着极为重要的聚集资源的作用。①

四、创建新企业

新企业的创建、核心事业的诞生是衡量创业者行为的直接标志，有人甚至直接将是否创建了新企业作为个人是不是创业者的衡量标准。创建新企业有大量事情要做，包括公司制度设计、企业注册、经营地址的选择、进入市场的途径等等。有时甚至要在是创建新企业还是收购现有企业等进入市场的不同途径之间进行选择。这些工作也是开创新事业、进行公司内部创业活动时需要思考的。对于公司内部创业活动来说，可能没有公司制度设计问题，但同样要设计奖惩机制，甚至需要制定利益分配原则；可能没有企业注册问题，但同样有资金投入及预算控制机制等问题。创业初期，迫于生存的压力，也由于对未来无法准确地预期，创业者往往容易忽视这部分工作，结果给今后的发展带来许多问题。

五、管理新企业和新企业的成长与发展

企业创建后就进入企业的管理和成长阶段。快速成长的企业的一系列特征已经引起了广泛的关注，并成为学术界的重要研究课题。Churchill 和 Lewis 将创业企业的成长过程分为五个阶段。第一阶段：生存。在这个阶段，企业初创，组织结构简单，创业者必须处理几乎所有的事务，只有小部分能够赢得足够现金收入的企业才能进入第二阶段。第二阶段：成长。企业初步解决了生存问题，组织结构仍然相当简单，投资者和创业团队的目标是如何把企业做大、进入下一阶段，否则就只能继续停留在生存期，如果停滞期过长，企业现金流可能枯竭，企业因而破产。第三阶段：创业成功。企业已经获得良好的收入，组织也初具规模，此时企业的投资者与经营者之间可能出现分歧，部分投资者希望此时就收回投资。这个阶段企业的另一个挑战是已经初具规模的企业在面对外部变化时能否及时调整战略，如果不能顺利作出调整，企业发展很可能会倒退。能够发展到这个阶段标志着创业基本成功。第四阶段：接管。企业保持着高速增长，企业组织职能已经相当完善，此时投资者开始寻找将企业脱手的机会；在企业重组中可能发生企业的管理层自愿或不自愿的变动，这种变动对企业的运营会有较大的影响，甚至可能使企业的发展倒退。第五阶段：资源成熟。企业已经获得足够的资源来支持企业的运行，出现规模经济。Churchill 和 Lewis 也提醒创业者，此时企业很可能陷入传统大企业的误区，失去进取心，满足于现状，热衷于规避风险，直到市场环境发生重大变化时而被迫变革。②

第三节　创业型企业家和创业者团队

在本节我们将讨论成功创业者的素质。

---

① 参见张玉利：《创业管理》，北京，清华大学出版社，2006。

② 参见林嵩、张炜、邱琼：《创业过程的研究评述及发展动向》，载《南开管理评论》，2004 (3)。

一、什么是创业型企业家

创业型企业家不是一个明确的概念，描述创业型企业家不是一件容易的事情，在中国特殊的国情下，通常意义上的创业型企业家并不完全适合中国国情。与管理型企业家比较而言，创业型企业家是和他的企业共同发展成长起来的，他个人的职业生涯几乎就是他的企业发展的缩影；他的毕生精力都毫无保留地献给了或正在献给他的企业；他的奉献换来了企业远远高于同行水准的飞速发展；他是一个真正将企业作为自己毕生“战场”的职业经理人，而不是拿企业的业绩换自己升迁机会的政治家；他个人的思想和行为改造、影响着他的企业的每一个方面，无处不在，无时不在；“他的企业”只是停留在口头表达上，只是作为一种尊敬的表达方式，而不是体现在股份上，离职后，他的企业就跟他没有了多大关系。

二、创业型企业家应该具备的基本品质

有没有一种企业家典型的品质特征？有一项研究表明，企业家通常共有一定的特征，这些特征使得他们与公司的对手截然不同。根据这项研究，这些品质特征包括以下内容：①

(1) 积极地追寻目标；推动自己，同时也推动别人。

(2) 大多寻求自治、独立，以及来自限制的自由；非常有个性。

(3) 发出连续的信息；精力非常集中，并且不会脱离目标。

(4) 快速行动，通常不会迟疑。

(5) 与他人保持距离，并保证客观性；期望他人成为自信的、意志坚强的人。

(6) 追求简单、实际的解决问题的方法；能够理清复杂事物的关系，并发现本质的和重要的问题。

(7) 愿意承担风险，包容不确定性。

(8) 提出明确的观点和价值观；作出快速判断，经常发现错误，并有较高的期望。

(9) 对结果和其他人有耐心；“只管去做”的心态。

(10) 积极的、向上的、乐观的；传递信心。

三、创业型企业家应具备的能力

一个创业型企业家应拥有三种必备的能力：一是要有敏锐而深刻的洞察力。商机是创业过程的核心要素，创业的核心是发现和开发机会，没有敏锐而深刻的洞察力，就无法发现潜在的商机，创业行为就难以真正发生。二是要有高超的整合资源的能力，企业家尤其是创业型企业家必须能将稀缺资源高效整合，为企业所用。资源是创业过程的必要基础，为了合理利用和控制资源，创业者往往要竭力设计创业精巧、用资谨慎的战略。创业型企业家必须具备的另外一种能力就是良好的学习能力。很少有一个创业者开始创业时就具备了所有的知识和技能，创业的过程往往也是一个创业者不断实践、摸索、学习的过程，需

---

① J. Chun, “Type E. Personality,” *Entrepreneur*, January 1997, p. 10.

要创业者不断应对许多前所未有的新问题，我国著名创业家史玉柱曾说过："创业中 90% 的困难在创业之初都不知道它是困难。"因此只有善于学习，才能适应不断发展的新情况，对一个追求高度成长的创业者来说更是如此。

四、创业团队

如前所述，创业者通常不是单枪匹马地进行创业，而是以一个创业团队的形式进行创业。所谓团队，是一个成员间高度信任的团体，成员间相互支持合作，每个人以本身的才能和他人合作，共同为团体的使命及共同目标而努力，成员之间讲求沟通、意见参与，共同为绩效的设定及达成贡献才华。对于创业来说，合适的创业团队往往是保证创业成功的必要前提。

表 1—1 有助于我们对创业团队的理解。

表 1—1　　创业团队

项目	内容
创业团队的形成因素	创业者或创业团队决定创业之后，发现本身无法提供所有创业所需资源。
	创业者或创业团队的成员发现需要承担的创业风险与目前团队成员的承受能力之间有落差。
创业团队的定义	创业团队是一群人经过构想及实践构想阶段后，决定共同创业并成立公司。
	当公司成立时对公司有掌控能力的人或在营运前两年加入的成员。对公司没有所有权的雇员并不算在内。
	那些全部参与且全心投入公司创立过程、共同分享创业的困难及乐趣的成员。此创业团队全心全意让组织成长。至于律师、会计师等外部专家，仅部分参与公司创立，因此不算是创业团队成员。
创业团队的来源	很多创业团队是由朋友、亲戚、同公司同事、校友所组成的，这代表创业团队的组成是通过原有网络进行的，并没有深入考虑团队成员是否具备一般及专业能力来创业。
	风险投资家是一个不熟悉成员（unfamiliar partners）的重要来源。
	创业团队成员间在创业前的友情越深厚，越能快速完整地组成创业团队。团队间更加依靠内隐性共识而非外显性的，如合约。成员会投资较高比例的个人资产来创业。
创业团队中成员的选择标准	团队成员的平衡可能是一个错的选择成员的准则（Kamm，Shuman，Seeger，Nurick，1989），更重要的准则是团队成员共同的兴趣或成员创业背后的个人驱动力，这些兴趣或驱动力若能与企业的使命相结合，企业较容易创业成功。
	创业团队成员的选择多是因为彼此间有相同的兴趣，而非团队成员的个别专业能力互补。
	当高层团队组成时异质性越高，企业收入及成长性越低，且当外界环境的变动程度越大、越无法预测时，团队的异质性与多样性则越有助于企业成长与价值创造。
	创业团队间在决策初期时的友情越深厚，则越有助于形成较有效率的决策流程、较高品质的决策、较高的承诺度、较能接受决策的流程。此外，每个人参与决策的程度越高、有越多认知性而非情绪性的冲突，新创事业接下来的表现越好。

续前表

项目	内容
加入创业团队的诱因	拥有公司部分的所有权借此分享公司的未来收益是一种常见的方法，此外还有以下诱因：有能力改正过去其他公司所犯错误、有机会成为总裁或经理人、有机会进入原本无法进入的产业、免于失业、拥有令人羡慕的办公室、为将来的自行创业做练习、有机会被大公司并购等。
	加入团队的诱因分为实体类与非实体类，前者包括金钱、货物、良好的实体空间等，后者包括与他人的区别、特权、尊严等。
创业团队的维系与成长	成功维系的团队的特征是，每个成员都能某种程度地参与招募新成员、结束营业、决定奖酬制度等决策。
	成功的团队对于每个人的角色定义得相当清楚、彼此同意分工状况且会以共同的目标来作为作出决策时的准则。
	创业团队会通过两种方式加强能力： 1. 团队成员在企业经营的过程中去发展、加强自己的专业能力。 2. 吸收有特别专业能力的成员。
	1. 公司成长后与公司成立时相较，创业团队有了很大的转型。 2. 在高成长公司中，除了日常作业外，创业团队会以愿景带动组织的创新活动，进而促进组织成长。 3. 高成长公司的团队惯于公开讨论，不害怕冲突与纷争。
	高层管理者通常对于企业内决策流程的本质有不一样的认知与感受。
	创业团队间友情越深厚、人员变动率越低，越能安然渡过危机，企业的表现会越好，且当其中一位成员离开时，会有较高的人员变动率。

知识拓展：创业投资基本流程

1. 融资之前

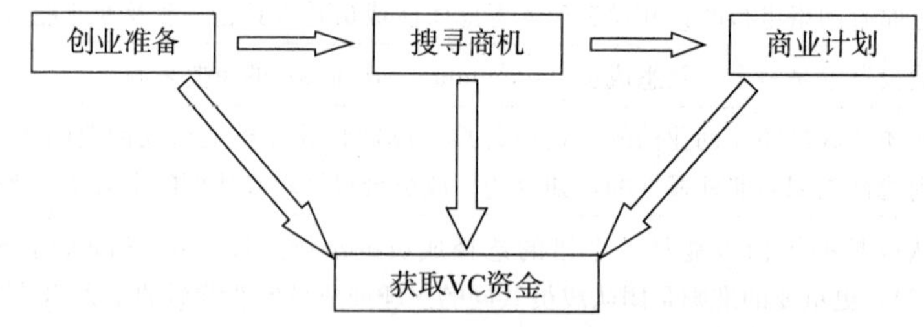

2. 融资之后

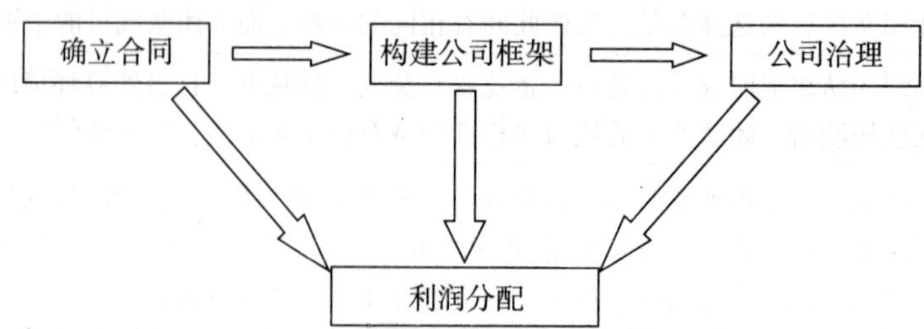

（1）创业准备。迈出创业坚实的第一步。

创业准备：
- 认识自己：认清自己属于哪一类创业者
- 心理素质（坚忍、积极、富有激情）
- 基本能力
- 核心竞争力——创造性思维

（2）搜寻商机。在浩瀚的商业信息中发掘宝藏。

把握商机：
- 发现：外在条件；个人条件
- 识别：有潜力的商业机会应该具备的特征
- 评估：采用财务预测方法进行评价
- 搜集：拓宽创业思路

（3）商业计划。融资成败的关键。

制订计划：
- 概述
- 业务及前景
- 经营管理
- 筹资的阐述
- 风险因素
- 投资回报及退出
- 运营和规划分析
- 财务报告书
- 计划
- 说明性信息
- 附录

（4）融资。与风险投资商的博弈。

实际融资：
- 联系风险投资商
- 投资商如何评估项目
- 与投资商面谈

与专业机构沟通：
- 法律顾问在创业者创业过程中的作用
- 会计师和审计师在创业者创业过程中的作用
- 其他中介机构在创业者创业过程中的作用

（5）确立合同。明确投资细则，产生法律效应。

确立合同：
- 委托代理合同的确定（为双方签订合法、公平的合同作出指导）
- 融资方的权利与义务
- 投资方的权利与义务（对融资方的激励）

（6）构建公司框架。如何搭建公司的基本框架。

构建公司框架：
- 组织结构的建立（各种组织结构的比较，帮助你选出最适合的组织结构）
- 人员的配备（人员招募、人员甄选，招聘员工，并把员工分配到最适合的岗位上）
- 公司财务管理制度的建立（利润最大化，尽可能运用各种合法的方法，达到企业利润的最大化）

(7) 公司治理。对公司内外存在的问题进行治理，使公司健康发展。

公司治理
- 公司内部治理（公司内部的激励和约束机制，更好地解决企业内部的各种问题）
- 公司外部治理（主要是市场的约束）
  - 劳动力市场的约束
  - 公司控制权市场的约束
  - 产品市场的约束

利润分配
- 利润分配制度与股东关系（当企业取得预期利润的时候要按原定的分配制度分配，而且要协调大股东和小股东的关系）
- 利润分配制度与利益相关人的关系（利润分配和各利益相关人的关系，如债权人、公司内部职工、政府等）

(8) 退出机制。创业资金从企业撤出。

退出机制
- 主要退出方式的比较（包括各自的概念及优、缺点）
- 选择退出的条件（各种方法的具体分析及使用条件）

实验设计：个人创业能力自查

这是欧洲流行的测试题，共 33 题，测试时间 25 分钟，每题 1 分，最高分值为 33 分。如果你已经准备就绪，请开始计时。

第 1～12 题：仔细阅读下列各题，给出切合自己实际情况和自己认为最满意的答案，将答案写下来。

1. 你在公司中工作多少年了？
2. 促使你成为经理人的要素是什么呢？
3. 如果你的老板告诉你，下周你被炒鱿鱼了。你的反应会是什么呢？
4. 如果你能改变工作中的一件事情，你希望它是什么？
5. 你无法认同的公司规则有哪些呢？
6. 你觉得其他员工对你的看法怎样？
7. 与人会面时，如果别人赞扬你的工作，你的感觉是什么？
8. 如果你离开公司，后来创业又失败了，你会考虑去另一家公司打工吗？
9. 你对公司的文化持什么看法？
10. 你觉得你和公司老板的关系怎样？
11. 如果你离开公司，你最念念不忘的是什么？
12. 如果公司行政总监给你一份梦寐以求的工作和薪酬，与自己开办公司相比较，你会怎么看？

第 13～33 题：下列各题请凭第一印象回答，仅需回答“是”或“否”，可在题后用“√”或“×”表示。

13. 你是否有很强的计划技能？
14. 当事情发展不如意时，你能否及时调整自己的方向？

15. 你有经商的知识和技能吗?
16. 如果真打算创业，你在市场中有自己独特的产品或服务吗?
17. 你是否善于激励自己?
18. 你是否对模糊性和不确定性具有很强的忍耐力?
19. 你是否易给人留下良好的第一印象?
20. 你认为自己的交际能力很强吗?
21. 你的产品和服务是否有明确、合理的利润空间?
22. 你是否具有创业的资本或你能否找到创业资本?
23. 你是否有创造精神?
24. 你了解你想制作的产品或服务的目标人群吗?
25. 你在意在短期内常常放弃工作和生活之间的平衡吗?
26. 需要经常超负荷工作，你愿意吗?
27. 你愿意承担风险吗?
28. 你有有效的策略应对高度压力吗?
29. 在必要时，你愿意让别人分享你的权利吗?
30. 如果创业失败，你有退路吗?
31. 你有足够的资金或渠道渡过创业的初始阶段吗?
32. 你是否了解自己竞争者的状况?
33. 你的产品和服务能赶上或超过竞争者吗?

参考答案及计分评估:

1. 如果你工作了 5～20 年，给自己加一分。这么长的时间足够为你创办新企业积累足够的资产和技能。如果你没有工作履历此项不得分。但以后的答题中有时需要你设想自己处在一份工作中。

2. 如果你的选择是“安全感”，请给自己加一分。

3. 如果你的答案是忧喜交加，给自己加一分。如果只是感到担忧，不能得分。

4. 多数从公司退下来的成功经理人都选择改变工作中相对缺乏决策权的状况。如果你的答案是“更大的决策权、更大的影响力、少些禁忌等”，给自己加一分。

5. 如果你的答案是“集体决策、写备忘录、会议不断、严格的上下班时间、不公平的奖金制度等”，给自己加一分。

6. 如果别人把你看成局外人、闯祸者、单干分子或不入流的家伙，给自己加一分。

7. 别人对你的公司或职位大加赞赏时，你无动于衷，则给自己加一分。

8. 不会，正确的答案是另外开办一家公司。

9. 你公司的文化鼓励激烈的竞争、执行有条不紊的等级升迁制度。其中任何一条都可以给你增加一分。

10. 很多有潜力的企业家认为，他们的老板限制了他们的个人成就。

11. “钱、福利、名气等”都是可以接受的答案。如果你的答案是“与其他员工的合作，获得一个具体项目的奖赏”等，则不能得分。

12. 你的答案应该是“这是一个很困难的决策。不过没有什么能够比得上自己创业的机会”。

对第 1～12 题计分。

第 13～33 题，计分，每回答一个“是”或打一个“√”得一分。

对于选择创业还是不创业，这 33 个问题中，没有一个问题能为你提供充足的理由。但考虑到创业的特殊性，这些问题都很重要，值得你认真思考。经过以上测试，你对自己的创业能力能有一个大致的了解：

第一类，如果你的得分在 0～10 分，说明你最好在职场中选择一份稳定的工作，别再考虑自己创业的事情，坦白地说，你不具备自主创业的能力，一份固定的工作是你成功的最大希望。

第二类，如果你的得分在 21～33 分，说明你完全有潜质成为一名成功的企业家，你拥有许多人无法比拟的创业优势，你完全可以或应该独立创业。但切忌太过自信，低调一点，你成功的机会更大。

第三类，如果你的得分在 11～20 分，说明你比第一类人更具创业的优势，你可以走创业之路，但前提条件是，你必须进一步完善、提高自己。另外一个选择就是团队创业，关于团队创业，教材在后面有更详细的说明。

操作要诀：七种不可以合作的伙伴

- 观念意识分歧大者不可以合伙
- 目标认知有分歧者不可以合伙
- 利益分配有分歧者不可以合伙
- 一股独大者不可以合伙
- 相互信任有问题者不可以合伙
- 性格融合有问题者不可以合伙
- 有自己关联生意者不可以合伙

第2章 创业商机的识别

案例导读　一句话里听出8亿元的商机

1992年，潘石屹还在海南万通集团任财务部经理。万通集团由冯仑、王功权等人于1991年在海南创立。万通在成立的前两年，通过在海南炒楼赚了不少钱。1992年，随着海南楼市泡沫的破灭，冯仑等人决定将万通转移至北京，派潘石屹打前锋。

潘石屹奉冯仑的命令，带着5万元来到了北京。这天，在怀柔县政府食堂吃饭，听旁边吃饭的人说北京市给了怀柔四个定向募集资金的股份制公司指标，但没人愿意做。他不动声色地跟怀柔县体制改革办公室主任边吃边聊："我们来做一个行不行?"体制改革办公室主任说："好哇，可是现在来不及了，要准备6份材料，下星期就报上去。"

潘石屹立即将这个信息告诉了冯仑，冯仑要求马上操作。潘石屹打电话问冯仑："准备做多大?"冯仑说："要和王功权商量一下。"王功权说："咱们现在做事情，肯定要上亿。"

潘石屹在电话那边催促冯仑快作决定，"这边还等着上报材料呢。"冯仑就在电话那头告诉潘石屹："8最吉利，就注册8亿元吧。"潘石屹就这样在什么都没做的情况下，拿到了8亿元的现金融资。

实际上，伟大的创业首先在于发现一个伟大的创业商机。本章从不同角度分析了创业商机的来源和途径，这将帮助你理顺创业思路。同时，熟悉激发创意的方法能使你摆脱单纯的个人经验，为创意插上腾飞的翅膀。

商机考察和识别过程的复杂性决定了把握它的困难性，但并非不可把握。

了解创业商机的识别模式和影响因素，会使考察更具针对性和可把握性。

筛选和评价创业商机是创业中的一项核心工作。本章所提供的各项指标构成一个完整的体系，系统地思考将帮助创业者将创业的宏图真正建立在现实基础之上。

学习目标

1. 了解创业商机的来源和途径，熟悉激发创意的方法
2. 理解创业商机识别的过程和影响因素
3. 掌握筛选、评价商机的系列指标
4. 了解不同的创业融资方式

第一节　有创造力的商业构想

一、创业商机的来源

创业商机是创业过程的核心，创业的成功程度往往直接决定于商业构想的深刻程度。创业的机会从哪里来？彼得·杜拉克在《创新与创业精神》一书中认为机会来自七方面，分别是：

（1）意料之外的事件——意外的成功、意外的失败。

（2）不一致的状况——实际状况与预期状况间的不一致。

（3）基于程序需要的创新。

（4）产业或市场结构的改变以出其不意的方式降临到每个人身上。

（5）人口统计特性（人口的变动）。

（6）认知、情绪及意义上的改变。

（7）新知识——包括科学的与非科学的。

前四项来源存在于企业之内，不论是盈利事业还是公共服务机构，它们可能存在于一个产业或一个服务的部门之内，它们基本上是一个征兆，却是那些已经发生的改变非常可靠的指示。

后三项创新机会来源包括企业或产业外部的改变。一般而言，这些改变都是已经发生或正在进行的，绝大多数成功的创新都是利用改变达成的。

Olm 等三位学者认为创业者的好创意与机会有以下来源：

（1）先前的工作经验，曾经获取的产品的市场、供货商与客户知识。

（2）从有创意的他人处得到机会。

（3）得到某一授权或特许权，购得一套未完整发展的产品。

（4）与熟知某一社会或科技领域的专家接触所引发。

（5）参加展览会、研讨会、贸易展示、座谈会等。

（6）研究二手资料所得，如最近的研究报告、最新的专利公告，与特殊领域的专家面谈等。

（7）研究先前市场失败的案例，在不同情境下可能成功。

（8）复制别人的成功经验，改进做法以适应不同的区域或市场。

（9）把兴趣、业余喜好转成事业。

（10）在个人经验的基础上，发展出事业化的需求。

（11）根据个人所需规格，进行研究发展。

经济学家熊彼特并没有定义创业机会的来源，但他定义创新与创业家基本上是一体两面的，其所谓的创新是能够打破市场现有均衡的创造性毁灭，而创造性毁灭的创新基本上有五种形式，分别为：

（1）引进新产品或服务。

（2）对现有产品或服务的品质或等级进行明显的改善。

（3）引入生产或配销的新方法，打开新市场。

（4）创造或获取供应的新来源。

（5）产业内组织的新形态。这些不连续的形态是传统经济理论的问题所在，需要创业者来解释。

Timmons 认为创业机会主要来自改变、混乱或不连续的状况，主要有七个来源：

（1）法规的改变，如电信法松绑。

（2）技术的快速变革，如半导体的摩尔定律。

（3）价值链或配销通路的重组。

（4）技术的创新。

（5）现有管理或投资者的不良管理。

（6）具有创业精神的领导。

（7）市场领导者受限于客户的需求，忽视下一波客户的需要。

根据创业机会的来源不同，可以将其区分为个人内在因素与外在因素，如表 2—1 所示。

表 2—1　　**创业机会的来源**

机会来源		彼得·杜拉克	Olm	熊彼特	Petersen 等	Timmons	其他
外在因素	存在市场不均衡		复制别人的成功经验，改进做法以适应不同的区域或区隔市场	打开新市场，创造或获取供应的新来源		忽视下一波客户需要	Kerzner 存在市场不均衡；新的市场需求
	环境变动	基于产业或市场结构的改变；人口统计特性		引入生产或销售的新方法	环境的变化	法规的改变；价值链或配销通路的重组	
	提供新技术或新服务	基于程序需要的创新	得到某一授权或特许权	引进新产品或服务		技术的快速变革、技术的创新	新技术
	现有厂商效率不佳			现有产品品质明显的改善		现有管理或投资者的不良管理	
	其他	新知识——包括科学的与非科学的		产业内组织的新形态			

续前表

机会来源		彼得·杜拉克	Olm	熊彼特	Petersen 等	Timmons	其他
内在因素	相关领域的知识	意料之外的事件；不一致的状况	产品的市场、供货商与客户知识				新知识
	先前工作经验		先前的工作经验；在个人经验的基础上，发展出事业化的需求		深入了解技术与市场知识		新经验
	创业警觉	意料之外的事件，不一致的状况，认知、情绪及意义上的改变	与熟知某一社会、科技领域的专家接触引发研究；二手资料所得				Kerzner 创业警觉
	策略性思考				策略性思考		
	学习能力		研究先前市场失败的案例		学习		
	社会网络		从有创意的他人处得到机会；参加展览会、研讨会、贸易展示、座谈会等所得		使用外在资源		
	其他		把嗜好、兴趣、业余喜好转成事业机会			具有创业精神的领导	

二、激发创意的方法

经由一些途径和方法，创业者可以更容易地发现新的创业机会。创意思维是一种高度复杂的心理活动，其规律还未得到充分深刻的揭示，各种技法在内容上交叉重叠，既相互依赖，又自成一统，这给全面条理化带来较大的难度。尽管如此，许多研究者还是作出不少努力，提出了一些分类方法。

（一）日本电气通信协会在其编写的著作《实用创造性开发性技法》中，曾将常用的创意设计技法分成如下几类

1. 提出问题法

选择目标是创意、创造活动的首要环节，它决定创意的主攻方向，影响到创意设计的成败。这类技法包括缺点列举法、希望点列举法、检核表法、设问法等。例如，设问法直接从下列七个角度提问题：

（1）为什么需要革新？（Why）

（2）创意的对象是什么？（What）

（3）从什么地方着手？（Where）

（4）由谁主持或完成？（Who）

（5）什么时候完成？（When）

（6）怎样实施？（How）

（7）达到怎样的水平或标准？（How much）

由于这七个方面的英文第一个字符为五个W和两个H，所以又常被称为5W2H法。这是典型的设问法。

2. 解决问题法

按照创意思维形式和功能特性，还可进一步细分为三种类型：

（1）想象联想法（如头脑风暴法、输出输入法、强制联系法等）。通过一定的方式和程序，克服妨碍想象的因素、调动激励想象力的因素，使创意思维如泉涌，达到成功。

（2）重组联合法（如形态分析法、组合法、焦点法等）。通过一定的程序和方式，将若干分立因素巧妙地结合或重组，从而获得新的创意。

（3）类比法（包括指代法和各种类比法等）。通过两个（类）对象之间某些相同或相似点来解决其中一个对象需要解决的问题。其关键是寻找恰当的类比对象，这里需要直觉、想象、灵感、潜意识等多种心理因素。

3. 程式化法

程式化法是实施步骤已经按逻辑程序加以编排，且每个环节可以产生补充、配合、衔接关系，从而形成有效的创意方法体系。比较有代表性的有物场分析法和等价变换法等。

（二）胡伦贵等在《人的终极能量开发》一书中，按创意思维方式，把创意思维技法归纳为以下三类

（1）发散思维法。包括横向思维法、纵向思维法、逆向思维法、侧向思维法、分合思维法、颠倒思维法、质疑思维法、克弱思维法、信息交合法、头脑风暴法等。

（2）聚合思维法。包括求同法、求异法、同异并用法、共变法、剩余法、完全归纳法、简单枚举归纳法、科学归纳法和分析综合法等。

（3）想象思维法。包括原型启发法、类比法、联想法、假说法和梦幻法等。

创业者可以有意识地通过这些方法，发现一些新的创意。有研究表明，虽然大量的创业机会可以经由系统的研究来发掘，不过，最好的点子还是来自创业者的长期观察与生活体验。创业就好像十月怀胎，创业构想在创业者心中不断地思索酝酿、反复钻研，一直到创业者感觉时间到了将其付诸实施。

第二节 商业机会的考察和识别

商业机会产生后，往往一开始并不是清晰的，需要创业者不断地加以考察和识别，直到形成一个清晰的、完整的体系。

一、商机识别的困难性与复杂性

在创业前期，机会的发掘与选择最为关键。创业过程中，由于机会的模糊性、市场的不确定性、资本市场的风险以及外在环境的变迁等，使得创业过程充满了风险，因此机会的辨识、评估与使其清晰地浮现，是新创事业能否顺利推展的重要关键因素。

如果市场信息唾手可得，而且这些资料很清楚地勾画出重要的潜力，那么就会有一大群竞争者，机会便会渐渐消失。由于大部分资料都是不完整、不正确、彼此矛盾，而且意义上模棱两可的，因此，对创业者而言，搜集信息、从中找出可能的机会，并把别人认为混乱的信息联系在一起，往往是十分困难和复杂的。

二、商机识别过程的模式

创业者在获取初始创意之后，机会识别过程就开始了。回顾前述的机会来源可以发现，创意有不同来源。一种是外在因素引起的，一种是个人内在因素引起的。事实上，多数创意是从职业中产生的，但也可能是从业余爱好、社交或步行观察中发现的。Teach 等人（1989）揭示了与机会识别过程相关的八个要素：（1）正式计划；（2）正式评价；（3）市场与技术驱动；（4）细致调查；（5）意外发现；（6）先前职业；（7）创新与改进；（8）信息调查。他们确定了四种不同的机会识别模式，这四种独特的模式反映了四种不同的组织文化。第一种模式认为机会鉴定是一个深思熟虑的过程，即创业者需要做一些“功课”，例如，从图书馆、商家或其他地方寻找与机会相关的知识；第二种模式是根据正式计划和评价过程按部就班地对机会进行鉴定；第三种模式是自主开发产品，自我鉴定机会；第四种模式是把机会鉴定看作一个随机过程，没有正式的计划或评价。有资料表明不同的模式在产品进入市场、破坏市场均衡和加倍销售的时机选择上有所不同，但不会导致利润有差别。

三、影响商机识别的主要因素

（一）个人的先天素质

要能够将知识和商业机会加以联结，个人需要具备某些技能、天资、洞察力（Venkataraman，1997）。个人能借助人力资本各方面的特质，辨识机会和搜寻相关信息。Kirzner（1973）指出创业者可借助市场显现的信号，辨识机会之所在。此信息搜寻与机会辨认的过程，能够通过创业者的认知行为加以影响。创业者在有限的经验下，可能仅能使用简单的决策模式去引导机会或搜寻信息，然而有经验的创业者也可能获得同样的结果（Gaglio，1997）。因此经验并不能够绝对强化机会辨识的能力。

创业老手也伴随着一些负面因素（例如，过度自信等），导致其早期的经验阻碍以及窄化了机会搜寻的行为。Cooper，Folta 和 Woo（1995）发现，新创业者搜寻了较老手更多的机会与信息。

（二）先前的经验

创业者借助先前的经验并加以学习能够影响信息取得的质与量（Gaglio，1997）。先前的创业经验可以提供处理信息的架构或心智图像（schema），此外它也可以让消息灵通和有经验的创业家获得辨识不均衡利益机会的优势（Kaish and Gilad，1991）。某些人习惯性地活化他们处理信息的心智图像，因此能够较其他人获得更多的刺激（Gaglio，1997）。这也可以解释，为什么有些人在新点子或机会的追寻过程中，能够识别之前没有辨识到的创新机会（Ronstadt，1988）。McGrath（1999）也指出创业家会得到许多影子选项（shadow options）（例如，尚未辨识的机会）。

（三）个人价值观

另一项影响创新机会的判断，就是我们自身的价值观。每一个人与企业都会拥有代表自身认知与利益的特定价值网络（value network），创业家与投资经理人会以此价值网络所产生的准则，来看待一切创新机会。也就是说，每一个创业家与投资家都戴着有色的眼镜来评估创新机会，除非门当户对，否则再好的创新机会也难获得通过。

1983 年，Seagate 研发团队提出了开发 3.5 寸迷你型硬盘机的新事业构想，但几乎完全不受企业高层的青睐。因为当时 Seagate 内部的主流价值观是，提高硬盘机的容量与稳定性，而非缩小体积。对于当时主要市场产品——桌上型计算机都已为硬盘机留有 5.25 寸安置空间的情况而言，3.5 寸的产品根本不具有附加价值。这种建立在主要市场产品上的价值网络使得 Seagate 丧失进入迷你硬盘机市场的先机。

DEC 公司内部早在 20 世纪 70 年代即已形成维护 VAX 主流产品利益的价值网络与决策依据，因此对于所有的外部新信息，都会以自身的价值观进行过滤与判断，而这可能就是为何 DEC 后来无法正确判断 RISC 与 Parallel Processing 这两项影响计算机架构的重大创新的原因。而 DEC 付出的代价是，20 世纪 90 年代的没落与被购并的结果。

此外，新机会的判断与时间有关。也就是说，此刻看起来似乎不可能成功的机会，但下一刻可能就会有完全不同的结果。我们所说的“时机”这两个字，代表“机会”的价值是与发生的“时间”密切相关的。

当机会窗口打开的时候，时间的机会窗口（window of opportunity）并不是永远打开的，而且有的创新机会窗口打开的时间很长，有的则非常短。当时机尚未来临时，再好的创新构想也很难引发投资者的兴趣。即使在机会窗口打开之际投入，如果打开的时间短暂，恐怕尚未收回投入资本，市场的利润空间就已经消失了。

因此，如何及时掌握创新机会窗口打开的时机，以及如何判断这个机会窗口是否拥有足够获利回收的时间长度，就成为挑战创业投资事业成败的关键因素。美国创业者的一项研究调查发现，当机会窗口打开的时间短于三年时，新事业投资失败率高达 80%以上；如果机会窗口打开的时间超过七年，则几乎所有投资的新事业都能获得丰厚的回报。

第三节　如何筛选、评估商机

商机经过识别后，往往在大脑里形成一个完整的轮廓，进而基本形成一个完整的商业计划，这时候进行必要的评估势在必行。下述的评估准则提供了一些计量方法，让企业家可以据此对产业和市场、竞争优势、经济利益、经营团队、致命的缺点以及这些变量是否会创造出一个强势机会等相关议题，作出判断（Timmons，1999）。例如，准则中的任何一项主要优势都可能是成功的诱因，而任何一项缺点也都可能是致命伤。①

一、产业与市场指标

评估的项目包括客户、附加价值、市场结构、市场规模与可达成的市场占有率等。一个好的新事业机会，必然具有特定市场基础，专注于满足顾客需求，同时能为顾客带来增值的效果。因此评估新事业机会的时候，可由市场定位是否明确、顾客需求分析是否清晰、顾客接触渠道是否流畅、产品线是否持续衍生等，来判断新事业机会可能创造的市场价值。新事业能带给顾客的价值越高，则创业成功的机会也就越高。

针对新事业机会的市场结构进行分析，包括进入障碍，上游原料厂商、顾客、销售商的谈判力量，替代性产品的威胁以及市场内部竞争的激烈程度。由市场结构分析可以得知新事业未来在市场中的地位，以及可能遭遇竞争对手反击的程度。

市场规模大小与成长速度也是影响新事业成败的重要因素。一般而言，市场规模大者，进入障碍相对较低，市场竞争激烈程度也会略为下降。例如，进入一项拥有 1 000 亿元规模的计算机外设产品市场，如果你预期只占到 5%的市场份额，对于产业内原有领导厂商的威胁不大，因此应该不会遭遇激烈的反击。

如果要进入的是一个十分成熟的市场，那么纵然市场规模很大，由于已经不再成长，利润空间必然很小，因此这项新事业恐怕就不值得投入了。例如，如今的个人计算机市场就不再是新事业开发适合选择的对象。反之，一个正在成长中的市场，通常也会是一个充满商机的市场，水涨船高，只要进入时机正确，必然会有获利的空间。例如，网络游戏软件市场就非常具有成长潜力。

二、经济性指标

评估的项目包括达成损益平衡所需时间、投资回报率、资本需求、毛利、销售成长等。合理的损益平衡应该在两年以内达成，如果三年还达不到，恐怕就不是一个值得投资的新事业机会。不过有的新事业机会确实需要经过比较长的耕耘期，并经由这些前期投入创造进入障碍，以保证后期的持续获利。在这种情况下，可以将前期投入视为一种投资，较长的损益平衡时间就可以容忍。例如，Federal Express 创立之初，为克服航空货运法规的限制，曾连续五年左右大幅亏损。

---

① 参见吴雪舫：《创业家观点之风险创业评估与策略空间》，台湾，国立交通大学硕士论文，2000。

考虑到新事业开发可能面临的各项风险，合理的投资报酬率（ROI）应该在 25%以上。一般而言，若投资报酬率在 15%以下，新的事业机会将不值得考虑。资金需求量较低的新事业机会一般会比较受到投资者的欢迎。事实上，许多个案显示，资本额过高其实并不利于创业成功，有时还会带来稀释投资报酬率的负面效果。通常，越是知识密集的新事业机会，对于资金的需求量越低，投资报酬反而越高。因此，在创业开始时，不要募集太多的资金，最好通过盈余积累的方式来创造资金。而比较低的资本额将有利于拉高每股收益（EPS），并且还可以进一步提高未来股票上市的价格。

毛利率高的新事业机会，风险相对较低，也比较容易达成损益平衡。反之，毛利率低的新事业机会，风险则较高，遇到决策失误或市场产生较大变化的时候，企业就很容易遭受损失。一般而言，理想的毛利率是 40%。当毛利率低于 20%的时候，这个新事业机会就不值得考虑。软件业的毛利率通常都很高，所以只要能找到足够的业务量，进行软件创业在财务上遭受严重损失的风险相对会比较低。

三、收益及资本退出指标

评估的项目包括潜在附加价值、价值评估模式、退出机制和策略、资本市场环境等。所有投资的目的都在于回收投资，因此退出机制与策略就成为一项评估新事业机会的重要指标。企业的价值一般也要由具有客观鉴价能力的交易市场来决定，而这种交易机制的完善程度也会影响新事业退出机制的弹性。由于退出的困难度普遍高于进入，所以一个具有吸引力的新事业机会应该为所有投资者考虑退出机制以及退出的策略规划。

四、竞争优势指标

评估的项目包括固定及变动成本、进入障碍等。产品的成本结构也可以反映该项新事业的前景是否亮丽。例如，由物料与人工成本所占比重之高低、变动成本与固定成本的比重以及经济规模产量的大小，可以判断这项新事业能够创造附加价值的幅度以及未来可能的获利空间。

中国台湾的许多计算机组装产业，关键零组件成本所占比重过高，因此厂商本身可以掌握的成本降低空间不大。由于这类新事业后续所能创造的附加价值不高，因此风险投资家对于这类案子的投资兴趣就相对较低。

五、经营团队

评估的项目包括创业团队、产业及技术经验、正直性、个人诚信等。由声誉卓著的创业家领军，结合一群各具专业背景的成员所组成的创业团队，再加上紧密的组织凝聚力与共同的价值观，这种所谓最佳团队组合可以被视为新事业成功的最佳保证。因此评价新事业机会时，绝对不可忽视创业团队组合的成分以及团队整体的凝聚力。

创业者与他的团队成员对于所要投入产业的相关经验的多寡与了解程度的深浅，也会影响新事业获得成功的几率。一般可以经由产业内专家对于创业团队成员的经验与专业能力的评价，来获得这项信息。再好的新事业机会，如果创业团队不具备相关产业经验或专业背景，则对于投资者来说恐怕就不会具有任何吸引力了。

创业者的人格特质也是一项会影响新事业成败的关键因素，尤其是创业者的人品与道德观。在业界具有良好声誉，重视诚信、正直、无私、公平等基本做人处事原则的创业者，对于新事业机会的评价通常都具有显著加分的效果。许多绝佳的创业机会最后都因为内部争权夺利而失败，这也突显了领导者人格特质对于创业成功的重要性。

六、致命的缺点

所谓致命的缺点的定义，一般会因新事业机会的内涵与创业者风险承受能力高低而有所差异。不过当我们在评估一项新事业机会的时候，如果发现以下致命瑕疵之一，则创业者与投资家都必须谨慎对待，因为这项新事业未来极有可能面临失败的后果。

创业者的动机不良，尤其在人格特质上具有明显的瑕疵。创业团队缺乏相关产业经验与企业管理能力，创业试误期长，导致风险成本太高。新事业看不到市场利好，无法显示创造价值的能力，在市场竞争中也不具有明显优势。新事业的市场机会不明显，市场规模不大。新事业的资源能力有限，无法达到可以形成竞争优势的经济规模。看不到能够获得显著利润的希望，包括毛利率、投资报酬率、损益平衡时间等指标都无法达到合理的底线目标。新事业无法具备市场控制能力，关键资源与渠道均掌握在他人手中，随时都有陷入经营危机的风险。

七、个人准则

评估的项目包括目标和适合性、机会成本、正面/负面相关议题、欲望、风险/报酬承受度、压力承受度等。创业过程中遭遇的困难与风险极大，因此有必要了解创业者的创业动机，这有利于判断他愿意为创业活动付出代价的程度。一般认为，新事业机会与个人目标的契合程度越高，则创业者的投入意愿与风险承受意愿自然也会越大，新事业目标最后获得实现的几率也相对较高。因此，一个具有吸引力的新事业机会一定是一个能充分与创业者个人目标相契合的创业计划。

一个人一生的黄金岁月大约只有 30 年光景，期间可分为学习、发展与收获等不同阶段，而为了这项创业机会，你将需要放弃什么？可以从中获得什么？对得失的评价如何？在决定创业之前，所有参与创业的成员都需要仔细思考创业所要付出的机会成本。必须经过对机会成本的客观判断，才可以得知新事业机会是否真的对于个人生涯发展具有吸引力。

古人说，留得青山在，不怕没柴烧。创业必然需要面对可能失败的风险，但创业者也不宜将个人声誉与全部资源都压在一次创业活动上。理性的创业者必须自己设定承担失败的底线，以便东山再起。因此，在评估新事业机会的时候，也需要了解有关创业团队对于失败底线的看法。通常铤而走险与成王败寇的创业构想，也不会被投资者视为一个好的新事业机会。

八、战略差异性指标

评估的项目包括适应程度、团队、弹性、科技、配销渠道等。一个具有吸引力的新事业机会通常需要具有某些特色，而这些特色往往能够成为新事业未来成功的策略性影响因素。上述提到的各项指标可能会影响新事业机会的成功几率，而发掘新事业是否具有特色，是新事业机会评估不可或缺的工作环节。

第四节　创业资金的筹集

创业资金的筹集是创业的一个关键环节。由于创业企业的前景面临众多的变数，信用融资的能力低；加之资金是一种特殊的“易受损”的服务性产品，其所有者十分珍惜。这使得创业资金的筹集难成为一个世界性问题。获取创业资金是创业中的一个重要阶段，这个过程并不是一个独立的阶段，往往从一开始就必须加以考虑。不同的创业需要的其他创业资源是不同的，创业资金则是一切创业活动所必需的。①

一、创业者的初始资金

创业者的初始资金通常有两个重要的来源，一是个人资金；二是向家庭成员和亲朋好友借钱。

（一）个人资金

很少有新企业在创建时没有创业者投入的个人资金。创业者个人资金的投入不仅是为了支付成本和获得控制权，还是为了吸引外部资金，特别是吸引银行、私人投资者和风险投资者的投资。这些外部资金供应者会认为，如果创业者自己不投入资金，他（她）对新企业就不会太负责。一位风险投资者说：“我要创业者在财力上承担足够的责任，这会迫使他们在遇到困难时自己努力应对，而不是把难题扔给我。”

责任水平的高低可以表现在创业者承担的总资产的百分比上，而不一定以钱的总量来表示。外部投资者希望创业者能投入所有的资产，以表示确实对企业有信心，并且将所有的时间都用来努力工作，以确保企业成功。至于这笔投资总量是 1 000 美元还是 10 万美元，甚至 25 万美元，则取决于可以获得的资产总量。创业者需要始终牢记的是，外部投资者重视的不是资金的总数，而是所有的资金都被负责任地对待。

（二）向家庭成员和亲朋好友借钱

除了创业者自己之外，家庭成员和亲朋好友的资金往往是新企业最初的资金来源。家庭成员和亲朋好友由于与创业者的个人关系而愿意给予投资。这一来源有助于部分地克服机构投资者面临的一种不确定性：缺乏对创业者的了解。对大部分新企业来说，家庭成员和亲朋好友向企业投入的权益资金量不大。虽然从家庭成员和亲朋好友处获得资金相对容易一些，但与所有融资渠道一样，向家庭成员和亲朋好友借钱也有有利的一面和不利的一面。特别是当这些借款是权益融资的时候，他们认为自己对新企业的经营有直接的控制权，而逐渐对企业的雇员、设施、销售和利润产生不利的影响；但大多数情况下，家庭成员和亲朋好友不是问题型投资者，与其他投资者相比，他们对投资回报更有耐心。

---

① 参见罗伯斯·赫里斯、迈克尔·彼得斯：《创业学（第 5 版）》，北京，清华大学出版社，2004。

二、传统的创业融资方式

目前，国内创业者常采用的传统的融资方式有股权性融资、债权性融资、政府基金、企业保留盈余四种。

（一）股权性融资（直接融资）

股权是公司的股东投资到公司的资本。股权在不同的财产组织形式上有着不同的体现方式。正因为其有着不同的体现方式，所以产生了不同的股权融资工具。

（1）股份有限公司。股份有限公司的股权，也称股份，是按股份公司的全部资本等额划分的，股份的实物表现形式就是股票，由于每一股份都是等额的，而且金额很小，使得小的投资者也能投资，为此，可以加速资本的集中。股份公司的股票经过批准后可以上市流通，流动性大，使得股票成为一种融资工具，发行股票是不用承担偿还风险的融资方式。但由于创立股份有限公司的程序烦琐，创业之初往往很少有创业者会采取这种方式。

（2）有限责任公司。有限责任公司的股权，也称出资额，其实物表现形式是出资证明书，每一个股东的出资证明书都不是等额的，由于有限责任公司的股东最多只能有 50 人，因此吸收股权资本时，每一股东的出资额会较大，从而使得小的投资者无法投资，影响了资本的筹集。并且，有限责任公司只能通过股权转让或增加新股东来实现资金的筹集。其转让只能是协议转让，发行也只能是协议发行。但由于创设程序简单，通常为创业团队初创企业时采用。

（3）合伙人融资创建合伙企业。由于合伙企业创立程序更为简单，在企业初创时也常常为创业团队所采用，但由于该方式采用协议规范合伙人的权利和义务，因而容易发生纠纷而影响企业的发展，并且由于企业要承担无限责任，投资者风险较大。

（二）债权性融资（间接融资）

债权资金是在一定期限满后企业必须偿还本金并支付利息的资金，这部分资金不是股东的资本，但可利用这些资金为股东带来利益。债权性融资主要有向金融机构贷款和发行企业债券两种形式。发行企业债券有较多的政策规定，所以，目前初创中小企业主要采用向金融机构贷款的方式。债权融资的工具有抵押贷款、信用贷款、质押贷款等，国际债权融资的工具有银行保函、银行备兑信用证融资，此外还有资产锁定融资。

（三）政府基金

目前政府为了支持中小企业的发展建立了许多基金，比如中小企业发展基金、创业基金、科技发展基金、扶持农业基金、技术改造基金等。这些基金的特点是利息低，甚至免利息，偿还的期限长，甚至不用偿还。但是要获得这些基金必须符合一定的政策条件。

（四）企业保留盈余

企业保留盈余主要是企业增加投资时用应付给股东的利润进行再投资，其融资的性质相当于股权融资。这种方式比较适合股份有限公司。

此外，像融资租赁、孵化器融资、政府的拨款等等往往也成为创业投资的补充，创业投资者可以根据所创企业的特点多方面地加以考量。

三、非正式的风险投资

常见的非正式风险投资主要指天使投资（angel capital）。天使投资是自由投资者或非正式风险投资机构对原创项目或小型初创企业进行的一次性前期投资。天使投资虽然是风险投资的一种，但与其他风险投资有较大的差别：天使投资是一种非组织化的创业投资形式，其资金来源大多是民间资本，而非专业的风险投资商；天使投资的门槛较低，有时即便是一个创业构思，只要有发展潜力，就能获得资金，而风险投资一般对这些尚未诞生的企业兴趣不大。天使投资具有“三高”特征：

（1）高科技，投资对象多为处于种子期和初创期的中小型高新技术企业，投资目的不是项目本身，而是高新技术背后潜在的巨额利润。

（2）高风险，从投入到退出一般需经过 3～7 年，因而具有较大的投资风险。

（3）高回报，每年的投资回报率约在 30%左右。

四、权益性战略投资

战略投资者通常和被投资公司处于同一或相近行业，除了提供资金外，可以在技术、管理、客户、供应商等行业资源上给予被投资公司直接帮助。战略投资者的投资目的相对比较复杂，除了获取经济回报外，战略目的往往是其投资的主要动因，比如进军新市场、开拓新渠道等等。因此，战略投资者相对更偏向长线投资，不像大多数金融投资者那样着急地套现。通常，战略投资也是权益性的。因此，战略投资者和公司之间的谈判当然也就更谨慎，更花时间。

虽然对初创企业来说，来自金融投资者的投资数量远远高于战略投资者，但是如果你有战略投资者的渠道，也一定不要忽视。

五、风险投资

风险投资（venture capital），又称创业投资，具体地说，风险投资是由专门的投资机构向具有巨大发展潜力和高风险的中小高科技企业或高成长企业提供权益性资本，并辅之以管理，追求最大限度的资本增值利得的投资行为。关于风险投资在第 5 章还要详细论述。

对一个追求高成长的创业者来说，积极寻找风险投资也是融资方式的一个重要选择，如果成功，创办的企业会实实在在地获得风险投资商的支持，从而实现自己的创业梦想。即使没有获得投资，也可以使你的创意更具可行性和计划书更加完备，让你在组织能力、表达能力和实际商业运作能力方面更趋向成熟，并且学会如何向风险投资商和投资公司展示自己的创业潜力，并有效地推广自己的创业项目。

知识拓展：神话与现实

关于创业者和创业成功的民间传说、经典故事是那样经久不衰，即使在这个高度信息化、快速进步的时代同样如此。人们对企业创始人和创业过程的了解从没有像现在这样多。

某些神话总是一再地得到人们的关注和青睐。但这里有一个问题：普遍规律虽然对某些特定类型的创业者和情况适用，但创始人的特殊性却向普遍规律提出了挑战。

神话1——创业者无法塑造，而是天生的

现实情况是，即使创业者天生就具备了特定的才智、创造力和充沛的精力，这些品质本身也不过是未被塑形的泥巴和未经涂抹的画布。创业者是通过多年积累相关技术、技能、经验和关系网后才被塑造成功的，这当中包含许多自我发展历程。具有至少10年或10年以上的商业经验，才能识别出各种商业行为，并获得创造性的预见能力和捕捉商机的能力。

神话2——任何人都能创建企业

现实情况是，创业者如果能识别思路和商机之间的区别，思路开阔，他们创办企业成功的几率就比较大。即使运气在创业成功中很重要，充分的准备仍是必要条件。创办企业还只是最简单的一步，更困难的是要生存下来，持久经营，并把企业发展成最终可以使创办者喜获丰收的企业。能够存活10年以上的企业里，10～20家中大约只有1家最后可以给创办人带来收益。

神话3——创业者是赌博者

现实情况是，成功的创业者会预期风险，小心翼翼。在有选择的情况下，他们通过让别人一起承担风险、避免或最小化风险来左右成功与失败的倾斜方向。他们常常把风险分割成可接受、可消化的小块；那时，他们才肯付出时间和资源，看哪部分风险—收益划得来。他们不会故意承担更多的风险，不会承担不必要的风险，当风险不可避免时，也不会胆怯地退缩。

神话4——创业者喜欢单枪匹马作战

现实情况是，想要完全拥有整个公司的所有权和控制权，只会限制企业成长。单个创业者通常只能达到维持生计的状态。想单枪匹马地发展一家高潜力的企业是极其困难的。高潜力的创业者会组建自己的团队、自己的组织，然后是自己的公司。

神话5——创业者是自己的老板，他们完全独立

现实情况是，创业者离完全独立相差很远，他们需要为很多人服务，其中包括合伙人、投资者、顾客、供应商、债权人、雇员、家庭以及其他社会和社区义务的相关方。但是，创业者可以自由选择是否、何时以及做些什么以对他们作出响应。而且，要单枪匹马地获得超过100万美元～200万美元的销售额是极其困难的，可以说，这几乎是不可能的。

神话6——创业者比公司的经理工作时间更长，工作更努力。

没有证据证明，所有创业者都比公司里与他们地位相当的人工作得更多。有一些可能工作得多一些，有些则不是。事实上，一些研究报告表明，他们工作得更少。

神话7——创业者承受更多的压力，付出更多

现实情况是，做一个创业者是有压力的、是辛苦的，这一点毫无疑问。但是没有证据证明，创业者比其他高要求的专业职位的工作人员承受更大的压力，而且创业者对他们的

工作往往非常满意。他们有很高的成就感，他们更健康，而且不太容易像那些为别人工作的人那样轻易退休。创业者中说自己“永远也不想退休”的人是公司经理的 3 倍。

神话 8——创立公司是冒风险的事情，而且到头来通常以失败告终

现实情况是，有才能、有经验的创业者追逐的是有吸引力的商机，而且能够吸引使企业顺利运作的合适人才、必要资金及其他资源，所以他们带领的往往是成功的企业。而且，即使企业失败了，并不能说创业者也失败了。失败常常是对创业者的经验和技能改进的过程。

神话 9——资金是创立企业最重要的要素

现实情况是，如果其他资源和才能已经存在，资金自然随之而来；但是如果创业者有了足够的资金，成功不一定会随之而来。资金是新企业成功因素中最不重要的一项。资金对于创业者而言就像颜料和画笔对于画家那样，它是没有生命的工具，只有被适当的手所掌握，才能创造奇迹。资金同样只是创立企业的一种方式，其本身并不是最终归宿。创业者因为乐于体验创业带来的兴奋而获得自身的成长和成功；事情总是这样，当一个创业者赚了几百万元甚至更多时，他还是会无止境地工作，憧憬着创建另一家公司。

神话 10——创业者必须年轻并且精力充沛

现实情况是，这些特征虽然会对成功有所帮助，但年龄绝不是障碍。创立高潜力企业的创业者其平均年龄是 35 岁左右，60 多岁才开始创办企业的创业者也为数甚多。关键是要掌握相关的技术、经验、关系网，它们非常有助于识别和捕捉商机。

神话 11——万能的金钱是创业者唯一的驱动因素

现实情况是，高潜力企业的创业者更多是被创建企业实现长期的资本收益所驱动，而不是高额薪水、奖金这样立即可以获得的报酬。个人的成就感、对自己命运的把握、实现他们的期望和梦想也是强有力的动机。金钱只是创立企业的工具和方式。

神话 12——创业者追求权力，喜欢控制别人

现实情况是，成功创业者的驱动力量来自对责任、成就和结果的追求，而不是为了权力本身。他们因获得的成就和超越竞争对手而显得有活力，而不是为了满足主宰和控制他人的个人权力欲。由于他们的成就，他们可能变得有权力、有影响力，但这些只是创业过程的副产品，而不是隐藏其后的驱动力。

神话 13——如果创业者是有能力的，只需 1～2 年，他们就会成功

现实情况是，风险投资家有一句古老的格言：柠檬只要两年半就成熟了，但珍珠需要 7～8 年才能孕育成功。几乎没有一家新企业可以在少于 3～4 年的时间里打牢基础。

神话 14——任何一个有良好思路的创业者都能获得风险投资

现实情况是，在创业者具有好思路的情况下，100 家寻求风险资本资助的企业中只有 1～3 家最终获得成功。

神话 15——如果创业者拥有足够的启动资金，他就一定不会失败

现实情况是，事实恰恰相反；也就是说，如果企业创立初期资金过于充分，常常会出现安乐感和类似被宠坏的孩子的症状，缺乏约束和冲动性花费通常会导致严重的问题和失败。

神话 16——创业者是孤独的狼，他们无法与其他人一起工作

现实情况是，最成功的创业者通常是组建优秀团队的领导，他们与同事、顾问、投资者、重要顾客、关键供应商等等保持有效的工作关系。

神话 17——除非你 SAT 和 GMAT 的分数达到 600 分以上，否则你就永远不可能成为成功的创业者

现实情况是，创业者的智商只是创造力、动机、正直、领导才能、分析能力、对付模糊性和劣势等品质组合中一个特定的成分而已。

实验设计：商机筛选

多数老练的私人股权投资者和风险资本家在选择投资项目时，100 个创业计划中被选中的不会超过 5 个，从这两个数字中我们可以看出筛选优秀的创业思路有多么重要。实际上，能否快速高效地放弃某些创业思路对创业者来说是项很重要的技能。要放弃这些思路，就等于说你在形成这些想法的过程中所付出的热情和精力都付诸东流，这会使我们十分矛盾。下面我们提供一个解决该问题的方法的练习，叫“快速筛选”，它会帮助你在一个小时左右的时间内把思路理清并快速评估。除非该思路有下面提到的四项锁定标准做支撑，或你相信思路可以改进，使之符合该四项条件，否则你就会在一项很小的思路上浪费大量时间。“快速筛选”可以平时练习，以备己需。

一、市场和利润率相关问题

标准	较高潜力		较低潜力	
需求/愿望/问题	已识别出		未被关注	
客户	可以接触到并且客户愿意接受访问		接触不到/是其他公司的忠诚客户	
用户的回报期	小于一年		大于三年	
增加的价值或创造的价值	*IRR* 大于 40%		*IRR* 小于 20%	
市场规模	3.5 亿元～7 亿元		小于 7 000 万元或大于 70 亿元	
市场成长率	大于 20%		小于 20%且在缩减	
毛利率	大于 40%且能持续		小于 20%且难以持续	
总体潜力				
1. 市场占有率		高	中	低
2. 利润率		高	中	低

二、竞争优势

标准	较高潜力	较低潜力
固定和可变成本	很低	很高
控制程度	较强	较弱
价格和成本	低	高
供应和分销渠道	分散	集中
竞争者进入壁垒	可以创造	弱/没有
专利权优势	具有防御性	无
交货周期（产品、技术、资源等）	快捷	迟缓
服务链	强优势	没有优势
合约优势	排他性合约	无合约
关系网络	能接触到关键人物	接触到的关键人物有限
总体潜力	高　　　　中	低
1. 成本		
2. 渠道		
3. 进入壁垒		
4. 时机		

三、价值创造和实现问题

标准	较高潜力	较低潜力
税后利润	10%～15%或更多且持久	小于 15%且不能持续
达到盈亏平衡所需时间	小于两年	大于三年
获得正现金流所需时间	小于两年	大于三年
投资回报率	40%～70%或更多且持久	小于 20%且不能持续
价值	高价值战略	低价值战略
资本要求	低到中等，找得到投资	很高，很难找到投资
退出机制	首次公开上市	变现能力差的投资
总体价值创造潜力	高　　　　中	低
1. 时机		
2. 利润/自由现金流		
3. 退出/清算		

四、总体潜力

标准	做	不做	如果……就做
1. 利润和市场			
2. 竞争优势			
3. 价值创造和实现			
4. 匹配度，天时、地利、人和			
5. 风险回报平衡			
6. 其他知道的可能造成失败的问题			

第3章 创业风险管理

案例导读　　三株的兴衰

1989年，吴炳新跟已经大学毕业的儿子吴思伟来到了安徽，在淮南开发区注册了淮南大陆拓销公司。当时生物制品“851”刚刚问世，淮南大陆拓销公司成了该制品的代理商，这也是吴氏父子涉足保健品产业的第一步，他们很快从充满暴利的保健品市场中尝到了甜头。也是在这一年年底，上海市松江县五里塘乡工业公司与上海交通大学合作推出的昂立一号口服液问世，吴炳新又主动与之联系，成功地承担了宣传、推广和销售的任务。1990年，自认为已经挖掘到了“第一桶金”的吴氏父子决定离开经济不甚发达的安徽，实行战略转移。吴炳新北上山东济南，成立了济南大陆拓销公司；而吴思伟则转战江苏南京，创办了南京克立新工贸有限公司，以经销昂立一号为主营业务。1994年，以吴炳新为首的济南大陆拓销公司与其子吴思伟的南京克立新工贸有限公司合并，成立了济南三株实业有限公司。

济南三株实业有限公司成立后，即推出产品三株口服液。三株口服液公布的主要成分为“双歧杆菌”，与昂立一号相同，双歧杆菌是人体肠道内大量存在且对人体健康有益的一种微生物，它的主要功能是改善人体的消化吸收功能。三株口服液的医学效果是“通过口服进入肠道并繁殖，从而达到治理人体环境之目的、保健之功效”。

三株鼎盛时在全国各地有几百家产品销售公司，按层次分为总公司、产品营销中心、战区指挥部、子公司、分公司、工作站等六级组织，有十几万销售人员。三株的营销网络是基于地理区划和人口密度建立的。这张网络密集地分布在整个中国的城市和农村，有了这张密布的网，三株对市场的开发结果可谓“疏而不漏”。

三株总裁吴炳新强调：要通过理论宣传占领消费者的思想阵地；通过效果宣传激发消费者的购买欲望。广告宣传在三株口服液推广中起着最为关键的作用。三株的营销战略可以用铺天盖地的广告轰炸和充满热情的人海战术来概括。其连续几年的广告宣传费用投入产出比（广告投入与销售收入之比）超过25%，1995年更达到30.6%。三株公司营销渠道到达的地方，其宣传品基本上可以做到进入每一个家庭，大部分地区广告的人口覆盖率保持在96%以上。在中心城市，每到周末，三株就会聘用一些医院的医生走上街头开展义诊活动，而其主旨则是推销三株口服液；到了后期，三株更把这种义诊风刮到了乡镇、农村。据不完全统计，三株每年在全国起码要举办上万场这样的义诊咨询活动。

在中国第一营销网络和轰炸式广告宣传的支持下，三株口服液在推出市场伊始就取得了巨大的成功；推出市场当年即实现了销售收入超亿元，之后销售收入连续攀升，1995年在保健品市场整体萎缩的大环境下取得销售收入33.5亿元，1996年取得销售收入80.6亿元。在短短几年内，员工也由开始的30多名发展到6 000多名，到后来发展到15万名，利润由1994年的48万元增加到1996年的近8亿元，创造了中国保健品市场的神话，发展速度让人惊叹！在1996年三株取得辉煌成功的背景下，吴炳新提出了建造三株“日不落生物王国”的口号，并要求在1997年三株销售额“保200亿元，争260亿元，冲刺300亿元”。

就在吴炳新父子看似前景无限光明的时候，发生了常德事件：1996年6月3日，湖南常德汉寿县的退休老船工陈伯顺在三株“有病治病，无病保健”的广告承诺下，花428元买了10瓶三株口服液。据陈家人介绍，患老年性尿频症的陈老汉服用了两瓶口服液后夜尿减少，饭量增多，但一停用又旧病复发；当服用了3～4瓶时，老汉出现遍体红肿、全身瘙痒的症状；第8瓶服完，陈老汉全身溃烂，流脓流水。6月23日，老汉被送到县医院求诊，医院诊断其为“三株药物高蛋白过敏症”。之后，陈老汉病情不断反复，9月3日死亡。陈老汉死后，其妻子、儿女一纸诉状把三株告到了常德中级人民法院。

此案发生时，正值三株口服液红遍全中国之际，跟其他许许多多与三株有关的诉讼案件一样，此案件只在湖南当地很小的范围内传播，远没有演变成一件全国性的新闻事件。案件的审理也因种种原因一拖再拖，几乎要不了了之。可是到了1997年底，案件突然峰回路转。1997年初，常德中级人民法院把陈老汉未服用的两瓶三株口服液送至中国药品生物制品检定所作检定。该所最终拿出一份鉴定号为SJIS970667的报告，称：“未检出双歧杆菌等活菌；豚鼠过敏试验阳性；小鼠安全毒性试验阳性并经病理检查，心、肺、肝、脾、肾和胸腺均有病理改变。该检品为不合格制品。”

据此报告，1998年3月31日，常德中级人民法院作出三株公司败诉的一审判决，要求三株向死者家属赔偿29.8万元。

至此时，由于各种原因，常德一案已引起国内媒体的普遍关注。一审判决后，当即有20多家媒体进行了报道，有的文章标题甚至写为“八瓶三株口服液喝死一条老汉”。

这一爆炸性新闻，对于已经处在风雨飘摇中的三株无疑是毁灭性打击。吴炳新承认，“三株陷入创业以来最困难的时期”。据说他在得知这个判决后大病20天，医生下达了病危通知书，病中他还在喃喃道：“我不要求什么，只想给民族做点事，如果不让我做，我就不做了。”

“吃死人”新闻的曝光对一家完全依靠信誉和质量来支撑品牌的保健品公司而言意味着什么是不言而喻的。从1998年4月下旬开始，三株的全国销售量急剧下滑，月销售额从数亿元一下子跌到了不足1 000万元，生产三株口服液的两个工厂全面停产，6 000名员工放假回家，口服液的库存积压达2 400万瓶，相当于市场价值7亿元。

面对风雨飘摇的三株，吴炳新使出浑身解数，包括与骨干干部签订终身合同以稳定经理骨干层；加强内部管理监控以制止日益膨胀的官僚主义、贪污和浪费现象；坚持在常德事件中与对方对簿公堂以证明三株的清白。然而这一切努力最终却未能挽救三株。1999年4月，三株的200多个子公司全部停业，几乎所有的工作站和办事处全部关闭。2000年，三株企业网站消失，全国销售近乎停止。

令人特别慨叹的是，1999年4月，三株公司已经烟消云散、风流不再，却突然爆出一条新闻：三株公司在汉寿县老汉陈伯顺的官司二审中胜出。这是一个迟到的“胜出”，对于已经陷入万劫不复深渊的三株来说，它除了能够证明自己在陈伯顺一案中的确清白之外，已不再能证明什么了。

吴炳新痛言，一起不明不白的官司，让三株损失了数十亿元。数以百计的新闻媒体也纷纷报道了三株胜诉的新闻，可是，整个舆论的走向却已经显得十分冷静了，大家谈论的似乎是一件已经十分遥远的前尘旧事了。曾经在一年前率先报道了“探寻三株破产传闻”的《中国经营报》在这条新闻的最后加了一条余音袅袅的“记者附记”：

> 一件消费纠纷案件几乎毁掉了一家大型企业，这个案件所爆发出的能量应该说是毁灭性的。这件事情使我们思考，消费者走上法庭、维护自身权益的方式是不是有些问题？但是反过来我们也要问：一个年销售额达80亿元的企业如何轻易地被这样一个消费纠纷案打败，这个企业怎会如此脆弱？

据统计，在美国，企业的平均寿命只有5年（我国企业的平均寿命要远低于美国），发达国家的中小高科技企业创业失败的概率为70%，美国NASDAQ股票市场现在交易的股票数量也远低于退市的数量。从上述案例中我们也可以看到，即使企业初创时非常成功，有时也难逃失败的厄运，可见创业风险之高，也凸显了创业风险管理之重要。

学习目标

1. 了解风险的含义及基本特征，掌握创业风险的含义及基本特征
2. 了解创业风险的分类，掌握创业风险的主要来源
3. 了解创业风险识别的过程和方法、创业风险评估的概念及主要方法
4. 掌握创业风险防范和控制的过程和方法

第一节　创业风险管理概述

一、风险的定义与特征

（一）风险的定义

目前，对风险的内涵还没有统一的定义，由于对风险的理解和认识程度不同，或对风险的研究角度不同，不同的学者对风险的概念有着不同的解释，但可以归纳出以下几种代表性观点。

1. 风险是指事件未来可能发生结果的不确定性

A. H. Mowbray（1995）称风险为不确定性；C. A. Williams（1985）将风险定义为在给定的条件下和某一特定的时期内，未来结果的变动；March 和 Shapira 认为风险是事件可能发生结果的不确定性，可由收益分布的方差测度；Brnmiley 认为风险是公司收入流的不确定性；Markowitz 和 Sharp 等将证券投资的风险定义为该证券资产的各种收益率可能变动的程度，并用收益率的方差来度量证券投资的风险，通过量化风险改变了投资大众对风险的认识。由于方差计算的方便性，风险的这种定义在实际中得到了广泛应用。

2. 风险是指损失发生的不确定性

J. S. Rosenb（1972）将风险定义为损失的不确定性，F. G. Crane（1984）认为风险意味着未来损失的不确定性，Biokett，Charnes，Cooper 利用概率进行描述（王明涛，2003）。Ruefli 等将风险定义为不利事件或事件集发生的机会，并将这种观点分为主观学说和客观学说两类。主观学说认为不确定性是主观的、个人的和心理上的一种观念，是个人对客观事物的主观估计，而不能以客观尺度予以衡量，不确定性的范围包括发生与否的不确定性、发生时间的不确定性、发生状况的不确定性以及发生结果严重程度的不确定性。客观学说则是以风险客观存在为前提，以风险事故观察为基础，以数学和统计学观点对风险加以定义的，认为风险可用客观的尺度来度量。例如，佩费尔将风险定义为风险是可测度的客观概率的大小；奈特认为风险是可测定的不确定性。

3. 风险是指可能发生的损害程度的大小

段开龄认为，风险可以引申定义为预期损失的不利偏差，这里所谓的不利是对保险公司或被保险企业而言的。例如，若实际损失率大于预期损失率，则此正偏差对保险公司而言即为不利偏差，也就是保险公司所面临的风险（胡宜达等，2001）。Markowitz 在其他人质疑的基础上，排除可能收益率高于期望收益率的情况，提出了下方风险（downsiderisk）的概念，即实现的收益率低于期望收益率的风险，并用半方差（semivariance）来计量下方风险。

4. 风险是指损失的大小和发生的可能性

朱淑珍（2002）在总结各种风险描述的基础上，把风险定义为：风险是指在一定条件下和一定时期内，由于各种结果发生的不确定性而导致行为主体遭受损失的大小以及这种损失发生可能性的大小，风险是一个二维概念，风险以损失发生的大小与损失发生的概率两个指标进行衡量。王明涛（2003）在总结各种风险描述的基础上，把风险定义为：所谓风险是指在决策过程中，由于各种不确定性因素的作用，决策方案在一定时间内出现不利结果的可能性以及可能发生的损失的程度。它包括损失的概率、可能发生的损失的数量以及损失的易变性三方面内容，其中，可能发生的损失的程度处于最重要的位置。

5. 风险是风险构成要素相互作用的结果

风险因素、风险事件和风险结果是风险的基本构成要素，风险因素是风险形成的必要条件，是风险产生和存在的前提。风险事件是外界环境变量发生预料之外的变动从而导致风险结果的事件，它是风险存在的充分条件，在整个风险中占据核心地位。风险事件是连接风险因素与风险结果的桥梁，是风险由可能性转化为现实性的媒介。根据风险的形成机制，郭晓亭、蒲勇健（2002）等将风险定义为：风险是在一定时期内，以相应的风险因素为必要条件，以相应的风险事件为充分条件，有关行为主体承受相应的风险结果的可能性。叶青、易丹辉（2000）认为，风险的内涵在于它是在一定时期内，由风险因素、风险事故和风险结果递进联系而呈现的可能性。

6. 利用对波动的标准统计测量方法定义风险

1993 年发表的 30 国集团的《衍生证券的实践与原则》报告中，将已知的头寸或组合的市场风险定义为：经过某一时间间隔，具有一定置信区间的最大可能损失，并将这种方法命名为 value at risk，简称 var 法，并竭力推荐各国银行使用这种方法；1996 年，国际清算银行在《巴塞尔协议修正案》中也允许各国银行使用自己内部的风险估值模型去设立对付市场风险的资本金；1997 年，P. Jorion 在研究金融风险时，利用“在正常的市场环境下，给定一定的时间区间和置信度水平，预期最大损失（或最坏情况下的损失）”的测度方法来定义和度量金融风险，也将这种方法简称为 var 法（P. Jorion，1997）。

7. 利用不确定性的随机性特征来定义风险

风险的不确定性包括模糊性与随机性两类。模糊性的不确定性，主要取决于风险本身所固有的模糊属性，要采用模糊数学的方法来刻画与研究；而随机性的不确定性，主要是风险外部的多因性（即各种随机因素的影响）造成的必然反映，要采用概率论与数理统计的方法来刻画与研究。

根据不确定性的随机性特征，为了衡量某一风险单位的相对风险程度，胡宜达、沈厚才等提出了风险度的概念，即在特定的客观条件下、特定的时间内，实际损失与预测损失之间的均方误差与预测损失的数学期望之比。它是表示风险损失的相对变异程度（即不可预测程度）的一个无量纲（或以百分比表示）的量。

（二）风险的一般特征

风险具有客观性、普遍性、损失性、不确定性和可变性等特征。

1. 风险具有客观性

风险是不以企业意志为转移，独立于企业意志之外的客观存在。企业只能采取风险管理办法降低风险发生的频率和损失幅度，而不能彻底消除风险。

2. 风险具有普遍性

在现代社会，个体或企业面临着各式各样的风险。随着科学技术的发展和生产力的提高，还会不断产生新的风险，且风险造成的损失有越来越大的趋势。例如，核能技术的运用产生了核子辐射、核子污染的风险；航空技术的运用产生了意外发生时产生巨大损失的风险。

3. 风险具有损失性

只要风险存在，就一定有发生损失的可能，这种损失有时可以用货币计量，有时却无法用货币计量。如果风险发生之后不会有损失，那么就没有必要研究风险了。风险的存在不仅会造成人员伤亡，而且会造成生产力的破坏、社会财富的损失和经济价值的减少，因此，个体或企业积极寻求应对风险的方法。

4. 风险具有不确定性

风险的不确定性主要表现为空间上的不确定性、时间上的不确定性和损失程度的不确定性。事件的结果变动范围越大，则不确定性程度越高，人们对该事件的结果估计会越困难，导致预期与实际的偏差越大。

5. 风险具有可变性

风险的可变性是指在一定条件下风险具有可转化的特性。世界上任何事物都是互相联系、互相依存、互相制约的，而任何事物都处于变动之中，这些变化必然会引起风险的变化。例如，科学发明和文明进步，都可能使风险因素发生变动。即使同一风险事件反复出现，其风险也会随着反复次数的增加而递减。

二、创业风险的定义与特征

（一）创业风险的定义

创业是企业整个生命周期中的孕育期，这一时期的企业具有这些具体特征：可塑性强，创业企业处于孕育过程中，产品线的选择、工艺技术路线、生产设备、厂址选择等变化余地都很大，企业最后建成什么样子，这一时期具有基础性作用；投入大、产出小，在创业期，无论是固定资产还是流动资产都处于投入期，产品产能低、市场还没有被充分开发，因此表现出投入大、产出小的特点；对企业的后续经营影响大，在这个时期，企业各方面工作做得比较好、基础扎实，对企业今后发展就会产生良好的影响，反之，后续发展过程就会急剧放大这一时期的错误，有时会导致无法弥补的损失，甚至企业破产倒闭。

从创业企业的特点可以看出该时期企业风险具有其独有的特征。所谓创业风险就是指风险在创业过程中的具体体现，指由创业环境的不确定性，创业机会与创业企业的复杂性，创业者、创业团队以及投资者能力与实力的有限性，导致创业活动可能偏离预期目标。

（二）创业风险的特征

创业风险就是指风险在创业中的具体体现，其特征就是风险在创业过程中的具体化。

1. 创业风险的客观存在性

创业风险的客观存在性指创业风险是不以企业意志为转移的，是独立于企业意志之外的客观存在。在创业过程中，由于内外部事物发展不确定性的客观存在是其发展过程的特征，因而创业风险也必然是客观存在的，但客观性并不是否定创业风险的主观一面。

2. 创业风险具有相关性

创业风险具有相关性指创业者面临的风险与其创业决策及行为紧密相连，同一风险事件对不同的创业者会产生不同的影响，同一风险事件对同一创业者来说会由于其决策或采取的策略不同而产生不同的风险结果。

3. 创业风险具有损益两面性

一风险事件由于风险的存在，就一定有发生损失的可能，事件在给创业者带来风险的同时一旦取得成功又往往给创业者带来收益，否则也没有承担此风险的必要。因此，创业者一方面要勇于面对风险，一方面又要善于管理风险以使收益达到合理预期。

4. 创业风险具有不确定性

创业过程中创业者面临多种不确定因素，如已有竞争对手的竞争策略、新市场需求的不确定性，新技术应用导致产品质量、数量的不确定性，市场环境的变化，创业团队的能力与稳定性，资金的不足甚至资金链的断裂等等，而且这些因素本身是发展变化的，其变化又是难以预知的，这造成了创业风险的不确定性。

5. 创业风险具有可变性

创业风险的可变性是指在一定条件下创业的内外部条件发生变化，从而引起创业风险的变化，包括创业过程中创业风险性质的变化、创业风险后果的变化，以及出现新的创业风险等。

三、创业风险的来源与分类

（一）创业风险的来源

创业环境的不确定性，创业机会与创业企业的复杂性，创业者、创业团队与创业投资者的能力与实力的有限性，是创业风险的根本来源。研究表明，由于创业的过程往往是将某一构想或技术转化为具体的产品或服务的过程，在这一过程中，存在着几个基本的、相互联系的缺口，它们是上述不确定性、复杂性和有限性的主要来源，也就是说，创业风险在给定的宏观条件下，往往直接来源于这些缺口。

1. 融资缺口

融资缺口存在于学术支持和商业支持之间，是研究基金和投资基金之间存在的断层。其中，研究基金通常来自个人、政府机构或公司研究机构，它既支持概念的创建，还支持概念可行性的最初证实；投资基金则将概念转化为有市场的产品原型（这种产品原型有令人满意的性能，对其生产成本有足够的了解并且能够识别其是否有足够的市场）。创业者可以证明其构想的可行性，但往往没有足够的资金实现其商品化，从而给创业带来一定的风险。通常，只有极少数基金愿意鼓励创业者跨越这个缺口，如富有的个人专门进行早期项目的风险投资，以及政府资助计划等。

2. 研究缺口

研究缺口主要存在于仅凭个人兴趣所做的研究判断和基于市场潜力的商业判断之间。当一个创业者最初证明一个特定的科学突破或技术突破可能成为商业产品的基础时，他仅仅停留在自己满意的论证程度上。然而，这种程度的论证后来不可行了，在将预想的产品真正转化为商业化产品（大量生产的产品）的过程中，即具备有效性能、低廉成本和高质量的产品在从市场竞争中生存下来的过程中，需要大量复杂而且可能耗资巨大的研究工作（有时需要几年时间），从而形成创业风险。

3. 信息和信任缺口

信息和信任缺口存在于技术专家和管理者（投资者）之间。也就是说，在创业中，存在两种不同类型的人：一是技术专家；二是管理者（投资者）。这两种人接受不同的教育，对创业有不同的预期、信息来源和表达方式。技术专家知道哪些内容在科学上是有趣的，哪些内容在技术层面上是可行的，哪些内容根本就是无法实现的。在失败类案例中，技术专家要承担的风险一般表现为在学术上、声誉上受到影响，以及没有金钱上的回报。管理者（投资者）通常比较了解将新产品引进市场的程序，但当涉及具体项目的技术部分时，他们不得不相信技术专家，可以说管理者（投资者）是在拿别人的钱冒险。如果技术专家和管理者（投资者）不能充分信任对方，或者不能够进行有效的交流，那么这一缺口将会变得更大，带来更大的风险。

4. 资源缺口

资源与创业者之间的关系就如颜料和画笔与艺术家之间的关系。没有了颜料和画笔，艺术家即使有了构思也无从实现。创业也是如此，没有所需的资源，创业者将一筹莫展，创业也就无从谈起。在大多数情况下，创业者不一定也不可能拥有所需的全部资源，这就形成了资源缺口。如果创业者没有能力弥补相应的资源缺口，那么要么创业无法起步，要么在创业过程中受制于人。

5. 管理缺口

管理缺口是指创业者并不一定是出色的企业家，不一定具备出色的管理才能。创业活动主要有两种：一是创业者利用某一新技术进行创业，他可能是技术方面的专业人才，却不一定具备专业的管理才能，从而形成管理缺口；二是创业者往往有某种“奇思妙想”，可能是新的商业点子，但在战略规划上不具备出色的才能，或不擅长管理具体的事务，从而形成管理缺口。

（二）创业风险的分类

（1）按风险来源的主客观性划分，可分为主观创业风险和客观创业风险。主观创业风险是指在创业阶段，由于创业者的身体与心理素质等主观方面的因素导致创业失败的可能性。客观创业风险是指在创业阶段，由于客观因素导致创业失败的可能性，如市场的变动、政策的变化、竞争对手的出现、创业资金缺乏等。

（2）按创业风险的内容划分，可分为技术风险、市场风险、政治风险、管理风险、生产风险和经济风险。技术风险，是指由于技术方面的因素及其变化的不确定性而导致创业失败的可能性。市场风险，是指由于市场情况的不确定性导致创业者或创业企业损失的可能性。政治风险，是指由于战争、国际关系变化或有关国家政权更迭、政策改变而导致创业者或企业蒙受损失的可能性。管理风险，是指因创业企业管理不善产生的风险。生产风险，是指创业企业提供的产品或服务从小批试制到大批生产的风险。经济风险，是指由于宏观经济环境发生大幅度波动或调整而使创业者或投资者蒙受损失的风险。

（3）按风险对所投入资金，即创业投资的影响程度划分，可分为安全性风险、收益性风险和流动性风险。创业投资的投资方包括专业投资者与投入自身财产的创业者。安全性风险，是指从创业投资的安全性角度看，不仅预期实际收益有损失的可能，而且专业投资者与创业者自身投入的其他财产也可能蒙受损失，即投资方财产的安全存在风险。收益性风险，是指创业投资方的资本和其他财产不会蒙受损失，但预期实际收益有损失的可能性。流动性风险，是指投资方的资本、其他财产以及预期实际收益不会蒙受损失，但资金有可能不能按期转移或支付，造成资金运营的停滞，使投资方蒙受损失的可能性。

（4）按创业过程划分，可分为机会的识别与评估风险、准备与撰写创业计划风险、确定并获取创业资源风险和新创企业管理风险。创业活动需经历一定的过程，一般而言，可将创业过程分为四个阶段：识别与评估机会；准备与撰写创业计划；确定并获取创业资源；新创企业管理。机会的识别与评估风险，指在机会的识别与评估过程中，由于各种主客观因素，如信息获取量不足、把握不准确或推理偏误等使创业一开始就面临方向错误的风险。另外，机会风险也是该阶段存在的风险之一，即由于创业而放弃了原有的职业所面临的机会成本风险。准备与撰写创业计划风险，指创业计划的准备与撰写过程中遇到的风险，创业计划往往是创业投资者决定是否投资的依据。

因此，创业计划是否合适将对具体的创业产生影响。创业计划制定过程中各种不确定性因素与制定者自身能力的限制，也会给创业活动带来风险。确定并获取创业资源风险，指存在资源缺口，无法获得所需的关键资源，或即使可获得，获得的成本较高，从而给创业活动带来一定风险。新创企业管理风险，主要包括管理方式、企业文化的选取与创建，发展战略的制定，组织、技术、营销等各方面的管理中存在的风险。

（5）按创业与市场和技术的关系划分，可分为改良型风险、杠杆型风险、跨越型风险和激进型风险。改良型风险，是指利用现有的市场、技术进行创业所存在的风险。这种创业风险最低，但经济回报有限，一方面会遭遇已有市场竞争者的排斥或进入壁垒的限制，另一方面即便进入了市场，要占有一定的市场份额也非常困难。杠杆型风险，是指利用新的市场、现有的技术进行创业存在的风险。该风险稍高，对一个全球性公司来说，这种风险往往是地理上的，常见于挖掘未开辟的市场，如彩电行业，以及利用原有技术进入新市场时。跨越型风险，是指利用现有市场、新的技术进行创业存在的风险。该风险稍高，主要体现在创新技术的应用方面，这往往反映了技术的替代，是一种较常见的情况，常见于企业的二次创业，领先者可获得一定的竞争优势，但模仿者很快就会跟上。激进型风险，是指利用新的市场、新的技术进行创业存在的风险。该风险最大，如果市场很大，可能会带来巨大的机会，对于第一个行动者而言，其优势在于竞争风险较低，但是知识产权保护力度很弱，市场需求不确定，确定产品性能有很大的风险。

（6）按创业过程中技术、市场与管理因素的关系划分，可分为技术风险、市场风险和代理风险。其中，技术风险和市场风险在前面已提过，这里就不再赘述。代理风险，是指高级经营管理人才、组织结构以及生产管理等能否适应创业企业的快速增长或战胜创业企业危机阶段的动态不确定性因素的风险。这三类风险之间相互作用，使得创业企业运作的各个层面上诸多因素的不确定性更加复杂，并且在创业企业不同的发展阶段上，各因素的风险性质也将产生一定的变化。

第二节　创业风险识别与评估

用“生于忧患，死于安乐”8 个字来诠释创业过程恰如其分。在经济生活中，类似的行为很多。想创业的人只有两种，那就是“一定赚”和“不能赔”，但真正踏向创业之路后，也会有两种人，那就是“从第一天就要赚”和“按照计划赔”两种类型。这种态度的转变最起码说明一个事实：创业与风险是并存的。为什么有些企业会由强变弱，最终惨遭淘汰？尽管这些企业失败的原因各不相同，但有一点是共同的，即缺少忧患意识和危机意识。成功的创业者总能在危机中发现机会，规避风险。安而忘危，缺少远虑，对面临的危险认识不足、准备不足，最终会导致企业失败。企业的发展始终伴随着风险，对初创企业而言，最大的风险就是缺乏危机意识。初创企业往往只看到企业发展的有利因素，而忽视了潜在的风险，从而导致创业失败。创业风险管理虽然不能避免风险事件发生，但是可以未雨绸缪做好充足的准备，是避免创业失败的关键。

一、创业风险识别

（一）概念

创业风险识别就是创业者逐渐认识到自己在哪些方面面临风险以及风险结果的过程，是创业者依据创业活动的迹象，在各类风险事件发生之前运用各种方法和工具对风险进行的辨认和鉴别，是系统地、连续地发现风险的过程。创业者不仅要识别如国家政策、市场需求变化等显性风险，还要识别某一形势变化的连锁反应所可能带来的半显性风险，同时还要识别遭遇突发事件的隐性风险。

（二）过程

创业风险的识别需要确定三个相互关联的因素：（1）风险来源，即时间、费用、技术、法律等；（2）风险事件，给创业企业带来消极影响的事件；（3）风险征兆，指判断风险存在的指标，或者实际风险事件的表现。风险识别凭借对“因”和“果”（将会发生什么和导致什么）的认定来实现，或通过对“果”和“因”（什么样的结果需要予以避免或促使其发生，以及怎样发生）的认定来完成。风险识别的过程包括输入、工具和方法、输出三个部分，如图 3—1 所示。

（三）方法

创业风险的识别工具与方法有：

（1）专家判断。包括同行评议、德尔菲法、层次分析法等，一般由适当的专业人士组成专家组就中心议题发表意见，通过统计和整理结论，集中群体智慧和专业经验。这种方法与评估人员单独分析相比，具有较高的可靠性，能够深入挖掘一些需要专业判断的特殊风险。这种方法的有效性依赖于专家组构成的合理性，以及采用有效的机制处理专家意见的冲突和一些非共识性问题。

（2）情景分析。通过数字、图表、曲线对某状态进行描绘、分析，说明某因素变化会产生什么结果。其可靠性取决于能否有效地把握因素之间的系统联系。敏感性分析、故障树是情景分析的衍生。

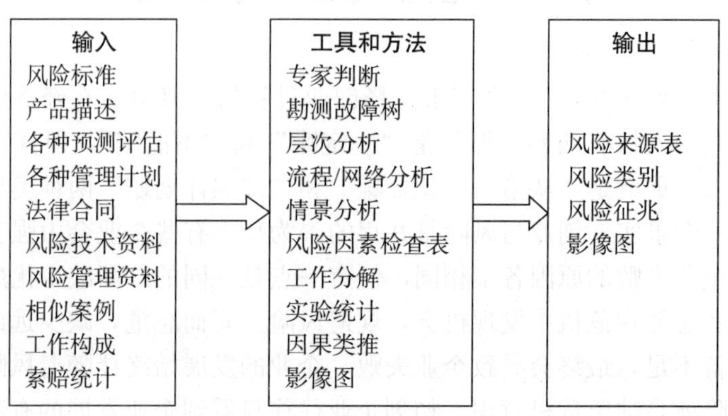

图 3—1　风险识别过程

（3）流程、网络分析。通过建立创业系统流程图、实施流程图、作业流程图（工作分解），或者反映工作因素相互关系的网络图，从风险可能存在的环节、因素之间的影响入手，分析风险的起因，以及传递过程对风险的影响。流程、网络分析能够反映风险系统的内部关系。

（4）风险回顾。包括风险因素检查表、历史类比等，其共同特点是将已经发生过或可能发生的风险列举出来，供评估人员判断是否存在类似风险，具有开阔思路、启发联想的作用。缺点是依赖于资料的收集范围，可能遗漏某些重要的风险；难以反映风险的系统关系。风险回顾技术的新发展是数据挖掘和统计（如人工神经网络），它们能够更为可靠地把握因素之间的历史规律。

二、创业风险评估

（一）创业风险评估的概念

风险评估包括将风险识别的结果与预先设定的风险准则相比较，或者在各种风险的分析结果之间进行比较，以确定风险的等级的过程。风险评估利用风险识别过程中所获得的对风险的认识，来对未来的行动进行决策。道德、法律、资金以及包括风险偏好在内的其他因素也是决策的参考信息。

进行风险评估时尤其应该清楚以下事项：

（1）组织的环境信息和目标；

（2）组织可容忍风险的范围及类型，以及对于不可接受风险的处理方式；

（3）风险评估的方法和技术，及其对风险管理过程的促进作用；

（4）组织内部各部门和人员对于风险评估活动的义务及权利；

（5）开展风险评估的可用资源；

（6）如何进行风险评估的报告及检查；

（7）风险评估活动如何整合进组织日常运行中。

（二）创业风险评估的方法

1. 评估的主要方法

创业风险评估的过程包括输入、工具和方法、输出三个部分。理想的输出一般要求评估工具：（1）能反映风险的先后顺序、相互转化关系；（2）能挖掘风险的因果关系，满足风险管理策略的需要；（3）能提高风险量化的可靠性。

（1）主观综合评判方法。一般通过建立度量风险的指标体系对指标进行量化，然后采用归一法、加减乘除法、加权的方法对指标值进行综合处理。具体包括主观评分法、层次分析法（AHP）、模糊综合评判。其优点是较为简便，适合风险结构不复杂的场合。缺点是假设各种风险元素的关系是线性可加的，不考虑风险的内在联系，对复杂系统风险的评估缺乏可靠性；评估的效果受指标体系的完整程度、权重设置、计算方法的限制。

（2）概率分析方法。这种分析方法将风险变量的均值与标准差结合到表示项目总风险指标的均值与标准差中去。使用这种方法处理变量间存在的相关问题时需要作出一定的假设。例如，在与总风险有关的风险元素间只进行加法或乘法运算，相加或相乘的元素是相互独立的或线性无关的等。决策树法、概率树法是这一方法的代表。分析方法的另一个分支是现金流分析，它仅考虑到各种风险因素的综合影响后果，并不详细追究风险因素具体有哪些，风险到底有多大。在估计各风险因素的综合影响时，主要依靠经验或者概率论。

（3）模拟方法。这种方法需要风险分析人员列举项目的风险变量及其相互关系。蒙特卡罗（Monte Carlo）模拟法是这一方法的代表，它借助对未来事件的概率估计及随机模拟，在解决难以用数学分析方法求解的动态系统问题上具有优越性。模拟方法并未涉及如何构造所研究问题的整体框架，如何将决策者、管理人员、工程技术人员的专长结合起来挖掘各自的知识。大量的因素被含糊地、抽象地包含在概率估计中。

2. 创业风险评估技术的选择

一般来说，合适的技术应具备以下特征：

（1）适应相关情况或组织；

（2）得出的结果应加深人们对风险性质及风险应对策略的认识；

（3）应能按可追溯、可重复及可验证的方式使用。

（4）应从相关性及适用性角度说明选择技术的原因。在综合不同研究的结果时，所采用的技术及结果应具有可比性。

一旦决定进行风险评估并且确定了风险评估的目标和范围，那么就应根据如下适用的因素来选择一种或多种评估技术。

（1）目标：风险评估的目标对于使用的方法有直接影响；

（2）决策者的需要：某些情况下作出有效的决策需要充分的细节，而某些情况下可能只需要对总体进行大致了解；

（3）所分析风险的类型及范围；

（4）结果的潜在严重程度；

（5）修改/更新风险评估的必要性：一些评估结果可能在将来需要修改或更新，在此方面，某些方法比其他方法更易于调整；

（6）法律、法规及合同要求等。

只要满足评估的目标和范围，简单方法应优于复杂方法被采用。

此外，其他几类因素对风险评估技术选择的影响更值得关注，例如，组织的现有资源及能力、不确定性因素的性质与程度，风险的复杂性与潜在后果等。

第三节　创业风险的防范与控制

一、创业风险防范

（一）风险规避

风险规避就是通过规避创业风险因素来规避可能产生的潜在损失或不确定性，风险规避实质上是拒绝承担风险。典型的风险规避的例子包括减少创业投入以排除风险，拒绝签订合同等。风险规避更多的是针对那些可以规避的特定风险。通常，风险规避与签约前谈判有关，但它也可以应用于创业实施过程中所作的决策。

（二）风险转移

风险转移是风险管理中广泛采用的一项对策。所谓风险转移是将风险转移给另一方承担，转移风险既未排除风险，也不会减少风险的影响程度，此外，风险的最终承担者会要求获得风险费用。风险转移方式包括保险和合同转移。

1. 保险

保险是最普遍的风险转移方式，保险是指创业者为了创业项目的顺利实施，向保险人（公司）支付保险费，保险人根据合同约定对在创业过程中可能产生的财产和人身伤害承担赔偿保险金的责任，其实质是将创业不确定性转化为一个确定的费用，一般通过创业保险所转移的风险都是纯风险，如自然灾害和意外事故等，担保也是一种重要的风险转移方式。

2. 合同转移

合同转移是指通过签订合同或协商方式将项目风险转移给其他非保险方。在这种方式下，各方之间签订的合同需明确规定各自应承担的风险，从而减少创业者承担的风险。合同转移方式实质上是创业的各个主要参与方共同承担项目风险的一种方式。例如，通过签订固定价合同的形式将资源价格变化的风险转移给承包商，通过签订总价合同的形式将工程量变化的风险转移给承包商，等等。

在大多数情况下，将风险通过合同转移的方式转移给更有经验和更有能力的风险承担者可以有效降低项目的总风险水平，有助于创业者取得更好的效益；但在某些情况下，如果接受风险的一方没有清楚地意识到他们所面临的风险，或没有做好承担风险的准备，或没有足够的能力承担风险，则转移风险可能给这样的风险接受方造成创业者总风险水平的显著增加。例如，创业者可以通过总价合同的形式将工程量变化的风险转移给承包商，但如果承包商经验不足或设计能力不强，就有可能不能正确识别潜在的工程量增加的风险，而且承包商也无法承受这种增加了的工程量，此时如果该风险事件发生，可能会给创业者带来更大的损失。

（三）风险缓解

风险缓解或降低是指把不利的风险事件的发生概率或不利影响降低到一个可接受的水平。风险缓解或降低的一种方法是与其他方分担风险。例如，国际性银行通过向第三世界国家政府或股票市场投资者提供银团贷款来分散其风险，总承包商则通过在分包合同中另加入误期损害赔偿条款来降低其面临的误期损害赔偿风险。

风险缓解措施通常分为降低风险发生概率的措施和降低风险负面影响的措施。

降低风险发生概率的措施：这类措施包括建立使创业项目实施过程前后保证一致的系统，典型的例子包括建立、健全安全保障体系，建立各种应急计划；也可以采取提高合同文本、文件的设计要求，加强审核的方式，减少以后因此类文件出问题的概率，从而降低风险；还可以提高创业项目计划的深度，并加强实施过程中的监控措施，通过缩短控制周期或缩小控制对象的范围降低实施过程中的风险。

降低风险负面影响的措施：这类措施包括建立危机管理和应急处理计划，在风险发生时及时采取措施；通过教育和培训来提高雇员对潜在风险的警觉，如安全管理人员通过对工人的安全培训，使工人知道如何识别并避免不安全因素和特定的危险；还可以采取对人员和财产的保护措施，加大这方面的硬件投入。

（四）风险接受

风险接受，即风险自留，是指创业者承担风险造成的损失。显然，那些造成损失较小、重复性较高的风险是最适合自留的，典型的例子包括机动车保险和医疗保险中的免赔额。风险接受是一种财务性管理技术，风险接受的程度是由所处的金融环境和可能出现的损失决定的。

很多人倾向于选择风险转移对策，但不是所有风险都是可转移的，或者说将这些风险转移是不经济的，这些风险就不得不自留。除此之外，在某些情况下，自留一部分风险也是合理的。例如，工程保险如果采用的是全额保险，那么保险费可能非常高，而如果规定一个合适的免赔额，则可以大大降低保险费。采用风险接受对策时要考虑的相关因素包括保险费的多少、最大可能损失、不投保的可能损失等等。

根据风险管理人员是否意识到风险的情况可以将风险接受对策分为非计划性风险接受对策和计划性风险接受对策。前者发生在风险管理人员没有意识到项目风险存在或低估风险后果的情况下，这种情况在创业项目实施过程中应着力避免；后者发生在风险管理人员经过合理的分析和评价，并主动地转移相关风险潜在损失的情况下。

一般情况下，对战略、财务、运营和法律风险，可采取风险承担、风险规避、风险转换、风险控制等方法。对能够通过保险、期货、对冲等金融手段进行管理的风险，可以采用风险转移、风险对冲、风险补偿等方法。创业企业根据自身业务特点统一确定风险偏好和风险承受度，即企业愿意承担哪些风险，明确风险的最低限度和不能超过的最高限度，并据此确定风险的预警线及采取相应的对策。确定风险偏好和风险承受度，正确认识和把握风险与收益的平衡，防止和纠正忽视风险、片面追求收益，以及认为风险越大、收益越高的观念和做法；同时，也要防止单纯为规避风险而放弃发展机遇。

根据风险与收益相平衡的原则以及各风险在风险坐标图（见图3—3）中的位置，创业企业进一步确定风险管理的优选顺序，明确风险管理成本的资金预算和控制风险的组织体系、人力资源、应对措施等总体安排。同时，企业应定期总结和分析已制定的风险管理策略的有效性和合理性，并结合实际不断修订和完善。其中，重点检查依据风险偏好、风险承受度和风险控制预警线实施的结果是否有效，并提出定性或定量的有效性标准。

二、风险控制

风险控制是整个风险管理工作中最重要的环节，也是风险管理工作的终极目标。风险控制的方法和流程大致可分为三个步骤：首先，制定控制措施；其次，形成控制计划；最后，实施控制计划。

（一）制定控制措施

制定控制措施的目的是确定风险行为的应对态度，指导应对措施的制定。企业应根据风险水平、风险偏好及风险管理的成本收益分析来综合考虑，针对每个风险，根据风险的控制现状，制定有针对性的、切实可行的控制措施，并明确每个措施的完成标志和确定风险应对态度。大体来讲，风险的控制措施主要有风险避免、风险转移、风险降低和风险接受四种类型。风险避免主要涉及完全避免某一具体的威胁或风险，企业应采取各种方法以保证风险不发生。风险转移是指通过采取控制措施，将风险转移给其他主体，包括直接转移和间接转移（例如，将业务/服务外包或委托、投保、收取保证金等）。风险降低是指通过采取控制措施，降低风险发生的可能性或降低风险发生造成的损失程度。风险接受是指对风险采取接受的态度，暂时不采取控制措施。如果风险发生的可能性很低，负面影响小，承担比控制更为经济。

（二）形成控制计划

已制定的控制措施不可能一蹴而就地实施且控制和防范所有的风险，它需要有一个结合企业实际情况的控制计划，并作为企业工作制度或流程的一部分。控制措施形成后，根据实际工作情况和资源配备情况，制定每个控制措施的完成时间（指制度/流程/组织/职能的成文管理文件制定完成的时间，及“其他”类具体活动完成的时间），并严格按照计划执行。

（三）实施控制计划

实施控制计划是风险管理的具体化工作，通过控制计划的实施，达到对企业风险控制的目的。在实施过程中要注意与控制计划的有效衔接和互补，避免计划仅仅停留在纸面上；同时要注意来自实践的反馈：实施控制计划的过程中如果有新的风险类型出现或现有的控制措施难以实现控制的目的，要及时修正、更改控制计划，以保证风险管理工作正常运转。风险控制的工作方法及流程如图3—2所示。

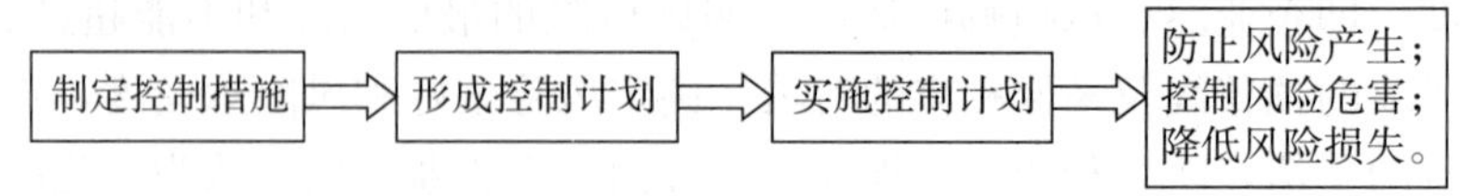

图3—2　风险控制的工作方法及流程图

知识拓展：风险评估的蒙特卡罗方法

蒙特卡罗方法是一种随机模拟数学方法。该方法用来分析、评估风险发生的可能性、风险的成因、风险造成的损失或带来的机会等变量在未来的概率分布。具体操作步骤如下：

（1）量化风险。将需要分析、评估的风险进行量化，明确其度量单位，得到风险变量，并收集相关历史数据。

（2）根据对历史数据的分析，借鉴常用的建模方法，建立能描述该风险变量在未来变化的概率模型。建立概率模型的方法很多，例如，差分和微分方程方法、插值和拟合方法等。这些方法大致分为两类：一类是对风险变量之间的关系及其未来的情况作出假设，直接描述该风险变量在未来的分布类型（如正态分布），并确定其分布参数；另一类是对风险变量的变化过程作出假设，描述该风险变量在未来的分布类型。

（3）计算概率分布初步结果。利用随机数字发生器，将生成的随机数字代入上述概率模型，生成风险变量的概率分布初步结果。

（4）修正、完善概率模型。通过对生成的概率分布初步结果进行分析，用实验数据验证模型的正确性，并在实践中不断修正和完善模型。

（5）利用该模型分析、评估风险情况。正态分布是蒙特卡罗风险方法使用最广泛的一类模型。通常情况下，如果一个变量受很多相互独立的随机因素的影响，而其中每一个因素的影响都很小，则该变量服从正态分布。在自然界和社会中，大量的变量都满足正态分布。描述正态分布需要两个特征值：均值和标准差。其密度函数和分布函数的一般形式如下：

$$\text{密度函数：}\varphi(x)=\frac{1}{\sigma\sqrt{2\pi}}\mathrm{e}^{-\frac{(x-\mu)^2}{2\sigma^2}},-\infty<x<+\infty$$

$$\text{分布函数：}\Phi(x)=P(X\leqslant x)=\int_{-\infty}^{x}\frac{1}{\sigma\sqrt{2\pi}}\mathrm{e}^{-\frac{(-\mu)^2}{2\sigma^2}}\mathrm{d}t,-\infty<x<+\infty$$

其中，μ 为均值，σ 为标准差。

由于蒙特卡罗方法依赖于模型的选择，因此，模型本身的选择对于蒙特卡罗方法计算结果的精度影响甚大。蒙特卡罗方法计算量很大，通常借助计算机完成。

实验设计：风险管理常用方法——风险坐标图

风险坐标图把风险发生可能性的高低、风险发生后对目标的影响程度，作为两个维度绘制在同一个平面上（即绘制成直角坐标系）。对风险发生可能性的高低、风险发生后对目标影响程度的评估有定性、定量等方法。定性方法是直接用文字描述风险发生可能性的高低、风险对目标的影响程度，如“极低”、“低”、“中等”、“高”、“极高”等。定量方法是对风险发生可能性的高低、风险对目标影响程度的具有实际意义的数量描述，如对风险发生可能性的高低用概率来表示，对目标影响程度用损失金额来表示。

表 3—1 列出了某公司对风险发生可能性的定性、定量评估标准及其相互对应关系，供实际操作中参考。

表 3—1　　对风险发生可能性的评估

<table>
<tr><td>定量方法一</td><td>评分</td><td>1</td><td>2</td><td>3</td><td>4</td><td>5</td></tr>
<tr><td>定量方法二</td><td>一定时期发生的概率</td><td>10%以下</td><td>10%～30%</td><td>30%～70%</td><td>70%～90%</td><td>90%以上</td></tr>
<tr><td rowspan="3">定性方法</td><td>文字描述一</td><td>极低</td><td>低</td><td>中等</td><td>高</td><td>极高</td></tr>
<tr><td>文字描述二</td><td>一般情况下不会发生</td><td>极少情况下才发生</td><td>某些情况下发生</td><td>较多情况下发生</td><td>常常会发生</td></tr>
<tr><td>文字描述三</td><td>今后 10 年内发生的可能少于 1 次</td><td>今后 5～10 年内可能发生 1 次</td><td>今后 2～5 年内可能发生 1 次</td><td>今后 1 年内可能发生 1 次</td><td>今后 1 年内至少发生 1 次</td></tr>
</table>

表 3—2 列出了某公司关于风险发生后对目标影响程度的定性、定量评估标准及其相互对应关系，供实际操作中参考。

表 3—2　　风险发生后对目标影响程度的评估

<table>
<tr><td rowspan="7">适用于所有行业</td><td>定量方法一</td><td colspan="2">评分</td><td>1</td><td>2</td><td>3</td><td>4</td><td>5</td></tr>
<tr><td>定量方法二</td><td colspan="2">企业财务损失占税前利润的百分比（%）</td><td>1%以下</td><td>1%～5%</td><td>6%～10%</td><td>11%～20%</td><td>20%以上</td></tr>
<tr><td rowspan="5">定性方法</td><td colspan="2">文字描述一</td><td>极轻微的</td><td>轻微的</td><td>中等的</td><td>重大的</td><td>灾难性的</td></tr>
<tr><td colspan="2">文字描述二</td><td>极低</td><td>低</td><td>中等</td><td>高</td><td>极高</td></tr>
<tr><td rowspan="3">文字描述三</td><td>企业日常运行</td><td>不受影响</td><td>轻度影响（造成轻微的人身伤害，情况立刻受到控制）</td><td>中度影响（造成一定人身伤害，需要医疗救援，情况需要外部支持才能得到控制）</td><td>严重影响（企业失去一些业务能力，造成严重人身伤害，情况失控，但无致命影响）</td><td>重大影响（重大业务失误，造成重大人身伤亡，情况失控，给企业带来致命影响）</td></tr>
<tr><td>财务损失</td><td>较低的财务损失</td><td>轻微的财务损失</td><td>中等的财务损失</td><td>重大的财务损失</td><td>极大的财务损失</td></tr>
<tr><td>企业声誉</td><td>负面消息在企业内部流传，企业声誉没有受损</td><td>负面消息在当地局部流传，对企业声誉造成轻微损害</td><td>负面消息在某区域流传，对企业声誉造成中等损害</td><td>负面消息在全国各地流传，对企业声誉造成重大损害</td><td>负面消息流传到世界各地，政府或监管机构进行调查，引起公众关注，对企业声誉造成无法弥补的损害</td></tr>
</table>

续前表

	定量方法一	评分	1	2	3	4	5
适用于开采业、制造业	定性与定量结合	安全	短暂影响职工或居民的健康	严重影响一位职工或居民的健康	严重影响多位职工或居民的健康	导致一位职工或居民死亡	导致多位职工或居民死亡
		营运	—对营运影响微弱 —在时间、人力或成本方面不超出预算1%	—对营运影响轻微 —受到监管者责难 —在时间、人力或成本方面超出预算1%～5%	—减慢营业运作 —受到法规惩罚或被罚款等 —在时间、人力或成本方面超出预算6%～10%	—无法达到部分营运目标或关键业绩指标 —受到监管者的限制 —在时间、人力或成本方面超出预算11%～20%	—无法达到所有营运目标或关键业绩指标 —违规操作使业务被中止 —时间、人力或成本方面超出预算20%
		环境	—对环境或社会造成短暂的影响 —可不采取行动	—对环境或社会造成一定的影响 —应通知政府有关部门	—对环境造成中等影响 —需一定时间才能恢复 —出现个别投诉事件 —应执行一定程度的补救措施	—造成主要环境损害 —需要相当长的时间来恢复 —大规模的公众投诉 —应执行重大的补救措施	—无法弥补的灾难性环境损害 —激起公众的愤怒 —潜在的、大规模的公众法律投诉

对风险发生可能性的高低和风险对目标的影响程度进行定性或定量评估后，依据评估结果绘制风险坐标图。例如，某公司对9项风险进行了定性评估，风险①发生的可能性为“低”，风险发生后对目标的影响程度为“极低”……风险⑨发生的可能性为“极低”，对目标的影响程度为“高”，则绘制风险坐标图如图3—3所示。

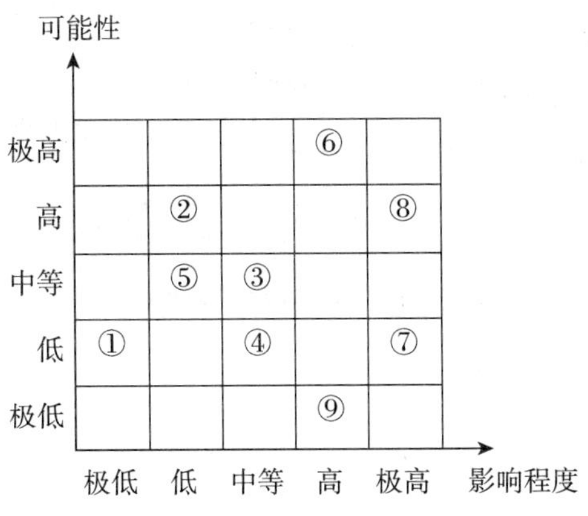

图3—3　9项风险坐标图

如果某公司对7项风险进行定量评估，其中，风险①发生的可能性为83%，发生后对企业造成的损失为 2 100 万元；风险②发生的可能性为 40%，发生后对企业造成的损失为 3 800万元……而风险⑦发生的可能性在 55%～62%之间，发生后对企业造成的损失在 7 500 万元～9 100 万元之间，在风险坐标图中用一个区域来表示，绘制风险坐标图如图 3—4 所示。

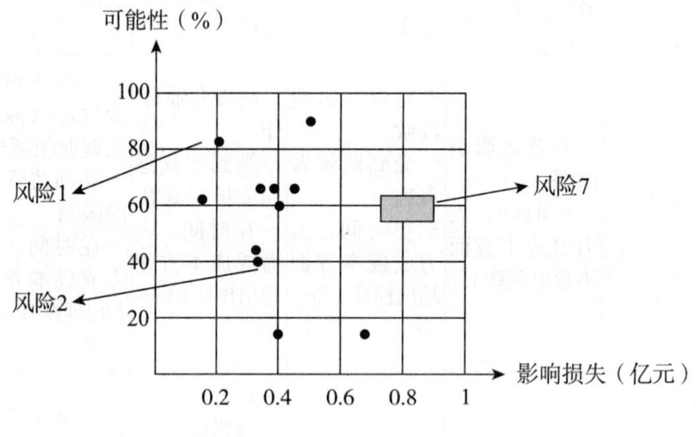

图 3—4　7 项风险坐标图

绘制风险坐标图的目的在于对多项风险进行直观的比较，从而确定各风险管理的优先顺序和策略。例如，某公司绘制了如图 3—5 所示的风险坐标图，并将该图划分为 A、B、C 三个区域，公司决定承担 A 区域中的各项风险且不再增加控制措施；严格控制 B 区域中的各项风险且专门补充制定控制措施；确保规避和转移 C 区域中的各项风险且优先安排实施各项防范措施。

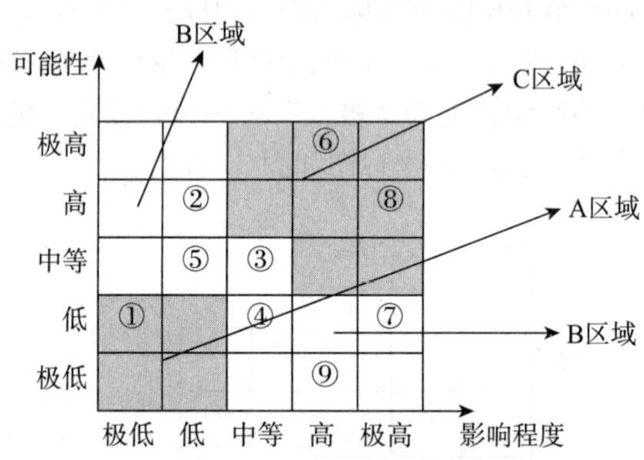

图 3—5　某公司的风险坐标图

第二篇

融资篇

第4章 创业融资导论

案例导读 **“信息王”王维嘉成功融资创业**

1998年7月28日，被称为“信息王”的王维嘉发明了双向个人移动信息机（the double faces individual move information machine，TFMIM），当他在世界上首家推出并开始提供信息服务时，就有分析指出，这种信息机的投入使用标志着未来全球市场总值高达1万亿美元的一个全新产业——个人移动信息产业的诞生。

王维嘉将这一革命性技术和产品带给了世界。美国通用无线通信有限公司（简称“美通”）1994年创办于硅谷。创建之初，王维嘉即把企业的发展方向明确地定位为向个人提供移动信息服务。王维嘉清楚地看到了现代技术的三个主要发展趋势：“第一个趋势就是计算机将从桌面向手持方向发展；第二个趋势是无线通信，包括手机及寻呼机的迅速普及，通信成本的不断下降；第三个趋势则是互联网大爆炸。”

基于这一把握，王维嘉形成了自己的创业理念与发明TFMIM的思路：是否能把这三项当代最重要的技术结合在一起，在掌上通过无线联网方式接入互联网终端；如果可能，那么人们只要轻轻一点，就可以随时随地看到全世界的各种信息了。

对于高新技术企业的创办和发展，资本是不可或缺的关键一环。在美国有600多家风险投资公司，而其中一半都在硅谷。“硅谷的成功首先在于其运行机制，即强大的资本和富有野心的创业者的紧密结合。”王维嘉说，“对于创业者来说，熟悉和了解风险资本家及其运作模式是融资成功的一个关键前提。除此之外，创业者在与风险资本家接触的过程中，还必须有专业化的表现和足够的个性上的坚忍性。”

王维嘉的第一次融资经历就非常富有戏剧性。1993 年底，王维嘉参加了一次风险投资演讲会。会前，他已经有了开发个人移动通信信息终端的创意。临到会议结束时，王维嘉走上演讲台向在场的风险资本家谈了自己的创业思路。一位风险资本家听了他的“故事”后，就给了王维嘉一个电话号码说：“我们找时间再谈。”之后，王维嘉连续三天给那个风险资本家打电话，都没有人接听，但王维嘉每次都耐心地留下语音留言。终于有一天，那位风险资本家给王维嘉回了电话并约定了会面的时间、地点。

当两人见面时，投资家说：“知道我为什么不接电话吗？这实际上是对你的一个测试。如果你连打电话的困难都不能够克服，我肯定不会找你。因为一个创业者必须有不怕困难的基本素质。”

这样，经过 6 个月的谈判，王维嘉终于在 1994 年 7 月份从两家风险投资公司得到了第一笔总额为 200 万美元的风险投资。王维嘉成为大陆赴美华人中得到风险投资商青睐的第一人。

第一次融资的成功不但使王维嘉顺利地开始了他的创业冒险活动，也使他充分了解了整个风险投资运作的机理，从而为他后来的三次融资铺平了道路。1995 年至 1999 年 3 月，王维嘉又分三次分别从 IDG、Intel 等 7 家公司获得风险投资 700 万美元、900 万美元、1 200 万美元。

前后四次，从多达 7 家风险投资公司融入资金总计 3 000 万美元，这个数额不但在大陆赴美的华人圈里是最大的一笔，即使在硅谷众多接受风险资本支持的创业企业中，也位居前列。

学习目标

1. 了解融资的含义及常见融资方式
2. 了解创业融资的含义及特点
3. 掌握常见的主要创业融资渠道及选择策略
4. 理解造成创业融资障碍的主要因素以及产生融资障碍的根源

第一节　创业融资概述

一、创业融资的含义

（一）融资

1. 概念

融资，是指资金的融通。狭义的融资主要是指资金的融入，也就是通常意义的资金来

源，具体是指通过一定的渠道、采用一定的方法、以一定的经济利益付出为代价，从资金持有者手中筹集资金，组织对资金使用者的资金供应，满足资金使用者在经济活动中对资金需要的一种经济行为。广义的融资不仅包括资金的融入，也包括资金的运用，即包括狭义融资和投资两方面。本书从创业企业的角度来研究资金的融入，即狭义的融资问题。

2. 常见融资方式

从融资主体角度可以对创业融资方式作三个层次的划分：第一层次为外源融资（external financing）和内源融资（internal financing）；第二层次根据资金供求双方的交易选择方式（是否通过金融中介的代理选择）将外源融资划分为直接融资（direct financing）和间接融资（indirect financing），根据金融工具的法律性质，可分为权益性资本融资（equity financing，又称股权融资）和债务融资（debt financing）；第三层次则是对直接融资和间接融资再作进一步的细分。

（1）内源融资与外源融资。美国经济学家格利和爱德华·S·肖将融资方式按照企业储蓄与投资的关系分为内源融资和外源融资。从企业的角度看，内源融资是指企业经营活动创造的利润扣除股利后的剩余部分（留存收益），以及经营活动中提取的折旧。折旧是以货币形式表现的固定资产在生产过程中发生的有形和无形损耗，它主要用于重置损耗的固定资产；留存收益是企业内源融资的重要组成部分，是企业再投资或债务清偿的主要资金来源。以留存收益作为融资工具，不需要实际对外支付利息或股息，不会减少企业的现金流量，当然由于资金来源于企业内部，也不需要发生融资费用。

外源融资是指企业通过一定方式从外部融入资金用于投资，包括来自金融中介机构的贷款、企业间的商业信用（trade credit）、通过公开市场（public market）或私人市场（private placement）发行股票、债券和票据等。

外源融资要依靠企业外部的机构或个人获得资金。对于企业的资本形成来说，它具有高效性、灵活性、大量性和集中性等特点。内部融资的资本形成具有自主性、低成本性、抗风险性、有限性等特点，是企业生存与发展不可或缺的重要组成部分。

一般来说，内源融资的成本低，来源有限且不稳定，如果仅仅依靠内源融资，企业的发展会受到很大限制。企业要实现其潜在增长率，必须有外源融资。相对于外源融资，内源融资可以减少信息不对称问题以及与此相关的激励问题，节约企业的交易费用，降低融资成本，也可以增强企业的剩余控制权。内源融资在企业的生产经营和发展壮大中的作用是相当重要的。但是，内源融资能力及其增长要受到企业的盈利能力、净资产规模和未来收益预期等方面的制约。现实中的资金供求矛盾总是存在并推动着外源融资的发展。任何企业在创业发展过程中，都有一个确定内源融资与外源融资合理比例的问题。

（2）间接融资与直接融资。直接融资指企业作为资金需求者向资金供给者直接融通资金的方式，这种方式不必通过金融中介机构，一般是指发行股票和债券等。间接融资则是企业通过金融中介机构间接向资金供给者融通资金的方式，一般是指银行或非银行金融机构的贷款等。

（3）债务融资与权益融资。债务融资是利用发行债券、银行借贷方式向企业的债权人取得资金的方式。从企业融资的渠道看，债务融资可以分为直接债务融资（企业直接发行债券、票据等）与间接债务融资（主要是通过银行获得的贷款）。权益融资又称股权融资、所有权融资，是指企业采用自己出资、政府有关部门投资、吸收直接投资、与其他企业合资、吸引投资基金以及公开向社会公众发行股票等方式，通过出让企业的股权来为企业融得资金的经济活动。在股权融资中，投资者以资金换取公司的股权后，使企业股东之间的关系发生了变化，股东的权利和义务也将进行重新调整，企业发展模式和经营方式随之相应地改变。

（二）创业融资

1. 概念

对创业融资目前的主要认识有：指创业企业发展过程中的种子期、创立期和扩张期的融资行为；指企业发展的早期或创业阶段的融资；主要讨论新企业融资的各种关键问题。本书认为创业融资是指创业企业如何获得初始创建资本以及后续运营资本的过程。创业融资的研究对象是创业企业的融资行为，具体行为包括在一定的融资风险下，如何取得资金，同时使融资成本最小化、创业企业的价值最大化。不同的创业融资行为形成不同的创业融资结构，创业融资行为是否合理可以通过创业企业的融资结构反映出来。

2. 创业融资模式

创业融资模式（started-up financing model）指创业企业在筹措资金时对于不同融资渠道、融资方式和融资条件的选择偏好和倾向。简单地说，就是创业企业不同融资方式的组合。创业企业的融资模式取决于其自身的融资能力、资金需求状况和融资的外部环境等约束因素。对于不同类型和不同发展阶段的企业来说，由于主观和客观因素的制约，在融资过程中必然选择适宜于自身的融资渠道和金融工具，由此形成相对固定的融资方式，即融资模式。一种创业融资模式往往以某一种或几种融资方式为主、其他融资方式为辅，形成多种融资方式相互配合、共同起作用的格局。

创业融资模式与融资方式的关系是，两者都是储蓄向投资转化的方式，但前者的内涵大于后者，融资模式包含融资方式，是多种融资方式的组合。融资模式一般用于研究一个国家或地区在一定时期内采用的主导性融资方式及其与其他融资方式的关系。国际上一般认为，目前市场经济发达的国家具有两种典型的企业融资模式，即以英国、美国为代表的以证券融资方式为主的直接融资模式，以及以日本、德国为代表的以银行融资方式为主的间接融资模式。

二、创业融资的特点

（一）创业企业的融资需求特征

（1）融资市场化。企业在创业初期，自我积累的资金有限，不可能满足创业企业技术创新的高投入需求，从外部市场取得外源融资就成为必不可少的手段。

（2）融资多元化。为了满足多方面的融资需求，创业企业需要从多种渠道、以不同融资方式相结合筹集资金。

（3）融资组合化。首先，不同融资方式融资风险的大小不同；其次，创业企业在不同的发展阶段，面临的技术创新的风险不同，投资者的投资风险也有所区别。技术风险和投资风险的最大值分别出现在创新过程的初期和中前期，中后期的风险逐步减少。根据技术创新的风险和收益的阶段性特征，创业企业在融资过程中应当实施融资组合化，合理、有效的融资组合不但能够分散、转移风险，而且能够降低企业的融资成本和债务负担。

（4）融资社会化。融资社会化是指创业企业的融资需要社会各方面力量的支持，特别是需要政府的引导和扶持。创业企业的发展不仅具有极高的成长性和效益性，而且对国家经济发展具有极为重要的战略意义，创业企业融资离不开国家、机构甚至个人。

（二）创业融资与守成发展阶段融资的特点比较

（1）发展阶段不相同，导致融资决策的特点不同。创业企业由于客观上的信息不对称和主观上的知识积累不足，其创业融资存在着与一般企业融资不同的理念、原则、路径和方法论。创业融资与守成发展阶段融资相比，创业融资的决策常常具有变化速度快和不确定性高的特点。

（2）融资过程中的综合实力差异。企业在创业阶段综合实力弱，风险承受能力有限，风险管理及风险的预警预控在其管理活动中占据重要地位，从而导致单一融资偏好更为明显。

（3）信息的拥有量不同。创业企业对技术、生产、市场方面的信息、知识掌握不足，处于信息不对称状态中的不利位置。

（4）融资的网络、资源不同。融资网络主要指企业与银行等金融部门、创业投资者等之间形成的一种认知关系、合作关系和信用关系网络。创业企业的融资网络呈现单一化、简单化的特点。

第二节　创业融资渠道

融资渠道是指企业筹措资金的方向和通道，体现了资金的来源和流量，了解企业的融资类型和融资方式对企业的生存和发展是极其关键的。按照国外的融资“啄序理论”，源于对融资成本的考虑，企业融资首先选择的应是内源融资，然后是发行可转换债券等债权融资，最后才是考虑股权融资，融资“啄序理论”对创业企业是同样适用的。创业企业融资，首先考虑的应该是内源融资，即创业企业应该先尽可能地实现自有资金的积累。

一、个人创业融资渠道

自有资金的来源除了自我积累、向亲朋好友借款（民间借贷）等方式外，银行借贷亦是重要的渠道。银行借贷主要有以下几种渠道：

1. 个人保证贷款

具有稳定的职业和固定收入、信用良好、有按期偿还贷款本息的能力、无不良历史记录的个人，只要能提供贷款人认可的法人或自然人承担连带责任的保证担保，就可以从银行等金融机构处获得贷款期限最长为 3 年、贷款额度最高为人民币 30 万元的保证贷款。稳定的职业类型原则上限于公务员，事业单位人员，金融、保险、通信、电力、烟草等效益较好的国有大中型企业、律师、三资企业的员工和私营业主等。

2. 个人抵押贷款

需要创业的个人，在不违反《贷款通则》中对贷款用途限制的有关规定的情况下，可以灵活地将个人消费抵押贷款用于创业。如果创业需要购置沿街商业房，可以用拟购商业房作抵押，向银行申请商业房贷款，贷款金额一般不超过拟购商业房评估价值的60%，贷款期限最长不超过10年。因创业需要购置轿车、卡车、客车、微型车以及出租车营运的借款人，还可以办理汽车消费贷款，贷款金额一般不超过购车款的80%，贷款期限最长不超过5年。

3. 个人质押贷款

凡持有本人或他人名下的有价权利凭证，具有完全民事行为能力的自然人，因生产、经营、生活等临时资金周转需要且符合贷款条件的，均可向银行申请办理个人质押贷款。目前主要的商业银行都开展该业务。质押物限于未到期的整存整取、存本取息、大额可转让存单、外币定期储蓄存单、凭证式国债、保险单以及中国人民银行批准的可质押的其他种类的权利凭证等。用储蓄存单质押贷款的，每笔贷款额不超过质押存单面额的80%，外币存款按当日公布的外汇现钞买入价折成人民币计算；用凭证式国债质押贷款的，每笔贷款额不超过质押国债面额的90%。贷款最高限额为人民币10万元。

4. 个人创业贷款

个人创业贷款，是一种专门针对创业或再创业而发放的贷款，由具有一定生产经营能力或已经从事生产经营活动的个人，向银行提出资金需求申请，经银行认可有效担保后发放。符合条件的借款人，根据个人的资源状况和偿还能力，最高可获得单笔50万元的贷款支持；对创业达到一定规模或成为再就业明星的人员，还可提出更高额度的贷款申请。个人创业贷款的期限一般为1年，最长不超过3年。为了支持下岗职工创业，创业贷款的利率还可以按人民银行规定的同档次利率下浮20%，许多地区推出的下岗失业人员创业贷款还可享受60%的政府贴息。

5. 民间借贷

由于向银行提供足够适当的资产担保并非易事，民间借贷是获得创业资金的另外一个重要渠道。民间借贷是一种民间调剂资金短缺，解决部分生产经营、生活中的特殊需求的信用补偿机制。它在银行和信用社力所不及的领域和范围内，起着拾遗补阙、取长补短的作用；从某种程度上，也体现了社会系统内部成员之间一种相互信赖、相互帮助的民间关系；尤其是在我国各种经济成分高速发展的今天，民间借贷的存在和发展对于经济的互动和发展有着重要的价值和实际意义。

6. 典当融资

在中国近代银行业诞生之前，典当便是民间融资的重要渠道，在调剂余缺、促进流通等方面起着相当大的作用。典当是以实物为抵押，以实物所有权转移的形式取得临时性贷款的一种融资方式。这种“以物换钱”的融资方式，只要顾客在约定时间内偿还本金并支付一定的综合服务费（包括当物的保管费、保险费、利息等），就可赎回当物。典当融资对借款人的资信条件要求低，手续简便灵活，可以满足急需，是创业企业、个体工商业主和居民个人的快捷融资渠道。

以上各种融资渠道中，民间借贷与典当融资是对个人和企业均适合的融资渠道。

二、企业创业融资渠道

当创业企业需要从外部获得资金时，考虑较多的融资方式是银行借贷，银行提供的贷款主要有保证贷款、抵押贷款和质押贷款三种。此外，金融租赁、引入创业资本也是重要的融资渠道。

1. 保证贷款

目前在全国已有 100 多个城市建立了创业企业信用担保机构，这些机构大多实行会员制管理的形式，属于公共服务性、行业自律性、自身非营利性组织。担保资金的来源一般由当地政府财政拨款、会员自愿缴纳的会员基金、社会募集的资金、商业银行的资金等几部分组成，会员企业向银行借款时，可以由创业企业担保机构予以担保，创业企业还可以向专门开展中介服务的担保公司寻求担保服务。当企业提供不出银行所能接受的担保措施时，如抵押、质押或第三方信用保证人等，担保公司可以解决这些难题，与银行相比，担保公司对抵押品的要求更为灵活。当然，担保公司为了保障自己的利益，往往会要求企业提供反担保措施，有时担保公司还会派人到企业监控资金流动情况，并且只有当创业企业成为会员之后这些机构才能提供担保服务。

2. 抵押贷款

抵押是目前最为常用的担保方式。一般以厂房、机器设备作抵押，所抵押的厂房、机器设备需办理价值评估，评估价值需高于借款金额（银行一般将贷款额度控制在抵押物评估价值的 60%～80%以内），还要办理财产保险。采用此种担保方式，花费较多，但借款期限较长，额度也较高。

3. 质押贷款

质押是较为少用的担保方式，但费用较低。银行对质押物的要求较为严格，一般限于本银行开具、代理或签发的存款单、凭证式国库券、金融债券、银行汇票、银行本票以及保险单等。质押价值要高于借款金额（银行一般将贷款额度控制在质押物评估价值的 80%～90%以内），且在质押期间不能支取。

4. 金融租赁

金融租赁，是一种集信贷、贸易、租赁于一体，以租赁物件的所有权与使用权相分离为特征的新型融资方式。设备使用厂家看中某种设备后，即可委托金融租赁公司出资购买，然后以租赁的形式将设备交付企业使用。当企业在合同期内把租金还清后，最终将拥有该设备的所有权。

5. 引入创业资本

对高新技术创业企业而言，由于风险高、投入大，并且在创业初期没有销售额，更没有盈利，因而它们几乎不能从以稳健性原则作为经营宗旨的银行那里获得贷款。向创业投资公司寻求资金上的支持、引入创业资本是高新技术创业企业采用的主要的融资渠道。

目前在中国进行创业投资的公司大致可分为以下几个层次：

（1）政府背景的创业投资公司。此类公司一般都以支持高新技术为主，譬如生物科技、医药、新型材料等行业。

（2）国内大企业的战略资本，如联想、四通、方正、红塔山、上海第一百货等。

（3）国外创业投资基金。

（4）大中华经济圈的创业资金，如李嘉诚旗下的和记黄浦、李泽楷旗下的电讯盈科等。

（5）天使投资。天使投资主要是指一些富有的个人的私人投资安排，搜狐、易趣等都起家于国外的天使投资资金。

以上各种融资渠道各有特点，创业者可以根据所创企业的特点进行选择。同时，创业企业在对各种渠道进行比较并作出选择后，了解并遵守国家有关创业融资的各种法律、法规也是十分重要和必要的，唯有这样，所需创业资金才能真正安全地得到保证。

三、创业融资选择的主要影响因素

1. 企业的经营时间和发展阶段

一般情况下，自主创业由于规模小、风险大、资产少，大多都通过私募的方式来获得创业的初始资本金。创业企业由于市场需求的不确定性和生产规模有限，难以承担高额负债成本，因而一定要高度重视企业的内部积累，避免过度地负债经营。当企业生产经营规模逐步扩大时，内源融资可能无法满足企业生产经营的需要，此时，外源融资将成为保障企业扩张的主要融资手段。如果企业的管理尚不够规范、透明度还不高，则间接融资将是创业企业主要的外源融资方式。

2. 企业所涉足的行业的情况与技术水平

由于不同行业的企业所面临的竞争环境、行业集中度及经营战略等不同，因此不同行业的企业其最佳资本结构是不同的，不同的资本结构产生了不同的融资要求。对于从事高科技产业、技术水平要求高的企业，经营风险较大，预期收益也较高，可考虑直接融资的方式；对于从事传统产业、技术水平要求相对较低的企业，经营风险较小，预期收益也较低，可考虑间接融资的方式。

3. 企业的潜在增长能力和发展前景

企业的潜在增长能力的高低和发展前景的好坏也会影响融资渠道的选择。对于潜在增长能力高、发展前景好的高成长性企业来说，其对资金的需求也大，对外部资金的需求相当迫切，但短期内融资成本可能大于企业的收益，而从长期看，企业的利润会快速增长，企业会得到健康发展。因而创业者在考虑融资时，不应仅仅考虑当年的盈利情况，而是要考虑长期的盈利可能，作出对企业生存和发展有利的选择。

4. 融资成本和风险

在债务融资中，投资者的债务在一定时期内收益是固定的；而在权益融资中，投资者的潜在收益是不受限制的。因此，在大多数情况下，权益融资的成本要比债务融资的成本高。就内源融资和外源融资比较而言，内源融资的成本相对更低、风险相对更小，而外源融资的成本相对更高、风险相对更大。所以，创业者在融资时，应充分考虑到各种融资方式的成本和风险等特点，从中选择适合自身需求的融资渠道。

5. 融资环境的状况

融资环境是由影响融资的一系列因素构成的，包括市场利率及期限结构、股市的现状和走势、政府的财政政策和货币政策、各类金融机构的状况，等等。创业者对融资环境的状况和变化应保持足够的敏感度，要善于抓住其中的机遇和规避其中的风险，合理分析和预测企业融资的各种有利和不利条件，以便把握最佳的融资机会，从而选择出最有利的融资方式。

四、创业融资选择的策略

1. 深入进行融资总收益与总成本分析

创业者首先应该考虑的是：企业必须融资吗？融资后的投资收益如何？融资后的收益是否大于融资成本？创业者只有经过深入分析，确信利用筹集的资金所得到的总收益要大于融资的总成本时，才有必要考虑融资。融资成本既有资金的利息成本，还可能有较为昂贵的融资费用和不确定的风险成本。企业融资成本是企业融资效率的决定因素，对于创业企业选择哪种融资方式有着重要意义。

2. 合理确定企业的融资规模与融资期限

创业者在进行融资决策之初，要根据各种条件，量力而行地确定企业合理的融资规模。此外，创业者必须作出最佳的融资期限选择，以利于企业的发展。因为融资期限过长，会增加融资成本与融资风险；融资期限过短，会限制企业的发展。创业者作融资期限决策，一般是在短期融资与长期融资两种方式之间权衡，作何种选择主要取决于融资的用途和创业者的风险偏好。从资金用途来看，如果融资用于购置流动资产，则适宜选择各种短期融资方式；如果融资用于长期投资或购置固定资产，则适宜选择各种长期融资方式。从风险偏好角度来看，创业者对风险越偏好，就越倾向于用短期资金融通永久性资产；反之，则越倾向于用长期资金融通波动性资产。

3. 尽量选择有利于提高企业竞争力的融资方式

企业融资通常会给企业带来以下直接影响：一是壮大了企业的资本实力，增强了企业的支付能力和发展后劲，从而减少了企业的竞争对手；二是提高了企业信誉，扩大了企业产品的市场份额；三是增加了企业规模和获利能力，充分利用了规模经济优势，从而提高了企业在市场上的竞争力，加快了企业的发展。但是，企业竞争力的提高程度，根据企业融资方式、融资收益的不同而有很大差异。比如，初次发行普通股并上市流通，通常不仅会给企业带来巨大的资金融通，还会大大提高企业的知名度和商誉，使企业的竞争力获得极大提高。因此，进行融资决策时，企业宜选择最有利于提高竞争力的融资方式。

4. 有效利用企业的金融成长周期

在企业创业初期，企业的信息基本上是封闭的，由于缺乏业务记录和财务体系，它主要依靠内源融资和非正式的天使融资；当企业进入成长阶段后，随着规模的扩大，可用于抵押的资产增加，信息的透明度逐步提高，业务记录和财务审计不断规范，企业的内源融资难以满足全部资金需求，这时企业开始选择外源融资，开始较多地依赖来自金融中介的债务融资；在进入稳定增长的成熟阶段后，企业的业务记录和财务体系趋于完备，逐渐具备进入资本市场发行有价证券的资产规模和信息条件。随着来自资本市场可持续融资渠道的打通，企业债务融资的比重下降，股权融资的比重上升，部分优秀的创业企业逐步发展成为大企业（李伟，2004）。金融成长周期理论的提出，有利于企业据此实行系统化和模式化的金融管理并简化融资决策程序，对于指导企业的融资实践发挥了重要作用。

5. 慎重挑选合适的投资者

确定实际可行的融资方式以及制定融资策略，必须明白要寻找什么类型的投资者。创业融资是一个双向选择的过程，投资者在选择创业者的同时，创业者也在积极地挑选合适的投资者。创业者选择的理想投资者的情况为：的确考虑要投资，并有能力提供相应资金的；了解并对该行业投资有兴趣的；能够提供有益的商业建议，并且与业界、融资机构有接触的；有名望、道德修养高的；为人处世公平合理，并能与创业者和谐相处的；具有此类投资经验的。具有这些特质的投资者是稀缺的、有价值的、难以复制的、不可替代的人力资源，他们可以给企业带来持久的竞争优势。理想的投资者可以存在于以下任何一组投资群体中：一是友好的投资者，如家人、朋友、未来的雇员和管理者、商业伙伴、潜在的客户或供应商；二是非专业的投资者，如富有的个人（医生、律师、商人）；三是风险投资产业正规的或专业的投资者。

第三节　创业融资障碍

一、创业融资的内生障碍

1. 信用障碍

（1）我国企业信用缺失的形成。货币金融学中狭义的信用指还本付息的借贷关系，我们讲的信用是一个内涵比较广泛的概念，包含道德范畴的信任、信誉、诚信等含义。从经济交易角度来看，良好的信用是经济交易顺利进行的基础，也是一个社会经济繁荣发展的前提。我国经济交易过程中信用缺失的形成，一方面源于我国长期公有制条件下的计划经济体制淡化了人们之间进行经济交易所必须具有的信用意识，政府、企业和个人相互之间的经济交易都简单地演化成资金或物资（商品）无偿的、单方面的转移；另一方面，在进行市场经济体制改革的初期，又忽视了信用建设对整个经济发展的重要性，至今还没有形成一种完善的、适合我国市场经济发展的社会信用制度。

（2）创业企业信用缺失的潜在危机。信用障碍这一顽疾正在威胁创业企业的健康发展。在整个社会缺乏完善的信用制度的情况下，我国创业企业信用意识普遍淡薄，信息披露意识差、财务信息虚假、财务管理水平低、报表账册不全、一企业多套报表等现象比较普遍；赖账、通过各种手段逃避银行债务的现象屡见不鲜。据报道，至 2002 年 7 月，长沙市十多个纺织企业通过采取假破产的方式撤掉的银行抵押贷款，粗略计算已达 10 亿元。创业企业在信用市场上无法建立起良好的信誉，贷款人对创业企业的行为没有良好的预期，这极大地挫伤了商业银行对创业企业提供信贷服务的积极性。国有商业银行实行企业化改革，以自身利益最大化为主要经营目标，可以说创业企业当前所面临的融资困难在某种程度上是自身信用缺乏的必然结果。众多信用较差的创业企业无法得到银行的信贷支持，而一些信用好的创业企业由于信息不对称，也无法从银行获得进一步发展所需要的资金。

2. 管理障碍

企业的创立是一个综合工程，需要多方面的知识，对管理者的素质要求很高，管理者既要懂技术，又要懂财务，同时要具备长远的发展眼光，具有前瞻性，还需要具备良好的沟通能力、交际能力和心理素质，一个全能型具有创新精神和协作意识的管理阶层才能使企业长远发展。但在中国，创业企业的管理者素质低下，这无疑制约了企业的发展。

3. 风险障碍

（1）从企业内部经营角度分析。企业在新创过程中，为谋求快速成长而投资于“高风险，高回报”的项目，企业发展前景不明确，企业运行过程中存在技术风险、市场风险、经营风险等等。

（2）从银行供给方角度分析。创业企业群体的信用缺失从整体上加大了银行对创业企业的贷款风险，导致银行对创业企业的还款能力没有信心，这也是金融机构特别是大型金融机构面对创业企业的资金需求时，不得不考虑的问题。

二、创业融资的外部障碍

1. 现有金融体制障碍

（1）国有商业银行与国有大企业的刚性依赖。从金融体制的角度看，制度供给不足是造成创业企业融资困难的重要原因。我国现有的以四大国有商业银行为主体的、高度集中和垄断的金融体制，“天生”就不适合、也不可能为创业企业提供金融服务（林毅夫、李永军，2000；张杰，2000）。这是由我国的经济体制和经济结构决定的，国有大企业对国有商业银行的资金需求已经演化成一种刚性依赖，国有银行虽然已经进行了企业化改制，但仍然要承担部分“政策性业务”，完全按照利益最大化要求运作是不可能的，也是不现实的；而对改制后的国有商业银行来说，为了自身的利益也愿意维持这种“合作关系”：一方面，这些国有大企业由以前的“合作者”变成自己的大客户，必须维持好已有的关系；另一为面，为国有大企业服务，可以从政府方面获得许多“好处”，这样，国有商业银行和国有大企业形成一种事实上的相互依赖关系。

（2）金融机构经营策略的转变。国有银行企业化体制改革从 20 世纪 90 年代初开始进行，随着近几年银行企业化改革力度的加大，四大国有商业银行的经营策略进行了重大调整，逐步由分散经营走上了集约化经营的道路，普遍推行“重点行业、重点项目、重点客户和重点地区”的“四重”战略，大幅度地压缩了战线，上收了信贷管理权限，因此，极大地削弱和限制了基层商业银行向创业企业拓展业务的能力。同时，在新的信贷管理体制下，各商业银行实行“审贷分离”、“贷款风险终身责任制”，加之内部约束机制与激励机制不对称，信贷员普遍缺乏拓展信贷市场的积极性，基本上放弃了对创业企业的金融服务，即使我国各大商业银行在全国有数以万计的分支机构和营业网点。

有些学者通过实证分析，认为近年来我国创业企业（以乡镇企业为例）融资结构中对银行信用的依赖程度明显下降（姜长云，2000）。另一方面，从规模效益出发，商业银行为创业企业提供金融服务，存在着极大的成本—收益不对称。据调查，创业企业贷款的频率是大企业的 5 倍，而户均贷款数量仅仅是大企业的 0.5%，银行对创业企业贷款的信息搜寻成本和管理成本是大企业的 5～8 倍，即使按现行规定商业银行对中小企业的贷款利率上浮 30%，银行的综合成本仍然很高（徐洪水，2001）。因此，从成本—收益的角度看，部分或全部放弃对创业企业的融资服务，似乎也是符合国有商业银行利益最大化要求的。

(3) 中小型金融机构对创业企业的支持有限。原有的地方中小型金融机构，在近几年金融体制改革力度加大的环境下，也逐渐和地方政府“脱钩”。现实中的中小型金融机构，在“脱钩”之后的市场定位却是和国有大商业银行共同在大中城市进行竞争，从创业企业融资需求角度看，这使创业企业失去了最有可能实现的金融支持。改革开放之后建立起来的一些地方中小型金融机构，如区域商业银行、城市商业银行、城市（农村）信用社、信托投资公司、金融租赁公司等，随着国有大银行对创业企业信贷业务的退出而承担起主要责任，但目前来看，由于中小型金融机构规模有限，对创业企业的支持力度还未成气候。

因此，从制度完善的角度看，我国现有的金融体系缺乏真正为创业企业提供服务的金融中介，这种制度上的供给不足是造成创业企业融资困难的主要外部环境因素。

2. 宏观经济政策导向与法律、法规障碍

改革开放之后，创业企业在全国各地如雨后春笋般地发展，经济实力不断壮大，创业企业已经成了我国国民经济增长的主要动力。但是，由于种种原因，在我国，客观上仍然存在着国有企业—城镇集体企业—乡镇集体企业—民营（私营）企业这一所有制等级序列（姜长云，2000）。在宏观经济政策（包括金融政策）导向方面，一直没有给予创业企业足够的重视和支持，许多政策甚至对创业企业采取歧视的态度，这是造成目前创业企业融资困难的重要政策因素。例如，国有大中型企业可以享受挂账停息、呆账准备、资本结构优化扶持资金、优先上市等各种优惠政策，而创业企业只有“靠边站”；银行可以敞开大门与国有大企业签订银企合作协议、承诺贷款合同，创业企业则只能被“晾在一边”。

在相关政策、法规的制定和执行上，创业企业也明显处于“弱势”：一是中央和地方政府对创业企业的资金扶持政策难到位，迄今为止，政府还没有找到从根本上解决创业企业融资困难的方法。二是中央银行支持创业企业的信贷政策难落实。例如，自 1998 年 6 月，中国人民银行就下发了《关于进一步改善对中小企业服务的意见》，要求各大商业银行改进和加大对中小创业企业的金融服务，最近一两年类似的“意见”也不少，但是，各大商业银行对此反应冷淡，有的只是在做表面文章，缺乏实际行动。三是有关的法律、法规根本不利于创业企业的发展，一方面，我国创业企业所有制构成比较复杂，而有关的法律、法规主要是按照所有制的性质来制定的，这使得不同所有制性质的企业处在不同的竞争起跑线上；另一方面，某些法律法规对创业企业也不适用，如《贷款通则》、《担保法》等规定的有关企业抵押担保的要求，是多数创业企业很难达到的。

三、创业融资障碍的根源

（一）影响创业融资的四大因素

1. 信息不对称

信息不对称是指融资或经营活动中的参与者所占有的信息量的多少不相同。信息不对称可能使外部融资成本高昂，甚至完全阻止了外部融资。Myers 与 Majluf（1954）和 Greenwald、stiglitz 与 Weiss（1984）指出企业发行股票可能同“次品问题”（Lemons，Akerlof，1970）联系在一起。Stiglitz 与 Weiss（1981）通过对债务市场的研究指出，如果银行发觉很难区别各类公司，那么提高利率会导致歪曲的选择效应。特别地，高利率阻止了除了那些风险最高的借贷者之外的借贷者，引致信贷资产质量显著降低。许多所有权

（Gorssman and Hart；1986）、融资选择（Hart and More1，1998）模型都建立在投资者无法证实某些已被采取的行动或某些已出现的结果的现实上，使得外部融资成本高昂或很难取得。

2. 资产的性质

企业资产的性质会影响创业者的融资决策，同样会影响投资者的投资行为或借贷者的借贷行为。拥有有形资产的企业融资比较容易或者条件比较优惠，它们可以在申请贷款时利用其有形资产进行抵押或信用担保。

3. 道德风险

道德风险是在经济交易完成之后发生的。贷款者放贷之后，将面对借款者从事那些贷款者不期望进行的经营活动的局面，如借款者获得贷款后，受高利润的吸引，很可能改变合同中规定的贷款用途，从事高风险、高收益的项目投资，或用于消费。借款者还贷能力的降低导致贷款难以归还，从而影响到贷款者的预期收益。

4. 融资市场环境

融资市场环境决定了创业融资的难易程度。资本和产品市场都经常发生重大变化。如果资本市场变化巨大，产品市场竞争激烈，那么创业企业会发现从传统渠道融资非常困难。

（二）金融缺口

1. “金融缺口”的提出

20 世纪 30 年代初，英国议员麦克米兰在向英国国会提供的关于创业企业问题的调查报告（Macmillan，1931）中指出，创业企业融资面临着“金融缺口”（finance gap）的问题。麦克米兰发现，对创业企业的长期资本供给存在短缺，这种短缺尤其明显地发生在那些单靠初始出资人的资金已经不敷运用，但又尚未达到足以在公开市场上融资的规模的企业身上。其后大量的实证研究表明，创业企业在发展过程中面临着融资的“双缺口”——资本缺口（equity gap）和债务缺口（debt gap），即创业企业无论在股权融资还是在债务融资上都面临着正常需求无法满足的困境。

2. “金融缺口”的三种表现形式

综合英国学者雷（Ray，1983）等与张捷等人的观点，金融缺口的存在可被定义为三种情况。

（1）小企业投资的边际收益大于边际成本，但由于资金供给的中断（得不到新的资金）而不能进行有盈利潜力的投资的情况；

（2）小企业获得资金的货币成本（货币的时间价值加风险溢价）远远地超过大企业的该成本，致使小企业无法通过正常投资来实现其增长潜力的情况。

（3）创业企业拥有具备盈利潜力的投资项目，但该项目的盈利性与投资时限存在着紧密关系，即只有抓住时机才可能盈利，虽然资金可以获得，成本在承担范围之内，但由于金融交易所需的时间过长，企业不能在最佳投资时限内及时获得资金，从而使投资无法进行。

上述三种情况表明，创业企业的金融缺口主要产生于资金的可得性（availability）、融资成本（costs）与融资时限（time limit）。

3. “金融缺口”的后果

金融缺口使创业企业具备的灵活性优势难以得到发挥，可能加剧创业企业在财务上的脆弱性，并成为创业企业比大企业更容易陷入破产境地的一个重要原因。沙利文等人(Sullivan et. al，1998）对美国创业企业破产原因的问卷调查结果显示，融资问题成为仅次于经济衰退等外部经济环境原因的第二大破产原因。

“金融缺口”的存在遏制了创业企业的成长，导致整体经济因投资不足而难以实现其潜在增长率，造成就业不足等社会福利的损失。

4. 创业企业金融缺口产生的原因

金融缺口是市场失效的产物，它带来的是社会福利的净损失，市场机制之所以在创业企业金融问题上出现失效，主要原因在于创业企业金融问题的特殊性。关键原因是创业企业融资中的信息问题，信息严重不对称引起过高的交易成本，从而导致市场价格机制的失效。

(1）信息不对称与信息不透明。信息不对称与信息不透明是造成创业企业融资难的基本原因之一。金融交易是以信用为基础的资金的使用权和所有权的暂时分离或有条件的让渡，交易能否成功即出资者的资金及收益能否如约收回，关键取决于出资者对筹资者的信用、能力和投资项目的收益性等信息的了解程度。

因此，交易双方所掌握的信息及其对称性就成为交易成功的关键因素和交易成本的主要来源。相对于出资者来说，筹资者（指创业企业）往往对自身的信用和项目投资前景拥有信息优势，这种信息的不对称可能诱发筹资者在交易中的欺诈等“道德风险”（moral hazard）问题。若出资者得不到筹资者可信的私人信息，或收集、证实这些信息的成本过高，则要么交易根本无法进行，要么出资者会要求筹资者支付更高的风险补偿（更高的贷款利率或股票折价），从而增大筹资者的筹资成本。而过高的风险溢价还可能诱发金融交易中常见的“逆向选择”（adverse selection）问题。与大企业相比，创新型创业企业的经营信息更加不透明，向外部出资者披露其经营信息也更加困难。

首先，创业企业由于人员少、组织机构简单，账目管理等财务制度往往欠规范。为了节约成本，许多小企业甚至未设专职的会计，聘请会计师事务所等信用中介机构对其财务报表进行审计的费用对于创业企业来说也是一个不小的负担。因此，大多数创业企业很难向外部出资者提供可信的和合格的财务信息。

其次，创业企业大多建立的时间短，信用记录积累浅，社会知名度低，特别是一些成立时间不长的创新型创业企业，其业务新且市场前景不明朗，即使经营者想让出资人清晰地了解企业的经营状况也会遇到信息表达上的困难。

最后，创业企业由于产权封闭和面临更加激烈的市场竞争，往往比大企业更加担心其商业机密被泄露，因此在向外界披露信息时也更为谨慎。

以上特征决定了外部出资者在收集创业企业的信息时会遇到更大的困难，其对创业企业的融资将承担更高的交易成本和更大的风险。若这些风险得不到足够的补偿，外部出资者就不会向创业企业投资。

(2）规模不经济。创业企业在融资过程中需要支付固定的交易成本，这些固定成本随着融资规模的增大而下降，即存在融资的规模经济。固定成本包括：在银行信贷市场上，银行发放每笔贷款时存在的贷前调查、贷时审查和贷后监督等成本；在资本市场上公开发行证券所必须支付的会计师、律师费用，券商的承销佣金，证券交易所和监管部门的管理费用等。融资规模不经济表现为从创业企业的内部角度看，创业企业的融资成本普遍高于大企业；从外部出资人尤其是银行的角度看，由于创业企业的资金需求属于零售式小额需求，自然就形成融资过程中的规模不经济问题，表现为银行对创业企业的单位贷款额所支付的管理成本高。据我国有关部门估计，银行对创业企业的贷款成本是对大企业贷款成本的 5 倍。过高的成本自然使得银行不愿意开展对创业企业的贷款业务。

（3）用于抵押担保的资产不足。抵押和担保是金融机构解决信息不对称问题的一种有效方式。在向信息不透明的创业企业提供贷款时，金融机构虽然难以从对企业的信用审查和财务分析中直接获得贷款决策所需的信息，但可以从企业所提供的抵押品或第三方担保中获得关于企业未来偿还能力的信息和保证，从而作出贷款决策；抵押贷款还有较强的事后监控功能，因为抵押品提高了借款人选择"道德风险"的机会成本。因此，抵押和担保成为金融机构对创业企业发放贷款的主要附加条件。国外的理论研究发现，当借款人与贷款人之间存在信息不对称时，抵押有助于解决不利选择问题并能够避免银行的信贷配给。在美国，创业企业从金融机构获得的债务融资中 90％以上属于有抵押或担保条件的债务。

（4）创业企业经营的不确定性。经营灵活性是创业企业的天然优势，在融资活动中，这种优势却可能转化为劣势。对于厌恶风险的外部投资者来说，灵活性意味着不确定性，如产品和市场的频繁转换，缺乏自己的品牌和稳定的主营业务，技术领先性的保持时间不确定等；对于稳健的投资者来说，这些特征只能意味着其投资预期收益的不确定性；而对于银行来说，这种不确定性就是风险。

（5）高破产率。由于创业企业资产少、底子薄、抗外部冲击的能力弱，与大企业相比，各国的创业企业普遍有着较高的破产率。据美国小企业管理局（SBA）统计，有近 23.7％的小企业在开业后的两年内消失；由于经营失败、倒闭或转产，有近 52.7％的小企业在 4 年内退出市场。创业企业较高的倒闭率使外部出资者特别是向其发放贷款的银行面临着较大的风险，使其不愿向创业企业提供资金。

（6）金融体制的结构缺陷。与大企业相比，创业企业融资具有其特殊性。大企业的融资主要依靠正规的金融市场和大型的金融中介机构，大企业资金的获得较少受到各国金融体制结构差异的影响。创业企业则不同，由于其融资过程中所面临的种种障碍，在中小企业发展的各个阶段，尤其在创业期，正规融资渠道对它们至多是半开半闭的。从各国的经验来看，在创业企业发展的各个阶段，各式各样的金融渠道和金融机构都随着企业的成长而发挥着不同的作用，在创业企业的初期成长阶段，非正规金融、社区合作金融以及私人资本市场所发挥的作用往往要大于正规金融、大银行及公开资本市场。这是因为前者具有关系型特征的不完全契约，比后者的标准化契约具备更强的解决信息非对称问题的机制，因而能够降低创业企业的融资壁垒。创业企业的发展需要有一个多层次和多样化的金融体系来满足其不同发展阶段的融资需求，创业企业的发展与金融体制的结构有较强的关联。

（7）政府规制的影响。金融市场由于其特殊性，离不开政府的规制，政府规制包括金融市场准入条件的规制、金融机构稳健性及具体业务范围的规制和金融产品的选择及其价格的规制等。我国出于防范金融风险等原因，政府对金融业的规制往往偏严，而且在制定规制标准时更多地考虑大机构和大企业的利益，忽视创业企业融资的特殊需求，这就可能对创业企业金融产生严重的压抑。对金融市场的准入管制过严，会使中小金融机构和民间金融组织得不到应有的生存和发展空间，导致金融体系的结构单一和市场垄断，使创业企业融资发生渠道梗阻。另外，在市场机制的作用下，对创业企业贷款的利率一般要高于市场平均利率水平，如果政府对金融产品的价格管制过严，就会限制银行对创业企业贷款的风险定价能力，使其较高的风险和成本得不到应有的补偿，从而挫伤银行对创业企业提供信贷的积极性。政府对贷款利率实行管制，如信贷配给，其受害者往往是创业企业。

（三）投资者与创业者的矛盾

创业企业在发展过程中由于技术创新过程的不确定性和高成长性，往往产生了独特的资金需求特征，即资金需求量大、资金投入风险高，这与资本的逐利性、追求安全性产生了摩擦，使资金需求与资金供给不对称，从而形成融资障碍。

1. 投资者与创业者的预期不一致

创业企业多是小企业，很难在市场上发现有关它们的可靠消息，这就使投融资过程中的信息不对称问题比其他投资市场上更加严重。出资者面临“逆向选择”、“道德风险”的可能性增大，因此出资者与创业者对投资预期收益不容易形成一致看法。

2. 投入的长期性与回报的不确定性

创业企业在高新技术研究成果产品化、商品化到产业化阶段，都需要长期的、大量的资金投入。但是，由于风险的大小与时间存在正相关关系，投资时间越长、投资数额越大，投资回报的不确定性就越大，因而出资者一般来说不太愿意将资金投入到需要很长时间才可能获得回报的高新技术项目中。

3. 出资者与投资者风险的不对称性

风险在出资者与创业者之间不对称分布：一方面，风险的主要承担者是出资者，一旦风险发生，企业中途夭折，此前投入的资金难以收回，出资者将承受资金损失；另一方面，技术成果只要在其时效期内，将不会因企业倒闭而失去价值，一些技术经过进一步开发和反复试验，还可能更完善、更成熟。因此，在高新技术项目前景不明确的条件下，投资者无法确定自己的风险函数，很难与高新技术创业者围绕出资问题达成协议。

知识拓展：美国、英国科技企业创业融资的经验

1. 美国经验

美国风险投资活动最早出现在 19 世纪末 20 世纪初，当时美国与欧洲的财团以铁路、钢铁、石油以及玻璃工业为投资对象，产生了风险投资的雏形。而美国高新技术产业的风险投资经历了三大发展时期。

第一阶段是从 1958 年到 20 世纪 70 年代末，以 1958 年《中小企业投资法案》的出台与小企业投资公司的成立为标志。20 世纪 50 年代中期，美国政府为了加速发展先进技术，

要求美国联邦储备体系（简称“美联储”）进行有关调查，美联储的调查表明，资金短缺是发展创新型高新技术企业的最大障碍。为此，1958 年，美国国会通过了《中小企业投资法案》，成立了小企业管理局（SBA）和小企业投资公司（SBICS）。1958—1963 年，美国约有 692 个公司注册为小企业投资公司，共募集私人权益资金 4.64 亿美元，并形成直到 20 世纪 60 年代末为止的美国第一次风险投资浪潮，这极大地推动了美国风险投资事业的发展，也有力地推进了美国以半导体技术为代表的新型产业的发展。

自 20 世纪 80 年代以来，美国的风险投资进入第二个阶段，此期间以美国政府出台的一系列鼓励和促进民间资本进行风险投资的扶持政策为标志，政府和民间携手共进，促进了风险投资事业的繁荣。1973 年，美国成立风险投资协会，为美国风险投资事业的发展奠定了基础。1969 年，美国资本收益税税率从 29%上升到 49.5%，以及 20 世纪 70 年代初经济危机的发生给风险投资的发展造成了一次致命的打击，但 1978 年美国劳工部的《雇员退休收入保障法》允许养老基金有条件地介入风险投资业，1978 年和 1981 年美国国会又两次下调长期资本收益税税率，税率从 49.5%下降到 28%后又下调到 20%，同时美国劳工部和国会在法律上确认了有限合伙制企业的合法性，为专业管理人员与风险资本的结合创造了一种有效的组织形式，再加上纳斯达克（NASDAQ）小型资本市场的建立，使风险资本能够顺利地退出企业，从而实现了风险投资的良性循环。可以这么说，1980 年以来美国风险投资的蓬勃发展与支持创新的 NASDAQ 市场是紧密相关的。

第三阶段是从 1991 年至今的第三次风险投资浪潮。随着美国经济的逐步复苏，以及资本市场的日趋活跃，1991 年以后风险投资亦日渐繁荣，1993 年新流入的风险投资资金较 1992 年增加了 48%，达到 37.6 亿美元，1995 年已达到 47 亿美元，1996 年全年新增风险投资资金 95 亿美元，1997 年前 9 个月新增的风险投资就达 90 亿美元。美国 1996 年由风险投资支持的上市公司数量创历史新高，达到 261 家，共融资 198 亿美元。2001 年下半年以来，美国风险投资额持续减缓，平均回报率降低。2002 年投向未上市创业公司的资金总额下降了 46%，降至 203 亿美元，明显低于 2001 年的 377 亿美元。2003 年第四季度风险投资额达到 49 亿美元，比第三季度增长 12%，创最近 18 个月来的新高。仅 2003 年第四季度，生物技术领域吸收的风险投资额就达到 11 亿美元，超过软件行业与网络行业的投入，成为美国吸引风险投资最多的领域。高新技术产业是美国第二阶段与第三阶段风险投资的主要内容与利润空间所在。目前，美国风险投资公司已达 4 000 多家，风险投资总额达 1 000 亿美元，资金主要投向信息技术、生命科学等高新技术产业，为确立美国在信息产业方面在国际上的主导地位作出了巨大的贡献，使信息网络、生物工程、金融工程、医疗保健等成为美国发展最快的产业，每年约有 10 000 个高科技项目得到了风险资本的支持。美国风险投资在高新技术产业的主要经验表现为：

（1）面向高新技术产业创业企业，重点资助一般投资者或银行不愿提供资金的高科技、成长快的风险投资企业。

（2）创业投资以获取股利与资本利得为目的，而不是以控制被投资公司所有权为目的，创业投资者甘愿承担创业投资的风险，以追求较大的投资回报。

（3）创业投资股权参与形式广泛，包括直接购买股票、认股权证、可转换债券等方式，20 世纪 70 年代和 80 年代美国的金融工具创新为创业投资走向多元化创造了有利条件。

（4）创业投资者并不直接参与产品的研究与开发（R&D）、生产与销售等经营活动，而是间接地扶持创业企业发展，提供必要的财务监督与咨询，使创业企业能够稳健经营、价值增值。

（5）创业投资属于长期性投资，流动性较差，一般需要 5～10 年方能有显著的投资回报。

（6）创业投资成功案例的示范效应有力地发挥了加速度作用，美国 DEC、苹果、微软、太阳微系统、AOL、思科、甲骨文等公司的创业融资范例为高新技术产业创业融资提供了强大的示范与激励效用。

（7）创业投资的资金主体为机构投资者，私人股权投资次之，政府介入较少。政府主要通过产业政策、财政政策、政府采购等形式引导金融资本走向，部分财政资金拨款主要用于种子投入。

（8）形成一个有效的激励机制。在美国，创业投资一般是合伙制，按照资金额的 2%～3%来交管理费，按 20%～30%的收益分成。它属于专业性投资，有健全的内部分配机制，而国内目前没有，政府部门应大力推行。

2. 英国经验

20 世纪 80 年代的英国，产业空心化问题严重，国内经济萎缩，传统产业停滞不前，新兴产业竞争力削弱。政府对高新技术产业投资较低，金融资本回避高新技术产业风险，外逃现象严重。当时撒切尔夫人执政的政府为改变经济颓势，通过扶持私人创业资本的建立，大力倡导高新技术产业创业投资。国内创业资本连续 15 年实现年均增长 30%，1997 年英国创业投资额占欧洲地区的一半，成为欧洲高新技术产业创业融资量最大的国家。英国现有高新技术产业超过 90%依赖创业投资建成。至 2000 年，英国生物工程、信息技术、网络通信等高新技术产业比 1984 年增长 9 倍，中小高新技术企业新增就业岗位 100 万个。主要做法如下：

（1）利用英国的国际市场渠道，吸引世界资本市场的私人资本投资外向型高新技术创业企业，目前英国用于出口的高新技术产品超过总量的 30%。

（2）利用税收政策激励创业投资者、风险资本与战略投资资本投身高新技术产业。

（3）利用财政政策以拨款形式不断完善高新技术产业创业企业的技术设施。

（4）利用英国金融业发展优势，通过政府担保、会展经济、社会中介等手段，不断密切私人投资者、创业资金与高新技术产业创业企业的关系，其中，“信贷担保计划”规定银行向创业企业提供贷款，若企业不能偿还，贸工部以 2.5%的年息偿还债务的 70%。

（5）利用官办技术集团贷款，帮助公营部门取得发明专利和许可证，资助大学师生的研究项目，支持企业的产品和工艺开发，甚至帮助开办新的技术公司。贷款期限长达 20 年，贷款以分享产品许可证的收入为报酬。

（6）鼓励智力资本进入创业资本体系，通过完善各种薪酬激励机制，刺激高新技术产业的创业积极性。

案例分析：小微企业融资难的原因与对策

小型微型企业（简称“小微企业”）是市场机体的基本组织，是经济社会的基层网点，是群众生活的基础平台，数量大，分布广，类型多，活力强。无论是从国际经验看，还是从国内经验看，小微企业都是国民经济不可或缺的依靠力量。

小微企业对我国经济社会发展具有特殊意义。从市场环境看，我国地域辽阔、人口众多，具有小微企业的巨大市场空间；从经济类型看，我国的虚拟经济与实体经济匹配不够完善，需要小微企业来弥补，相当程度上，发展小微企业就是发展实体经济；从社会功能看，我国每年新增就业人数庞大，2011 年高达 1 221 万人，需要小微企业来吸纳消化。

小微企业是提供新增就业岗位的主要渠道，是企业家创业成长的主要平台，是科技创新的重要力量。但由于国际国内的种种原因，更主要是因为国内经济社会的种种非理性因素，我国小微企业已遭遇一系列严重影响生存与发展的困难。

1. 融资难的表现

（1）贷款依然困难。这是小微企业长期以来的发展瓶颈，由于实力薄弱，再加上数量众多，在目前的金融体制下，小微企业根本不具备对金融机构的议价能力，甚至很难与正规金融机构合作。另外，正规金融机构数量极其有限，小微企业分布散乱，也很难进入金融机构的服务范围。如果国家银根收紧，小微企业常常首先被挤兑。根据全国人大代表郭广昌提到的数据，尽管近些年来对小微企业的贷款权重持续加大，但能够从银行获得贷款的小微企业仍然只占到约 1%。

（2）用资更加昂贵。这是小微企业当下面临的严峻现实，一方面，由于难以享受银行的服务，无奈之下，小微企业不得不从民间借贷。根据某省的统计数据，2011 年该省规模以下工业企业民间借款额为 58.35 亿元，占全部借款额的 38.4%；仅民间借款利息就达到 4.65 亿元，同比增长 20.6%，民间借款平均利率由 2010 年同期的 10%上升到 2011 年的 10.7%。另一方面，有小微企业反映，即便享受到银行的服务，实付利率也不低，有的甚至高达中国人民银行规定的基准利率的 4 倍。这主要是合同外的额外费用导致的，包括账户管理费、融资咨询费、顾问费等。在局部地区，从某种意义上讲，民间借贷是明的高利贷，银行融资是暗的高利贷。

（3）资金链断裂风险增大。这是小微企业不得不面对的巨大挑战，众多小微企业原本“利润比刀片薄”，而今雪上加霜，背负高利率的借贷，往往还得使用担保或质押，压力无疑是巨大的。另一方面，高利贷缺乏法制保障，也给借贷方带来无形的压力。侥幸成功是偶然的，掺杂众多非理性因素在其中的资金链断裂是必然的。2013 年 2 月下旬，国务院副总理王岐山强调，防风险是金融业永恒的主题，要切实守住不发生系统性、区域性金融风险的底线。这不是无的放矢。

资金是经济的血液，没有资金，企业就会严重受束缚，如果得不到及时的舒缓，压力积累与传导可能导致两大后果：一是内向传导。企业陷入恶性循环，没有资金得不到发展，没有发展更得不到资金。二是外向传导。或是拖欠上游的原料方账款，或是提前支取下游的经销商账款，企业陷入三角债。

小微企业普遍感觉融资困难。某省统计部门对规模以下工业企业的问卷调查显示，“有借款需求并全部借到款项”的企业占4.8%，“有借款需求并借到大部分款项”的企业占12.3%，“有借款需求唯借到少部分款项”的企业占22.7%，“有借款需求却没能借到款项”的企业占22.8%，“无需求即依靠自有资金”的企业占37.4%。

这是明显的资源错配和价值倒挂，与小微企业的总体价值严重失衡。作为市场的基本组织、经济社会的基层网点和群众生活的基础平台，小微企业理应配置到相应的资本。作为提供新增就业岗位的主要渠道、企业家创业成长的主要平台和科技创新的重要力量，小微企业理应配置到相应的资源。

当前的金融市场不仅未能如实反映小微企业的总体价值，而且也不能及时发现有价值的小微企业。一部分小微企业的确有好项目，甚至有自己的核心技术，价值非常大，但市场不能够及时发现，也不能够及时提供“资本的翅膀”。美国之所以能够在高科技产业上长期领先，重要原因之一就是金融和资本市场能够及时发现“养在深闺人未识”的创业期高科技企业。资料显示，美国风险资本约80%的资金流向创业期高科技企业，举世闻名的微软公司就曾经得到过风险资本的扶持。近些年来，我国金融和资本市场也得到相当大的发展，甚至风险投资也有所发展，但与满足广大小微企业的刚性需求尚有距离。

我国储蓄率居世界首位，外汇储备也是全球第一，资本应该并不短缺，为什么小微企业得不到相应的资本配置呢？原因在于资本被大量转移甚至透支到了投机领域。近些年来，以房地产投机为主力，以资本炒作和金融暴利为侧翼，我国经济领域的价值倒挂日益明显，社会领域的投机氛围日益浓厚，导致各方面的资源流出实体经济，乃至部分地方出现“产业空心化”的严重现象。小微企业之困难，相当程度上就是实体经济萎缩的具体反映。

2. 融资难的对策

要化解小微企业的融资难题，不能简单地就事论事，必须统筹兼顾小微企业的经济功能和社会功能，从经济社会全局入手，坚决抑制具有泡沫经济特色的房地产投机、资本炒作和金融暴利，始终坚持金融服务实体经济的本质要求，始终坚持市场配置资源的基本方向，始终坚持克服信息不对称的技术原则。

（1）坚定推进金融体制市场化改革，建设多元化金融体系，规范发展民间金融组织，鼓励国有金融机构与民间金融组织竞争，压缩资金循环链条，着重在金融紧贴并服务实体经济上下工夫，增强防范和化解金融风险的能力。

（2）继续深化政策性金融扶持体系建设。政策性金融扶持体系针对性强、灵活性大、快捷便利，更重要的是，它能够很好地反映政府特定时期的特定意志，事实上可构成国家宏观调控的辅助工具，弥补市场的不足。小微企业与国计民生紧密相关，社会功能突出，应该继续深化改革政策性金融扶持体系。

（3）大力发展直接融资，支持合适的小微企业上市。直接融资有助于降低资金成本，但我国直接融资的占比偏小。在直接融资市场，小微企业的占比偏小，近乎没有。直接融资对某些高科技小微企业尤其适合，有助于其迅速突破资金瓶颈，实现跨越式发展。

（4）积极鼓励金融组织创新，大力引导互助式金融组织的发展。多样化需求的出现为金融组织创新提出了新的命题；信息化技术的发展为金融组织创新提供了可能。在我国当前的金融体制下，尤其要充分发挥民间的创造性与活力，充分利用市场、社区、园区、街道、村镇乃至行业内部信息对称及内生动力的优势，大力引导互助式金融组织的发展。

（5）全力打造企业征信系统，突破银行间和地域间界线，尽可能实现即时征信系统。即时征信系统能够约束和规范企业的行为，降低金融机构的经营管理成本，有助于构建银行与企业的和谐关系，令金融市场更加健康地发展。

实验设计：组织学生对本地中小企业融资状况进行社会调查，并写出调查报告。

可供参考的融资能力调查提纲：

（1）净资产与年末贷款余额比率。最好大于 100%（房地产企业可大于 80%）。

（2）资产负债率。必须小于 70%，最好低于 55%。

（3）流动比率。一般情况下，该指标越大，表明企业短期偿债能力越强，通常该指标在 150%～200%之间较好。

（4）速动比率。一般情况下，该指标越大，表明企业短期偿债能力越强，通常该指标在 100%左右较好，对中小企业可适当放宽，也应大于 80%。

（5）担保比例。企业应该把损失的风险降到最低。一般来讲，比例小于 0.5 为好。

（6）企业经营活动产生的净现金流应为正值，其销售收入现金回笼应在 85%～95%以上。

（7）企业在经营活动中采购商品、劳务的现金支付率应在 85%～95%以上。

（8）主营业务收入增长率。一般来讲，如果主营业务收入每年增长率不小于 8%，说明该企业的主营业务正处于成长期。如果该比率低于－5%，说明该产品进入生命末期了。

（9）应收账款周转速度。一般企业应大于 6 次。一般来讲，企业应收账款周转速度越高，企业应收账款平均收款期越短，资金回笼的速度也就越快。

（10）存货周转速度，一般中小企业应大于 5 次。存货周转速度越快，存货占用水平越低，流动性越强。

（11）营业利润率，该指标表示全年营业收入的盈利水平，反映企业的综合获利能力。一般来讲，该指标应大于 8%，当然指标值越大，表明企业综合获利能力越强。

（12）净资产收益率，目前对中小企业来讲应大于 5%。一般情况下，该指标值越高说明投资带来的回报越高，股东们的收益水平也就越高。

第5章 商业计划书的编制

案例导读

周鸿祎：给我的商业计划书 10 页就够
——风险投资商对商业计划书的理解

我从 1998 年开始接受 VC 的时候，深感这项工作非常难。我觉得中国的本土创业者和国外投资者打交道的时候不仅仅有英文、中文方面的语言障碍问题，还有交流体系的问题。在这方面我有一些经验，希望能够扮演国内创业者与国外投资者的翻译，起到桥梁的作用，帮助国内更多创业者拿到美元。如何从 VC 这里拿钱，我给大家传授一点我们内部的窍门。

我觉得最近的创业环境，又好，又不好。好的方面是大家感觉到互联网开始热了，无论互联网是否有泡沫，我们看到的是，互联网在中国真正地改变了每一个人。

中国的互联网是一个非常年轻的行业，它才发展了十年，这样一个行业是刚刚开始的。中国互联网的下一个十年，我们都觉得应该比上一个十年更好。同时，中国互联网也成为全球最大的市场，我想这个已经讲过很多遍了。而且这几年来，互联网还有一个规律，在中国互联网方面，外国公司统统没有戏了，无论是多么的有钱，多么的有品牌，真正在互联网里面唱主角的还是我们本土的公司，真正做得好的很多公司里面，最多的还是我们本土的公司。我们对自己有信心，在中国互联网的下一个十年里是你们唱主角。

现在创业环境不好的方面是什么？像我们当年是涉足中国互联网比较早的一批人，我觉得我们都傻，其实大家都是摸石头过河。但是我们有一个有利的因素，大家都在看，像3721在很长的时间里没有竞争的对手，百度在很长的时间里也没有，所以给大家创造了一个比较和平的发展空间。但是今天的中国互联网行业已经成长起来，任何一个小公司的模式、创意，其实都在被模仿。

你们可以谈论他们，你们也可以说我有非常好的想法，但是今天比你有资金、有操作经验的团体随时可以进入这个市场。所以今天从我们投资的角度说，对团体执行力的要求比以往更高。

当年3721也好，百度也好，都有一个事实：互联网行业所有成功的公司在最早的三年里都是在摸索，一直到2001年和2002年大家才找到自己的方向。

但是当前你们创业时，这个行业可能没有给大家留这么多的时间。所以尽管很多人找到我们，说"我有创意"，我们要问的一个问题是，"创意都差不多，你的团体有怎样的执行力？如何有经验地把这个事情做出来？"所以速度是决定性因素。如何在"大鳄鱼"发现"小鱼苗"以前成长并且吃不掉你，这对大家是一个挑战。

我也收到了很多商业计划书，从正面的角度说，我一直对我们的合伙人，对很小的创业团体更加有兴趣。因为大家可以看到，中国的互联网没有老大。今天的互联网被分成很多区域，每个区域都有一些不错的大公司。但是真正的创新力量不是成熟的大公司，而是这些创业团体。我们也可以看到很多成功的互联网公司，是新崛起的互联网公司，但是在很早之前没有人看好它们。

所以我们相信并希望投资小团体。我们希望能够从各位当中培养出下一个盛大、下一个腾讯，或者下一个百度。可能很多大公司说，我拿钱培养一个市场。但是我们不相信再过三年它们会继续成熟，未来可能有新的黑马出来。所以这个也是我们希望和大家有一个很好的沟通的方面。

从我们目前收到的商业计划书来看，我提几个建议，供大家写商业计划书时作一个参考，因为很多商业计划书写得不符合风险投资的规范。其实这些计划书直接给大的VC，可能它们不会看。我过去是很难理解这一点的，今天我每天会看30～40封计划书，每封我会非常认真地看3分钟，如果没有引起我的兴趣，我会放弃。

有人会说，你是否埋没了我们的英雄。但是我们VC有个理论：天下不是只有一个成功的公司。也许这个公司非常好，但是我今天没有看到，我有机会投资其他公司。一定有其他的公司会成功。这样，VC会有很好的收获。所以我们希望大家在谈的时候，一定要用最简单的语言、明确的图表说明问题。

我对三类计划书是最反感的。

第一类，没有强有力团体的计划书。

没有创意的项目我们也可以投资，但是当你要做的事情是很多人正在做的类似的事情时，我们主要看团体。这个时候我们对团体的要求会非常高，你最好可以证明你在哪个公司做过，做过什么事情，有什么成功的记录，你的团体如何的有执行力。这是最有说服力的。我相信今天你要创业的话，竞争对手在中国没有50家也有30家。大家的模式都是模仿，还有很多小公司在不断地进来。我觉得最后谁可以取胜，决定于团体的执行力。如果你不是非常有经验，自己也没有非常强大的团体，你的计划肯定不会被录用。

第二类，只有创意，没有实际经验、细节的计划书。

我们有很多年轻的创业者有非常大的一个误解，他们认为有一个创意、有一定的资金一定可以成功，我认为这是个天大的误会。

因为我觉得每个人都有创意，每个人都有灵感。但是如果只有创意和资金就可以成功，那么我觉得这个世界上都是成功者了。很多人成功了以后，就神话自己，把自己成功的故事说得非常悬；或者说自己很容易想到一个主意，这个主意一夜之间就成功了。我觉得这是对自己公司的美化，对个人的神话。我认为对年轻的创业者来说，这样的文章是不利的，是出于宣传的需要。

如果你们真正近距离了解了中国互联网成功的故事，会发现每个人都是经历了九死一生，经过了很多磨难才成功的。所以我认为如果自己没有经验，仅仅有一个创意，你最缺少的不是钱。我收到了很多大学毕业生的创意书，他没有带过团体，没有工作经验，你给钱让他创业，这是不可能成功的。而且越是没有花过钱的人，你给他很多的钱，他只会在全中国到处打广告，这样是不行的。

银行和中央电视台都有钱，但是它们是否可以解决中国互联网的问题？答案是否定的。商业计划书如果仅仅是一个简单的创意，没有实践的经验，没有一个团队，没有深入地考虑细节，就不要寄给我。你先把细节想好后，再找我要钱，这个时候我们可能有很多的讨论和挑战。

第三类，超过 10 页的计划书。

有很多团队也不错，它们有一定的经验和创意，它们也进行了一定的实验，但是它们的商业计划书和我当年差不多。它们的商业计划书写得非常多，说得非常美妙，但是我看了以后不知道它要做什么，所以这样的计划书也不行。

因为做投资的人有一定的经验，我们只需要你告诉我们你在做什么，你的产品提供了什么价值给哪类用户，用户为什么要用你的东西及你的东西怎样面对竞争。如果有同行竞争，你和他们相比如何？你应对未来市场竞争的办法是什么？

只要做一个 10 页的计划就可以了，至少我和很多投资人都愿意看这样的计划书。我们会非常清楚这个项目是做什么的，如果它好，我想投资人会作一个判断，比你自己讲这个东西多么好强很多。

我问过全球最大的一个 VC 公司，其投资了雅虎，投资了很多著名的公司。它的观点是，一个公司不怕小，你要做的事情非常简单，只要你能为客户创造价值，客户喜欢用你的产品，并且可以说服 VC 可能有更多的人会用这个产品。这件事哪怕非常小，你可以证明你能做到全球最好，或者中国最好，这个公司就有价值。我们会考虑投资这样的公司。

我希望大家在构思自己商业模式的时候，不是把计划书写得多么宏大，或者把这件事情讲得多么重要，你们就踏实地告诉我们，如果我是你的客户，你会为我们带来什么样的价值。当然了，有人会问，10 页的篇幅不够写、说不清怎么办。我可以告诉你，如果 10 页的计划书可以引起我们的兴趣，我们会和你联系，这个时候我可能会给你 3 个小时的时间进行讨论。

但是很多人希望一下子把所有的东西发给我们，而我们会把这个排除。所以希望大家写计划书的时候可以用最简洁的方式描述。希望在今天的大会中，在三年以后，新的互联网的英雄们可以在这里讲话。

学习目标

这一章主要为大家介绍的是商业计划书在创业者创业过程中的重要作用。商业计划书本身是创业者向融资对象介绍自己、表达自己的一种说明性文件，好像求职者在寻找工作的时候都要写一份描述自己工作能力的求职简历一样，创业者在创业初期寻求外部融资的时候，也需要一份这样的“简历”来表达自己的创业项目、创业团队以及作为创业者所具备的能力，并且对于创业者而言，这份计划书也是他在创业初期唯一的一份最重要的文件。一份合乎标准化的、内容完备的、对投资商具有诱惑性的商业计划书，无疑可以为创业者进行战略性创业融资打下一个良好的基础。

因此，这一部分的内容将首先为正在创业和准备创业的中青年创业者们提供一个可以参考的依据，以协助创业者完成商业计划书的创作，对商业计划书所需要涉及的内容进行详细的介绍，并在此基础之上，对创业者在进行这一阶段工作时需要注意的事项加以说明。因此，创业者在学习这一部分内容时，不要仅仅把该部分内容作为一种工具性质的指南性知识，更重要的是要在学习中结合自己的行业和项目的特征，有的放矢、灵活运用，突出自己在创业中的特色因素，进而向目前的和潜在的合作伙伴、投资者、雇员、客户以及供应商等对公司的创业机会进行全面的阐述，这也是一个合格的创业者在创业过程中所应该把握的。综上所述，本章内容可以归结为以下几点：

1. 掌握商业计划书的概念和应包括的内容：商业计划书的面对对象，商业计划书的评价标准

2. 掌握在制订商业计划时所需要的信息资料的搜集渠道，为制订计划做好充分的准备

3. 掌握商业计划书的写作方法，以及编写商业计划书的注意事项

4. 能结合本行业本项目的特点在商业计划书的写作中予以突出

第一节　商业计划书的概念与作用

一、商业计划书的概念

所谓商业计划书是这样一份商业文件，需要包含与企业、创业项目有关的宏观战略性安排的所有方面，并将之书面化，该计划需要对一个初创企业在经营中涉及的相关外部要素和内部要素进行通盘性质的周密考虑。大体上需要包括：该项目商业前景的展望，该项目所处行业的市场规模，企业所需整合的各种资源，各种职能计划的形成，以及在经营的前几年短期和长期决策的方针。因此，我们也可以把商业计划书看作为创业项目制定的一份完整、具体、深入的行动指南。

首先我们要明确创业计划的基本目标，无外乎考虑下面几个要素：在全局上考虑创业者的基本思路和期望目标，根据这一思路和目标制订出创业者的发展计划，也就是创业者

准备如何把握好这一商业机遇，对有可能在将来影响企业发展和创业成功的因素进行预测和总结，当然最重要的，也是我们最为关注的，还是要找到创业企业战略性融资的渠道和方法。

制定商业计划书是对创业者的理想和希望进一步具体化的过程，如同理想与现实总是存在些许差距一样，创业计划与创业者面临的真实运营过程当然也会存在不符之处。特别是在当今，随着技术和信息的爆炸性增长，全球市场的一体化进程使得商业计划的生命周期变得更加短暂，如今的市场条件对创业者提出了更为严格甚至苛刻的要求。创业成功不仅仅需要敏锐的商业嗅觉和快速进入并抢占市场的主动性，还要求在面对瞬息万变的市场时保持与市场发展完全同步，对本行业有着深入而精辟的认识和理解，以便创业者培养出开阔的思路和高度应变的灵活性，因此，商业计划应当是一项始终处于进行中的工作。

如果我们认为一份标高利润回报、制作精美、富于吸引力的商业计划书就一定会带来企业的成功，显然是不现实的。这包含两层含义，一方面，商业计划书的开发会带来你之前不曾想到的新机会；另一方面，决定创业成败的关键是商业机会的质量和把握该商机所必需的资源和团队。

延伸阅读

莲花发展公司的成功历程

米奇·卡普尔（Mitch Kapor）最初的商业计划只是一封简短的信，其中描述了个人计算机的市场状况和近 10 种单独产品，制定了企业创建后为期 1 年的月预算和一个 5 年目标：收入达到 3 000 万美元，这需要大约 20 万美元～30 万美元的资本。风险资本的提供者 Sevin Rosen 公司基本上抛弃了原来的产品组合、资本要求、启动计划和企业的前 5 年规划等，它对此的结论是：这个商机要大得多，需要 100 万美元的创办资本，公司要么在 5 年内获得几亿美元的收入，要么根本不要做——即使在销售额可以达到 3 000 万美元的情况下。采取高速启动战略，获得市场先入者的优势是至关重要的，必须点燃这支火箭。后来众所周知，莲花发展公司在第一个 5 年内就达到了 5 亿美元的年收入。①

二、商业计划书的作用

商业计划书作为创业者事业发展的参考蓝图，其最主要的目的是成为创业者对外寻求资金的“敲门砖”，是一种与投资商进行沟通的工具，要知道投资商之所以会将每天大部分的工作时间用于翻看大量的、“八股文”似的计划书，其目的就是为了了解项目的经营信息从而作出快速、准确的投资决策。因此，一份合格的商业计划书应具备下述三种功能：

（1）节约投资商的决策时间。该商业计划书要能够给投资者提供必要的商业信息，使其可以在众多的商业计划书中进行有效率地筛选，并迅速设计出合适的投资方案，要知道每一分一秒的拖延都有可能导致商业机会的错失。

（2）清楚地告知投资商有关项目经营的风险及应对办法。商业计划书作为一种陈述性

① 参见罗伯特·赫里斯：《创业学（第 5 版）》，北京，清华大学出版社，2004。

报告文件，不能刻意回避不利于企业经营发展的因素，相反还要对此予以充分的考虑和说明，明确企业对潜在风险的应对策略，所以计划书要明确指出公司内部竞争的优、劣势及外部的机会和威胁，当然还有可能遇到的问题及预期的经营结果。

（3）利用经济性指标进行投资回报分析。风险资金投资者的特点决定了其最终目的是从创业者的项目中获得投资利润，因此他们最关心项目能给他们带来的报酬和回收投资的方式，所以创业者在商业计划的编制中切忌盲目夸大项目的预期利润率，而要用详细的资金运用计划与财务分析报表来说明项目的盈利潜力。

第二节　商业计划书的写作方法

一、商业计划书的写作原则和内容架构

（一）商业计划书的写作原则

一份好的商业计划书需要在多方面进行细致的雕琢，在考虑投资者利益的同时还要注意计划的可行性。内容完整是最基本的，对经营过程中的一切事项都要有所涉及，作出的预测也要与对经营环境的考量相一致，这才能够体现出创业者对行业和项目的了解，也可以增强投资者的信心。商业计划书的写作原则也可以大概归纳为以下几点：①

1. 呈现竞争优势与投资利益

完整地陈列出商业计划的所有资料当然重要，但这只是商业计划的表面功能，更重要的是展示其中的“核”，即投资者的利益所在，要向投资者表现出强烈的创造利润的愿望，而不仅仅是谋求企业的壮大与发展，见图 5—1。

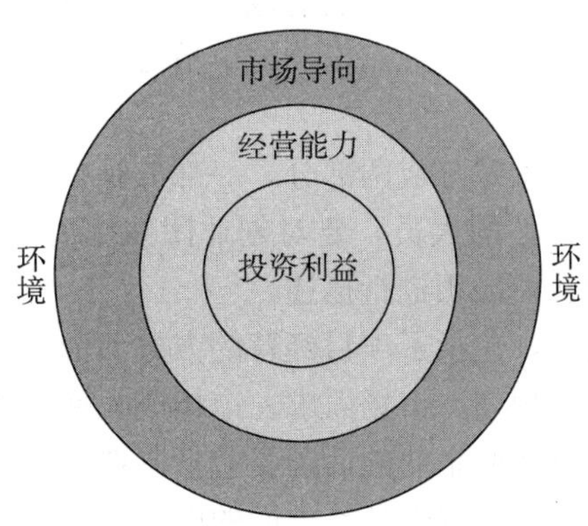

图 5—1　商业计划书的写作原则

2. 展现经营能力

要努力展现出你所领导的团队具有卓越的商业经营能力，包括以前的经验背景，要让

① 参见陈琦伟、冯文伟：《创业资本概论》，大连，东北财经大学出版社，2002。

投资商强烈地感觉到你和你的创业团队已经对于你所从事的行业、市场、技术及未来几年的营运策略有了充分的准备。

3. 看准市场导向

只有找准市场的需求才能为企业带来利润，因此商业计划书的撰写一定要在清晰、明确的市场需求分析的基础上进行。这样才能充分显示出对市场状况的把握和对市场未来发展状况的预测能力。

4. 注意内容一致

一份商业计划书包括描述部分与预测部分，这两者之间应该相互对应，逻辑上应该合理一致。比如，后面财务预测的内容应该是前面市场分析和技术分析得出的结论，应该依据实际分析进行财务模型的预测。

5. 数据符合实际

计划书中的数据要尽量客观、实际，千万不能凭主观意愿估计。一般来讲，创业家会高估市场潜力和投资回报、低估经营成本，以吸引投资者注意。但在计划书中，创业者最好还是给出客观、可供参考的数据和文献资料。

6. 明确

对企业的市场机会和竞争威胁要明确地指出，并尽量以具体的资料予以佐证，同时给出可能的解决方法，而不能含糊交代。另外，对采用的假设方法、财务预测方法和会计方法要予以说明，同时也应说明市场需求分析所依据的调查方法与事实依据。

7. 完整

应该完整地包括项目经营的各种功能要素，尽量提供投资者评估所需要的各种信息，附以佐证性材料。但注意不要太过专业和烦琐，避免冗长。

（二）商业计划书的基本架构

其实从整体上讲，商业计划书需要说明的也无外乎三件事情：人、项目和环境，这三个层次就构成商业计划书的架构，这三点以外的事情可以全部写入第四部分，作为其他考虑因素。

（1）创业团队的主要成员大致分成两部分，一部分是负责专业技术的创业人员，另一部分是负责企业经营和市场开拓的人员，要对创业团队主要成员的性格特点、从业经验、能力、学历以及成长历程和从业经历进行描述。

（2）关于项目的主要信息，包括了项目经营的方方面面，基本原则是以我为主，从企业本身出发，包括经营管理的规划、市场需求、市场成长率、技术成熟程度、产品差异化程度、产品性能介绍，若是制造业企业的话还要包括制造规划、厂房布置，财务规划及资金需求分析，管理制度、规章、组织设计等方面的内容，这些都是初创企业所需要进行的事前规划。商业计划书对于此项内容需要做到比较全面和深入的探讨与分析，投资商将这部分作为投资评估的素材。

（3）行业外部整体环境，包括产业现状、产业发展趋势、政策和法规、产业动态、竞争态势。对企业外部环境的描述是企业家对客观环境的认识，在对项目进行整体分析、评估时尤为重要。

（4）摘要与风险分析，这是对项目整体计划的描述与敏感性分析。摘要要求简洁、明确，风险分析的部分要对企业运营过程中各个可能的变化予以充分的考虑。

二、商业计划书的具体内容

虽然前面我们已经给出了商业计划书的一些基本情况，但是想要真正写出一份完善的、能够打动风险投资家的商业计划书是非常不容易的。创业者也可以委托专业机构来协助完成商业计划书，这对于技术人员出身的创业企业家可能会是一种不错的选择，但要知道，没有任何人比创业者本人更了解项目和企业，因为这毕竟是创业者的项目，而且聘请专业机构的费用对于尚未盈利的初创企业来讲也是笔不小的开支，所以在这里还是希望各位创业者最好自己动手编写描述自己项目的商业计划书，当遇到某些技术问题时也可以求助经纪人或会计师等专业人士，但切忌对此产生依赖，且创业者要时时掌握计划书的编写方向，对内容要十分熟悉。

关于计划书的长度，其实并无一成之规，但基本应在 20 页左右，无论篇幅长短都要准确地将要表达的主要意思传达给风险资本家。

商业计划书的组织方式可以多样化，要注意的是把力气花在适合你自己项目的部分上，不要贪多求全，比如一家服务性行业的公司就不必在产品设计和产品技术上多费口舌，各部分的顺序也可以重新安排，把重要的放在前面。计划书应包含的基本要素如下：概述、业务及前景、经营管理、筹资说明、风险因素、投资的回报与退出、公司运营及预测、财务报表、财务规划、说明性信息、附录。

（一）概述

顾名思义，概述部分就是要在较短的篇幅里将自己的设想和抱负作一个清晰简明但富有吸引力的阐述，让投资商能一下把握这个投资项目的实质并引导他们去深入了解，如果说概述部分起到了这样的作用，那么这一部分的设计就可以说得到了不错的效果。因为如果一份商业计划书的概述部分没能紧紧地抓住投资商，那么这份商业计划往往很难成功，概述作为整个商业计划书的浓缩，一般不应超过两页，但又不能仅仅将整个计划简单地压缩，必须涵盖整个计划最关键、最精华的部分，以引起投资商的兴趣。

概述部分应该在何时完成呢？这是个见仁见智的问题，这一点其实并不重要，主要看计划书编写者的习惯，最重要的还是要保证概述部分发挥其应有的功能。

（二）业务及前景

这一部分的论述是帮助风险资本家了解你的项目，其中一个最主要的任务就是告诉投资商为什么你的项目是与众不同的，你的项目有什么独到之处，从而让投资商相信这个项目会获得成功。

1. 概要

概要中主要是一些说明性信息，包括公司地址、电话号码、传真和需要接触的个人，给投资商以切实可信的感觉，要知道精明的投资商也有被更精明的伪装成创业者的骗子骗走资金的经历，在这一点上，信息的翔实会给予人可靠感。

2. 业务实质

这一部分应给出经营项目的大致描述，比如，“我公司设计、生产、销售某计算机应用软件，该软件可以很好地用于平面图片特殊效果的处理和设计，可以广泛应用于图形编辑、广告传媒设计领域”。用这样一个简练的句子阐述你的公司是干什么的，然后用尽量少的语言使投资商了解你的产品或服务。

3. 公司历史

公司历史基本上是要说明公司何时组成，特别是公司经历的里程碑事件。这部分务必精简，因为对公司历史的描述也是便于让风险投资商了解你的公司，了解你和你的团队作为公司的领袖都做了什么，具备什么样的能力。

4. 项目的前景

在这里，切忌对公司及项目的前景做大段不切实际的预计和展望，要通过细化每一年公司的发展目标，让计划书看起来切实可行，并指出在今后哪一年公司的发展会经历一个分界线，基本上以五年为一个阶段，比如，前两年是产品的市场培育阶段，主要任务是占领市场份额、培养客户的品牌忠诚度，在第三年加大技术研发力度，对产品进行升级改造，这样的前景描述简洁而又切中要点。如果你作为企业的领袖感觉到在未来几年内产品或市场出现变化，应该指出存在这种变化的可能性。要让投资商觉得你确实为企业的发展规划想了很多，也做了很多。

5. 独特之处

这一部分是创业者在描述时可以大书特书的，要保证你的计划书相较于别人有不一样的地方。各方面的独特性都可以包含进来，管理层的独特性、产品或服务的独特性、生产过程的独特性、金融基础的独特性，其实无论是哪一方面，只要使你的公司在和别的对于投资商来讲同样可得的投资机会的对比中凸现出来就可以，因为投资商不愿意把钱投资到“满地开花”的公司上，他们要的是拥有独特商业地位的公司，以便为他们带来超额利润。所以如果你的企业经营着一个全新的产品、一个生产的专利，或者是别的不同寻常的方面，那么应该在商业计划书里单独列出来，当然，在突出独特之处外还要特别地突出公司。

6. 产品或服务

对产品或服务的描述当然必不可少，这部分描述的目的在于不要使投资商对你所生产或经营的产品或服务产生疑问。如果有好几种产品或服务，应该分别对每一种进行叙述，应叙述产品的价格、确定价格的方法及毛利。这里创业者需要注意的是应该对产品的定价进行更多的考虑，不要轻率作出价格决定，要考虑所有影响价格的因素，包括市场方面和生产成本方面。确定的价格要能够面对投资商诸如“你确信市场竞争价格能到达你所确定的价格取向吗?”“你的销售能力足够让你支撑如此的价位吗?”等尖锐的问题。

7. 产品的目标客户群

要明确地定位出你准备把你的产品或服务卖给谁，谁会使用你的产品或服务，你的产品或服务能满足他们的什么需求，为什么他们一定会选择你的产品或服务而不选择市场上其他同类产品或服务。在这一部分，创业者要做到的是列举出你的产品或服务最大的三位顾客、价值及他们各自可能的购买量，比如说作一个图表：第一栏是公司，第二栏是价值，第三栏是购买的数量，在与投资商接触的时候这部分会给他们一个对你公司业务的直观印象。

8. 行业或市场

描述产品所在市场的宏观情况：总的市场价值、成长速度、对产品或服务的总需求。对市场规模的预测是必要的，比如可以对某产品的销售作一个类似的预测，如表 5—1 所示。

表 5—1　　某产品的销售预测表

年份	产品销售额（元）	增长率（%）
前年实际销售额	200 000	—
去年实际销售额	260 000	30
今年实际销售额	390 000	50
明年计划销售额	780 000	100
后年计划销售额	1326 000	70

在说产业的销售份额时，绝对不要将整个市场份额都说成自己的，作为创业者要清楚自己在整个行业中的地位。

9. 竞争情况

说出所有与你的企业构成竞争关系的公司及它们的产品，注意它们的销售金额、各自的市场占有率，特别要清楚地写出你的产品与它们产品的不同之处。

如果你的市场眼光足够敏锐，进入一个没有人与你竞争的行业，那就要让别人知道并相信为什么没有竞争，或以后会有怎样的竞争，因为在目前的市场条件下挖掘出一个完全没人涉足的市场领域几乎是不可能的。

10. 销售

这部分要包含企业所拥有的销售渠道（是利用经销商还是采用直销的办法），产品从出厂到消费者手中要经过哪些中间环节，和经销商关系怎样。如果你是一个服务性行业的企业，那么这一部分就主要用来说明你如何开拓市场并稳定自己的客户。

如果创业者是技术背景出身的，那么在说明这部分时可能会遇到不少困难，这时不妨由团队中负责市场拓展部门的人员来完成这部分。

11. 生产

对于生产制造型企业，首先要把生产费用说清楚，还有公司为产品的增值作出了多大的贡献；更深入点，如果是高新技术领域，需要说明是否需要外部技术人员协助及使用外部技术人员的费用。

12. 供应商

作为产业链的上级部门，供应商对你产品的成本有很大的影响，要列出你主要使用的几种原材料和主要的供应商。同样也可以用分栏的形式去做，目的是为了体现你与供应商之间的关系稳定，这也意味着你有能力控制产品的成本。

13. 设备

对于技术型初创企业，要详细地说明你已经购买和打算购买的设备，说明购买这些设备的必要性和重要性。在这里可以大致概述一下固定资产的价值和转售价值。此外，对于需要高科技技术人才来使用的设备，也要说明是否引进外部人员及引进的费用。

14. 公司所有物及设施

描述公司拥有的房地产或公司拥有的办公室、厂房、仓库的情况，对于为什么将公司或工厂建在这里，有必要进行说明。

15. 专利和商标

清楚地说出公司持有或打算申请的专利或商标，可以突出公司产品或服务的独特性。需要向投资商提供专利证书的副本，出于保密的目的，商标的副本除非十分必要，否则就不提供了。

16. 研究开发

说明你在研发方面的预算支出，以及产品研发的方向，投资商一般对这一部分的支出是比较在意的，除非它们能被技术型创业者说服，否则投资商希望看到的并不是这部分研发投资能带来多少技术突破或专利，而是把研发出的技术注入一个销售和生产型企业使其获得更大的利润。

17. 诉讼问题

这一点虽然可以被看作“家丑”，但是作为企业的当家人，创业者万不可对此有所隐瞒。投资商对于这个问题也是有所避讳的，因为它们认为如果你的公司被种种官司纠缠，就说明企业的管理存在某些问题。如果公司有过诉讼经历，势必要费一番口舌来消除投资商的抵触情绪。

18. 政府政策和法规

在这部分要把公司与政府主管部门的关系向投资商说清楚，往往政府的某项新的政策、法规会给初创公司带来致命性影响，因此创业者也要明确地使投资商相信其懂得如何在现有的法规环境下经营。

19. 利益冲突

这里其实是对公司内部尚未妥善处理的复杂混乱的产权关系的说明，比如公司的某个股东也是该公司的重要原材料供应者，这就对日后企业的运营造成很大的潜在风险。既然这样，就不如在一开始的时候就向投资商揭示这一点，并告诉投资商你准备如何使公司摆脱目前的状况及解决的办法。

20. 订单

应列出公司尚未完成的订单数量，列出其中最大的 3～4 个单子，让投资商知道都有谁在买它们的产品。

21. 保险

列出公司已买和准备买的保险，例如，火灾险、伤亡险、关键员工的人寿险等，当然需要列出的只是对公司运营有重要影响的保险。

22. 税收

公司目前是否享受税收优惠，优惠期至何时止。

（三）经营管理

这里说的是你的企业管理团队，比如高管人员、董事会的设计和对公司运营有重要影响的人。一般核心管理团队的人数为 3～6 人，在叙述中注意尽量使用“我们”而不是“我”来做主语，以体现创业者团队合作的理念。

1. 董事会和管理层

列出所有高管人员和董事的名字、职位、年龄和从业经历，以及各自在公司里负责的方面。

2. 关键雇员

把对公司有重要影响的关键雇员列出，并说明他们的学历背景和工作经历，要有足够的依据证明这些人对你真的很重要。

3. 高管层的忠诚度

尽管忠诚这个东西是不太好用语言来表达和形容的，但是高管层无不良记录的事实就可以对此有所说明，高管人员是否有犯罪前科，以前是否破产过及其他个人信用是否出现过问题。

4. 薪金

要清楚地列出所有从你公司领取薪水的员工、董事名单，将公司的总薪酬写清楚，注意薪水一项，公司的其他费用也要加进去，包括顾问费、佣金、津贴等。

5. 股票购买权

把你给出的股票购买权统计成表，将每个拥有购买权的人，其姓名、已享有的股票数量、平均预购价格、剩余数额等列出。还要写出公司即将给出的股票购买权计划，并说明公司该计划的目的。

6. 主要股东成员

列表清楚地显示出每个股东的姓名、直接拥有和只有使用权的股票数额、股票购买权的数额，当然要说明股票购买权的价格。

7. 雇佣协议

详细列出公司和雇员的雇佣协议，注明签订协议的种类和日期。如果还有订立雇佣合同的合理解释，那么也要将其写进这一部分。

8. 顾问、会计师、律师、银行家及其他

需要说明顾问的名称，会计师、律师和银行家的姓名以及他们的电话号码，说明公司给他们支付的费用。

（四）筹资说明

1. 拟用筹资

首先说明创业者希望采用哪种融资工具进行融资，是普通股、优先股还是可转换债券，要把细节部分说清楚，让投资商不会产生疑问。下面就把应该注意的细节部分跟大家说一下。

(1) 普通股。普通股是否附带红利，红利是否可以累计，这都是应该明确说明的地方。在资金进入后的多长时间里投资者可以赎回，普通股将会以什么样的价格卖给投资商，还有在日后公司有无公开发行上市的准备，都要给投资商一个明确的答复。

(2) 优先股。优先股也一样，由于优先股主要依赖红利收益，那么怎样支付红利，支付多少红利，红利是否累计，如果优先股可转换，转换价格大约是多少，是否给予优先股一定的投票权利等等都要说明。

(3) 可转换债券。首先要把债券的条款解释清楚，期限是五年还是十年，转换前债券的利率是多少，利率是固定的还是浮动的，转换期为多长时间等等。

2. 资本结构

说明公司的资本构成，对公司使用各种金融工具进行的融资进行说明，见表5—2。

表5—2 资本结构的分布 单位：元

时间 融资工具	筹资前	筹资后
长期债券	100 000	—
长期创业资本（可转换债券）	—	500 000
优先股	—	—
普通股	100 000	100 000

3. 筹资抵押

若采取附属信用债务，就要说明这笔债务的抵押物。

4. 担保

说明给创业企业作担保的个人或公司，如果是个人担保，担保人的个人财物报表一定要明确地列出。

5. 筹资条件

这其实是投资商与创业企业家在讨价还价，比如说公司是否会在董事会内给投资商代表一个席位，是否要按投资商的要求设定一个财务比率。

6. 报表

向投资商提供的关于筹资活动的各种报表，比如，月盈亏表、资产负债表及年度现金流量表。

7. 使用进程

详细地说明打算把钱用在什么地方，对每一笔资金的投向要明确，不能含糊地使用"营运资金"等字眼。

8. 所有权

说明将要支付给各个股东的股票数额和融资后创业企业家将拥有的股票数额，还要给出股东资产的现值，见表5—3。

表5—3 资产市值表 单位：元

	筹资前	筹资后	百分比（%）	支付价格
现有股东	700 000	700 000	70	500 000
风险投资商		300 000	30	200 000

9. 资本稀释

说明就账面价值而言新投资是否会被稀释。

10. 支付的费用

要告诉投资商需要支付的咨询费用，以及投资商终止投资需要负担的法律费用。

11. 投资者加入

说明可以给予投资商代表在董事会的席位数量。

（五）风险因素

这里要对新公司所面临的风险给予全面的考虑，对新公司的缺点和不足不要回避，给出积极的整改意见，基本上要考虑的问题如下：

1. 资源有限

公司是否能保证自己一直有足够的资源来维持生产，如果这方面构成公司经营的不稳定因素的话，当然是个潜在风险。

2. 行业管理经验不足

这里说的不是企业管理者的经验不足，而是政府管理部门对整个行业的监管尚不完善，这样的市场和行业固然具备极大的发展潜力，当然风险程度也是很高的。

3. 生产的不稳定

要知道有些生产模件是不可能从车床上制作出来的，有很多发明项目在批量生产上也存在障碍，这种生产技术上的风险是需要被认真考虑的。

4. 清算

虽然创业者不愿提及，但是万一经营失败不得不清算时，公司残值能值多少钱。

5. 对核心成员的依赖程度

这是每一个企业都要面临的严峻问题，很多公司就是在这一点上没有处理好，导致了最后公司的失败，要向投资商说清楚如果公司的关键管理人员意外死亡，公司有什么样的应对策略，比如写下一份公司“遗嘱”之类。

6. 其他

这里更多涉及宏观投资环境因素，比如股票缺少公开市场、政府新法规的出台，要尽量想得全面些，不要让投资商替你问出这些问题。

（六）投资的回报与退出

现在到了整个计划书里投资商最感兴趣的部分了，就是说明投资商如何拿到他在公司投资所获得的回报。作为创业者应该把所有给投资商创造流动性的办法全部列出，但也应该指出对投资者来说最好的是哪种办法。

1. 公众股份

就是把公司变成公开发行上市的公司，使投资商的部分或全部股份可以在公开市场上销售，完成投资的退出，这当然是投资商最愿意得到的结果。

2. 企业并购

可以把公司卖给一个大公司，比如说一个大型的企业集团。这时，要真实地说明你认为对你的公司感兴趣的大集团或大公司有哪些。

3. 回购

当然早在入资的时候投资商就向创业者提出，在企业成功后要求公司购回投资商所拥有的股票。

4. 投资回报率

这对于投资商来说当然是最重要的，要说明投资商按要求投资所能期望的回报。

（七）公司运营及预测

1. 综述

根据公司的财务数据列出一些总的盈亏信息，比如，最近三年和将来三年的净收入、销售成本、营业开支、利息支出和利润，以便让投资商对公司现在的状况和未来几年的状况一目了然，见表5—4。

表5—4　　财务预测表　　单位：万元

项目	筹资到位第一年（按市场容量及可能的市场份额预测，2007年）	筹资到位第二年（按市场容量及可能的市场份额预测，2008年）	筹资到位第三年（按生产能力预测，2009年）
一、主营业务收入	4 800	5 500	7 500
减：主营业务成本	3 500	4 000	5 000
主营业务税金及附加	120	150	200
二、主营业务利润	1 180	1 350	2 300
加：其他业务利润	180	230	350
减：营业费用	2	5	8
管理费用	2	5	8
财务费用	1	3	5
三、营业利润	1 355	1 567	2 629
加：投资收益	20	35	50
补贴收入	8	13	20
营业外收入	20	23	35
减：营业外支出	13	18	40
四、利润总额	1 390	1 620	2 694
减：所得税	347.5	405	889.02
五、净利润	1 042.5	1 215	1 804.98
加：年初未分配利润	0	400	700
可供分配的利润	1 042.5	1 615	2 504.98
减：提取盈余公积	104.25	161.5	250.498
可供股东分配的利润	938.25	1 453.5	2 254.482
减：分配红利	350.25	453.5	754.482
未分配利润	588	1 000	1 500

2. 比率分析

这部分列出的是净收入、销售成本、营业开支、利息支出和净利润，并计算出它们的百分比，将百分数分栏列出，见表 5—5。

表 5—5　　**财务比率预测表（%）**

百分比	前年实际值	去年实际值	今年实际值	明年实际值	后年实际值
净收入	100	100	100	100	100
销售成本	100	50	50	63	65
营业开支	—	25	20	10	8
利息支出	—	25	10	4	3
净利润	—	—	20	23	24

3. 运营成绩

在这部分要详细说明运营的成绩和预测，对预测指标的上升或下降都要说明理由，比如，是由什么重大事件造成的，或是由于加大了研发投入等原因。实际上就是对前两部分的数字进行解释。

4. 财务状况

详细叙述现在的资产负债表，说明公司资产的流动性，以及特定项目如应收账款、应付账款的处理。

5. 或有负债

或有负债，指过去的交易或事项形成的潜在义务，其存在需通过未来不确定事项的发生或不发生予以证实；或过去的交易或事项形成的现时义务，履行该义务不是很可能导致经济利益流出企业或该义务的金额不能可靠地计量。

这里说明这些情况，比如未备基金的养老金计划，或者公司现在正在处理的诉讼案件造成的或有负债。

（八）财务报表

这部分应该包括所有财务报表，并且应由独立的审计师进行审查，应包含合并资产负债表、合并利润报表、合并股东持股报表、合并现金流量表，其中要包括对报表合适的注释，包括最近几年和今年到目前为止的财务报表。

将这些报表附加在计划书里是非常必要的，因为报表可以表明创业者现在经营的是一个比较稳定的业务，可以看出财务报表在管理业务上的高度重要性。

（九）财务规划

这部分是对以后五年的年度财务的规划，还包括一张下一年 12 个月的月度现金流量表。现金流量表应该能把财务方面的流入表现为现金流入，用以规划未来公司的财务状况。

（十）宣传资料、小册子、相关图片和媒体报道等

用一些制作精良的宣传品对公司的产品或服务进行展示，有些时候还是可以达到不错

的效果的，它可以辅助计划书的书面表述，使之更加生动吸引人，这部分也可以作为附录内容。

（十一）附录

附录在商业计划书里是必不可少的，高质量的商业计划书要附加高质量的附录，基本上应该包括如下内容：

（1）主要管理人员的个人简历。

（2）详尽的预测表格。

（3）报纸、杂志等平面媒体对公司或企业领袖等相关事项的报道剪辑。

（4）公司简介和项目说明书。

（5）市场调查资料。

（6）行业专家的评估报告。

（7）按客户分类的销售资料。

（8）产品成品资料。

（9）无形资产的专利证书以及估价证书。

（10）厂房、办公场所的租约。

（11）专利的具体情况和技术规格。

（12）已经审计过的财务报告。

三、编写商业计划书的注意事项

（一）明确商业计划书的面对对象——谁会阅读计划

会阅读商业计划书的人很多，身份也各不相同，企业雇员、投资者、银行家、风险资本家、供应商、企业顾客乃至企业顾问。因此针对不同的阅读者，商业计划书也应相应有所侧重，因为要知道不同阅读者对于计划书的阅读目的是不一样的。

在准备商业计划书时大体上还是基于三个基本的角度考虑问题：首先从创业者自己的角度出发，因为创业者对该企业的项目和核心技术最为了解，也最有说服力；其次从市场的角度、从客户的角度、从消费者的角度去考虑自己的产品或服务；最后要从投资商的角度来考虑企业，是否能够给投资者带来预期的回报，因此，创业者需要一份完备的财务计划予以体现，使用财务分析工具与模型加以预测，说明创业项目的经济性。

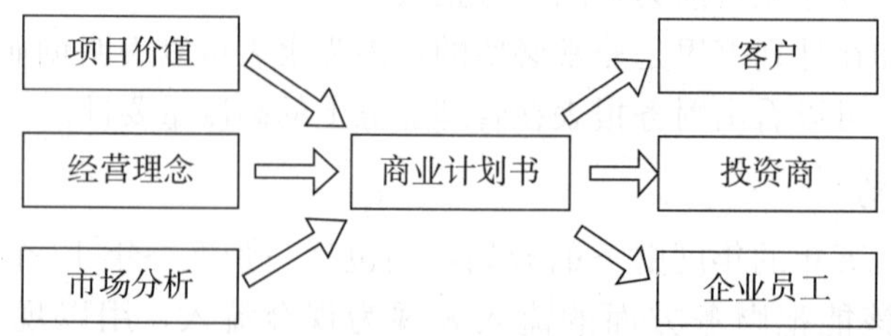

在面对企业的新纳雇员和企业潜在的投资者这些阅读主体时，商业计划书可以帮助他们熟悉创业企业，了解企业的远期和近期目标，因此要从以下方面予以侧重：

（1）说明创业企业在其所处行业市场内具有足够强大的生存能力。

（2）为潜在投资者进行全面的系统性介绍，强调企业的增长潜力。

（3）计划书可以在企业的经营理念中提出对员工的培养计划，提高员工对企业的忠诚度，留住企业人才。

（二）第一印象：在项目和团队上予以突出

要知道大型专业风险投资公司的经理每天会接到数以千计的商业计划书，这几千份商业计划书中当然不乏真正具有市场发展潜力的优质项目，当然其中也有很大部分来自那些脑子里满是奇思异想的人。审阅这堆积如山且水平参差不齐的报告对投资商来说无疑是一种折磨，所以他们不会对每一份报告都详细地阅读完，他们往往只关注两方面的事情——创业项目和创业团队，因此能否让投资商第一眼时就被你的计划所吸引并有足够的兴趣继续阅读下去，就要在这两方面多下工夫，争取给投资商留下深刻的第一印象，为自己赢得与投资商面谈的机会，即便不能让投资商看到你的计划书就兴奋地立即拿起电话联系你，起码也要在后来主动与投资商联系时让他能够想起你和你的项目。

（三）全面陈述：在细微之处表现出你对项目和行业的了解

作为对你所从事行业和项目的全局性的报告文件，对项目的全面描述是商业计划书最首要和基本的任务，一份好的商业计划书不在于是否有精美的装帧或不切实际的利润目标，而在于是否对项目涉及的各方面都有所考虑，是否有详细的介绍和有根据的经济性描述，比如对于市场规模或占有率方面的描述不要臆断，要有某知名咨询公司的统计数据进行印证，诸如此类的细小方面要特别注意。因为这不但能够使你的商业计划书更加真实可靠，还可以向投资商展现出你对你所从事的事业和项目有足够充分的了解，而不仅仅停留在市场宏观层面的把握上，向投资商证明你是有能力带领你的企业走向成功的。

（四）说明筹资方式：尽量详细具体

商业计划书的另一个重要作用就是向投资者说明自己希望获得多少风险资金和以什么样的方式获得这笔风险资金。毕竟这是我们编写商业计划书的最终目的，因此在融资规模和融资方式的说明上一定要细致而明确，尽管最后与投资商达成一致时的融资条款可能与商业计划书里的初始设计不一致，但在最初的商业计划书中明确地提出融资规模与融资方式问题，将有助于进一步与投资商进行接洽。融资的具体方式有很多种，比如采用优先股、可转换债券或附认股权债等金融工具，这些金融工具一般兼具股权和债权的双重性质，可以兼顾创业者和投资商双方的利益。另外，一般风险投资商在投资时间的安排上也大都会采取分阶段投资的方式，这一方面可以减少投资损失的风险，另一方面又可以在与创业者的合作中考察创业者和创业项目，避免创业者产生短期利益驱动的行为，不利于企业的长期成长，该部分内容会在后面为大家具体讲到。

（五）应该做的与不应该做的

正如我们前面讲过的那些精心包装并标榜有丰厚利润回报的创业计划并不意味着最后的融资会取得成功，成功还需要必要的资源和精良的创业团队，因此创业者在制订创业计划时一定要在头脑中明确应该做什么，不应该做什么，见表 5—6。

表 5—6　　制订创业计划时哪些该做哪些不该做

应该做的	让所有管理团队参与创业计划的准备工作 投入足够的资金和时间来准备创业计划 分析存在的主要风险，以及在这种情况下创业的可能性 分析企业存在的现实问题和潜在问题 从市场需求出发，把顾客放在首位 将假设建立在以现实市场和销售预期为基础的财务报表上 分析可供选择的融资渠道 分析股权结构和投资者获得利益的方式 研究如何引起潜在投资者的关注和兴趣 研究目标投资者群及其喜好 编制条理清楚、内容完整、简洁明快的创业计划 尽快行动，将计划付诸实践
不应该做的	管理团队中不要有未命名的神秘人物 不要讲模棱两可、不肯定的话 语言不要过于专业化 不要过分讲究创业计划的包装而忽略了其本质内容 遇到现实需求时，不要把时间浪费在撰写商业计划书上 资金未入账之前，不要假定自己已经成功了

资料来源：杰弗里·蒂蒙斯：《资源需求与商业计划》，71 页，北京，华夏出版社，2002。

（六）明确对象，有的放矢

其实这部分我们在上面的部分已经有所涉及了，创业者要时时刻刻明确投资商真正关心的内容，虽然每个投资商关注的重点各有所侧重，但无外乎以下几点。

1. 独特性

关于独特性的描述可以在计划书的各个部分分散列出，也可以单独列成一章，对公司独到之处加以综合叙述，比如将专利技术、管理层以及资格认证进行统一叙述以使读者感受更为强烈。

2. 经营管理

大多数风险投资商在项目和人（管理者）的抉择中往往选择后者，因为他们相信只要有了出色的管理者，经营项目即便有所缺陷也可以依靠出色的管理予以弥补，这就需要管理者对项目和行业有深刻的理解和丰富的经验。一般投资商看好 30～40 岁之间的创业者，当然也有例外，比如说需要丰富创造力和激情的互联网公司，这些公司的创业者往往在 20 岁左右的时候就已经获得了风险投资商的青睐，成为 80 后财富新贵，但是普遍来讲，30 多岁应该是一个创业者的黄金年龄。

（七）保密条款

这是创业者编写商业计划书时务必需要特别注意的地方，要求投资商对其商业机密和技术机密进行保密是合理的和必要的，一般采取下面的方法：

（1）要求收件人在保密协议上签字。

（2）添加保密条款。

（3）在编写时就要注意，不把机密内容写进计划书，在叙述技术时多用概括性语句。

如果机密性信息对创业者十分重要，创业者还应该向自己的法律顾问进行咨询。保密条款的设计如表 5—7 所示。

表 5—7　　保密条款的设计

保密承诺
本商业计划书内容涉及本公司商业秘密，仅对有投资意向的投资者公开。本公司要求投资公司的项目经理在收到本商业计划书时作出以下承诺： 妥善保管本创业计划，未经本公司同意，不得向第三方公开本商业计划涉及的本公司的商业秘密。 项目经理签字： 接受日期：　　年　　月　　日

知识拓展：后生凶猛——80 后财富新贵[1]

目前中国最年轻的亿万富翁有 4 人：高燃、李想、戴志康、茅侃侃。2006 年 5 月 23 日晚 10 点，在北京东方银座旁的某川味餐馆，Mysee 直播网总裁高燃跟泡泡网首席执行官李想、北京康盛创想（北京）公司 CEO 戴志康、北京爱航工业公司首席架构师茅侃侃聚到了一起。

高燃、李想和戴志康生于 1981 年，茅侃侃生于 1983 年。

高中生李想放弃高考创亿元身家

5 月 21 日，中关村鼎好电脑城中，李想公司那间隔开的办公室中每组办公桌之间仅能容一个人通过，坐着的人都在忙碌。泡泡网规模几经扩展，人数从不到 50 人扩充到 80 人，又到 100 人，目前超过了 110 人，预计到年底将达到 180 人。700 平方米的空间已经无法容纳全部员工，公司的发展也到了需要注意商务形象的阶段。李想的泡泡网是一家从事电脑硬件、个人和办公教学数码产品信息服务的网站。六年前，在石家庄某中学读高三的李想没有对未来作过多的规划，只作了一个简单的决定：不参加高考。李想第一次接触电脑是在初一，立即着了迷。到了高一，李想终于拥有了自己的电脑，花了 8 000 多元，并且是按自己的要求配置的一台机器。当时只能拨号上网，李想的月均上网费用为七八百元，花的都是自己的钱。这些钱是他为计算机专业报刊写稿赚得的稿费。到了高三，李想建立了“显卡之家”网站，每天花费 7～8 小时在网站上，更顾不上课程学习。不读书后的第一个月，一个广东老板说要给李想寄推广费，他没当真，结果对方真寄来了 6 000 多元。当时他还没构思好如何进行网站的商业化运作。到年底，他赚了 10 万块。2000 年春

① 参见 www. icxo. com。

节前，李想说服大学毕业后到深圳打工三个月的樊铮回到石家庄，把两个人的网站合到一起，成立了泡泡网。2003 年底，泡泡网的业务翻了 3 倍。

大学生戴志康发明软件掘起第一桶金

同样生于电脑时代的戴志康比李想早两年接触电脑，在小学五年级。戴父是大庆石油学院的博士生导师。在父亲的指引下，他迷上了电脑编程。戴志康读初二时，市场上有了瑞星防毒软件。经过琢磨，戴志康发现了其技术瑕疵。考上哈尔滨工程大学后，戴志康想找点事做，为将来事业的发展打基础。一天，很偶然地，戴志康接触到一个电影论坛，发现里面竟然有 10 万注册用户。他想，如果有一种软件能在一个社区论坛的服务器上安装，一个用户就可以带来 10 万人，100 个用户是 1 000 万人，1 000 个用户就是 1 亿人，完全是几何级发展模式。

戴志康决定开发这样的软件，将它命名为 Discuz。一年多后，这个软件因为支持用户习惯，迅速为网上用户所接受。做了两年后，他意外地收到中国香港一家公司的报酬，这才发现自己的劳动完全可以转化为实际价值。他准备将产品商业化。2004 年初，戴志康怀揣挣到的第一桶金，从哈尔滨跑到北京。他先花七八十万买了间公寓做办公室，便开始注册自己的康盛公司，这时，他还是在校大学生。截至 2005 年，公司销售额月均增长了 50%。

“小崽儿”茅侃侃一条短信萌发金点子

2005 年以前，四个人中年纪最小的茅侃侃也没有闲过，从最初的红旗中文 2000 公司跳槽后，一直“起劲地折腾”。一系列跳槽是茅侃侃刻意而为的，他曾干过技术、销售、管理、包装和推广等工作。由于动作快，他负责的工作通常会比别人早完成。Majoy 的创业点子来源于茅侃侃一次出差时收到的短信：四川移动通信欢迎您！这条很多人都会收到的短信，使他突然联想起如果将传统的电脑网络游戏或者单机游戏方式挪到现实中，把手机或者 PDA 之类的移动终端和各种通信方式的后台技术整合起来，不是能制造另一种更数字化的真人实景游戏方式吗？

返回北京后，茅侃侃挨个咨询所认识的人，调研后，他认为将网络游戏搬到现实场地中，由真人扮演角色，通过大量移动终端（PDA 和手机）和电子化道具来掌控游戏是一个既基于传统娱乐形式又突破传统娱乐形式的创新模式。

财经记者高燃从报社步入 IT 界打天下

1998 年，高燃有半年时间在东莞樟木头的一家工厂里打工，那时他是中专毕业。半年后，当他考上清华大学时，村里有乡亲激动地评论：“高燃将来肯定能当中央委员！”2003 年，阴差阳错地，高燃错过了南方报业集团的最后一轮面试，后来他在《经济观察报》做了财经记者，还被报社评为当年最佳新记者。8 个月的记者生涯后，大学里对财经、IT 一窍不通的高燃纵身到 IT 界创业了。正是人脉网里的清华校友帮他现在的公司融入了一笔美国的风险投资。公司身价一下子上了千万元。后来，高燃生命中“最重要的人”出现了——江苏远东集团董事长蒋锡培，在长春参加一个会议时，见到了站一夜火车来递计划书的高燃。蒋锡培投资给高燃 100 万元，高燃的电子商务计划没把这笔投资作出个所以然。他开始选择另外一些项目，这时清华的同学邓迪琢磨出了 P2P 流媒体传输技术，这可以让一部片子的视频直播成本从 7 元降低到 7 分钱，2005 年 2 月两个人走到了一起，并在 6 月将各自的公司合并，专做视频直播的 Mysee 诞生了。

案例分析：商业计划书的财务分析

一、静态财务指标分析

我们通过对投资利润率、投资回收期、投资利税率、销售利润率、销售利税率等财务指标的分析，对本项目产品的综合获利和收益能力进行更进一步的认识。

1. 投资利润率和投资回收期

（1）投资利润率指每年情况，税后年利润按三年平均值计算。

投资利润率＝税后年利润÷项目投资额×100％＝r％。

（2）税后年利润按三年平均值计算。

投资回收期＝项目投资额÷税后年利润＝n 年。

实际投资回收期为 n 年。

2. 投资利税率、销售利润率和销售利税率

（1）投资利税率指每年情况，年利税总额按三年平均值计算。

投资利税率＝年利税总额÷项目投资额×100％＝p％。

（2）销售利润率指每年情况，年净利润总额按三年平均值计算，产品年销售收入按三年平均值计算。

销售利润率＝年净利润总额÷产品年销售收入×100％。

（3）销售利税率指每年情况，年利税总额按五年平均值计算，产品销售收入按三年平均值计算。

销售利税率＝年利税总额÷产品年销售收入×100％。

从以上指标可以看出，本公司投资利润率高，回收期短，表明本公司获利能力强，回报好。

二、动态财务指标分析

本项目主要以财务净现值、财务内部收益率进行动态财务指标评价，财务净现值、财务内部收益率的计算公式分别如下：

$$FNPV = \sum_{t=1}^{n} CF_t(1 + i_c) - t \qquad (1)$$

式中，$FNPV$ 代表财务净现值；CF_t 代表第 t 年的净现金流；n 代表计算期；i_c 代表基准折现率（i_c＝20％）。

$$FNPV = \sum_{t=1}^{n} CF_t(1 + FIRR) - t = 0 \qquad (2)$$

式中，$FIRR$ 代表财务内部收益率；其他参数项同公式（1）。

实验设计：撰写一份商业计划书

一、商业计划书写作指导

商业计划书的封面信息如表 5—8 所示。

表 5—8　　商业计划书的封面信息

收到商业计划日期		项目编号		项目经理	

商业计划书

项目名称

项目单位（盖章）

地址

电话

传真

电子邮件

联系人

某公司　　年　月　日

计划书正文：

第一部分　公司基本情况

（1）公司简介包括：公司名称、法人代表、注册资本及主营产品。

（2）公司宗旨。

（3）公司的股本结构和股东的基本情况。

（4）公司创业团队介绍。

第二部分　产品和市场分析

（1）产品概述。

（2）发展战略包括：近期战略（1～2 年）、中期战略（3～5 年）和远期战略（5～10 年）。

公司近期及未来 3～5 年要实现的目标（行业地位、销售收入、市场占有率、产品品牌以及公司股票上市等）。

（3）产品市场分析和竞争优势。这里主要介绍拟投资的产品/服务的背景、目前所处发展阶段、与同行业其他公司同类产品/服务的比较，本公司产品/服务的新颖性、先进性和独特性，如拥有的专门技术、版权、配方、品牌、销售网络、许可证、专营权、特许权经营等。

第三部分　融资需求与财务预测

（1）财务报表分析。财务报表包括：资本结构表、财务比率表、现金流量表。

（2）融资需求。分阶段投入的计划。

（3）未来三年的财务预测。预测财务增长比率、预测资产负债表、预测现金流量表。

需提供：未来 3～5 年的项目盈亏平衡表、资产负债表、利润表、现金流量表、销售计划表和产品成本表。

第一年每个月计算现金流量，共 12 个月；第二年每季度计算现金流量，共四个季度；第三、第四、第五年每年计算现金流量，共三年。每一项财务数据都要有依据，要进行财务数据说明。

第四部分　经营风险

经营风险分析中应包括市场风险、价格风险、技术风险、管理风险、营销风险、融资风险和政策风险的分析。请详细说明该项目实施过程中可能遇到的风险（包括政策风险、加入 WTO 的风险、技术开发风险、经营管理风险、市场开拓风险、生产风险、财务风险、汇率风险、投资风险、股票风险、对公司关键人员依赖的风险等。以上风险如适用，每项要单独叙述控制和防范手段）。

第五部分　附表：企业应备资料清单

（1）营业执照。

（2）公司章程。

（3）验资审计报告。

（4）贷款证。

（5）资信证明。

（6）法人代码证书。

（7）税务登记证。

（8）财务报表（上年度、本年度、本月）。

（9）专利证书、鉴定报告。

（10）高新技术企业、高新技术项目证书。

（11）其他表明企业特点的资料。

（12）商业计划书。

二、检测商业计划书是否合格的 11 条标准

Bruce Judson 是一位成功的单干型企业家，一个赢得荣誉的畅销书作家，也是美国在市场营销和企业家精神方面的主要专家之一。Bruce Judson 建议创业者用 11 条检验标准测验商业计划书。

人们很容易为了某个项目而充满热情。你看到一种需求，你拿出一个可行的方案，你热情高涨。但是客观地看待未来至关重要。给你 11 条检验标准，从现实角度评价你的商业创意。使用这些检验标准的最好办法就是将它们看成改进你创意的机制。

1. “电梯”测验

你能在大约电梯上一层楼的时间里——用最多两个短句告诉我你的生意如何获利吗？电梯测试是广为人知的电梯销售演讲的变形。你需要一个“电梯销售演讲”。为什么？你必须清楚你如何赚钱。这个简单道理看似不言自明，但实际上很多公司刚成立时关于如何

最终盈利的概念非常模糊。所以，商业计划必须简单明了。

我们经常用来检验新公司的一个测验就是看公司被解释的难易程度。如果一个人能在他的名片后面概括他的公司计划的话，通常意味着他能向员工、顾客和利益相关者描述公司的目标。一份需要一段文字或者 10 分钟来解释的商业计划是含糊不清的。我记得在 1988 年，我们为思科公司提供启动资金的时候，公司的创始人 Sandy Lerner 和 Len Bozak 以惊人的明确性解释了他们的事业，整个使命只用了三个单词："思科连接网络"。这是一个经得住时间考验的描述。

2. "最多三件事情" 测验

成功依赖于创业者将其能力集中在有限的几个关键领域的能力。当你审视一个商业创意时，你需要问自己如下问题：决定我成功的三件事是什么？下一个问题显然就是我具备在这个范围内成功的必备能力吗？如果没有，如何获得？

3. "假如你是顾客" 测验

把你放在潜在顾客的位置上，问自己一系列的问题：

在已有选择的基础之上，我会买这家公司的新产品或服务吗？

如果会，为什么？

作为一个潜在的买家，我是独一无二的吗？还是很多人和我一样？

我会以现在的全价购买产品或服务吗？

购买服务有多快，多容易？我会立刻购买，还是先了解一下？然后，回到企业家的角色，考虑现在的商业计划适合我的时间和精力吗？

从现在开始，你必须去寻找潜在顾客，现场收集实际市场经验。

4. "差异化和市场领导权" 测验

无论何时有人说，"这是一个巨大的市场，我们只需占有一小部分就能成功"，赶紧转身离开，不惜一切代价避开这个陷阱！成功需要你的生意与众不同并能控制一些东西，当小池塘里的大鱼比当大海里的小鱼要好得多。

定义你的市场——即使它只是一个更大市场的一小部分——这样你才有与众不同之处来吸引这部分顾客，以统治这个领域。与众不同者必胜，千篇一律者必败。

5. "我会被包围吗？" 测验

在创业之前，你必须估计很常见的现象带来的风险，以及妨碍你长期成功的可能性。公司应有一些结构特性让供应商和合伙人难以与你竞争。从一开始你就要考虑你是否能有效构建你的公司，阻止合伙人和供应商复制你向顾客提供的价值的企图。

6. "成本翻番" 测验

正像电梯测验一样，"成本翻番" 测验也被广泛使用。成本翻番测验本质上是这样的：你预料会出现问题，每件事都比预期的费用高，通常需要更多的时间实现收益流。这个测验检查你犯错误的回旋余地——很显然余地越大越好。看一下你的利润计划（你预期的花销、收益、取得收益的时间），问自己如下的问题：如果成本翻番，这还是一份好的商业计划吗？如果第一年的收益只有预期收益的一半，成本又翻番，这还是一个好创意吗？

7. "留下犯错误的空间" 测验

好的商业创意通常留给你很大的犯错误的空间。请记住，你最后挣的钱不一定来自打

算挣钱的地方，所以需要留下空间。在你投入时间和精力检测你的公司前使用这个测验最有价值。一旦你完善了自己的业务模式，你就没必要选择如此大胆的假设，因为你有亲身体验告诉你什么管用。

8. “依赖性”测验

任何公司的重要风险来源之一就是对某个供应商或者顾客的巨大依赖。首要法则就是单一顾客不能占据一个公司销售额的35%。所以，问问自己：环顾四周，我的公司是否严重依赖某个公司呢？如果答案是肯定的，有减少这种依赖性或者减轻潜在损失的办法吗？如果你打算创立的公司严重依赖某个公司，要考虑如下两个问题：这种依赖性会榨取我的利润吗？如果我依赖的公司停业或者不再同我做生意，将会发生什么事情？要花时间仔细构思一个详细的权变计划，用笔写下来。你或许从来用不着它，但是写下来，你强迫自己真正思考这个问题，当需要时能马上找出来参考。值得注意的是，在当今激烈的竞争环境中，不幸的现实是公司不再像以前那样具有价值了。过去，一个公司在一年中获得特定收入，下一年（管理良好的情况下）也会得到类似的收入。现在，很有可能因为没有持续创新，一个公司的收入迅速逐年下滑。当今的买家要购买的是一个能够不断自我更新的平台，而不是一个一成不变的东西。

9. “多股收入流”测验

尽可能控制你的风险。控制风险的传统方法之一就是多样化。涉及公司收入，就是指公司从多个来源处获得收益的能力。

10. “脆弱性”测验

“脆弱性”测验，或者说用来分析商机的“最坏的情况是什么”的方法，是在开始时问这样一些问题：如果公司开业运转了，什么事情会让我的公司瞬间倒塌？我如何预测现有的和潜在的竞争者对我的公司作出的反应？作为对我这个潜在威胁的反应，是否有竞争者有能力将我的公司立刻扫地出门？为什么现有竞争者不会对我的进入作出反应？

11. “不只是一条路”测验

创始人找到了迅速降低成本、扩大产品线的方法。这种廉价而简单的测试启动新产品和服务的能力通常反映了在职经验，但仍然有可能在启动公司之前帮你了解能否并如何扩大你的产品线。如果你的公司——或者你将使用的技能——能够灵活地朝多个方向发展，你将更有可能成功。但是如果你知道你正在启动一个只有一条路可走的公司，那么请停下来反复思考，因为你没有多少犯错误的机会。

第6章 获取投资

案例导读　蒙牛借助风险投资资本快速成长

1999年白手起家的蒙牛乳业，在牛根生团队的带领下，先做市场，后建工厂，5年增长500倍，6年销售200多亿元，投资收益率大于5 000%，创造了中国企业的成长奇迹。

蒙牛的成长与其资本战略密不可分。在对国内外投资者认真分析对比的基础上，蒙牛决定在上市前接受世界上投资实力最强、背景最良好的美国、英国、中国香港投资者作为自己的合作伙伴。

作为世界顶级投资银行，摩根士丹利所选择的合作伙伴通常都是行业内的顶级企业。确定蒙牛作为投资对象，是其第一次涉足乳业，也是其第一次将目光转向中国西部。从2002年元月开始，摩根士丹利、鼎晖投资、英联投资等3家公司，先后11次到蒙牛公司进行尽职调查、考核，历时11个月，前前后后经过近20轮谈判。最终，2002年12月19日，内蒙古蒙牛乳业在呼和浩特市与美国摩根士丹利、鼎晖投资、英联投资举行了投资入股签字仪式，3家投资银行一次性向蒙牛投资2 600万美元，3家投资机构经过此次入股后，共持有蒙牛乳业32%的股份。一年后，3家投资机构再次向蒙牛增资扩股3 500万美元，但蒙牛中方股东仍处于控股地位。至此，蒙牛成为摩根士丹利在亚洲地区直接投资额最大的企业。

3家投资商的良好国际背景为蒙牛海外上市开拓了捷径。2004年6月10日，蒙牛成功在中国香港上市，募集国际资本13.74亿港元，约合人民币14.56亿元。

作为中国乳业目前唯一一家登陆国际资本市场的领袖企业，蒙牛与国际投资银行联手缔造了一个财富传奇：美国、中国香港、英国3家投资银行投入约5亿元人民币，蒙牛中方股东投入约0.46亿元人民币，分别可获投资回报各20多亿元，分别创下了500%和5 000%的投资收益奇迹。各方股东的资本增值基于蒙牛业务的迅速增长，2001—2004年，蒙牛的利润复合年增长率持续达120%以上，从而创造出良好的股东投资回报。蒙牛在国际资本市场上走出了一条“用全球资源，兴民族工业，铸中国品牌”的新路子，成为民族产业应对经济全球化潮流的一个经典案例。

2005年6月13日，3家投资机构出售所持股票，套现近16亿港元，在蒙牛的持股量下降为130万股，持股比例低于1%。3家投资机构顺利退出蒙牛乳业，获取了5倍以上的丰厚投资回报。

3家投资机构为什么会退出？

这其实是一个简单的算术：对于风险投资机构而言，“上市前来，上市后走”，为“退出”而“进入”是所有风险投资者的操作惯例。风险投资者是宁愿伴随一个差一点的待上市企业，也不愿伴随一个优秀的已上市公司，道理很简单：前者意味着可能获得“鲤鱼跳龙门”般的“激增式收益”，后者意味着获取的是“常规式收益”。因此，它所投资的公司一旦上市，其第一选择就是把增值的钱变现，然后重新把钱投资到另外一些待上市企业身上。

那么，风险投资机构的退出是否意味着企业竞争力下降了呢？非也。从蒙牛案例来看，风险投资机构的平稳退出不仅无损于企业，反而会使企业处境更安全，因为它们的股票并未“蒸发”，而是转移到长期投资者手里，相对来说，投资者的长期持有要比短期持有对企业更具安全性。事实上，世界上有两个“摩根士丹利”，作为风险投资机构的摩根士丹利撤走了，但作为长期投资者的摩根士丹利却进来了，全球前十大金融投资机构中有6家持股蒙牛，这在中国内地民企中是独一无二的。所以，在3家风险投资机构售股后满40天之时，蒙牛股价上涨了10%。

学习目标

这一章是上一章内容的延续，主要讲的是创业企业在完成商业计划书的编写后，开始真正地从投资商手中获得资金的过程，也就是把计划书中的融资计划付诸实践的过程。在这里，创业者需要与投资商进行深入密切的沟通和接触，如果说一份好的商业计划书可以为创业者赢得与投资商深入接触的机会的话，那么这一部分就是要指导创业者把握好每一次与投资商接触的机会，从而达到融资战略的最后成功。融资的过程需要知己知彼，要熟悉投资方投资需求的特点，并且与自身资金需求的特点进行比较，所以说在这一部分创业者需要把握以下几点：

1. 了解市场上风险资金的投资主体，以及各个投资主体的特点和投资方式
2. 了解初创企业的资金需求特点和融资的阶段性
3. 在了解风险投资商评估标准的基础上，掌握与风险投资商进行面谈所需要注意的事项

第一节 寻找适合自己的融资对象

一、市场上主要的投资主体

在市场上为新兴的、有发展潜力的初创型小企业进行战略性股权融资的行为叫做风险投资，也就是我们常说的VC。其实除了专门的进行风险投资的公司以外，也有很多其他主体也在经营风险投资业务，甚至现在有的商业银行也开始设立投资部门进入风险投资领域，但各个不同的主体由于经营理念和风险偏好的不同，在经营策略方面也有较大差异。这就要求创业者们在融资时就要对这些经营风险投资的主体有所了解，然后根据自己的需要进行有选择地接触。

（一）风险投资公司

风险投资公司主要以两种形式存在，公司制和有限合伙制，国际上运行得比较成熟的是有限合伙制，现在进入我国的国际风险投资机构也都采用这种形式。而在我国，多年以来由于法律环境不完善，以及税收政策方面的原因，我国本土的风险投资公司基本上采用公司制的形式。就运行效率来讲，国外的成功经验已经证明，有限合伙制是适合风险资本有效运行的组织形式，随着我国各方面法律和市场体制的健全，我国的风险投资公司也正在逐步地与国际规则接轨，我国本土的公司制风险投资公司也将逐步转变为有限合伙制公司。关于有限合伙制公司，后面的章节会为大家详细介绍，这里只就风险投资公司的整体概念为大家进行介绍。

一般的风险投资公司掌握的营运资金都较多，一般都有几千万美元甚至上亿美元，资金的来源也是多种多样的，有的来自政府的养老基金，有的则来自私人募集的股权投资基金，如此大规模的资金在使用和投向上当然有自己的特点。一般初创企业在成长的各个阶段对资金的需求是不同的，对于一个借助风险投资资金的帮助获得成功的创新企业，我们纵观其成长历程就会发现，很多时候这个企业并不只进行了一次融资，而是在不同阶段进行了多轮融资，创新企业的生命周期和多轮融资的特点见表6—1。所以，这就导致了在企业融资需求的不同阶段进入企业的资金主体也不尽相同。

表6—1 创新企业的生命周期和多轮融资的特点

阶段	种子阶段	创建阶段	成长阶段	扩张阶段	成熟阶段
融资需求额（万美元）	50～100	50～250	200～1500	1 500～3 000	3 000以上
持续时间（年）	1～5	1～3	2～4	2～5	
管理层	创业者	创业者和合伙人	创业者和专业管理机构	专业管理机构	专业管理机构
融资目的	开发、试生产	市场营销	提高市场份额	稳定利润	上市或转售
预期收益率	60%以上	40%～60%	30%～50%	25%～40%	25%
5年回报率	10%～15%	6%～12%	4%～8%	3%～6%	2%～4%

资料来源：庄恩月、王明珠：《风险投资与案例分析》，90页，北京，中国审计出版社，1999。

（二）天使投资

天使投资也称“非正式风险投资”，是指具有一定资本金的个人或家庭，对于所选择的、具有巨大发展潜力的初创企业进行早期的、直接的权益投资的一种民间投资方式。

延伸阅读

为什么把这种形式的风险投资称为“天使投资”

这个词汇实际上最早起源于纽约百老汇的演出。那时，美国纽约的百老汇是当时美国的艺术中心，很多歌剧表演剧团都在那里排练演出自己的剧目，由于歌剧团的财务状况并不稳定，所以在演出时常会因为经费问题而产生很多困难，银行自然是不会把钱贷给不知道结果的歌剧表演项目上的。这时候许多富有的个人，同时又是歌剧表演的爱好者，就会对这些歌舞剧团慷慨解囊，帮助它们完成一些具有社会意义的文艺表演、彩排和演出。对于充满艺术理想的演员来说，这些赞助无疑就像天使一样在他们最困难的时候从天而降，所以可以这样说，天使投资在起源时具有一定的公益捐款的性质。①

天使投资是一种对那些新兴的具有巨大发展潜力的、同时又包含巨大风险的企业的早期投资，往往都以民间的、自发的、个体的和分散的形式存在，这使它们成为一种具有强大生命力的、特殊的个人投资方式。

就风险投资最活跃的国家——美国来讲，无论是在资金总量上，还是在投资项目总量上，天使投资都大大超过了风险投资，天使投资正在成为现代经济生活的一种新趋势，包括天使投资的权益资本投资已经成为个人、企业，甚至金融机构的投资发展趋向。

（三）政府投资

前面已经提到了风险投资组织形式中最重要的两种，其实，在风险投资发展之初，政府在风险资金的筹措中发挥了十分重要的作用，因为高新技术的产业升级不仅仅关系到利用技术进行创业的创业者，更多的是关系到整个国家技术进步的速度，因此，出于这种考虑，无论是西方发达国家，还是像我们这样的新兴工业化国家，政府都在采用直接或间接的办法促进风险投资业的发展。

二、什么样的企业适合向天使投资寻求融资

那么，我们作为创业者了解了市场上现存的几类融资对象，接下来我们要做的就是分析自己，我们这个企业究竟适合引入哪种类型的风险投资呢？

由天使投资的特点我们可以总结出天使投资所具备的优势，就是投资期早、投资效益高、投资成本低、投资决策快。因为天使投资的代理关系简单、清晰，天使投资家仅有委托人的身份，而被投资企业是代理人，这就会使天使投资家更容易根据自己的经验或直觉对自己看好的企业进行直接投资，往往是一作出投资决定，资金就立即到位。更重要的是，在资金到位后，天使投资商并不积极参与创业者的经营管理，给予创业者极大的空间，使企业可以按照创业者的思路进行发展。因为天使投资商知道，最了解项目的是创业

① 参见刘曼红：《天使投资与民间资本》，北京，机械工业出版社，2003。

者本身，对于把计划书中的项目变成实实在在的企业，没有人能比创业者做得更好。天使投资商与风险企业的简单代理关系如图 6—1 所示。

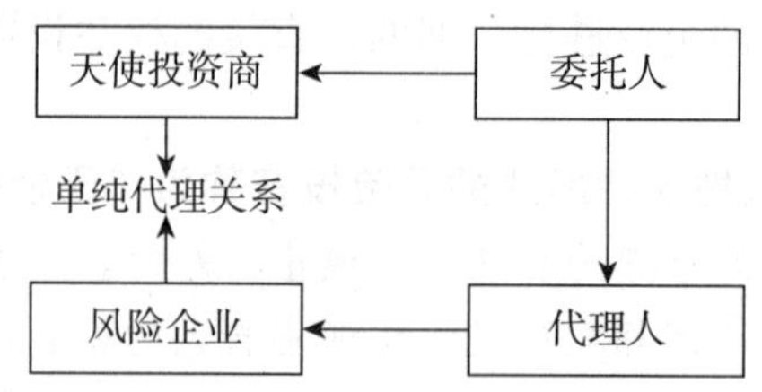

图 6—1　天使投资商与风险企业的简单代理关系①

由此，我们可以按照这样的思路进行分析。一个具备以下特征的初创企业是适合向天使投资寻求融资的。

（一）高风险、高收益

这个特征其实整个风险投资业都具备，但就业内的实践结果看，相较于成熟的风险投资公司，天使投资商往往具有更大的风险偏好（要知道高风险和高收益具有哲学上的辩证关系：高风险是获得高收益的必要代价，高收益则仅仅是高风险的可能结果）。企业从最初建立、发展到壮大，这当中的每一个阶段风险投资都有可能参与到企业中来从而获得投资利益（在后面的第二篇会给大家详细介绍），天使投资在这方面就体现出了与风险投资的不同之处，天使投资往往投资于具有更大风险同时也可能带来极大收益的企业初创阶段，与风险投资公司往往投资于较为稳健的扩张阶段或首次公开发行前阶段有很大的不同。所以，如果你的企业可以给投资商展现出未来获得巨额收益的能力，甚至占据市场主导地位的潜力，与天使投资商联系或许是个不错的选择。

（二）所需融资数额较小

这一点说起来其实是初创小企业比较无奈的地方，因为风险投资公司由于其资金来源于机构投资者，投资规模往往较大，人民币 100 万元以下的小项目不能吊起它们的胃口，而天使投资正好满足了这部分企业的融资需求，天使投资也慢慢地被称为“新兴企业的发动机”。

（三）亟需资金渡过难关

这可能是每一个创业人士都曾经经历或正在经历的阶段，企业现金流的稳定与健康是企业生存和发展的必要保障。而大多数的初创企业由于初始注册资金不多，在后面的企业运作中出现这种问题也是比较常见的，当然如果是由企业经营决策的失误所导致的资金困难，找天使投资商是没有意义的，天使投资商愿意做的是“雪中送炭”而不是“扶危济困”。天使投资商可以帮助遇到财务问题的初创小企业解决问题，但它帮助你的条件是在日后企业渡过难关获得成功的时候为它带来巨额的回报，就好像是给一个将要渴死的人一杯水，却要求他在将来还回一桶油。那为什么不去找正规的风险投资公司呢？正如上面所说，因为天使投资商投资的是自己的钱，不像合伙制风险投资公司的决策者是代理性质，

① 参见刘曼红：《天使投资与民间资本》。

所以在投资决策时往往决策的时间比较短，甚至与企业家经过几十分钟的面谈后就把资金打到了企业的账户上。所以，一个有好的发展前景的企业如果遇到了资金问题，天使投资商是比较愿意伸出援手的，但创业者在与天使投资商谈判的时候也要注意，如果天使投资商借着雪中送炭的名义去做趁火打劫的事情，会大大加重企业的财务成本。

（四）不希望投资商过多干预企业的发展

我们都知道风险资本进入企业对企业来讲不单单是一个融资过程，特别是风险投资公司的资金。投资后，风险投资公司往往会积极参与企业管理，帮助企业设计发展战略等等，参与到企业的日常决策中来。那么这就有可能造成作为股东的投资商与企业的原始股东——创业者在企业发展战略和公司经营等方面观点的不同。对于某些创业者来讲，这显然是无法忍受的。而天使投资商在投资企业后对于企业的经营关注程度表现出极大的多样化，有的积极参与企业的经营管理，有的则不甚过问，静待投资结果。那么这就有可能为创业者提供比较大的自由和空间，因为毕竟最了解企业的还是企业最初的创业者，创业者可以在与天使投资商谈判的时候提出自己对这一问题的要求和期望，要求对企业有更多的驾驭权力，避免日后合作中发生观念上的冲突。

三、什么样的企业适合向风险投资公司寻求融资

首先我们还是要先了解风险投资公司在组织结构上的特点，从这一点来讲，它就与上面讲到的天使投资有很大的不同。天使投资就本质来讲还是一种直接融资的方式，而风险投资是介于直接融资与间接融资之间的一种运作模式，具有比较复杂的投资过程，是一种典型的双重代理形式，见图 6—2。

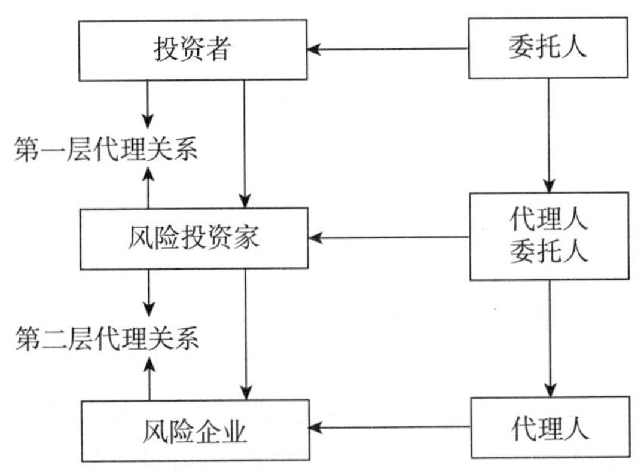

图 6—2　风险投资的双重代理特征①

第一层代理关系表现在融资时，投资者是委托人，风险投资家是代理人，此时造成的信息不对称在于投资人并不完全了解风险投资家的资金管理能力和个人品质；第二层代理关系表现在将资金投入企业时，风险投资家的身份又转变为委托人，而企业家是代理人，这时的信息不对称在于风险投资家并不一定知道企业的真实盈利潜力。因此我们也可以了

① 参见刘曼红：《天使投资与民间资本》。

解，正是由于风险投资公司这种比较复杂的组织结构和决策流程，在投资导向上，风险投资公司也会较天使投资更为谨慎。

我们也可以大体上概括出适合风险投资公司进行投资的企业一般具备的特征。

（一）进入成熟期和扩张期的企业

进入成熟期和扩张期的企业已经被证明了企业最初设立时的战略和成长过程中的运营是成功的，现在企业的发展已经到了瓶颈期，若想取得更大的发展必须有比较大规模的战略资金进入，使企业发展到一个更高的平台，比较常见的就是首次公开上市前的战略性融资，其目的主要是为企业的上市做准备，完善企业财务报表，充实一下企业的资金实力以便获得上市地证券监管部门的批准。由于首次公开上市的企业的股票价格往往在上市后会上涨至发行价以上，可以给投资商带来比较大的和稳定的收益，因此发展到这阶段的企业大多可以获得风险投资公司的青睐。

（二）需要引进战略性融资的企业

一提到"战略性"融资，便可知道企业想获得的不仅仅是风险投资公司的资金，或者说企业最需要的不是风险投资公司的资金，很可能是企业发展到了这样一个阶段：已经具备了一定的市场份额和发展前景，但由于企业管理团队能力和资金实力的限制，使企业进一步地向前发展出现瓶颈。因为能够带领企业从出生到经过市场竞争的洗礼生存下来的领导者往往都是创业型企业家，一旦企业生存下来需要进一步的发展从而对企业家的管理能力提出更高的要求时，这些企业家往往不能胜任了，也许这时把企业的一部分股份卖出，引进风险投资的资金，让出一部分企业的经营管理权，会使得企业在充实了资金实力的同时，又获得了最需要的管理经验和整合资源的能力。这时企业的发展前景已经比较明确，符合风险投资公司的决策原则，又使得企业顺利地进入一个新的发展阶段，所以这种企业是适合向风险投资公司寻求融资的。

（三）得到政府当前政策支持的企业

就我国目前的市场情况来看，这其实是比较符合我国国情的。由于法律和政策方面的原因，目前我国尚无一家合乎国际标准的风险投资公司，现在进入我国国内的国际知名的风险投资公司还比较少。但可喜的是，随着我国各项法律制度和政策制度的完善，我国正在大力发展为我国中小企业融资提供服务的、由政府资金引导的风险投资基金管理公司，比较成功的例子有深圳创新投资公司。这类由政府主办或牵头主办的风险投资公司往往与国家的产业政策紧密相连，更愿意将资金投向目前政策大力扶持的行业。因此，如果创业者正在从事某项政府努力推动的行业（比如，农产品行业），可以充分发挥自己的行业优势，抓住机遇，向这类风险投资公司寻求帮助，可能会更加顺利地完成融资目标。

第二节　获取风险投资的过程

一、如何联系风险投资商

当创业者决定向外寻求战略融资并已经为融资做好了前期准备时，后面要做的就是通

过各种渠道联系投资商并与之接触。那么，作为创业者都有哪些途径与投资商进行联系呢？在与投资商联系的时候需要注意些什么？这是本节要为大家阐述的主要内容。

（一）几种主要的联系途径

1. 通过私人关系

这种方法虽然传统但有时候的确有效，创业者在寻求融资的时候应该首先考虑这种途径，充分动用自己的人际关系网络，家庭成员、朋友和合作伙伴都可以成为沟通创业者与投资商的渠道。当然这种途径也有自己的局限性，因为它很大程度上受限于创业者本人的社会关系是否广泛，社会关系广泛的创业者可能会拥有更多的与投资商接触的机会，而且效率高、成本低，往往这种建立在私人关系上的接触可以使投资商对创业者的项目进行全面的了解，加大了投资商投资的可能性。那么对于刚刚涉足某一个行业的创业者来说，他们往往不具备在该行业的广泛的社会关系，可能在联系投资商时会稍微困难一些，这时需要发挥创业者的积极性，主动地去联系自己认识的投资商寻找面谈的机会，因为有些非正式的风险投资机构（比如我们上面所说的天使投资商）一般也比较缺乏合适的投资机会，因此它们也希望创业者主动与它们接触。

2. 通过职业关系

这种方式在创业实践中是比较可行的，也是经常被创业者采用的，其实就是从那些与风险投资商经常有业务往来且关系密切的职业人士中获取信息，比如，律师、会计师、审计师等，因为风险投资商在进行投资活动时，需要对投资项目进行评估和决策，在投资后还要对企业的运行进行监控，这当中都少不了与会计师、律师和审计师打交道，久而久之，这些职业人士与投资商的关系就十分密切。所以说创业者可以重点打通这个渠道，通过自己认识的会计师、律师，甚至可以通过自己企业聘用的会计师获取与投资商联系的机会。

3. 通过风险投资商名录

在国外风险投资业发展比较成熟的国家，会有专门的机构来收集风险投资公司的信息，为创业者、企业家提供参考，其中包括现在市场上比较活跃的风险投资公司的地址、联系方法、投资偏好、投资行业、以前的投资记录等详细内容，这样一来方便了创业者与投资商的联系，还可以为投资商扩大投资机会，起到为风险投资公司作宣传的作用。做这个事情的是一些咨询公司、专业的研究所或出版社，比如，美国风险投资协会（National Venture Capital Association，www. nvca. com）、英国风险投资协会（British Venture Capital Association，www. bvca. com）。这些协会每年都会定期编制和出版本协会的会员名单，这对于创业者来说具有极大的参考价值，但是会带来另外一个比较麻烦的事情，就是如何从众多的、不同类型的风险投资商中挑选出符合自己要求的、对自己比较有利的投资商，因为如果在选择环节上工作没有做到位，会使得将来与投资商接触和谈判时，浪费时间和金钱，往往还达不到预期的效果。

由于风险投资的概念进入我国较晚，在我国的发展时间也不长，我国现在市场上还没有这样的投资商名录，但一些风险投资业内的期刊开始慢慢起到这种名录的作用，比如，国内出版的《中国风险投资》，而且随着国内创业热情的高涨和风险投资事业的发展，这种专业性名录的出现只是早晚的事情。

4. 通过互联网资源

现在互联网的发展已经给各行各业的发展起到了巨大的促进作用，其关键就是互联网包含的巨大的信息资源和获取信息的方便性和快捷性。风险投资行业也一样，亟需资金以求企业发展的创业者也可以通过这种新技术手段获得企业融资的信息和数据。很多专业的风险投资机构都有自己的互联网网站，创业者可以从中对投资商进行了解，创业者也可以建设自己的网站，向潜在的投资商进行宣传，以期与投资商建立联系，另外，创业者也可以关注其他一些与风险投资相关的机构网站，比如，一些学术机构、咨询公司等。

在互联网上搜寻与风险投资相关的资源可以说是很方便的，只需要在百度或谷歌等搜索引擎中输入“风险投资”就会得到数以千计的网址和相关的内容，之后创业者的工作就是对信息和数据进行筛选然后作出判断，决定与哪些投资商联系。

创业者在利用这一渠道联系投资商时要注意，由于互联网本身的虚拟性，某些不良的机构有可能会公布一些不实的信息，这就需要创业者在与投资商深入接触后加以甄别，投资商也一样，双方在接触时都应该持谨慎的态度。

5. 参加研讨会、论坛或创业竞赛

由于风险投资商一般愿意投资于附加值较高的高科技行业，所以他们的办公地点在地理位置上也大多会聚集在特定的、经济发达的经济或政治中心。在我国，风险投资机构比较活跃的地方也不外乎北京、上海、深圳等一些经济基础雄厚、人才集中的国际化城市，所以这些地方的风险投资机构或某些高科技行业经常会举办一些业内聚会活动。在这些聚会上，风险投资地业内人士会进行信息交流，寻找投资项目和合作机会。这就给了创业者非常难得的与投资商进行面对面交流的机会，是创业者获取投资的重要途径之一，创业者应该积极参加，带着自己的商业计划书和幻灯片文稿，向投资商进行阐述。

作为创业者，在参加这类会议时一般有两种方式：接受邀请参加或以非正式代表的身份参加，如果有机会在会上做发言，创业者一定要把握机会，向更多的投资商展现自己的项目潜力和自己作为企业领袖的个人魅力，创业者还要注意在会下与投资商多多交流，主动创造机会，推销自己。

还有一种新兴的让投资商与创业者进行直接对话的活动就是由某些媒体或学术机构如大学举办的创业竞赛类活动，如果创业者认为自己的项目具备在竞赛中脱颖而出的实力，那么参加这类竞赛是个不错的选择，因为一旦在竞赛中获胜不仅可以获得投资商的资金，还可以进一步印证自己所从事项目具备的潜力，让更多的人知道自己的项目也是一个很好的宣传手段。

6. 借助中介机构的介绍

中介机构是专门在创业者与投资商之间进行联系和沟通的职能机构，它可以提供从协助编制商业计划书、信息咨询到联系投资商各个环节的服务，从中收取服务性费用，这在后面的章节会为大家详细讲到。

在选择这种途径时，创业者要十分注意中介机构的资质，因为这决定着最后融资活动的成败。当然，资质越好的中介机构往往收取的费用也越高，这就需要创业者自己来权衡。

另外，在与中介机构合作时创业者务必注意保护自己的商业秘密，一旦商业秘密泄露，企业的竞争优势就丧失了。总之，采取这种方法具有专业参谋、节约时间、获得多样服务的优点，其成功融资的概率也较高，但要对上述问题加以注意。

（二）与风险投资商接触时的注意事项①

（1）做好联系前的准备工作，做到有的放矢，选择适合自己的风险投资商，千万不要与多个投资商联系，这会引起投资商的反感。

（2）注意一次只与一个投资商接触，在确定与某个投资商交易失败之前，不要与其他投资商讨论交易或与这些投资商准备合作投资，因为同时接触若干资金来源会引起资源和时间的冲突。

（3）如果有一位有资深从业经历、与投资商有较好关系的中间人引荐的话，会大大增加融资成功的可能性，但中间人环节不可过多，仔细决定中间人的作用并对他们加以酬谢。

（4）应该由创业团队的核心领袖与风险投资商面谈，在首次面谈时创业者不要由律师或会计师陪同，首次面谈应该能让投资商在没人干扰的情况下了解项目和创业者，避免在细节处过多纠缠。

（5）谨慎对投资商作出承诺，要对自己作出交易的价格和结构负责。

（6）切忌向投资商提及该项目已经有其他投资商感兴趣，这不是个推销自己项目的好办法，因为投资商只相信自己的决定。

（7）不要对市场状况和技术问题作出轻率的描述。

（8）如果企业现在存在债务问题的话，不要对投资商说要用其投资的钱来解决。

二、融资准备——评估企业的价值

到了这一阶段，说明对战略性风险投资资金的引进基本上获得了成功，已经有明确的投资商愿意将资金加入到企业中来帮助企业成长，这时就需要创业者对公司的价值进行评定，以便为下一步交易结构的设计做好准备。可以这样说，确定公司的价值实质上就是创业者在考虑准备出让多少股权来换取投资商的资金。

（一）评估要素

在评估公司价值时需要考虑一些评估要素，这些评估要素之间也可能存在某些内部的冲突，因而需要创业者认真处理。

1. 行业水平

可以这么讲，评估一个企业首先要从评估企业所在的行业开始，不同行业的特征与经济特性不同，同一行业所处的发展阶段不同其特征也不同。对企业所处行业进行全面和到位的分析有助于创业者作出正确的决策，当然也可以使得创业者对企业价值的评价更加科

① 参见杰弗里·蒂蒙斯、小斯蒂芬·斯皮内利：《创业学（第 6 版）》，北京，人民邮电出版社，2005。

学合理。

基本上这一点可以从几个方面出发，首先，要对行业的市场前景进行分析，有多少竞争对手，整个市场的份额有多大，企业可以占据多少。其次，要考虑行业的发展阶段，是传统行业还是新兴行业，传统行业往往竞争激烈但风险较小，新兴行业有着巨大的未被挖掘的市场前景，但也充满了很多的不可测性。最后，要考虑行业的进入与退出壁垒，大家都知道垄断行业有着其他行业不可比拟的超额利润，但是进入也十分困难，要么由于投资规模巨大，要么由于政府的限制。诸如此类因素都是在考虑行业问题时需要注意的。

2. 宏观经济状况

宏观经济状况是从宏观的角度来分析问题，跟我们前面章节讲的创业环境有关。这些因素对企业的影响都是客观的，也是企业不可控制的，在了解了目前的宏观经济状况后，才能结合企业所处行业的特点和自身的状况分析出企业现在面临的风险，至于宏观经济因素都有哪些方面，前面已经提过就不再赘述了。

3. 企业的账面净值和财务状况

现在我们开始把注意力转向有关该企业的微观因素。由会计学的知识我们知道，企业的账面净值等于企业的所有者权益减去负债，由于企业的账面价值与真实的市场价值存在差异，所以在评估企业价值的时候要对资产负债表进行必要的调整，使其能够反映出企业所拥有的所有资产的价值，使其尽量回归企业真实的市场价值，如果能在表中区分出运营资产和非运营资产就更好了，这会让创业者对自己企业的“家底”掌握得更加准确，在后面交易结构的设计上会更有利。

4. 公司未来的盈利前景

对公司未来盈利能力的评估是企业价值评估中最重要的因素，因为企业的价值很大程度上取决于对公司未来盈利能力的预期。首先还是要以过去年份的账面价值作为评估基准，这时需要注意的是不能用简单平均法，要用加权平均法，而且是距离现在越近的年份其权数越大。要对企业的各项收益进行分析，判断出各项业务的收益性。对财务报表中的资产折旧、费用、职工工资项目的趋势也要作出判断，因为这些项目都会影响到企业今后的盈利。

5. 企业支付红利的能力

之所以还要对此进行考虑，是因为红利的支付对于投资商来说是十分重要的。新创的企业由于利润的限制一般很少支付红利，那么创业者就需要更多地考虑企业在未来支付红利的能力，如果创业者有在企业获得盈利的几年后向股东派发红利的计划，那么在企业价值的评估和后面对于交易结构的设计上都要把这一点考虑进去。

6. 企业信誉和无形资产

这也是企业价值中非常重要的一项，然而对商誉和无形资产的评估往往比较困难，所以比较常用的做法就是在对无形资产进行价值评估时是不脱离有形资产的，要从无形资产给企业带来的有形利益的角度来分析。

7. 同行业其他企业的股票价格

这其实是一个借鉴性指标，因为在股票市场上，同行业企业的市盈率水平往往相近，根据其他上市公司的股票价格来估算自己公司股份的市值还是有一定可行性的，关键就是要注意上市公司与本公司的类似程度。

（二）评估方法和评估模型

这部分会涉及一些公司理财的知识，都是一些在公司价值评估中常用的方法。[①]

1. 一般估值法：直接估计公司价值

也就是前面所讲的，从现有上市公司中找出一个与本公司比较相近的公司，利用该上市公司的股票价格或债券价格来对本公司价值进行评估。寻找可比较的上市公司的过程往往比较复杂，需要对行业市场、企业销售额、企业经营环境和各自遇到的问题加以综合分析，要对多个上市公司的红利、股东数量、资金规模等诸多指标进行评估，直到找出与本公司最接近的为止。如果实在找不到的话，说明这种估值方法不可行。

2. 现金流折现法——*NPV* 模型

这种方法是现在评估项目或金融工具收益性比较常用的方法，实质上这种方法的依据便是利用货币本身的时间价值对企业的现金流进行调整。其具体做法就是把整个企业看作一个项目，将企业每期期末的现金流通过一个比较合适的折现率折现到我们所需要的一个时点上，其现值之和就是公司在该时点的价值。

$$NPV = c_0 + \frac{c_1}{1+r_1} + \frac{c_2}{1+r_2} + \cdots$$

需要注意的是把销售额和收入调整到作出出售公司股份决策时的价值，根据一个可行的贴现率计算出期末潜在的红利支付额、期望的公司价值或债务价值。还要注意在决定投资者要求的回报率时，要减去一个折扣率来补偿不能达到该回报率的风险。

3. 重置价值法：重置公司所有资产的成本

这种方法比较容易理解，就是通过重新购买企业资产或企业的整个系统所需要的资金来决定企业的价值。这种方法在使用上更多地出于比较特殊的目的，比如说保险的目的，所以应用较少。

4. 账面价值法

即使用经调整后的公司的账面价值或有形资产净值来决定公司的价值，由于简单快捷，所以比较适合新建的企业。具体可以从厂房、设备、房地产等的折旧项目中调整出账面价值，调整时要严格按照会计原则进行处理。

5. 收益法

由于这种方法直接着眼于对投资收益的预测，所以这种方法应用比较普遍。具体方法是这样的，首先在计算潜在收益时对非正常企业费用加以调整，然后对最近的营业收入进行加权。其次根据行业的标准和投资风险选择一个恰当的乘数，这个乘数其实就是贴现率的倒数，风险越大，乘数越大。比如企业最近几年的加权平均收益是 50 万美元，且企业所处行业风险较低，采用的乘数为 6，则企业的价值就是 50 乘以 6，为 300 万美元。

6. 债务价值法

债务价值法就是将公司的一切完全卖掉可以获得的价值，这样得到的公司价值最低，

---

① 参见杨朝军、费一文：《现代公司金融学》，上海，上海交通大学出版社，2007。

但可以使投资商了解企业一旦经营不善将面临的风险。

7. 一个常用的评估模型①

有这样一个经常在风险投资商进入企业时被应用的式子：

风险投资商的所有权比例=(风险投资额×所需的风险投资乘数)/(公司预计的第五年利润×可比较公司的价格收益乘数)

具体的步骤如下：

(1) 计算公司未来五年的销售收入和相应的税后收益。

(2) 根据可比较上市公司目前的价格决定恰当的收益乘数。

(3) 决定要求的投资回报率（作贴现率）。

(4) 决定需要的融资金额。

(5) 计算公式：现值=各期税后收益/$(1+贴现率)^t$。

三、交易结构的设计

现在到了创业企业引进风险投资商资金的另一个重要环节——设计交易结构，确定创业者和资金提供者之间的交易条款。创业者在做这方面工作时要对投资商有足够充分的了解，虽然条款的设计要经过与投资商谈判后才能确定，但至少不能与投资商的期望偏离太远；同时，在设计时创业者也要保持自己的立场，要明确自己的交易底线，具体到控制程度、融资量和企业战略的各方面，要对各种因素的重要性有自己的判断。

一个好的交易结构不仅可以促使企业融资成功，更可以使创业者和投资商互相满意，建立起良好的工作合作关系，共同应对融资后公司发展所需要面对的问题。

(一) 确定合适的融资比例

首先，创业者需要时刻提醒自己，在获得投资商融资的同时也会使自己的股权比例稀释，引进得越多，则稀释得越大，自己对企业的控制力也就越弱，所以需要多少资金，以及融资后怎么使用，这些问题都要创业者在融资之初做到心中有数。

具体确定公司融资后投资商所占持股比例往往是按照最后投资商退出的几个可能性——成功、持平、失败进行的，然后得出比较实际的持股比例，见表6—2。

表6—2　　H公司的形式定价模型　　单位：美元

投资资本：50 要求回报率：40%	成功	持平	失败
2年后的收入水平			
5年后的收入水平	2 000 000		
3年后的收入水平		50 000 000	
退出战略	IPO	收购	清产

① 参见罗伯特·赫里斯：《创业学（第5版）》。

续前表

投资资本：50 要求回报率：40%	成功	持平	失败
税后利润率	15%	10%	0%
投资收入	3 000 000	500 000	0
变现时的市盈率	20	12	0
变现时的公司价值	60 000 000	6 000 000	0
变现后的公司现值	11 156 066	2 186 589	0
各种情况发生的概率	20%	50%	30%
预期现有价值	2 231 213	1 093 294	0
公司的加权平均价值	3 324 508		
要求的所有权份额	15%		

资料来源：罗伯特·赫里斯：《创业学（第 5 版）》。

该模型只是创业者在设计交易条款时的一个参照，投资商有可能愿意投资比模型比例更多的资金，因为投资商对该投资的预期收益要比企业的预期收益低。

（二）注资方式

注资方式指的是创业者准备设计怎样的一种证券给投资商，这种证券不同于一般性公司债券或股票是因为投资商正是凭借具有特殊条款的证券对企业施加影响，增加投资的安全性的。具体的交易工具问题后面章节会为大家讲到，这里只是简单为大家解释。使用最多的注资方式是采用可转换优先股，因为这种工具赋予了股票持有人将优先股转换为普通股的权利，以便企业获得成功后，投资商分享企业发展的成果。另外，可转换优先股还有赎回权，投资商可以以事先约定的价格将股票变现，这种赎回条款对于创业者来说也是购回企业股票，重新掌握对企业控制权的有效工具，节约了进入二级市场进行收购的大量资金。

其他的工具还有可转换债券、次级债券或者认股权证等，创业者可以根据各自的特点斟酌使用。

（三）控制机制的设计

这部分主要是从投资商的角度和利益出发，使投资商可以有效地对企业施加影响，有以下几个方面：

1. 分阶段注资

这是投资商控制企业的最有效手段，投资商与创业者达成协议，将投资分为几个阶段进行，在每个阶段结束时，双方就是否进行下一阶段的投资以及投资的细节进行协商，这对于创业者来说实际上也是一个选择是否合作的机会。因此，这种方式的存在使企业管理者的努力经营能够获得投资。

2. 占有决策权

在投资商注资后，经过股改后的企业董事会中往往要有投资商的代表成为董事局的成员，在董事局这个决策机构中对企业的经营和管理进行控制，更重要的是这可以使投资商时时了解与企业经营有关的各种信息，避免信息不对称问题发生。

3. 信息披露

在交易条款的设计中有时候投资商还要求对企业的设备、厂房、财务报表进行审核，目的也是掌握企业运行中的信息，确保信息的透明与通畅，避免道德风险问题的发生，更重要的是投资商可以利用其丰富的商业经验对企业时时刻刻出现的问题提出针对性措施。

（四）联合投资

对某个企业的投资是几个投资商联合起来进行的，就目前的发展趋势来看，联合投资的形式将成为主流，由于这种方式可以分散风险，使得以前由于潜在风险太大没人敢投资的项目有了获得融资的可能性。另外还可以分享项目的信息，使得创业者得到更多的商业专家的意见和指导。

作为创业者，如果面对的是几个投资商联合投资的形式，在交易条款的设计上就要花费更多的时间和精力，在设计上要更加细致。

在与投资商交易时应该想到的①

（1）交易对象是谁？

（2）交易对象的目的是什么？

（3）他们会观察到什么风险？我们如何去管理这些风险？

（4）他们的投资成本和市值是多少？

（5）他们作出决策有什么背景因素？

（6）他们拥有什么样的力量使公司发生变化？

（7）他们采取这些行动要花多长时间？

（8）他们如何获得信息，他们获得信息的渠道是什么？

在与投资商交易时应该注意到的②

（1）在的确需要资金的时候再去向投资商融资。

（2）尽可能多地了解整个融资的过程，并学会管理该过程。

（3）要得到比资金更多的东西。

（4）明确自己的交易底线。

（5）不要总是假设交易达成，假设交易没有达成时怎么办。

（6）要保留备选的资金源。

（7）专家提供的消息也会有不确切的地方。

（8）融资方和投资方打交道时，总会处于相对弱势的地位，这很正常。

（9）在对外融资的时候也要保持自己稳定的现金流，不然会被投资商趁火打劫。

（10）创业者是第一次筹集资金，而投资商已经无数次投资了，因为他们以此为生。

---

① 参见杰弗里·蒂蒙斯、小斯蒂芬·斯皮内利，《创业学（第6版）》。

② 同上。

第三节 与风险投资商的谈判

在商业计划书得到了风险投资商的认可之后，接下来要做的事情就是与风险投资商就注资的具体环节进行谈判。把谈判作为独立的一节来向创业者介绍，也是因为这一环节的重要性和复杂性。创业者在与投资商谈判时，是展现自己创业家素质的好机会，当然如果处理不当，也会造成与投资商产生误解的情况。在谈判中，双方为了自己的利益都在努力坚守着自己的底线，因此过程当然是艰难的，其实谈判双方完全可以把它当作一种合作者之间通过共同决定的办法来寻求潜在的最优解决方案的过程。谈判的结果不应该只使一方受益，而应该是投资商与创业者之间形成稳定的合作机会、发现更多的共同利益的过程。

作为创业者，当然要重视与投资商的谈判，因为它关系到企业未来的生存和发展，首先要做好投资前的准备，然后在谈判时要把握好自己的原则，注意运用谈判的技巧和手段，争取谈判的最后成功。

一、做好谈判准备

1. 放下手头的其他工作，保持良好的心态

创业者由于经营的企业刚刚成立，公司业务尚不稳定，总是有繁杂的日常事务要处理。但是一旦开始准备与投资商谈判，创业者就要把手头的其他工作都暂时放一放，把自己全部的精力投入到准备这次谈判中来，保持心情的平和，理清自己的思路，这是在谈判中取得成功的前提。

2. 学习并演练各种谈判技巧

谈判当然不会像平常说话般轻松，而是一场任务艰巨的攻坚战役。所以对一些谈判技巧的掌握还是有必要的。以前没有谈判经历的创业者更是要早做准备，查阅有关谈判的记录和资料，从别人的得失中总结经验，特别是对于谈判失败的案例要格外关注，作为对自己的警醒。平时自己可以多想想谈判可能会在哪个环节陷入僵局，自己如何应对，时刻保持自己兴奋的思维状态。

3. 熟悉谈判规则和基本的谈判礼仪

这是对一些细节问题的关注，双方见面时的着装、参加会议的人员安排、如何向投资商介绍产品和服务、何时开始演示图表和模型等。

4. 充分准备好谈判内容，谈判前熟悉相关文件和资料

创业者要详细了解谈判的时间、地点、形式、程序等基本问题，对于自己希望达成的目标、谈判助手的配备、谈判时准备使用的战略战术以及如何应对突发事件都要做好事先准备。尤其是对于计划书和其他书面材料的内容要非常熟悉，这样在谈判中遇到相关问题时可立即作出反应，加强说服力，对谈判产生很大的冲击力。

5. 拓展信息渠道，尽一切可能了解谈判对手

对于谈判对手的了解是非常关键的，要做到战前知己知彼。了解投资商的背景、学历、经历、以前的投资情况、对方通过谈判要达到的目标等，以便在谈判中掌握主动权，时刻把握谈判的发展方向，进而取得谈判的最后成功。

二、谈判者的个人素质

风险投资商都愿意与高素质的创业企业家进行合作，因为这样会增加将来获得成功的概率，而企业家所展现出的品质和能力是投资商投入资金的最好保障，所以创业者要争取在谈判时给投资商留下这样的感受。

1. 诚实可信

这是创业者需要具备的最基本的个人素质，在商业活动中能够做到信守合约、遵章守法、正直可信。对创业者来讲，这也是获取创业成功的第一要素，只有诚实可信才会有越来越多的人愿意与你合作，投资商才会放心地把资金交给你使用。

2. 思路清楚

对于创业者来说，条理清楚的思维方式是必不可少的，这不仅仅需要创业者有聪明的头脑，更需要创业者在平时注意学习、勤于思考、提高自己的知识底蕴，避免给人以思想浅薄的感觉，在此基础上慢慢地形成自己的经营理念和奋斗目标。

在与投资商的谈判中，也需要思路清晰地向投资商表达自己的想法，便于投资商接受自己的观点。

3. 知识储备

关于知识的储备有多个方面，特别是在当今社会，只懂得自己专业领域的知识而没有基本经济知识的创业者是没有竞争力的。投资商感兴趣的是创业者的实践经历，在创业之前做过什么工作，在其中投资商会发现创业者是否具备管理者的基本素质、是否对自己的行业有足够的了解等等重要方面。

4. 判断能力

创业者在谈判时要有洞析谈判对手的观察力，判断出可能影响谈判进程的潜在问题，在表达自己时要得体，对对方的意见和要求要能够从对方的角度进行考虑。在谈判陷入僵局时要能够迅速地判断出问题的关键所在，如果陷入被动，创业者也要能够及时调整思路和谈判策略，扭转不利局面。

5. 决策能力

创业者必须具有驾驭全局的能力，在关键的时刻能排除一切困难作出决定，果断而不武断，不贻误时机，并对决策承担责任。因为投资商认为创业者应该具备承担风险的冒险家精神，但同时又应该对事态的发展具有准确的分析能力并且善于听取别人正确的意见，对不正确的意见能加以判断并抵制。创业者的任何决策都应该是从各个不同的角度对问题考察之后再作出的，从而保证企业和投资商二者的利益。

6. 创新能力

初创企业赢得市场、赢得生存条件的唯一资本就是创新，作为企业领袖的创业者也应该具备锐意进取的精神，对市场动态能够时时把握，随时根据市场的变化作出调整，在新的领域占领市场。在遇到突发事件的时候，能够创造性地加以解决。创业者保持自己旺盛创造力的办法就是不断学习，掌握新的技术，适应新的环境，同时要善于分析和学习别人的成功经验，不断挑战自己，在工作中用创造性的激情感染团队，时刻保持紧迫感和进取心，在与投资商的谈判中表现出充足的激情与活力，让投资商感到你是一个热爱学习和富有创造力的创业者。

7. 领袖气质

创业者的领袖气质根据个人性格的不同有不同的表现，有的创业者思维活跃，遇到任何问题永远冲在最前面，行事也比较强势，能够带领团队和员工开拓市场阵地。有的创业者则具备较强的亲和力，同样能够感染别人，可以协调企业各部门的配合，保证决策的有效执行。但无论哪种类型的领袖，都要具备一些共同素质，比如，知人善任、善于沟通、有较强的自我控制能力、大局观等等。

以上各种素质都很重要，但是很少有创业者同时具备所有素质，所谓“人无完人”，而且不同的投资商看中创业者的方面也不相同，对于创业者来讲，要做的就是努力完善自己，并在与投资商的谈判中尽量展现自己。

三、谈判的基本原则

1. 注意自我形象

这里的自我形象包括内在和外在两部分，内在部分指创业者先天具有以及在后天接受教育的过程中形成的基本素养，比如，文化素质、知识结构、经营理念和意志品质等，外在部分则是内在部分的表现，比如，创业者的谈吐、举止等。

一个形象、气质出众的创业者会在谈判中给投资商留下非常好的第一印象，使投资商有与创业者沟通的欲望，从而间接地促进谈判的成功；反之则会影响后面的谈判。

在谈判过程中，创业者要大方得体、措辞恰当、举止文雅、态度温和；同时也要坚持不懈，做好长期谈判的准备，时刻保持饱满的精神和昂扬的斗志。因为投资商和创业者起初并不相互了解，只有通过谈判才可以使双方更加深入地了解，建立起彼此信任的关系，为以后双方的愉快合作打下基础。

2. 务必知己知彼

在谈判中一定要对谈判对手的情况了解清楚，以便在直接面对面的交锋中充分发挥自己的优势，抓住对方的破绽。

（1）清楚双方所处地位。虽然从名义上讲谈判双方的地位是平等的，但实际上任何一个谈判的双方都有实力上的差距，有强势和弱势的一方。就创业者本身来讲，如果其项目所处行业竞争激烈，并且创业者在产品和服务上并没有特别的优势，那么在谈判中他往往会处于不利地位；而如果创业者的产品或服务具有某些方面的创新，属于新兴行业的先入者，那么他就处于十分有利的谈判地位。从投资商的角度来说，有丰富投资经验的投资商由于已经在业内积累了很高的声誉，且投资的成功率也比较高，在谈判中自然就占有比较明显的优势；反之就处于弱势。所以说创业者在谈判前弄清楚双方的实力和谈判地位非常必要，以便根据自己的特点制定谈判策略，如果自己占有优势就要迫使对手作出让步，为自己争取更大的利益；如果不占优势，就要化被动为主动，必要时要学会以退为进，以让步的方式获得最大利益。

（2）了解谈判对手的特点。谈判前对对方的性格、经历、心理素质、兴趣爱好、知识

能力等方面有深入的了解，采取适当的谈判策略，可以在谈判中扬长避短，获得意想不到的效果。

（3）重点掌握双方各自关心和共同考虑的问题。

①一般来讲，创业者关心究竟投资商愿意投资多少钱、投资周期有多长、融资后自己在企业中的持股比例等。对创业者来说，在选定某一个风险投资商进行谈判时，在前期可以与多个投资商进行接触，以便了解自己企业在对方行业内的行情。此时，创业者不仅要考虑投资商的出价是否合适，还要考虑投资商在经营理念上与本企业是否一致，是否有助于本企业未来发展战略的实施。

②对投资商来讲，他们最关心的无外乎资金的投资回报率以及资金的安全退出，具体来讲，一般会在比如企业未来的增值潜力、资本流动的潜力、企业未来的资金需求、创业企业家的能力等方面给予更多关注。

总之，掌握双方的关注重点可以在谈判时做到有的放矢，尽快进入核心问题，少走弯路，使谈判顺利进行。

3. 善于把握时机

选择时机在谈判过程中比其他任何因素都更重要，它作用于整个谈判过程。从何时展开谈判的时机选择开始，到谈判中何时向对方提出某种要求，何时结束谈判，尽可能保证谈判的每个进程都有良好的时机作推进。时机可以帮助你赢得谈判，也可能使即将获得的成功功亏一篑，要看自己如何把握。

创业者如何察觉并把握出现的时机？一般是在投资商心情愉快的时候，人在情绪比较兴奋的时候，往往习惯于接受而不是拒绝。还有就是投资商对其他企业项目不满意的时候，创业者可以趁机跟进，以你优越于其他企业的创业项目赢得投资商的青睐。

在谈判过程中，创业者应该时时观察投资商的神态和举止，从中揣摩投资商的态度。

四、谈判的技巧与艺术

1. 准确把握利益这个概念

谈判谈的是什么，谈的其实就是利益。“世界上没有永恒的敌人，也没有永恒的朋友，只有永恒的利益”，说明谈判就是利益交换的过程。谈判双方在谈判中找到一个利益的平衡点，让双方获得最大的满足，多轮次的谈判就是不断向这个平衡点接近的过程。

（1）求同存异，找出共同的利益。双方的观点不同甚至针锋相对，就容易使整个谈判陷入僵局，在这时双方应该把各自的立场放在一起，找出利益的共同点，找出更深层次的共同利益。

（2）价值分配与价值创造。谈判不仅是双方间的竞争，在同一块蛋糕上更多地为自己划分份额，在绝大多数谈判中，都包含了合作和竞争两个方面，分蛋糕是竞争，共同把蛋糕做得更大就是合作。这就是价值分配与价值创造的区别。谈判的关键就是要把合作的力量和竞争的力量形成合力，使双方都可以接受最后的结果。这种合力影响着所有谈判中的战术和战略选择。举一个简单的例子，投资商都愿意成为企业管理队伍中的一个有用的成员，那么投资商就希望得到更多的股份对企业进行控制，而企业家不愿意投资商占有如此多的股份。遇到这种棘手情况时，就可以先处理双方容易达成一致的问题。

2. 创造适宜的谈判氛围

谈判的氛围可以起到潜移默化的作用，影响双方的心情，从而使谈判结果迥然不同。谈判氛围可以使双方心情愉快，增进相互之间的信任感。创造适宜的谈判氛围可以从以下几方面着手：

（1）谈判地点要合适，可以根据投资商的兴趣偏好制定。

（2）谈判人员要具有较高的素质。举止大方，对谈判的内容、目标以及投资商个人情况要有较多了解。

（3）可以用轻松的话题作为开场白来活跃气氛，有助于谈判顺利进行。

（4）在谈判间隙或出现僵局时，不妨休息一下放松紧张的神经。

3. 注意观察对方的心理变化

（1）察言观色。人的心理状态极其隐蔽，但会从人的一举一动、一言一行中表现出来，从某个侧面反映心理的变化。要善于从细小的变化中加以把握。

（2）投石问路。对于经验丰富、极具城府的投资商来讲，也许仅仅从举止和神态中察觉不到他对某个问题的态度，不妨采用投石问路的办法，提出一些设计好的问题，诱使对手暴露出对问题的真实想法和意图。

（3）以静制动。谈判开始后不要急于说明自己的真实想法，在不动声色中看看对方的要求和想法。甚至在对方提出某些要求和想法时，故意拒绝以刺激对手作出反应。这种方法往往被老练的投资商使用，利用年轻的创业者急于得到资金的心理故意拖延，以使创业者作出让步，这是创业者与投资商谈判时应汲取的教训。

4. 运用语言的艺术

谈判当然是需要用语言表达完成的，除了表达的内容外，同样重要的就是表达的方式和方法。不同的语气、语调都会对谈判结果产生影响。

（1）注意礼节、礼仪。在对方发言时要认真聆听，在自己发言中也要表现出对对方的尊重和自己的真诚，拉近双方的距离，创造一个良好的谈判氛围。

（2）语气要温和坚定，态度要诚恳。在热情洋溢的同时切忌夸夸其谈，要学会利用数据说话，做到有理有据，在使用第三方的数据时，要保证数据的真实性，避免在这一点上有所失误。

5. 避让策略的使用①

当对手咄咄逼人、步步紧逼时，如果你也采用针锋相对的策略可能会破坏谈判氛围，甚至有可能导致谈判的破裂。不如退后一步，避其锋芒，稳住自己的阵脚，静观其变。在对方的“火力”完全暴露之时，乘机反攻可能更容易奏效。这时候创业者采取退让战术有利于谈判成功，早日签署协议，顺利得到融资，还可以与投资商建立融洽的关系，有助于企业的成长和发展。

当然，使用退让策略也要看好时机，因为退让意味着妥协，有较大的成本，在承担更

---

① 参见林伟贤：《谈判艺术》，北京，新华出版社，2012。

大风险的同时放弃自己的利益，如果没有十足的把握不要采用此策略。

6. “谈判桌上”与“谈判桌外”相结合的策略①

在谈判中，很多时候场外的因素会对场内的谈判产生影响，作为创业者也要对此有所把握，对场外因素的分析也可以帮助你最终获得谈判成功，采用此策略基本上有下面几个步骤：

（1）分析和谈判相关的所有文件，找出谈判中的关键要素。

（2）面对的投资商是否经验丰富，是哪种类型的投资者？要根据不同的情况准备不同的对策。

（3）将多个投资商进行比较，寻找更好的投资商，如果谈判失败，还会有其他机会。

（4）尝试换位思考，在陷入僵局时从投资商的角度看待问题，往往投资商的问题解决后，创业者的问题也解决了，在关心投资商的钱的同时也应关注他们的需要。

（5）最大的挑战来自和投资商的合作与竞争，棘手的问题是必须面对的，但是不应该把大量的精力和时间都浪费在这上面，要找到双方价值创造的共同点。

（6）把人和事两个因素结合起来考虑，可以更好地理解你所面对的问题。

（7）谈判中的要素包括合作者、利益、可供选择的方案和潜在的、要达成的协议。

（8）考虑人的要素时要从个人和社会两方面进行，考虑个人的经历和素质。

（9）评估价值创造和价值分配中自己可以接受的价值和机会成本。要时刻提醒自己，最终企业会变成一个合伙企业，赢得一切的欲望会给以后的合作关系埋下隐患，特别是谈判在利益分配问题上纠缠过多而陷入僵局的时候。

（10）根据以上的分析评估在谈判桌上和谈判桌外的策略。

知识拓展：风险投资协议的主要内容

风险投资协议是风险投资方和风险企业及其原股东间签署的风险资本投入协议，它是风险资本在投入阶段的核心文件，涉及的内容主要有：

1. 投资交易的一般表述

投资协议通常包括投资金额、投入方式、所取得的股权比例、支付时间及完成投资后新股权登记的日期、董事会组成等内容。如果投资方是以换取风险企业可转换债券或优先股的方式投资的，双方应详细列明适用可转换债券或优先股的有关条款。在投资协议中双方还应明确风险企业董事会的组成。风险投资方，尤其是牵头的风险投资方通常在董事会中占有董事名额，以参与风险企业的管理，协助风险企业完善经营管理和资本运营，以实现资本增值的目标。

2. 有关风险企业的陈述与保证

如同一般债务性融资和其他权益性融资一样，风险投资中投资方在投入风险资本时也会要求风险企业及其原股东对风险企业的现状作出陈述和保证，目的在于确保投资方在注

① 参见刘曼红：《天使投资与民间资本》。

入投资时能充分、全面地了解该风险企业。在某些情形下，风险投资方的律师也会利用这种陈述与保证来为投资方转移因风险企业不确定的因素而导致的风险。当陈述和保证被证实有虚假时，风险投资方便有权选择退出投资。从西方的风险投资实践来看，在这种情况下，真正退出投资的很少，而且通常操作起来也有诸多不方便。但投资方可以选择不再继续投资或减少下一步的投资，甚至设法尽早将所持的股权转让出去。

对陈述和保证可能也会有一些例外条款，这种例外是风险投资方对风险企业现存某些问题的认可。作为风险投资方的律师，应该要求风险企业或其原股东详细提供这些例外情形并供投资方审核。在签署投资协议前，这些例外若有增减或变更应详细告知所有投资方。

3. 投资方履行投资义务的前提条件

该条款用以明确投资方投入资金前风险企业及其股东必须满足的条件。这些条件的满足通常是投资方决定进行投资的基础和前提，因此确保这些条件的满足对投资方来说至关重要。例如，将风险企业赖以发展的核心专利的权属由风险企业的原股东转让给风险企业。

惯例中这些前提条件的豁免或减让通常需要所有投资方的一致书面同意，因此，投资方律师在起草这一条款时应注意这些条件获得满足的可行性，否则可能会因前提条件的满足受到阻碍而影响整个投资交易的进程。

4. 风险企业的持续保证责任

风险企业的持续保证责任是指风险企业承诺的在风险资本投入后风险企业对风险投资方持续承担的一些责任。这些责任的范围和种类视风险投资方是否已控制了风险企业的管理而不同。

如果风险资本进入后，风险投资方控制了风险企业的管理，通常情况下，风险投资方便不会要求风险企业对其承担过多的责任，只会要求提供每月及每年的财务报表，保证投资方对公司财务和业务的检查权及董事会中的表决权等。但如果风险企业的管理权仍在原股东方，风险投资方通常会在投资协议中要求风险企业承担进一步的责任，例如，提供年度预算方案、确定每年董事会的召开次数、确定管理层的薪水最高限额、限制企业未来股票的发行、禁止企业主营业务的变更及涉讼事项的告知等等。

实验设计：企业价值评估方法

请将学生分成两组，一方代表企业，另一方代表投资方，签署一份投资协议，并对企业进行估值。

通常的估值方法有两大类：一类是相对估值法，另一类是绝对估值法。

一、相对估值法

相对估值法亦称可比公司法，是指对股票进行估值时，对可比较的或者具有代表性的公司进行分析，尤其注意有着相似业务以及相似规模的公司新近的首次公开发行，以获得估值基础。主承销商审查可比较的发行公司的初次定价和它们的二级市场表现，然后根据发行公司的特质进行价格调整，为新股发行进行估价。在运用可比公司法时，可以采用比率指标进行比较，比率指标包括 P/E（市盈率）、P/B（市净率）、EV/EBITDA（企业价值与利息、所得税、折旧、摊销前收益的比率）等等。其中最常用的比率指标是市盈率和市净率。

二、绝对估值法

绝对估值法亦称贴现法，主要包括公司贴现现金流量法（DCF）、现金分红折现法（DDM）。该理论最早可以追溯到欧文·费雪（Irving Fisher）的资本价值理论。费雪在其1906年的著作《资本与收入的性质》（*The Nature of Capital and Income*）中，完整地论述了收入与资本及价值的关系。他认为资本能带来一系列的未来收入，因而资本的价值实质上就是未来收入的贴现值。

相对估值法反映的是市场供求决定的股票价格，绝对估值法体现的是内在价值决定的股票价格，即通过对企业估值，而后计算每股价值，从而估算股票的价值。

三、估值方法与估值模型介绍

1. 市盈率法

（1）市盈率的计算公式。市盈率＝股票市场价格/每股收益，每股收益通常指每股净利润。

（2）每股净利润的确定方法。①全面摊薄法，就是用全年净利润除以发行后总股本，直接得出每股净利润。②加权平均法，就是以公开发行股份在市场上流通的时间作为权数，用净利润除以发行前总股本加权计算得出的发行后总股本，得出每股净利润。

（3）估值。通过市盈率法估值时，首先应计算出发行人的每股收益；然后根据二级市场的平均市盈率、发行人的行业情况（同类行业公司股票的市盈率）、发行人的经营状况及其成长性等拟定发行市盈率；最后，依据发行市盈率与每股收益的乘积决定估值。

2. 市净率法

（1）市净率的计算公式。市净率＝股票市场价格/每股净资产。

（2）估值。通过市净率定价法估值时，首先，应根据审核后的净资产计算出发行人的每股净资产；其次，根据二级市场的平均市净率、发行人的行业情况（同类行业公司股票的市净率）、发行人的经营状况及其净资产收益率等拟定发行市净率；最后，依据发行市净率与每股净资产的乘积决定估值。

（3）股利贴现模型。

①模型介绍。股利贴现模型（discounted dividend mode1，DDM），通过将未来的股利贴现计算出股票的价值。其数学公式为：D 为股票的内在价值，D_i 为第 i 期的股利，r 为贴现率。根据对股利增长率的不同假定，股利贴现模型可以分为零增长模型、不变增长模型、二阶段增长模型和多元增长模型。

②股利贴现模型的实用性分析。股利贴现模型适用于经营状况稳定、有稳定的股利发放的企业，但因为股利发放因各公司股利政策的不同而不同，即使两个业绩和规模相当的

企业，也可能因为股利政策的不同，经股利贴现模型计算出的价值出现很大的差别。对于我国股市中很少发放股利的公司，或者出现亏损而暂时不能发放股利的公司，该模型不是很适用。

（4）现金流贴现模型。

现金流贴现模型（discounted cash flow，DCF）认为，公司的价值等于公司未来自由现金流的贴现值。模型为：

$$D=\sum_{i=1}^{\infty}\frac{CF_t}{(1+r)^t}$$

其中，D 代表公司的价值，CF_t 为未来第 t 期的自由现金流；r 为贴现率。

根据现金流界定的不同，DCF 又可分为公司自由现金流（free cash flow of firm，FCFF）贴现模型和权益自由现金流（free cash flow of equity，FCFE）贴现模型。

①公司自由现金流贴现模型。FCFF 是公司支付了所有营运费用、进行了必需的固定资产与营运资本投资后可以向所有投资者分派的税后现金流量。类似于上面的股利贴现模型，按公司自由现金流增长情况的不同，公司自由现金流贴现模型又可分为零增长模型、固定增长模型等等。

②权益自由现金流贴现模型。FCFE 是公司支付所有营运费用、再投资支出、所得税和净债务支付（即利息、本金支付减去发行新债务后的净额）后可分配给公司股东的剩余现金流量，根据权益自由现金流增长速度的不同，权益自由现金流贴现模型也可分为不同的增长模型。

③自由现金流贴现模型的实用性分析。与股利贴现模型不同，自由现金流贴现模型更注重公司为股东创造价值的能力。显然对于较少发放股利或发放股利不稳定的公司，该模型要比股利贴现模型更为适用。其缺点是该模型的结果可能会受到人为操纵（操纵自由现金流等）的影响，从而导致价值判断的失真；另外，对于暂时经营不善陷入亏损的公司，由于未来自由现金流难以预测，故该模型也不适用。

第三篇

投资篇

第7章 创业投资的理论基础

案例导读 风险投资追逐“小肥羊”①

内蒙古小肥羊餐饮连锁有限公司是一家以自然人为发起人的股份制企业，公司于1999年8月诞生在草原鹿城包头市，以小肥羊特色火锅连锁为主业。短短十年间，其连锁餐厅已经遍布全国各地并且走出了国门。据小肥羊的官方资料记载，截至2009年2月28日，小肥羊在中国内地拥有130家自营餐厅及246家特许经营餐厅，在中国香港、澳门及海外拥有20多家餐厅。

其间，为加快国际化进程，自2005年起小肥羊公司开始与欧洲最大的投资机构“3i集团”、知名投资基金“普凯基金”两家公司洽谈合作事宜。经过近一年的努力，2006年7月份，小肥羊成功引进这两家公司的资金共2 500万美元，使小肥羊公司成为我国第一家引进外资的餐饮企业，同时也是内蒙古地区继蒙牛之后第二家民间大额引资成功的企业。

2008年6月12日，小肥羊在中国香港成功上市，此次IPO共公开发行股票2.45亿股，募集资金7.797亿港元。事实上，小肥羊这次上市最大的受益者是3i集团和普凯基金，截至2008年5月15日上市前夕，英国3i集团和普凯基金分别持有小肥羊20.25%及5.06%的股份。而据小肥羊发布的公告显示，此次发售的245 188 000股中，其中出售旧股70 488 130股，而这些旧股大部分为英国3i集团和普凯投资基金所持有的股份。2008年5月，小肥羊向

① 参见辛旭东、王新坎：《风险投资追逐“小肥羊”成功案例的启示》，载《东方企业文化》，2011(2)。

两者配售 172 751 688 股和 43 187 922 股，按当年两家风险投资机构出资 2 500 万美元的成本计算，其每股实际投资成本约为 0.897 港元，若以发行价和 6 月 12 日的收盘价 3.18 港元计算，英国 3i 集团和普凯基金向公众出让 0.7 亿股股票套现，将获得超过 3 倍的回报，至少可获得近 5 亿港元的纯收益。

学习目标

风险投资公司和风险投资家是创业者和投资者之间的桥梁，他们将众多投资者的资金募集起来，投资于那些有成长潜力的创业者，以实现高额的投资回报。本章将从风险投资公司的角度，进一步阐述创业投资的概念与理论基础，介绍创业投资的过程以及创业投资基金的组织模式。要求掌握创业投资的基本概念，理解风险投资公司的组织模式及其各自的特点，熟悉风险投资的过程。

第一节　创业投资的概念

一、创业投资的定义

美国创业投资协会的定义是，“所谓创业资本，系指由专业机构提供的投资于极具增长潜力的创业企业并参与其管理的权益资本”。在作出这一界定后，美国创业投资协会又将其典型特征归结为：(1) 以具有高成长性的创业企业为投资对象；(2) 通过股权投资的方式进行投资；(3) 为新产品或服务的开发提供支持；(4) 通过积极地参与为所投资企业提供增值服务；(5) 为了获得高收益，通常需要冒高风险；(6) 倾向于进行长期投资。

20 世纪 80 年代初，英国创业投资协会以及欧洲创业投资协会对美国创业投资协会的定义作出了四个方面的重要调整：一是投资对象除了新兴企业外，还包括需要通过并购与重组以实现再创业的企业；二是明确指出投资对象必须是未上市企业，从而将在创业板股票市场公开上市的创业企业排除在外；三是突出了创业投资的资本经营特点，即“不以经营产品为目的”；四是不再限定必须是专业性创业投资机构才能从事创业投资。

到 20 世纪 80 年代中期，在创业投资基金中出现了专门投资于重整期创业企业的专业性“重整基金”。为了与传统意义上的创业投资相区别，一些学者倾向于将其界定为“非创业类私人股权投资”(non-venture private equity investment)，与传统意义上的“创业类私人股权投资”(venture private equity investment) 一起，合称为“私人股权投资”(private equity investment)。但二者在现实生活中的界限很模糊，都以私人股权投资方式从事资本经营并以此培育和辅导企业创业或再创业，都以放弃资产流动性来追求长期资本增值的“风险—收益”特征而区别于其他投资方式，故现大多数学者将所有的“私人股权投资”视为“广义创业投资”，而将美国创业协会所严格界定的创业投资，即仅仅投资于新兴创业企业的创业投资，视为“狭义创业投资”。①

另外，有必要对一个概念进行辨析，即风险投资和创业投资。风险投资和创业投资实际上来源于英文词组“venture capital”，是在翻译和应用过程中人为地把它们做了区分。我国引入“venture capital”首先应用的是“风险投资”定义，后经过有关专家的建议定义为创业投资。这种演化的理论依据是：在创业管理和创业投资领域，“创业”（venture）一词在经过词义演变之后，已经特指“创建企业的持续过程”，它通常包括种子期、起步期、扩张期、过渡期四个阶段。对于需要重建的企业，还需要经历一个重整期。但国内一些人士由于并不了解词义上的这种演变过程。因而要么从英文“venture”的最初字面意义出发，将创业投资理解成“风险投资”，并简单化地将其与“高科技”联系在一起；要么从中文“创业”的最初字面意义出发，而将创业投资片面理解成仅仅对起步期企业进行投资。由于无法理解对所谓“产业化阶段”所进行的投资和对中小企业的投资，所以，国内往往是将“创业投资”、“风险投资”误会成不同的概念，即“创业投资”投资于初创企业，“风险投资”投资于高科技企业。这种分析说明了一个事实：创业投资就是风险投资，只要把“风险投资”加入“对创建企业的持续过程进行投资”的内涵即可，并且这种内涵的加入属于水到渠成之事。本书采用“创业投资”这一定义。

二、创业投资的基本特征

（一）创业投资是没有担保的投资

它以创意为基础，而不是以总资产为基础。换句话说，创业投资的基础不是货币，而是对未来的判断。创业投资就是经营想法，通过经营知识和信息引导资金流向，向未来要财富。美国风险投资家一般着重从“市场吸引力、产品新颖性、管理能力、环境阻碍和企业家能力”五个方面进行评估，尤其考核创业者是否具有管理水平和创业精神，考核的是高科技的未来市场。

（二）创业投资是高附加值投资

创业投资是一种长期性股本投资，这种投资可以充实企业的资本金，改善企业的资本负债结构。它不谋取分红，以便企业能够迅速积累资本，亦不谋求控制企业。由于风险投资家的自身利益和公司利益息息相关，是一致的，应使其不仅参与企业长期或短期的发展规划、企业生产目标的测定、企业营销方案的建立，还参与企业的资本运营过程，甚至参与企业重要人员的雇用、解聘，并利用他们长期积累的经验、知识和信息网络参与企业的管理，为企业提供咨询服务。总之，创业投资能为企业带来比其投资的货币价值大得多的价值，即所谓的增值投资。

（三）创业投资是高风险与高收益并举的投资

创业投资和传统投资不同，创业投资重点投资于高科技的种子技术、尚未起步的小企业，因而具有极大的风险性，一般有市场风险、技术风险、管理风险和财务风险等四大类风险。风险投资家志在管理风险、驾驭风险、追逐高风险后隐藏的高收益。虽然成功率极

① 参见刘建钧：《创业投资原理与方略》，北京，中国经济出版社，2003。

低，而一旦成功，则收益丰厚。

（四）创业投资是以高科技中小企业为主要服务对象的投资

高新技术中小企业资金力量单薄，又无法得到银行贷款，它们最需要资金，从投资项目上讲，高科技项目是一国生产力发展、经济结构升级换代的关键。同时，由于中小企业数量巨大，其在吸纳就业、满足市场需求、繁荣一国经济方面的作用举足轻重。

知识经济时代，企业没有形式上大和小的绝对区别，有道乃大，无道乃小。创业投资家深知，假若预见到知识经济的规律，小的会变强；逆知识经济的规律而动，大的会变弱。因此，创业投资看一个企业有没有前途，首先看它是否顺应潮流。中小企业凭借自身机制的灵活性，往往能在竞争中获得先机，赢得主动，也因此易得到风险投资的关注。

（五）创业投资是一种流动性小、周期长的投资

创业投资参股企业，以不流动性为特征，在相对不流动中寻求增长。从投资周期看，创业投资历时较长，且具有明显的周期性。创业投资在企业创始阶段开始投资，当新产品进入成熟期，企业经营稳定时，投资者开始清理资产，通过股票上市和股份转让撤出投资，开始新的项目。创业投资是一种长期的流动性低的权益资本。一般情况下，创业投资不会一下全部投入创业企业，而是随着企业的成长不断地分期分批地投入资金。这样既可以减少风险，又有助于资金周转。

（六）创业投资是以“三位一体”为运作方式的投资

无论是哪个阶段的创业投资，一般都包含三方当事人，分别是投资者、风险投资公司、风险企业。资金从投资者流向风险投资公司，经过风险投资公司的筛选决策，再流向风险企业，通过风险企业的运作，资本得到增值，再回流至风险投资公司，风险投资公司再将收益回馈给投资者，构成一个资金循环。

风险资本来源于各种基金、富有的家庭和个人、银行、保险公司等等，投资者本着对创业投资家个人的信赖投出资金，而这种信任和信赖无形中给风险投资家带来了巨大压力。他们深知，一旦投资失误，再融资的可能性趋近于零。

创业投资是以融资为首的投资与融资的有机结合，融资之中有投资，投资之中有融资，没有一定的投资目标或投资方向很难融得资金，很多时候，投资方向的选定是能否融到资金的关键。同样，投资当中有融资，投资的过程往往伴随着第二轮或第三轮的融资，融资、投资机构和风险企业一起构成不可分割的有机整体。

（七）创业投资是一种与科技紧密结合在一起的投资

高科技和风险投资作为知识经济中的两大支柱产业，存在着紧密的相互推动、相互促进关系。创业投资本身即是与科技相结合的融资、投资机制。在美国，高达70%的创业资本投向高科技，尤其是信息、通信领域，创业投资为美国高科技取代传统周期性产业而成为推动经济增长的主要动力，作出了巨大贡献。

（八）创业投资是不以经营获利而以股份转让为最终目的的投资

风险投资家的最终目的是带着丰厚的利润和显赫的功绩从风险企业退出。退出政策是风险投资公司规划中至关重要的一部分。

创业投资从风险企业退出的方式有：公开上市、被其他企业兼并或被其他企业收购；股本赎回或私人收购；破产。这几种方式中以公开上市为最佳，破产为最次。能使创业企业首次公开发行是创业投资家的奋斗目标。

退出政策就是利润分配决策，即投资应在什么时候盈利，以什么方式首先在创业投资公司与创业企业之间，然后是在有限合伙人与普通合伙人之间分配。这里最重要的是时间和方式，最佳时间和方式可以使创业投资收益最大化。

三、创业投资与其他投资的比较

（一）创业投资与创新投资的区别

（1）投资主体不同。从事创业投资的，通常是专业创业投资机构；而从事创新投资的，则主要是加工贸易类企业。

（2）投资性质不同。创业投资属于资本经营范畴，其所创之“业”是一个包含技术创新机制、市场营销模式和企业组织管理体系等多方面内容的“企业统一体”。与之不同的是，创新投资主要属于产品经营范畴，其所创之“新”是用新的生产函数（包括通过改变函数的自变量）来实现产业利润。

（3）投资阶段不同。创业投资仅在企业处于创业或再创业过程中对其投资，一旦所投资的企业发育成熟或再创业成功即退出投资，因而具有阶段性特点。创新投资则可以覆盖企业的整个生命过程，成熟的大企业同样需要不断地进行创新投资。

（二）创业投资与产业投资的区别

所谓“产业投资”，系指直接以产品或服务作为经营对象，以获取产业利润作为经营目的的一类投资方式。它属于“产业资本”的范畴。投资设立并经营加工贸易类企业，即是产业投资。创业投资的特点在于：它并不以产品作为经营对象，而以整个创业企业作为经营对象，以获取转让所投资创业企业股权而实现的资本增值收益为目的。

第二节　创业投资的过程

创业投资项目起始于资金的募集和投放，终止于投资的回收和获得投资收益，但创业投资的高科技创业领域独具的高收入、高风险特征，使其运作流程别具一格，大致可分为资金募集、项目选择、评估谈判、投入与管理，以及择机退出五个阶段。

一、资金募集

创业投资的概念不仅体现在投资上，也体现在筹资上。从某种意义上说，创业投资过程中，最重要的，也是最困难的不在投资方面，而在筹资方面。在此阶段，风险投资家一般用 6 个月到 1 年的时间，说服有钱的金融机构和个人，以筹集各类资金。获取创业投资可以有各种渠道：（1）个人投资，包括富有的亲朋好友和其他个人的出资；（2）政府资助，如财政拨款、国家自然科学基金等；（3）政府担保的银行贷款，风险担保基金的变种；（4）大企业和大银行的投资，包括母公司对其子公司风险投资机构的注资；（5）养老基金和捐赠基金；（6）国外资金。

需要说明的是，在有限合伙制企业中，由于投资组合相互分离的原则和合伙公司有限的生命，风险投资家每隔 3～5 年就要进行新的筹资，从这个角度讲，资金筹集的过程是连续的；资金筹集一般通过两种途径：第一，私募设立。由风险投资公司发起吸收金融和非金融机构的资金。私募可取得证监会的注册豁免，无须刊登招股说明书，采用“自我管理”的方式，为有限合伙制所采用。第二，公募设立。直接向社会发行且可上市。公募程序较复杂和严格，而且要定期公开披露信息。资金募集有两种形式，一种是基金制，即大家将资金集中到一起，形成一个有限合伙制的基金；另一种是承诺制，即有限合伙人承诺将提供一定数量的资金，但起初并不注入全部资金，只提供必要的机构运营经费，待有了合适的项目再按主要合伙人的要求提供必要的资金。

二、项目选择

项目选择阶段是风险投资企业真正开始运作的起点，目的在于确保风险最小化、收益最大化。项目的选择不是看企业本身的业绩和担保能力，而是看企业通过制定必要的发展战略和获得必要的人力和物力资源后的潜在发展能力。它体现了创业投资的高智能性，投资的判断不是现期获利能力的反馈，而是长期获利能力的前瞻。该阶段，风险投资公司要做大量的调查、咨询、研究工作。在选择好初步投资对象后，还要对这个具体对象作深入的调查研究工作，即“审慎调查”。

创业投资家项目考察中分析的次序一般是人、市场、技术、管理。第一，创业者的素质是否过硬。从各个角度去考察创业者或创业者队伍是否在它所从事的领域里有敏锐的洞察力，是否掌握市场全貌并懂得如何去开拓市场，是否懂得利用各种手段去筹措资金，是否能将自己拥有的技术设想变为现实，是否有较强的综合管理能力。第二，研究和开发的新产品是否具有广阔的市场前景和市场吸引力。因为任何一项新技术或新产品都应达到风险投资家获利的目标。第三，产品技术的不确定性和差别化程度。有些技术因为难度高或尚未成熟，在研究开发试制过程中难免会遇到工艺、设备、材料方面的种种新情况，可能出现难以为继的局面。第四，被投资企业的管理能力。公司管理是一项很重要的指标。一流的管理加二流的产品比一流的产品加二流的管理更具优势。创业者身兼数职的做法是不足取的。只有组成知识结构合理的管理队伍，才能把企业搞好。项目选择过程是风险投资家和风险企业家之间的“双向选择”过程。在风险投资家对企业进行一系列筛选和评价的同时，被投资企业对资金提供者也开始了资金状况、人格品质、知识结构和综合素质的同步考察。

三、评估谈判

风险投资公司在完成项目选择后，就需与被投资的风险企业进行一系列的协商谈判。谈判是在项目评估的基础上进行的，风险投资者应着重考虑如下因素：第一，风险企业资本增值能力。对风险投资家来说，无论投资规模的大小，最终的资本获利必须达到投资费用的几倍才行。第二，风险企业资本流动的潜力。风险投资家决定投资前必须考虑好出售股份的途径。因为风险投资家的最终目的并不是为了拥有公司，而是为了取得投资回报。第三，风险企业未来的资本需求。对风险企业未来的资本需求进行预测，可以帮助投资者估计出保持主要投资者地位所需的资本量，并取得合乎需要的股份。同样的资金在企业发展中的不同时期所占的股份也是不同的。

风险投资家在对风险企业进行了肯定的经济、技术评价后，便进入正式的谈判，谈判一般持续数周至半年的时间，在此期间，双方共同协商投资方式、投资条件等相关权利和义务，最后形成有法律效力的合资文件。在协商阶段，把各种与双方利益有关的问题加以明确，将有助于风险投资项目的顺利实施。本阶段，协议的重点主要集中在以下四个方面：（1）投资的安排及保障方式。为了实现高回报，风险投资公司一般选择参股的形式进行投资，参股的形式可以是普通股、优先股、可转换债券及附认股权债券；风险投资公司为了降低风险，保障股权，通常还在协议中明确股权的保障方式，如技术拆股价值确定等。（2）创建企业人员的组织结构和双方各自担任的职务。如风险投资家应在公司董事会中占有一定的席位等。（3）投资者监督权利的使用和界定。如风险企业应定期向投资家提供财务报告和其他重要的经营情况的报告；风险投资者有权参与企业年度业务计划，有重大开支和管理人员工资的审批权。（4）投资者退出权利的行使。如以股票回购方式退出。

四、投入与管理

创业投资是智力与资金的结合。投资对象主要是高新技术产业，不仅要承担技术开发和市场开拓的风险，还要承担管理风险、财务风险、政策风险、自然风险。

为了促使风险企业经营成功，风险投资家在力所能及的各方面对投资企业进行扶持和培育，帮助其物色管理者、树立企业形象、占领产品市场，促使其不断升值。他们的合作状况直接影响着双方从中获利的状况，一般通过以下几种方式来完善管理：第一，制定发展战略。包括行业选择和市场定位。第二，建立有活力的董事会，各方代表不应拘泥于投资比例，而要力求知识结构合理。第三，聘请外部专家。虽说风险投资家是管理上的好帮手，但现代管理的日益复杂，需要有更多的外部专家，如律师、会计师、咨询管理公司。第四，吸引其他投资者。新的投资者不仅可以带来资金，还能带来新的管理思路、新的关系网络，提升企业盈利的前景。第五，监督和控制。风险投资者的监督和控制对一个成功的企业运作是必要的，决定合作后，风险投资公司对开发该项目的用款逐笔监督。第六，风险投资公司对风险企业创业的辅导。这是风险投资有别于一般投机性投资的一个最主要的特点。风险投资公司利用自身的智力和资金优势把风险企业的技术优势加以结合与集成，这不仅是一个价值发现的过程，更是一个价值创造的过程。

五、择机退出

如果说创业投资的进入是为了取得收益，那么退出则是为了实现收益。在风险企业从起步到发展壮大的演变过程中，要经过亏损、收支平衡、利润攀升、利润平均化等几个过程。风险投资一般在起步阶段介入并占有股份，在公司利润不断上升和产品市场占有率不断扩大之时，亦即公司有形、无形资产不断增长的阶段，将所占股份转让。只有在此时果断退出，创业投资才能获得最大的收益。

退出方式主要有三种：第一，公开上市即首次公开发行（IPO）。对于风险投资，IPO通常是最佳的退出方式，因为IPO是金融市场对该公司生产业绩的一种确认；公司的管理层很欢迎IPO，因为这种方式保持了公司的独立性；同时，IPO还使公司获得了在证券市场上持续筹资的能力。第二，出售。出售包含两种形式：售出和股票回购。售出又分两种：一般收购和“第二期收购”。一般收购主要指公司间的收购与兼并；“第二期收购”是指由另一家风险投资公司收购，进行第二期投资。股票回购是一种备用的、投资不是很成功时采取的方式。它包括两种方法：一是给普通股的持股人以股票卖回的卖方期权；二是优先股的强制赎回。普通股的卖方期权要提前约定估价的方法。股票回购是对投资收益的一项重要保证措施。第三，清算或破产。以清算方式退出是痛苦的，但很多情况下是应断然采取的方案，如不能及时抽身，只能带来更大的损失。

总之，创业投资与资本市场是相辅相成、密不可分的。风险资本为资本市场提供了高质量的交易品种，反过来完美的资本市场又为风险投资的撤出创造了条件，鼓励更多的资金流向创业投资，形成良性循环。

第三节　创业投资基金的组织模式及比较

一、契约型创业投资基金

契约型创业投资基金是依据一定的信托企业组织起来的代理投资行为，一般由基金管理公司、基金保管公司和作为受益人的投资者这三方订立信托投资契约。作为委托人的基金管理公司依据契约运用信托财产进行投资，作为受托人的保管公司负责保管信托财产。契约型基金筹集资金是通过发行受益凭证进行的，基金本身不具有法人资格。

契约型基金管理公司不是风险投资基金的所有者，只是按照基金合同的规定负责风险投资基金的运作管理，一个管理公司通常负责几只基金的运作。基金托管人负责保管基金资产，执行基金管理人的投资指令并监督基金管理人的投资行为。投资者把资金委托给基金管理人运作后，便丧失了对资产的占有权和使用权，因而，投资者总是希望选取业务水平和道德水准高的基金管理人管理基金。但是，由于存在信息不对称，投资人处于被动地位，在契约签订之前，表现为基金管理人为了管理尽可能多的资金，可能会夸大其管理水平和业绩以吸引投资者；在契约签订之后，表现为投资人无法时时刻刻监督基金管理人对基金的运作，便不会了解基金管理人是否总是以投资人利益最大化为原则去运作和管理基金，因此，便增加了投资者的风险。

二、公司型创业投资基金

公司型创业投资基金是具有共同投资目标的投资者依据公司法组成的以营利为目的、投资于特定对象（如各种有价证券、货币）的股份制投资公司。这种基金通过发行股份的方式筹集资金，是具有法人资格的经济实体。基金持有人既是基金投资者，又是公司股东，按照公司章程的规定，享受权利、履行义务。公司型创业投资基金成立后，通常委托特定的基金管理公司运用基金资产进行投资并管理基金资产。基金资产的保管则委托另一家金融机构，该机构的主要职责是保管基金资产并执行基金管理人的指令，二者权责分明。基金资产独立于基金管理人和托管人的资产之外，即使受托的金融保管机构破产，受托保管的基金资产也不在清算之列。公司型创业投资基金的运作体系如图 7—1 所示。

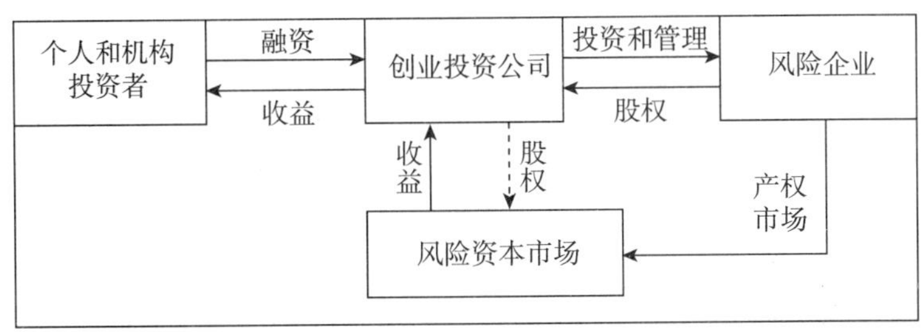

图 7—1　公司型创业投资基金的运作体系

资料来源：杨华初：《创业投资理论与应用》，北京，科学出版社，2003。

公司型创业投资基金的持有人就是基金股份公司的股东，他们根据所持股份比例享受权利、承担义务。虽然股东不能直接干预基金管理人的投资策略和投资组合，但可以通过股东大会决议间接施加影响。如果基金管理人违背了对公司即股东的忠诚义务，或收取了不合理的咨询管理费用，股东可以直接起诉，追回经济损失。另外，董事会对基金管理人要起到监督的作用，董事会可以通过设立独立董事、定期审查基金管理人的投资运作、定期评估基金管理人的服务质量、决定基金管理契约的终止或展期等一系列制度安排对基金管理人进行强有力的监控，鞭策基金管理人在灵活机动地管理和运用基金资产的同时，恪守其对公司及投资者所负的诚信义务。

三、有限合伙型创业投资基金

有限合伙制是风险投资的主要运作形式。有限合伙制兴起于 20 世纪 80 年代。经过近 20 多年的发展，目前已经建立起相当完善的管理体制和运行机制。

（一）一般合伙人与有限合伙人

有限合伙制通常由一般合伙人和有限合伙人这两类合伙人组成。前者一般为风险投资公司或投资经理人，占基金的份额通常为 1%左右。一般合伙人通常负责基金的运作，包括筛选投资项目、评估项目、参与被投资企业经营管理和投资回收全过程管理。而后者是风险投资基金主要的资本来源，通常占基金份额的 99%左右，他们仅提供资本，而不参与投资管理过程。在有限合伙制中，有限合伙人和一般合伙人之间是一种委托与被委托的关系，因此同样要解决一个伴随代理产生的激励与约束问题。通常的办法有三个：①将投资经理人所得与经营业绩挂钩，即在合伙协议中明确规定，投资经理人除收取约一年 1.5%～3%的管理费外，当投资成功时，还可收取实现利润的 20%作为回报，并明确列示计算方法，以促使经理人不至于为了个人私利而介入那些对有限合伙人不利的项目。②规定单笔投资最高限额或在合伙协议中赋予有限合伙人一定的监控权。这样便能保证即使发生投资失误，损失也不致过大。③发挥经理人市场的作用。在这个市场上，经理人的信誉对经理人个人的成功至关重要，信誉的作用首先反映在投资基金的募集上。有限合伙制基金的运作模式如图 7—2 所示。

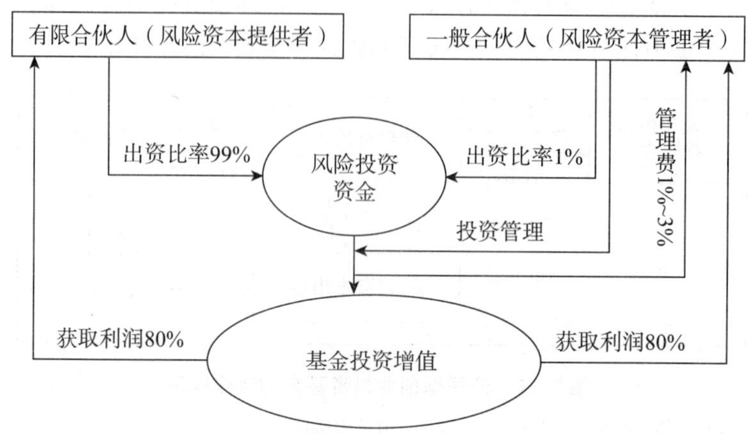

图 7—2　有限合伙制基金的运作模式

资料来源：潘焕学、钱军、秦涛：《风险投资运行机理与操作实务》，北京，经济科学出版社，2006。

有限合伙作为合伙的一种形式，具有合伙的一般特点，其中最重要的是有限合伙人并不具有法人资格，所以它不是税法上的纳税主体。这就是所谓的税收透明。当有限合伙形式的风险投资基金投资于风险企业并取得盈利时，它无须缴纳所得税或其他税。换言之，有限合伙形式的风险投资基金的每一个投资者在税务上被视为直接投资于风险企业。当风险企业盈利并向风险投资基金分配利润，或者风险投资基金出让所持风险企业的有价证券获得资本利得之时，即被视为投资者本身取得该利润，投资者应就其取得的相应部分利润缴纳所得税等。可见有限合伙形式的风险投资基金的投资者能够避免重复纳税，从而大大降低了基金运作成本。

由于有限合伙的性质主要是一种合同关系，在合同自由的原则下，其当事人可以约定最适合各方的权利和义务，在年度管理费用方面，投资者和管理者一般会约定管理者每年从基金中抽取固定比例的金额作为管理费用，这笔资金包括当年管理者经营管理风险投资基金的所有开销和报酬，如果经营管理的开销超出了预算，该投资者不负责其他支付义务，管理者就只能自己支付超额的费用了。这样，投资者就能把日常运作开销成本预先固定下来。更进一步，把管理费用列作管理者利润的一部分，则能够进一步增大投资者的利润，降低投资者的投资成本。有限合伙制能有效约束管理者，降低其损害投资者利益的风险。管理者作为普通合伙人就风险投资基金的债务向第三人承担无限连带责任，从而把管理者的责任与基金的投资失败紧密联系起来，使其必然兢兢业业地运作基金资产，因为其对基金运作失败所承担的责任最直接并且可能最重。投资者是资金的投入者而非经营管理者，他们承担投资失败的风险是理所当然的，然而他们承担风险的范围也必须是有所限制的，即只以他们投入的资金为限对基金的亏损承担责任。这样也符合责任与权利相适应原则的要求，也为投资者的风险设定了一个上限。在有限合伙协议中可以约定，在管理者独立经营的同时，对于基金经营的某些重大问题必须征得投资者的同意，从而保留了投资者的一些根本权利。

（二）合伙制基金的存续期限

合伙制基金具有固定的存续期限，当一只基金接近届满时或投资资金不足时，经理人需要不断募集新的资金，以维持其在行业中的地位或满足投资的需要。而基金募集能否成功，在很大程度上取决于经理人以往的信誉。通常只有那些优秀的经理人才能迅速募集到所需资金，从而提高管理资金的规模，提高交易额，继而经理人自身也可得到更多的管理费和利润提成。除个人品质外，经理人的信誉更多地建立在以往的经验和业绩上。评价经理人业绩首先应加大经理人投资活动的透明度，保持每项投资活动的独立性，从而有助于分别评价每项投资的表现，并将可控因素和不可控因素区分开来，以便对经理人的投资作出客观公正的评价。其次应将管理费用和投资基金相分离，从而使不同合伙制基金能够横向可比。再次应建立业绩评价指标体系，通常使用的是内部收益率和投资回报率的分布（以免使一项投资的成功掩盖了众多投资的失败），同时还要分析经理人对被投资企业的管理能力。

有限合伙制投资基金的存续期限一般也为 10 年，还可根据条款适当延长，但延长期最多不能超过 4 年。在合伙基金募集成功后的 3～5 年内，风险投资公司（经理人）将这些资本投入一系列投资项目中（众多投资项目构成该基金的投资组合），其后，经理人经营管理这些投资项目，在条件成熟时将其逐步变现，实现收益并将这些收益以现金或证券的形式分配给基金的有限合伙人。与此同时，风险投资公司开始募集新的投资基金，新基金与旧基金在法律和运作上完全独立。也就是说，一家风险投资公司通常会同时管理好几只风险投资基金。

（三）合伙制基金的规模

同为有限合伙制性质，但不同的风险投资基金的资金规模和有限合伙人的数量不尽相同。这主要取决于不同基金对投资领域和投资阶段的选择，也取决于不同经理人各自的经验和信誉。例如，投资于创业期企业的投资基金的资金规模通常要小于专门向杠杆收购提供资金的基金的资金规模，前者一般为 1 000 万美元左右，而后者则高达 10 亿美元甚至更高。在有限合伙人的数量上，最少的可能只有几家，而最多的可能达 100 家之多，差别很大。在有限合伙制风险投资基金中，还存在一类特殊的有限合伙人——投资咨询专家，即所谓的“门卫”，他们先从那些不具备投资专业技能和资讯来源的投资人那儿募集资金，组成风险投资基金，然后以有限合伙人的身份将这些募集资金投入其他有限合伙制风险投资基金中，这就是所谓的基金中的基金。其募集过程大致如此：在基金的形成期，风险投资公司按照预定规模向潜在投资人分发招股说明书，并开始寻求认缴承诺，这些潜在的投资人包括机构投资者、捐赠基金、其他基金会或个人投资者，他们通常热衷于运用投资组合对高风险、高收益项目进行投资，并构成基金的有限合伙人。风险投资基金有限合伙人的多少完全取决于基金的设定规模。风险投资基金的募股时间从数周到数月不等，当承诺认缴额达到基金的设定规模时，对风险企业的投资即可启动。这时风险投资公司向有限合伙人催缴股款，这就是“缴入资本”。

四、三种模式的比较分析

契约型、公司型以及有限合伙制这三种创业基金组织模式的区别，主要体现在约束机制的效率、赋税成本、管理费用以及对于基金管理人的激励效率四个方面。

（1）约束机制的效率。有限合伙制基金管理人具有承担项目失败的责任，对基金债务承担无限责任，有限合伙人可通过约定基金的存续期，承诺后续资金的投资比例、数量、时间、强制利润分配政策及约定保留权利条款对管理人进行有效地约束和监督，而这种事先约定条款对管理人工作的独立性和稳定性没有影响，能保证管理人灵活自主地开展经营活动。契约型基金投资人不能对管理人的行动施加影响，管理人以降职、罚款、被罢免等方式承担失败的责任。公司型基金的投资人作为股东，有权对基金管理人的运作进行干预，把握干预的力度至关重要，否则不但会影响到基金管理人操作的独立性和稳定性，而且有可能造成内部人控制。因此，从约束机制的效率看，有限合伙制是最高的，契约型和公司型各有其特点。

（2）赋税成本。有限合伙制和契约型基金都是一次赋税，即基金所取得的收益无须纳税，只有投资者在分得利润的时候，才需交纳所得税。而公司型基金由于是独立的法人，在整个过程中，需要进行两次交税，即在基金和投资者取得利润时需要分别纳税。因此，公司型基金比有限合伙制和契约型基金的赋税成本高。

（3）管理费用。有限合伙制和契约型基金的日常管理费用一般以合同的形式先确定下来，费用不能超支，投资人能有效地加以控制。公司型基金的管理费用按公司财务制度开支，凡符合规定的支出都可开销，与有限合伙制和契约型基金相比控制难度大。

（4）基金管理人的激励效率。有限合伙型基金的管理人可直接参与基金利润分成，比例可高达20%，在失败时，则必须承担损失的1%。公司型基金的管理人可参与基金利润分成或分得公司股份，只是这种分配要由董事会提出，并经股东大会通过才可实施，分成比例一般没有固定模式。契约型基金的管理人一般不参与基金的利润分成，只收取基金管理费用。三种主要的创业投资基金组织模式的比较见表7—1。

表7—1　　三种创业投资基金组织模式的比较

	公司型	契约型	有限合伙制
募集方式	公募（或私募）	公募（或私募）	私募
存续期限	无限期	固定期限	固定期限
结构	复杂	复杂	简单
税收成本	双重征税	无双重征税	无双重征税
代理成本	高	高	低
经营成本	高	介于两者之间	低
经理人的投资决策	层层审批，操作复杂	充分的决策权	充分的决策权
报酬与激励	工资，激励小	固定报酬，激励强度介于另外两者之间	固定管理费+业绩报酬，激励强度大
投资者的损失	承担有限责任	不承担责任	承担无限责任
投资者对经理人的约束	通过股东大会、董事会约束	通过合同约束（受益人对经理人无任何约束）	通过合同约束（在关键问题上可通过2/3作出决策）

续前表

	公司型	契约型	有限合伙制
对投资者的回报	无保证	一般	大
治理结构	所有权与经营权分离	所有权、管理权、保管权三权分立	所有权与经营权合一
筛选结果	不能吸引最好的风险投资者	介于两者之间	能吸引最好的风险投资者
对投资者的激励	主要吸引个人投资者，对投资者无吸引力	吸引机构投资者投入，吸引力介于两者之间	吸引机构投资者投入，对投资者有吸引力

资料来源：司春林等：《创业投资》，96页，上海，上海财经大学出版社，2003。

知识拓展：《合伙企业法》的修订与创业投资

2006年8月27日，十届全国人大常委会第二十三次会议表决通过了修订后的《中华人民共和国合伙企业法》（简称《合伙企业法》），并于2007年6月1日开始施行。修订后的《合伙企业法》为创业投资在中国的快速发展扫清了一个重要障碍。新《合伙企业法》主要在以下几个方面对创业投资产生影响。

1. 关于有限合伙制度

新法规定有限合伙企业是指普通合伙人与有限合伙人共同组成合伙企业，其中，普通合伙人对合伙企业债务承担无限连带责任，有限合伙人以其出资额为限承担有限责任。其中，只有普通合伙人可以参与企业管理，有限合伙人负责提供资金。这种安排既激励了管理者全力创业，降低了决策管理成本，提高了投资收益，又使资金投入机构在承担与公司制企业同样责任的前提下，有可能获得更高的收益。

同时，《合伙企业法》第六十九条规定，"有限合伙中有限合伙企业不得将全部利润分配给部分合伙人；但是，合伙协议另有约定的除外"，尽管普通合伙人出资比例很小，但由于普通合伙人和有限合伙人承担的风险不同，因此在分配利润时，普通合伙人获得的比例应该远远高于其出资比例，而有限合伙人之间则以出资比例分配应得利润。这既弥补了普通合伙人承担无限责任所带来的高风险，更好地激励了普通合伙人，又为有限合伙人的最大利益提供了保障，可以说是把普通合伙人的才能与有限合伙人的资金最有效地结合在了一起。

2. 法人可以参与合伙

新《合伙企业法》在第二条中规定，"自然人、法人和其他组织可以成为合伙人"，这意味着有限责任公司、股份有限公司等企业法人均可以通过合伙的方式进行转投资。而现行的《合伙企业法》对法人合伙的规定不够明确，限制了公司等法人组织利用合伙方式投资经营，尤其是限制了大企业与具有特定优势的中小企业通过设立合伙企业进行合作。不过值得注意的是，根据该法第三条的规定，国有独资公司、国有企业、上市公司以及公益性的事业单位、社会团体不得成为普通合伙人。这可以防止国有企业和上市公司因参加合伙而可能使企业全部财产面临承担连带责任的风险。关于合伙人的出资形式，该法特别规定对有限合伙人的出资包括货币、实物、知识产权、土地使用权或者其他财产权等，并在企业登记事项中予以载明。创业者不但可以利用其技术上的优势去弥补资金上的劣势，而且可以选择作为普通合伙人以获得企业的经营权。

合伙企业的出资人可以为法人，一方面，可以使被投资的企业获得更多资金和技术上的支持，甚至包括品牌上的支持，而且作为有限合伙人的法人，虽然不能参与企业的管理，但是可以向普通合伙人介绍其丰富的管理经验供其参考。另一方面，由于创业企业往往是高科技型中小企业，研发新产品的能力较强，有限合伙制有利于大型公司开发新产品、新技术为其自身服务，也就增大了风险资金从企业中成功退出的可能性。

3. 重复纳税问题

原法规定：合伙企业的生产经营所得，向合伙人分配后，由合伙人依法缴纳所得税。新法第六条明确规定：合伙企业的生产经营所得和其他所得，按照国家有关税收规定，由合伙人分别缴纳所得税。

根据合伙企业的特点，并结合实践经验，明确了合伙企业不缴纳企业所得税，这样就解决了双重税收问题，降低了成本，使高新技术提供者和创业资金提供者能够更好地结合在一起，有利于企业发展。同时，为了防止合伙人故意不分配企业利润而逃避纳税义务，合伙企业取得生产经营所得和其他所得，无论是否向合伙人分配，都应对合伙人征收所得税。

4. 规定有限合伙企业人数

新法规定有限合伙企业由两个以上、50个以下合伙人设立；但是，法律另有规定的除外。有限合伙企业至少应当有一个普通合伙人。设定上限为50个人，既可以满足企业对于融资的需求，也能防止有人利用有限合伙形式进行非法集资活动。值得注意的是，“法律另有规定的除外”，就是说，将来如果制定别的法律，比如，将来如果出台《创业风险投资法》，规定从事创业风险投资的有限合伙企业合伙人可以为100人，那么就可以不受50人的约束了。

规定有限合伙企业合伙人的人数，既要体现有限合伙企业的特点和优势，又要为今后的实践留有必要的空间。

《合伙企业法》关于有限合伙制的修订，为我国风险企业提供了一个崭新的发展组织模式，也为我国创业风险投资创造了一个新的发展机遇。

案例分析：温州东海创业投资合伙企业

背景介绍：

2007年7月16日，温州东海创业投资合伙企业（简称“东海创投”）成立，标志着我国经济最为发达的长三角地区的第一家有限合伙企业诞生了。公司由8家乐清市的企业、1个自然人与北京杰思汉能资产管理有限公司募资5亿元组建而成。其中，普通合伙人有：

北京杰思汉能资产管理有限公司（同时也是执行合伙人）；有限合伙人有：佑利集团、民扬集团、环宇集团、科都电器、方大气动、八达真空电器、兴乐集团、三科电器及一个自然人。

胡旭苍作为东海创业投资合伙企业的合伙人，其父辈在温州已是功成名就的企业家，但这位 1994 年毕业的大学生选择了自己创业。他的佑利集团生产塑胶产品，很早就选择和美国一家化学公司合资。胡自称长期保持对资本市场的关注，曾经在股票二级市场投入不少钱。胡告诉记者，他对私募股权（PE）也有浓厚的兴趣。

在温州第二代草根企业家的金融意识觉醒之时，温州体量庞大的民间资金已经引起金融界的广泛注意。北京投资界资深人士王伟东就是其中之一。王伟东曾任中国证监会海外上市部官员，后在中国国际金融公司投资银行部任职多年，也做过大鹏证券、北京证券的副总，并在 1998 年创办了中国第一家股权均等的博时基金管理公司。

2007 年 3 月，王伟东单飞，并在北京注册成立杰思汉能资产管理有限公司（简称“杰思汉能”）。初创的杰思汉能仅有 1 000 万元注册资本，蓄势待发的王伟东需要募集资金来实现他在 PE 领域的理想。要找钱，温州是个绕不开的地方。王伟东分析，中国民间资本最雄厚的地方，无非就是山西和浙江两省。山西的资本太过依赖煤矿资源，不易募集；至于浙江，多年的产业经营使其“接受市场的东西比哪里都快”。

按照自己的思路和逻辑，2007 年 5 月底，王伟东到了民间资本最为丰富的浙江省温州市，进而又找到温州所辖的乐清市。在那里，王见到了促进东海创投成立的另一位关键人物——乐清市委书记黄正强。

黄正强正在思考温州的产业瓶颈。此时的温州，由于土地资源稀缺引发企业外迁，进而导致资本外迁，经济空心化的问题已经初显苗头。与此同时，乐清仅为一个县级市，某些区域房价都卖到将近 1 万元/平方米，上一年这个时候不过五六千元。暴涨的房价令政府官员必须考虑对民间资本进行有序引导。黄与王见面之后，对于温州模式和民间资本流失等话题，聊得比较投机。

第二天，黄正强邀请了乐清当地十多个民企老板听王伟东演讲，讲的是新经济环境下产业界的对策。年轻的听众胡旭苍见到了王伟东。

故事发展到这里，东海创投的诞生就显得顺理成章。王伟东在找资金，黄正强在为本地发展焦虑，胡旭苍要尝试民企转型——思想碰撞的结果是成立一家人民币的有限合伙制的私募股权投资（PE）公司。王伟东的从业经验丰富，遂成为东海创投的执行合伙人。而王伟东演讲当日，在座的其他企业家都跟胡旭苍有交往，他们在胡旭苍的推动下，也成为东海创投的有限合伙人。杰思汉能除了是一个投资人外，最主要的职能“就是基金管理人的角色，是帮有限合伙人管钱的”。

温州式“合伙”

需要注意的是，东海创投号称长三角地区第一家有限合伙企业。此前，中国本土的民资 PE，大多以投资公司的形式存在，时有非法集资之惑。东海创投采取的有限合伙制更像是一次有“中国特色”的组织创新。

修订后的《合伙企业法》于 2007 年 6 月 1 日刚刚实施。东海创投投资经理刘圣君回忆说，2007 年 7 月份他去温州工商部门登记时，注册处的官员研究学习了好久才批。“因为之前没有注册有限合伙制企业的经验，包括打印执照的机器也不一样。”

海外成熟的PE大多采用有限合伙制。基金投资者作为有限合伙人，只承担有限责任；而基金管理者一般作为普通合伙人，掌握管理和投资决策权，承担无限责任。为了给基金管理者更大的自主权，海外PE的投资者并不参与投资决策。

但东海创投没有照搬海外PE的那一套。刘圣君说，公司和合伙企业最大的区别是，后者没有老板的概念。“中国现在还很难做到。毕竟合伙人都出了钱，至少要有投票权。”因此，在所谓的有限合伙制下，东海创投成立了一个合伙人联席会议，对企业的投资进行决策。胡旭苍是这个联席会议的主席，而这个联席会议更有董事会的味道。合伙人之一、环宇集团有限公司总裁王拓宇说，充分相信经理人，现在可能还是做不到的。“我把钱都给他，年底他给我看个报表？还没到这种程度。”胡旭苍觉得，合伙人可以接受基金管理人适当的利润分成（杰思汉能可以分得收益的20%左右），但没人能接受什么都不管。所以，在胡的主导下，东海创投把现有的公司法和合伙企业法做了一个衔接。在东海创投现有的框架下，合伙人联席会议是最高权力机构，所有的投资都由联席会议来决定。

整个流程是，先由普通合伙人提供决策依据，然后提交到联席会议，联席会议讨论投票后的最终决策——做还是不做这个项目，最后交给执行合伙人去执行。联席会议还有个监督的过程，“比如设个监督代表，监督普通合伙人的执行过程等等。”胡旭苍说，决策、执行、监督机制——东海创投一样也不缺。

人民币PE的运作

有限合伙制为私募基金的规范化运作提供了一个新的选择，温州民间资本总算找到了一个合理、合法的资本通道。在东海创投中，有8家企业入伙，还有一个自然人张建文，以个人身份出资成为有限合伙人。据了解，张建文为佑利控股集团的副总。东海创投的8个企业合伙人，大多属于乐清中上等规模的制造企业。环宇集团是其中最大的一家，总资产超过15亿元，属于“全国民营企业500强”。环宇集团最初的投资额只有几千万元，“我们真实的想法是，能够在证券市场、资本市场上学习一些经验，摸索一下，”该集团总裁王拓宇说。环宇集团本身就有上市的打算，带着尝试的心理，8个合伙人最初的投资额不大。据王伟东回忆，到8月6日只募集了1.35亿元。但随着对整个东海业务的了解，合伙人的出资越来越多。还有很多朋友熟人都给王拓宇、胡旭苍打电话，希望了解这个民营的PE到底是怎样运作的。

“说白了，东海创投就像个投资俱乐部。”王伟东说，只不过在有限合伙企业的法律框架下，通过8个合伙人向温州当地募集资金。“有限合伙人当中出资最多的有七八千万元。”

王伟东透露，到现在为止，东海创投已经募集了近9亿元的资金，而私募的对象也已超过了最初的8个有限合伙人。按照《合伙企业法》的规定，合伙人上限为50个人。

分析思路与路径

该有限合伙企业由9家规模企业及1个自然人组成，出资总额达5亿元。作为合伙人的9家企业中有8家是温州乐清的本土民营企业，包括环宇集团有限公司、民扬集团有限公司及佑利控股集团有限公司等，它们作为有限合伙企业的有限合伙人，将以自己的出资额为限对合伙企业债务承担有限责任；北京杰思汉能资产管理有限公司作为有限合伙企业的普通合伙人，对企业债务承担无限连带责任。以长三角地区为代表的我国民族资本发达区域，一方面拥有丰富的资金资源；另一方面，专业投资公司拥有丰富的人才优势和管理经验，而有限合伙制为这两者的结合提供了一种有效的机制，即强强联合成立风险投资有限合伙企业，这充分体现了该类型企业的制度优势，将具有良好投资意识的专业管理机构和拥有雄厚资金的投入者灵活地结合起来，实现双赢收益，称得上是为“能人和富人的共舞创造了平台”。

实验设计：对创业投资企业进行调研

结合创业投资理论，分组调查创业投资企业，并讨论以下问题：

1. 创业投资如何控制投资过程中的高风险？与证券投资中的风险管理有何区别？

2. 一个完整的创业投资运作通常包括哪些环节？

3. 契约型、公司型及有限合伙制这三种创业投资基金组织模式的区别及各自的特点是什么？

4. 普通合伙制对创业投资基金为什么不适用？有限合伙制有哪些优势？为什么说我国要大力发展有限合伙制？

第8章 创业投资的资本募集与投资战略

案例导读

联合投资与分段投资策略的成功运用

——阿里巴巴的融资历程

阿里巴巴（alibaba.com）是全球企业间（B2B）电子商务的著名品牌，是目前全球最大的商务交流社区和网上交易市场。良好的定位、稳固的结构、优秀的服务使阿里巴巴成为全球首家拥有210万商人的电子商务网站，成为全球商人网络推广的首选网站，被商人们评为“最受欢迎的B2B网站”。

阿里巴巴作为我国最成功的创业投资企业之一，其在接受风险投资公司投资时，充分利用了联合投资与分段投资策略，在吸收资金发展企业的同时，也降低了融资成本。

1999年10月，阿里巴巴引入了包括高盛、富达投资和新加坡政府科技发展基金、Invest AB等在内的首期500万美元天使基金。

2000年1月18日，软银联合高盛等几家投资集团正式向阿里巴巴注资2 000万美元。全球最著名的互联网投资家孙正义亲自担任阿里巴巴的首席顾问。

2002年2月，网络泡沫破裂，马云完成第三轮融资，吸引日本亚洲投资公司注资500万美元，同年5月，马云成为日本发行量最大的《日经》杂志的封面人物。

2004年2月，软银牵头携手富达、TDF和Granite再次注资阿里巴巴约8 200万美元，其中，软银投资6 000万美元。马云及其创业团队仍然是阿里巴巴的第一大股东，占47%的股份，软银为第二大股东，约占20%，富达约占 18%，其他几家股东合计约占 15%。更为重要的是，软银作为世界顶级风险投资公司，不仅给阿里巴巴投入了资金，在后来的发展中还给予了阿里巴巴足够的支持。

2005 年 8 月 11 日，阿里巴巴与雅虎在北京宣布签署合作协议。雅虎以 10 亿美元现金、雅虎中国的所有业务、雅虎品牌及技术在中国的使用权，换取阿里巴巴集团 40%的股份及 35%的投票权。因为阿里巴巴良好的盈利能力，雅虎开出了近 6.5 美元/股的价格，总共支付了约 3.9 亿美元。与此同时，软银也以同样的价格增持了部分股份，支付了 1.5 亿美元。至此，雅虎拥有阿里巴巴集团 40%的股权，创业团队股权被稀释到 28.2%；软银原被稀释到 12%，增持后变为 16%，成为第三大股东；富达稀释至 12.8%；其他几家股东稀释至 9%。此后，包括富达等在内的风险投资商又陆续套现。到阿里巴巴上市之前，只有软银一家风险投资公司还一直在阿里巴巴的股份中牢牢占据主要地位，其他风险投资公司已经全部退出。

到 2007 年 11 月 6 日，阿里巴巴的股价达到 39.5 港元，市值飙升至 1 980 亿港元（约 260 亿美元）。另一方面，软银间接持有的阿里巴巴股权价值 55.45 亿美元，若再加上 2005 年雅虎入股时曾套现的 1.8 亿美元，软银当初投资阿里巴巴集团的 8 000 万美元如今回报率已高达 71 倍。

学习目标

风险投资公司通过募集分散的资金，形成强有力的创业投资基金，筛选出最具有潜力的企业，依靠科学的投资战略把资金投向这些企业，最终获得丰厚的回报。本章将主要从创业资金的募集、创业投资的战略和投资对象的选择三个方面具体阐述风险投资公司的运作，要求熟悉创业投资资本的募集，掌握创业投资的战略，熟悉创业投资对象的选择。

第一节　创业投资的资本募集

一、资本募集的对象

（一）政府资金

政府资金是创业投资的一个重要资金来源，尤其在创业投资启动时，政府的介入是必不可少的。这部分资金是以政府资助的形式提供的。政府资助包括财政拨款、政府担保的贷款、政府采购、政府直接投资研究与开发（R&D）与技术开发。

（1）财政拨款。美国设立了“小企业研究基金会”，规定国家科学基金与国家研究发展经费的 10%要用于小企业的技术开发。英国贸易和工业部将政府支付款项中的 33%作为发展高新技术的专款。

（2）政府担保的贷款。美国 1953 年成立的小企业管理局承担对小企业的银行贷款的担保，担保比例在80%以上。各国政府承担的贷款担保比例不同，日本为80%、荷兰为50%。这种通过少量资金带动大量民间和工商界的资金投向高科技企业的信用担保制度，被称为风险资金的放大器，加大倍数高达10～15倍。

（3）政府采购。美国许多高科技企业是受美国国防部订货的推动而迅速发展起来的。20世纪60年代中期，美国国防部购买的集成电路产品占当时美国半导体器件生产总值的40%，其他国家对重要的技术产品的扶植也多采用这种方法，这是一种保护和鼓励高科技产业的有效措施。

（4）政府直接投资R&D与技术开发。美国政府通过研究开发合同向小企业投资，如波士顿128号公路园区的高新技术企业和科研机构得到联邦政府的研究开发合同等。这对高新技术产业的发展起到积极的推动作用。

政府资助实质上是一种政策性投资，目的是用较少的资金带动较多的私人创业投资。而且，政府风险资金往往投向私人创业投资不愿涉足的风险更大的领域，从这个意义上说，政府资助是私人创业投资的补充，但由于各国的财政情况不同，政府支持力度也有所不同。

（二）金融机构创业投资

风险投资公司通过发行股票、债券等方式筹资，或向银行、保险公司等金融机构筹资；银行、保险公司也可自设风险投资公司直接向风险企业投资。传统的商业银行在高新技术企业的风险贷款和投资方面的活动，在资本市场中占有一定的比例。由于创业投资的利润丰厚，一些商业银行纷纷成立了风险投资部。但银行出于安全性因素考虑对高风险的科技贷款审查较严。

保险公司在私人资本市场上的业务是从公司的私募业务中衍生出来的。多年以来，保险公司通过购买那些具有资产特性的债务为风险更大的公司客户提供资金。除了保险公司外，其他非银行金融机构自20世纪60年代以来就是风险资本市场的有利支持者。非银行金融机构常常设立一些特殊的附属机构来进行此类业务，它们是创业投资积极的支持者，主要通过自己的直接风险投资计划进行投资，主要投资于那些符合其竞争和战略目标的、处于早期发展阶段的风险投资项目。

（三）企业风险投资

利用大型企业集团的雄厚资金实力，是风险投资业发展的需要，也是大型企业集团发展的一种战略选择。在国外，大企业对高新技术产业进行风险投资，已成为风险投资的重要渠道。

在技术进步速度十分迅速、产品更新换代的今天，小企业“船小好掉头”，能够发挥灵活多变的特点，迅速吸收新技术，所以，小企业对市场的反应快，更善于进行创新和接受创新。因此，在今天技术进步步伐加快之际，许多大公司在技术发展策略上作了相应的调整，组建小公司以促进技术创新。当大企业本身开发出很好的技术，但尚不成熟时，它们往往将其交给小公司，由小公司将技术完善并推向市场，并对新技术采取跟踪策略，一旦新技术出现并显示出良好的市场前景，便立即投入生产，依靠自己在技术、资源上的优势迅速占领该产品市场。

大企业对高新技术小企业投资的原因有二：(1) 本企业 R&D 研究中的有价值成果，本企业无意经营的可以转让给它的发明者，鼓励他们去创业，大企业还可以以入股的方式参与到新创企业中去，一旦成功就可以获利；(2) 大企业对某些技术的发展感兴趣，通过适当的投资对本企业或其他企业的高新技术创新给予支持，这样做既可获得该技术，又能减少自己的 R&D 费用和风险。这是一种用市场机制取代上下级协调机制、把融资标准与技术战略结合起来的决策，对大企业的发展非常有利。

（四）富有家庭和个人

富有家庭和个人是最早的创业投资者之一，其投资一度在风险资金来源中占据首要位置。如 1978 年以前，美国风险资本来源构成比例为个人家庭占 32%，国外资金占 18%，保险公司占 16%，年金基金占 15%，大产业公司占 10%。在国外，私人风险投资极为活跃，它在集中非常规资金支持风险企业上发挥着极为突出的作用。

国外引导个人进行风险投资，通常采取三种方式：一是对于资金实力雄厚的个人投资者，允许开办私人风险投资公司，按公司的运行方式进行风险投资活动；二是普通居民可通过购买风险投资公司发行的股票或债券等方式进行创业投资；三是直接以合伙人的名义以资金入股风险企业。

然而，应当提及的一点是，虽然风险投资若成功能够获得丰厚回报，但其收益存在着极不确定性，一旦失败则血本无归。因此，当前国际上对风险投资均以私募方式进行。

（五）创业基金的风险投资

创业基金是投资基金的一种，是由众多不确定的投资者将不同的出资额汇集起来，交由专业投资机构投资于有发展前途的高科技企业，所得的收益由投资者按投资比例分享的投资工具。创业基金的资金来源广泛，包括退休基金，保险公司、财团法人、政府的创业投资基金，大众游资，国外资金等多种渠道。目前，创业基金这种投资工具在美国风险投资业应用得最为广泛，深受广大投资者喜好，因为创业基金具有投资基金的一切优点，有较大的规模和较高的经济效益。创业基金实行多元化经营和专业化管理，可使投资风险分散，具有较大的投资灵活性。另一方面，创业投资基金具有较高的投资回报率，因为创业基金在选择投资对象时偏重于那些拥有高新技术优势、市场前景广阔的新兴产业，其投资回报率高于投资一般传统产业的回报率，而对于被投资企业来说，通过创业基金融资不同于银行贷款，企业没有债务负担，不用担心失去企业控股权，还能得到创业投资家提供的各种服务，包括上市服务等。创业基金是一种很好的融资渠道。

（六）国外资金的创业投资

借助外资可以弥补本国风险投资资金的不足，并可以引进先进成熟的经营管理经验，以促进本国风险投资业的发展并培养风险投资人才，当前，风险投资呈现国际化趋势，哪里的投资环境好，风险资本就会流向哪里，它们经验丰富，也有意物色有高成长潜能的企业进行投资，是很好的资金来源之一。因此，许多国家，特别是本国风险投资业欠发达又急需发展的国家，采用“请进来”的策略，积极创造条件大力引进国外风险资本，如新加坡等。在这方面尤以以色列最为典型，也最为成功。以色列政府明确提出，在世界经济舞台上，其竞争优势在于高科技，并在政策、资金等方面采取了一些极为有效的措施，如允许高新技术企业向国外投资者出售技术。以色列在企业的配股融资政策上也采取了一系列有利于吸引外资的措施，例如，以色列在美国证券交易所上市的公司达62家，其中有57家是高科技公司。以色列高科技公司的股票目前已成为全球最有吸引力的投资热点之一。

综上所述可以看出，在风险投资中，资金来源的渠道广阔，而各类资金都有其自身的优点和适用范围。各个国家又因为自身的特点与政策状况不同而侧重于不同的资金来源。另外，即使是在同一个国家，在各个不同的时期内，其各类资金来源所占的比重也处于不停的变化之中。

二、我国创业资本的分析

（一）创业投资资本的总量及变化趋势

1995—2005年，创业风险投资机构管理的资本总额的变化阶段和趋势是：1995—2000年，中国创业风险投资机构管理的资本额度快速增加，增速在1999年、2000年分别高达81.4%[①]和67.2%，由于2001年网络经济泡沫的破灭，资本总额开始回落，2003年出现了10.5%的负增长，2004年开始回升，2005年比2004年增长了2.3%，创业风险投资机构管理的资本达到了631.6亿元（见表8—1）。

表8—1　　中国创业风险投资管理资本总额（1999—2005年）

年份	1995	1996	1997	1998	1999	2000	2001	2002	2003	2004	2005
管理资本总额（亿元）	51.3	55.2	101.2	168.8	306.2	512.0	619.3	688.5	616.5	617.5	631.6
增加额（亿元）	—	3.9	46.0	67.6	137.4	205.8	107.3	69.2	−72.0	1.0	14.1
较上年增长（%）	—	7.6	83.3	66.8	81.4	67.2	21.0	11.2	−10.5	0.2	2.3

2005年参加调查的创业风险投资机构的实收资本达到360.2亿元，种种迹象表明，自2000年之后，中国创业风险投资调整期进入了尾声。

（二）创业投资资本构成

依据资本来源结构的不同，可以将创业风险投资资本分为两大类：外资和内资。外资包括境内和境外两个部分。境内外资是指通过外商独资（含港、澳、台地区）和合资合作而取得的创业风险投资资本；境外资金是指境外机构直接投资于中国内地的创业风险投资资本。

① 参见中国科学技术促进发展研究中心：《中国创业风险投资发展报告2006》，北京，经济管理出版社，2007。

内资创业风险投资资本的来源包括：（1）政府资金；（2）国有独资公司资金；（3）非国有独资公司资金；（4）金融机构资金；（5）事业单位、自然人及其他出资。

从 2005 年各类资金的构成情况可以看出，政府和国有独资公司资金占到近 36%，上市公司、非上市股份有限公司以及有限责任公司共出资 33%，外资则占到 11%，事业单位、高校资金等其他类别资金占到 9%。近年来，国家开发银行开展了“高科技创业贷款”业务，由此，银行对创业风险投资资本增加的贡献达到了 8%，见表 8—2。

表 8—2　　　　中国创业风险投资资本的来源构成（2005 年）

	政府	国有独资公司	上市公司	其他企业	银行	外资	个人	其他
比例	20%	16%	5%	28%	8%	11%	3%	9%

第二节　创业投资的战略

一、联合投资

联合投资，即辛迪加投资，是指一个风险投资公司与其他风险投资公司携手共同投资一个受资企业。这样做的好处是创业家可以得到更多方面的经验、更广泛的联系和更大的资金实力，进行较大规模的交易。因为风险投资公司在遵循组合投资的前提下，通常会有在某单个交易上的资金占公司总资金量的比例限制。通过联合投资的方式，风险投资公司在一家企业中只需投入相对较小的资金量。这一方面分散了它们的风险，另一方面也给风险企业带来了更多的管理和咨询资源，而且为风险企业提供了多个评估结果，这些结果相互印证，降低了评估误差。此外，还可以为不同地区的风险投资公司提供更多的机会。如果一个较好的项目不在风险投资公司所在地，那么就不便有效地进行监控和管理，若与当地的风险投资公司联合投资，就可以委托其监管，较好地解决这一问题。中国创业风险投资联合投资的单项投资金额分布如表 8—3 所示。

表 8—3　　中国创业风险投资联合投资的单项投资金额分布（2002—2005 年）（%）

投资金额（万元）/年份	100 以下	100～500	500～1 000	1 000～2 000	2 000 以上	合计
2002 年	16.9	26.7	18.9	14.8	22.7	100.0
2003 年	15.9	27.1	17.1	12.9	27.0	100.0
2004 年	17.0	29.8	17.7	13.5	22.0	100.0
2005 年	16.5	24.1	19.5	15.0	24.9	100.0

资料来源：中国科学技术促进发展研究中心：《中国创业风险投资发展报告 2006》，北京，经济管理出版社，2007。

因此，风险投资公司寻找行业策略伙伴组成辛迪加投资于风险企业，也是创业投资的一项基本投资战略。

二、投资多元化

（一）投资对象时段的多元化

这是指投资通常是个逐步进行的过程，风险投资公司最初只是用少量资金进行试探性投资，如果实践证明可行，再追加投资。随着企业生产规模的扩大、盈利水平的提高，可进一步加大投资规模。这样运作的理由是，在投资之初，风险投资公司与风险企业的经营者相比，在了解、掌握企业家的经营才能、投资项目的收益和风险情况等方面，存在着严重的信息不对称。针对该问题，风险投资公司一方面要利用充分的权力来更换经营者，另一方面在发现企业经营业绩不佳时，要及时中断投资。这样可以构成可置信威胁，限制了企业家在传递个人和企业信息时的不诚实行为。这种投入方式往往对风险企业也是必要的，风险企业每次融资的金额不能太少，但也不能太多。释放太多的股份，就会使进一步融资的股份释放空间缩小，将来股票上市的数量也减少了。同时投资多个阶段（如投资创立期、成长期和扩张期）的企业，而不是只投资一个阶段的企业，使资金回收期能间隔交替，而不是集中在某一阶段回收，避免因为股票市场不景气而无法套现资金。但投资多个阶段、多个行业一般只有那些享有盛名、经验丰富的风险投资公司才能做到。

（二）投资对象属性的多元化

风险资本的风险—收益遵循“大拇指定律”，即发现资本一年投资的 10 家高科技创业公司中，会有 3 家公司垮掉，另有 3 家公司停滞不前，还有 3 家公司能够上市，但可能只有 1 家给投资者带来巨额回报，它就成为“大拇指定律”中的“大拇指”。根据这一经验规则，我们可以知道，风险投资的失败率是极高的。集中在一两家企业投资，无法分散风险，很可能会使投资付诸东流，全部无法收回。而组合投资的多家企业中只要有一两家成功了，其巨额回报往往可抵消失败所造成的损失。

三、分期投资

分期投资是风险投资中一个控制风险的重要手段，它根据风险企业发展过程的五个阶段来相应投入，这五个阶段分别是：种子期、创立期（启动期）、成长期（发展期）、扩张期和成熟期（退出期或过渡期），风险企业根据企业发展过程中的资金需求来分段融资，分段融资带来了股份的稀释和股价的变化。投资方和风险企业各自的股份也在每一次分段融资中发生变化。风险企业在五个阶段中处于不同的发展状态，每一阶段风险企业融资的目的和主要工作以及每一阶段相对应的投资风险、预期收益率、投资工具、投资年限可以被简述如下：

(1) 种子期：这一阶段的产品和经营方式还停留在一个概念和计划阶段，这时投入资金往往风险很大，内部的风险有：设计的产品可能无法生产，产品成本太高，产品开发延迟；而外部的风险有：市场潜力不够，技术发展迅速而淘汰新产品。这一阶段通常由创业家自筹资金，如利用个人积蓄、向朋友借款等。当项目的发展确实需要风险投资家的支持时，风险投资家会投入少量资金，而要求很高的预期收益率，如年收益率 60%以上，这一阶段的风险投资主要用于产品开发改良、试生产、完善业务计划、组建一个由各方面专家组成的管理层。

(2) 创立期（启动期）：这时企业开始生产运作，但投资风险依然很高，内部的风险有：产品性能不佳，管理层无法吸引人才，资金消耗过多，销售量不够；外在风险有：潜在市场份额不足，竞争者领先占领同类产品市场。这一阶段的风险投资家通常以优先股方式投入，预期收益率要求为 40%～60%，资金主要用于策划市场营销、试探市场竞争状况。这一阶段可能有一些顾客试用产品，但没有销售收入，费用开始增加。

（3）成长期（发展期）：这一阶段产品开始销售，但尚未盈利，投入资金的风险依然很高，可能会出现创业者管理能力不够、制造成本过高、财务控制不力等内部风险；外部风险可能是：产品竞争力不够，市场增长缓慢，企业营销策略错误，新产品、新技术出现。这时的投资方式可以是优先股或有担保的债务，风险投资的资金主要用于提高市场占有率、购买更多设备、扩大生产力以追求规模效应。

（4）扩张期：此时开始产生盈利，但现金流量少，风险已下降，内部风险可能是管理不够规范，无法适应扩大了的企业的规范运作，盈利不足以支持企业继续扩大；外部风险可能是预料之外的竞争者出现，市场需求衰退。此时，投资方式可以是普通股和债务，用来稳定利润、增加流动资金、加强营销、产品升级换代、维持销售和盈利增长。

（5）成熟期（退出期或过渡期）：此时企业快速成长，接近饱和状态，投资风险较低，但仍可能会有管理者流失、财务控制失当等内部风险和市场增长率降低、公司上市受阻等外部风险。过渡期的资金旨在维持盈利状况、等待时机准备上市、转售给其他投资者、被其他企业兼并、部分变现前期投资、调整股权结构和管理者的股份。

2007 年第四季度中国创业投资市场企业不同发展阶段投资案例数量的比例如表 8—4 所示。

表 8—4　　2007 年第四季度中国创业投资市场企业不同发展阶段投资案例数量的比例

	种子及启动期	发展期	扩张期	成熟期
比例	12.5%	41.7%	37.5%	8.3%

资料来源：http://tech.sina.com.cn/VC/index.html.

表 8—5 对不同阶段的投资风险高低、内外部风险的比例和控制风险的方法作了对比；表 8—6 对投资目的、投资工具、投资年限、预期收益率，以及 5 年回报倍数作了对比，一目了然。

表 8—5　　不同阶段的投资风险分析和比较

阶段	风险	内部风险（相对比例）	外部风险（相对比例）	控制风险的方法
种子期	极高	设计的产品无法生产，开发延期，产品成本太高（72%）	市场潜力不够，技术发展迅速而淘汰新产品（28%）	严格跟踪业务计划的执行
启动期	很高	产品性能不佳，管理层无法吸引人才，资金消耗过多，销售量不够（75.8%）	潜在市场份额不够，竞争者抢先（24.2%）	分段投资
发展期	高	创业者管理能力不够，制造成本高，财务控制不力（53%）	产品竞争力不够，市场增长缓慢，策略错误，新产品、新技术出现（47%）	多元化
扩张期	一般	无法规范管理，盈利不够（37%）	预料之外的竞争者出现，市场需求衰退	联合投资
成熟期	低	管理者流失、财务控制失当	市场增长率降低、上市受阻	投资多个阶段

表 8—6　　分段投资的投资目的、投资工具和预期收益率

阶段	状态	投资目的	投资年限（年）	投资工具	预期收益率	5 年回报倍数
种子期	概念，计划	开发，试生产	7～10	自筹资金	60%以上	10～15
启动期	生产，运作	市场营销	5～10	优先股	40%～60%	6～12
发展期	开始销售	提高市场份额	3～7	优先股，有担保债务	30%～50%	4～8
扩张期	开始盈利	稳定利润	1～3	普通股，债务	25%～40%	3～6
退出期	快速成长	上市或销售	1～3	过渡期融资	25%	2～4

第三节　创业投资对象的选择

一、寻找创业投资对象

风险投资公司常常会主动寻找那些蕴涵巨大投资潜力的项目。它们主要通过以下途径来发掘这些项目：（1）专业的、行业的互联网网站；（2）参加各种风险投资论坛、贸易洽谈会、展览会、科技学术会等；（3）参加政府有关部门以及技术密集区的信息交流；（4）通过适当的宣传方式来吸引风险企业的注意；（5）密切关注科技、商业动态，以寻求潜在的投资机会。根据经验，主动寻找的投资项目一般较好，因为这些项目事先进行了充分的行业研究分析，跟踪了解了科技发展的趋势，研究了投资目标的市场机制以及可能产生的风险概率等等。

二、创业投资项目的选择

一般情况下，风险投资公司收到的投资建议书远比它能够或愿意投资的多。通常在企业家送来的每 1 000 份投资建议书或可行性报告中，只有 100 份左右会引起投资经理人的兴趣，他们会约见提交这 100 份建议书的企业家，而后根据会谈情况从中筛选出约 50 个有价值的项目，并展开尽职调查，最后根据调查结果选出其中 10 个左右的项目进行投资。也就是说，一个投资项目最后真正能够得到风险资本支持的概率通常只有 1%左右。在投资项目的筛选过程中，风险投资公司的筛选标准起着十分重要的作用。

（一）投资规模与投资政策

投资规模的选择是一个规模效益与风险分散的平衡问题。如果单项投资的规模过小，整个基金的管理成本就会上升，出现规模不经济的问题。但如果规模太大，单项投资的成败决定整个基金的收益，则基金的风险太高。风险资本家要从上述两方面的平衡中确定合适的投资规模。由于他们的风险偏好和基金规模不同，所以确定的合理规模也有差异。另外，为了消除上述两方面的矛盾，越来越多的风险资本家采用辛迪加式投资政策，即多家风险资本联合对规模较大的项目进行投资。

不同的风险投资机构对投资规模的要求有所不同。但有一点是相同的，那就是一方面

为了降低投资风险，任何一家风险投资机构都不会把所有资本都投入一个或极少数几个投资项目之中。另一方面，考虑到管理投资项目所需的时间和所要花费的成本，风险投资机构也不愿意把投资过多分散于大量小额的交易之中，通常，它们会根据风险投资基金的规模来确定一个自己认为较为理想的单笔投资规模。在许多情况下，风险投资机构简单地把对单个被投资企业或企业集团的投资限制在可供投资资本总额的 10%左右，也有一些风险投资机构对单个项目的投资规模只给出了一个区间，如美国太平洋创业投资基金规定其典型投资项目的投资规模一般介于 300 万元到 2 500 万元之间。除此之外，风险投资机构一般还会对业绩好的被投资企业追加投资，这时原有的投资规模就会突破。由于风险投资的目的是为了在承担风险的基础上获得高额回报，因此，规模的设定并不是僵化的，投资与否、投资多少还得看投资项目本身的技术经济价值。

（二）技术与市场

多数风险资本在进行机会筛选时会把技术与市场作为选择标准之一。从某种意义上说，风险资本投资的不是一个企业，而是一种技术和市场的未来。因此，它们必须对项目所涉及的技术和市场有深入的了解，由于它们不可能了解所有的技术，因而在项目筛选时只能考虑自己熟知的领域内的技术。风险资本家一般倾向于投资新兴技术而非成熟技术。

（三）被投资企业的区位特点

被投资企业的地理位置和人才、信息条件构成其自身的区位特点。对地理位置的考虑主要是从方便管理的角度出发的。投资一旦发生，风险资本家就要和企业家保持经常性接触。从时间和费用两方面考虑，风险资本家希望选择距离自己较近的项目，一般倾向于选择位于主要城市附近的项目。然而，随着通信技术的发展，地理位置方面的考虑正趋于淡化。通常认为，人才集中（包括技术人才、管理人才、金融和法律人才等）、配套工业齐备、地处信息中心和交通中心（如美国的旧金山地区、波士顿地区、丹佛市、盐湖城和中国的北京、上海、广州、南京和西安）的被投资企业具有最佳的风险投资环境。此外，被投资企业越接近风险投资公司，得到资金支持的可能性越大。

（四）投资项目的发展阶段

一个企业的成长通常分为种子期、创业期、扩张期和成熟期四个阶段。风险投资人在进行项目初选时通常会考虑该项目处于哪一个阶段。产品的发明者或创业企业家需要投入大量的资金研究开发出样机或样品并形成较为完整的工业生产方案，以验证其创意的可行性和技术的经济合理性。投资于种子期的风险资本称为种子资金。种子资金的投资目的在于使创意构想商品化，通常投资规模不大，但风险高。目前这类资金大部分由天使投资者提供。

在创业期，产品创意的商品化已经获得成功，这时企业需要大量资金用于购买生产设备，建立营销网络和进行后续研发，在这一阶段，由于没有经营记录可寻，企业很难从银行获得商业信贷，而风险资本恰恰在这一阶段开始进入，这时的风险资本相应地被称为创业资金。创业资金所承担的风险因创业期长短（短则半年，长则 4～5 年）的不同而不同，提供创业资金的风险投资者相对要多些，既包括风险投资公司、产业附属投资公司，又包括风险资本家和天使投资者。

企业发展到第三阶段，即进入扩张期。处于扩张期的企业已经有了一定的经营业绩，但为了进一步开发产品，提高产量和销量，其资金需求量也迅速增加。而此时企业还达不到上市标准，商业信贷也需要取得担保或保证，只有风险资本能满足这种需要。投入企业扩张期的风险资本又分为营运资金和扩张资金，前者投资的被投资企业尚未达到盈亏平衡点，而后者投资的被投资企业已经达到盈亏平衡点。两者相比，后者的投资风险相对要小一些。

企业成长过程的第四阶段是成熟期。在正常情况下，这是企业 IPO 前的最后一个阶段。这时的被投资企业对资金的需求并不十分迫切，引进资金的目的主要是为了美化财务报表，提高知名度，为公开上市做准备。因此，投资于企业成熟期的风险资本被称为美化资金。这类资金通常又分为过渡融资、杠杆融资和再生融资等几类。美化资金的投资风险较低，目前大多数风险投资公司都热衷于对此阶段进行投资。

对企业不同发展阶段的不同偏好与风险投资公司的资金来源、从业经验及其所处的地区和行业竞争程度密切相关。例如，在欧美等发达国家和地区，在 20 世纪 80 年代以前，风险资本大都投向创业期企业及其以前阶段的企业。但近年来，风险投资有专注于投资风险企业后期发展阶段的趋势。

风险企业对风险资本的需求发生在企业生命周期的不同阶段。对不同发展阶段的企业进行投资选择体现了风险资本家不同的风险偏好和对收益与风险的平衡。一般说来，企业早期投资的风险较大，但收益较高；反之，后期投资的风险较小，但收益也小。风险资本家必须依据个人的风险偏好在收益与风险中作出平衡。

（五）创业者的素质和公司管理

风险资本家应从各个角度去考察该创业者或创业者队伍是否在他从事的领域中具有敏锐的洞察力；是否掌握市场全景并懂得如何去开拓市场；是否懂得利用各种渠道去融通资金；是否有将自己的技术设想变为现实的能力；是否有较强的综合能力等等。这种考察并不是绝对的，往往与风险投资家本身的素质有相应关系。

公司管理是一项很重要的指标。对于风险投资，一流的管理加二流的产品比二流的管理加一流的产品更具有优势。创业者创业初期往往身兼数职，既搞研究开发，又搞市场拓展，还要负责公司管理。而在社会分工日益细致的现代社会，这是不可取的，因此当一个人申请项目时说他全能、将全面负责时，这往往是一个危险的信号。风险投资家应劝说其吸引其他专家加入，组成一个知识结构合理的管理队伍，共同把企业搞好。

所谓尽职调查是指风险投资家在投资前对风险企业现状、成功前景及其管理所作的独立的调查。尽职调查通常需要集中进行并认真细致地开展，因此一般需要花费数月的时间。尽职调查习惯上包括对管理队伍背景的调查、对商业计划发表独立审查意见和对风险企业的产品和市场进行研究等内容。根据美国尽职调查公司的细化，尽职调查可以分为三个层次：第一个层次是一般问询，主要是对考查内容作一个全面而概略的了解。内容包括：业务背景和人事背景审查、财务声明审查、法律事务审查等。第二个层次是业务回顾，主要考察过去的业务情况。内容包括：业务回顾与价值评估、业务现状可行性考查。第三个层次是管理考查，主要考查公司未来的发展前景。内容包括：分析新产品和新的营销策略，考查新项目、新公司或新产品启动条件，分析如何私募或公募，分析兼并与收购、公司近期竞争策略和中长期发展战略，考察新的发展机会，分析投资前景及成本效益情况等。

在实际操作过程中，风险投资家对风险项目的尽职调查经常集中在以下几个主要方面：(1) 产品市场情况；(2) 人员素质（包括管理人员和技术人员）；(3) 技术特点；(4) 经济核算（确定每一个数字）；(5) 有关法律和政策等。风险投资家对风险企业的尽职调查通常以向公司员工和管理人员提出种种问询来进行。此外，绝大多数的风险投资家还会和公司的供应商、客户、竞争对手，以及其他熟悉该公司及其所属行业的人员进行交谈。他们还将进行深入取证、仔细地分析企业的经营计划和实际及预测的财务报表，并视察工地和设备等。有些风险投资机构甚至还征求其他风险投资家的意见。

风险投资公司在对项目进行评估之后，就可以筛选出一些自己感兴趣的、风险程度不一的风险投资项目。但由于资金所限，风险投资公司不可能对每个项目都进行投资，这就需要采取一定的操作策略，决定公司的投资决策。从根本上说，风险投资决策是针对项目企业及其发展的不确定性而进行的投资决策。风险投资决策的目的是，在相同的资金投入情况下，选择产生最大收益的项目，以尽可能减少风险。

三、对创业项目的调查

(一) 与风险企业的创业家会谈

在审查完风险企业提供的投资项目计划书后，如果风险投资公司对企业提出的项目感兴趣，就会与企业直接进行接触，了解企业的背景，特别是企业的创业者和管理队伍，这是整个过程中最重要的一次会面。

风险投资家与创业者会晤的主要目的有：首先，风险投资家需要获取更多的有关该投资项目的信息，并了解其如何盈利；其次，会晤提供了一个面对面考核风险企业的创业者和管理队伍的机会；最后，风险投资家希望通过会晤对项目作进一步的判断，决定是否到风险企业所在地进行实地考察。

风险投资家通过和创业者会晤，可以及时了解到如下信息：(1) 风险企业的创业家是否是自己正在寻找的企业家。(2) 能够判断风险企业的创业者是否精通公司业务。(3) 明确双方的利益。(4) 明确风险投资公司的投资方式和投资数量。(5) 确定风险投资的退出路径。

(二) 对风险企业进行实地考察

在风险投资家和创业家会晤达成初步协议之后，风险投资公司就会开始对风险企业进行实地考察，其考察的目的是审查风险企业的管理队伍，研究风险企业产品所处行业的特点，并且审查项目计划书的真实性。

具体而言，实地考察能解决以下一些问题：关于投资项目计划书的其他问题。有些问题可能在计划书中没有进行深入讨论和研究，如风险企业所处的行业、其产品或企业在其他领域的特殊性问题等，这些问题都需要通过考察来帮助解决。

关于企业的其他问题。在考察中，风险投资家将直接接触风险企业的一些关键人物，如销售经理、产品负责人和技术负责人等，通过接触，风险投资家可以更加详细地了解企业和产品的一些特殊问题。

关于管理的其他问题。在考察中，风险投资家可以直接询问管理人员与创业家的私人关系，这有助于对创业家个人进行全面的了解。

可以了解企业中的其他人。风险投资家将有机会接触到管理队伍下一层次的人员，这可以帮助他了解这些人如何看待产品生产，以及他们对企业中存在的问题的认识。

可以调查了解相关商业、产品和行业。在考察中，风险投资家有机会接触产品的使用者、产品的经销商以及原材料的供应商，调查他们对风险企业、创业家和产品的看法及认识。

（三）对风险企业的创业家及其管理团队进行综合测评

风险投资家要对风险企业的创业家及其管理团队进行综合测评。一般风险投资家都是采取传统的问答方式对创业家的个性进行测评的。风险投资家一般都有很好的判断力，他可以通过几个问题的问答看出企业家的基本个性。测评的关键是所要问的问题，这涉及心理学的内容。投资家的问题有的非常古怪，甚至他根本就不问，而是和创业家闲谈，内容多是生活琐事等与业务无关的内容。在美国，有专门的测评公司和计算机软件，然而风险投资家对此却不屑一顾，他们认为测评不是机械的，不同的行业需要不同类型的企业家，即使是相同的行业，不同的管理团队也需要不同的企业家，没有一个测评可以适用所有的企业家，因而风险投资家宁肯相信自己的眼睛。人才测评在美国比较流行。目前中国已经引进国外的技术并开发出具有中国特色的企业管理人才测评系统。人才测评提高了企业对于人才的预见性。以往的方法包括简单的面试、考察履历表和工作经历、知识考试等等。这些测评方法表现出一些不足，比如以获取表面的信息为主，难以获得深层次的信息；以评价现有的水平为主，难以评价发展潜能；以定性描述为主，缺乏定量的科学分析；依赖主观经验，缺乏客观评价。

目前的人才测评方法有：一是纸笔测验或问答的方法。主要包括企业家管理能力倾向测验、管理者行为风格测验、社会愿望测验、管理者职业兴趣测验、管理角色认识测验等。二是评价中心技术。主要包括面谈、小组讨论、文件框作业。评价中心根据不同的行业设计不同的题目。程序是：先选出一些人员作为初试目标，在初试后对一些需要进一步了解的人员采取技术评价，进行面谈，最后给出被测评人员一个评估报告。

四、创业投资项目的评估

（一）评估的指标

风险投资公司在进行评估时，经常会使用一组变量作为判断是否对某一项目进行投资的评价指标。这些指标的选择必须能真实、充分和全面地反映出投资项目的收益和风险状况，它是影响风险投资成败的关键因素之一。这种评估指标也是风险投资家一个极其重要的研究领域，它的正确与否会极大地影响投资项目选择的正确与否，进而影响风险投资的结果。目前，各国的风险投资机构并未采用统一的评价指标，有的甚至还在使用视情况而定的主观评价指标。从实用性来讲，这种方法有一定的合理性，但其随意性太大，且较为主观。经过许多风险投资家的实证研究，许多风险投资公司采用下面的评估指标。具体内容如表 8—7 和表 8—8 所示。

表 8—7　　风险投资公司评估指标

因素	平均权重	按重要性排列的投资指标
管理层的承诺	10.0	1. 管理层的素质
产品	8.8	2. 期望收益
市场	8.3	3. 期望风险
营销技能	8.2	4. 权益比例
工程技能	7.4	5. 管理层在企业中的利害关系
销售计划	7.2	6. 保护投资者权利的财务条款
财务技能	6.4	7. 企业发展阶段
制造技能	6.2	8. 限制性才能
参考	5.9	9. 利率或红利率
其他交易参与者	5.0	10. 现有资本
行业/技术	4.2	11. 投资者的控制
实现方法	2.3	12. 税收考虑

资料来源：陈尔瑞等：《风险投资概论》，北京，中国财政经济出版社，2001。

表 8—8　　风险企业评价指标问卷调查

序号	因素	在调查答复中被提到的次数
1	管理者技能和经历	89
2	市场规模/增长	50
3	回报率	46
4	市场位置	20
5	财务历史	11
6	企业所在地	11
7	增长潜力	11
8	进入壁垒	11
9	投资规模	9
10	行业/经验	7
11	企业阶段	4
12	创业家的利害关系	4

资料来源：陈尔瑞等：《风险投资概论》，北京，中国财政经济出版社，2001。

（二）标的选择

判断一个企业是否是一个高科技企业，一般有下面五条标准，即企业是否有在 3～5 年内通过资本市场快速增值卖出的潜力；技术是否具有革命性和创新性；产品是否具有较强的市场吸引力；企业是否具有可持续竞争和发展的优势；企业家是否具有较强的管理能力。

知识拓展：项目价值评估的方法

项目的价值评估是指对项目的价值进行一个定量分析。价值评估主要包括两个方面的内容，一个是技术价值，另一个是企业价值。

一、技术价值的评估

（一）重置成本法

以技术入股实际上就是对无形资产的摊销，一般采取重置成本法。它的基本原理是通过评估资产的现行市价及新旧程度计算重估价值，可根据重新构建与被评估资产相同或类似的全新资产在现行市价条件下所需要的费用，再扣除被评估资产的损耗或贬值来确定。重置成本法在有形资产评估中应用十分广泛，在无形资产评估中大多数是与收益现值法结合使用的。它主要用于专利权、专用技术和整体无形资产的评估，以摊销为目的的无形资产的最低价的评估，收益额无法预测和市场无法比较的技术转让等的评估中。

评估价格＝重置成本－有形损耗－无形损耗

重置成本＝被评估资产的历史成本×适用的物价变动指数

物价变动指数：主要有定基价格指数和环比价格指数。定基价格指数是以某一年份价格为基数确定的指数；环比价格指数是逐年与前一年相比的指数。

有形损耗＝(重置成本－残值)÷总使用年限×实际已使用年限

无形损耗可分为功能性贬值和经济性贬值：

功能性贬值＝被评估资产年产品利润减少额×剩余使用年限×年金折现系数

经济性贬值的公式为：

$$K=(1-L)\sum_{t=1}^{n}\frac{P_t}{(1+i)^t}$$

式中，K 代表被评估资产的经济性贬值；n 代表被评估资产尚可使用的年限；P_t 代表在尚可使用的第 t 年的收益；i 代表折现率；L 代表综合税率。

（二）现行市价法

它是指参照相同或类似资产的市场价格进行资产评估的方法。其前提条件是，市场上

必须有与评估对象类似的资产的市场价格作参照，而且应有多个参照物，以便尽可能准确地把握同类资产的市场价格。现行市价适用于容易找到参照物的资产评估。现行市价法主要适用于单项生产要素的交易。使用该法要根据不同的评估对象和特定的评估日，选择相应的现行市价作为参照标准，如参股、投资、租赁等还要参照国际市场价格作必要的调整。因抵押或破产清算的资产评估，则应按其资产可变现价格估价。承包及相同所有制的联营、兼并、转让保险，应以现行采购价格为标准。

除此之外，对技术转让价格的评估还有其他的方法，例如，数学模型法、收益现值法等等。

二、企业价值的评估

风险投资家在对项目进行评估时要对企业的价值进行评估，以判断企业是否有增长潜力。公司资产的价值根据不同的情况有不同的定义，主要有账面价值、市场价值、持续经营价值、清算价值。

公司价值的评估方法很多，有的采用净现值法，有的采用比较法，还有的采用市盈率的公式来简单地评估企业的价值，这些都是基于企业有一定的经营历史和数据资料进行的，而处于创业初期的企业，则缺乏评估的基本数据。在创业投资中，公司的价值往往取决于未来的获利能力，而不是其拥有的资产价值，而且在预测企业未来价值时不以技术为主，技术只可能是企业的一个竞争优势。在评估企业时主要是评估企业未来的价值。决定企业未来价值的方法有两个：一是行业盈利潜力分析，二是企业竞争优势分析。

实验设计：对创业投资企业进行尽职调查

一、尽职调查涉及的内容

根据下面的内容，对一个创业投资企业进行尽职调查。

（1）企业实地考察。考察的目的是审查风险企业的管理队伍，研究风险企业产品所处行业的特点，并且审核商业计划书的真实性。

（2）会见管理团队。观察企业管理团队人员的素质，了解他们的经验和专长。

（3）创业者前业务伙伴和前投资者走访。

（4）当前或潜在客户和供应商走访。

（5）听取技术专家、行业专家的意见。

（6）向银行、会计师、律师、证券商咨询。

（7）同类公司市场价值调查。

（8）竞争对手经营情况调查。

（9）听取其他风险投资公司的意见。

（10）听取相关的风险企业管理层的意见。

二、尽职调查中需要核查的文件

（一）企业记录

（1）股东详细名单，包括内部职工股和持股名单。
（2）公司营业执照、工商登记资料、章程及验资证明。
（3）公司历史沿革、融资记录和变更登记的证明文件。
（4）历史上的股东会、董事会会议记录及决议。
（5）公司投资的子公司、分公司及关联企业。
（6）特殊行业或产品的经营许可证明。
（7）土地使用权证、房产证件及租赁合同。
（8）其他主要财产的所有权文件。
（9）内部工作程序手册。
（10）专业认证证书。
（11）商标、专利权及其他知识产权证明文件。
（12）非自主产权的技术许可、商标、专利及其他特许经营的授权使用证明文件。

（二）财务记录

（1）对外借款及提供担保的记录与合同。
（2）设备及其他资产的租赁合同和出租方权益证明。
（3）税收优惠证明及税务登记有关证明。
（4）最近三年的报税表。
（5）最近三年的审计报告。
（6）折旧计算方法表。
（7）应收账款清单。
（8）预付账款清单。
（9）存货清单。
（10）固定资产清单。

（三）相关机构及人事记录

（1）内部人事福利制度及奖惩方法。
（2）大客户清单及联系方法。
（3）供应商清单及联系方法。
（4）高层管理人员的简历。
（5）关键员工的聘用合同。

（四）市场资料

（1）市场营销计划和预测。
（2）重要的销售、代理及采购协议。
（3）尚未完成的合同清单。

讨论题

1. 创业投资资金的募集对象有哪些？各自有哪些特点？
2. 创业投资项目选择的标准是什么？
3. 创业投资家在对企业进行实地考察时，需要解决的问题是什么？
4. 分阶段投资有哪些意义？如何进行分阶段投资安排？
5. 联合投资的目的是什么？如何发挥联合投资的最大优势？

第9章 商业计划书的审查

案例导读 创业投资公司如何审查商业计划书

在浏览各类投资申请书或商业计划书摘要并对其进行筛选之后，由于仅仅了解了项目的一些直观情况，所以，创业投资公司并不急于约见项目业主。为了谨慎起见，通常是先向项目业主索要商业计划书正文，并详细审查商业计划书的有关内容，以便筛选初步符合投资要求的创业项目，为下一步约见、会谈创业者奠定基础。随着创业和创业投资越来越成为专门的行业，商业计划书作为创业者的行动指南和创业投资项目筛选的重要依据变得越来越重要。因此，审查商业计划书通常是整个创业投资项目筛选程序中不可逾越的一关。

在审查商业计划书时，除了首先要审查商业计划书是否完整、企业的历史与现状等基本情况外，应当重点审查创业项目的产品、营销模式、组织管理体系这三大方面，然后再附带审查创业项目的财务指标与风险因素。这样，在审查商业计划书时，就可以按照先后顺序，依次审查以下六个方面的内容。

1. 商业计划书的完整性、一致性与企业基本情况

一般而言，一份完整的商业计划书，通常应当包括：摘要、公司基本情况介绍、技术与产品、市场与销售、管理团队与组织构架、财务分析与预测、风险提示等。审查商业计划书的完整性，可以说是审查创业项目的第一步。由于不少商业计划书虽然内容比较完整，但往往出现前后不一致的现象，因此，在审查商业计划书完整性的同时，还应注意前后内容是否一致，尤其是商业计划

书正文的内容与摘要的内容是否一致。

对于那些商业计划书比较完整而且前后又完全一致的创业项目，才值得了解企业的基本情况，并深入审查有关内容。而就基本情况而言，通常必须了解：

(1) 企业所处的行业、创业阶段、资本需求量、地理位置以及企业名称、地址、联系人及电话等。

(2) 企业发展的历史。在过去取得过哪些骄人的业绩?

(3) 企业发展的现状。是否具有独特的优势? 还存在哪些主要问题?

(4) 企业发展的目标、战略与策略等等。

2. 企业所经营的产品

企业所经营的产品要支撑一家企业快速成长，往往必须具有以下三大特征：

(1) 产品必须能够创造出新市场，但又不能太超前。

(2) 产品的市场规模足够大，从而为企业具有高成长性奠定基础。

(3) 产品必须具有独占性，以便维持企业的高成长性。

3. 企业的营销模式

由于无论多么好的产品，都需要经过适当的生产与销售方式才可能有效实现其价值，所以，在审查完企业的产品状况后，应当接着审查企业所依托的营销模式。在审查创业企业的营销模式时，必须审查以下四项内容：

(1) 市场销售的客户取向。

(2) 对竞争对手的分析与竞争策略。

(3) 市场营销战略。

(4) 生产流程与售后服务。

4. 企业的组织管理体系

由于再好的产品与营销模式都是靠“人”，而且是有组织的“人”来完成的，所以，企业的组织体系尤其是管理团队应当成为审查商业计划书的最重要的内容。

(1) 对管理团队基本情况的审查。

(2) 对企业组织体系的基本了解。

(3) 对企业分配与激励机制的了解。

5. 企业的财务状况

如果说通过商业计划书，对企业的产品、营销模式和企业组织管理体系进行审查是为了了解一家创业企业是否具有后续的高成长性，那么，对企业的财务状况等定量指标进行审查，则是对前面定性审查的精确化。没有财务规划的企业，就是没有财务方向的企业。尽管有关财务状况的许多指标都有待于在今后的尽职调查中被查实，但一份合格的商业计划书至少应当体现以下有关财务状况的基本分析：

(1) 企业目前的资产负债状况与股权比例。

(2) 企业最近3年的资产负债与股权变动情况。

(3) 提供投资后的资产负债状况与股权比例。

(4) 资金运用计划。

(5) 有关损益与现金流量的盈亏平衡分析。

(6) 其他融资计划。

(7) 利润预测与资产收益分析。

(8) 投资者回收资金的可能方式、时机与获利情形。

6. 风险因素

通常而言，一份好的商业计划书会提示创业过程中存在的一些风险因素，并估计其发生的概率以及应对策略。这些因素主要包括以下5个方面：

(1) 产品方面。

(2) 营销模式方面。

(3) 企业组织管理体系方面。

(4) 企业财务方面。

(5) 经营环境方面。

学习目标

通过商业计划书，风险投资公司可以全面了解企业及其产品的特点与潜力，并且由此决定是否约谈相应的创业者，投资该项目。因此，风险投资公司会对自己感兴趣项目的商业计划书进行仔细地审查。本章主要阐述风险投资公司在对商业计划书进行审查时，所要特别注意的问题。要求掌握商业计划书的基本要点分析，了解商业计划书中存在的一些其他问题。

第一节　商业计划书的基本要点分析

通常，风险投资公司最先审查的是商业计划书的完整性。首先，一份完整的商业计划书应当包括：摘要、公司基本情况介绍、技术与产品、市场与销售、管理团队与组织构架、财务分析与预测、风险提示等方面。其次，商业计划书的一致性也是风险投资公司审查的另一个重要方面。一份成功的商业计划书前后内容应该保持一致，特别是摘要与正文所阐述的内容。在以上两个基本点符合要求后，风险投资公司往往对于企业产品的特性、企业的管理、未来财务状况的预测和退出渠道四个方面最感兴趣，这也是审查的基本要点。

一、企业产品的特性

一个成功的企业要快速成长，企业所经营的产品（或服务）往往必须具有以下三大特征：

（一）产品必须能够创造出新市场，但又不能太超前

如果企业所经营的产品只能满足既有市场的有效需求，而不能创造出新的有效需求，则这个企业注定不再有潜力；所以，不值得对其进行创业投资。但如果所经营的产品必须

等到二三十年以后才会产生有效需求，那么，一个创业投资家也没法等它二三十年。毕竟对于一项创业投资来说，通常希望在投资 5～7 年后就能够退出获利；所以，所投资企业的产品被市场接受的过程一般不应超过 3 年。这样，所投资企业才可能在第 4 年进入扩张期，在经过 1～3 年的培育后进入相对成熟期。可见，创业投资只宜选择那些生产“市场驱动型产品”的企业。

（二）产品的市场规模足够大，从而为企业具有高成长性奠定基础

因为如果产品的市场过小，无论创业项目运行得多么成功，也无法发展成为一家能够在市场上居于领袖地位的企业。通常而言，如果一家申请投资的创业项目，其市场年增长率低于 15%，总的毛销售额不足 3 000 万美元的话，最好不要对其进行投资。

（三）产品需要具有独占性，以使企业具有持续的高成长性

即使企业所生产和经营的产品能够创造出新市场，而且所创造出的新市场的规模足够大，但如果该产品特别容易被人模仿和替代，这家企业就很难保持高成长性。

考察产品是否具有市场独占性，通常可以从以下几个方面进行：

(1) 产品是否能够形成技术壁垒。如果产品的生产技术很难被人学习模仿，专利保护期又较长，则通常能够形成比较久的技术壁垒。生产这类产品的企业因而最值得对其进行创业投资。

(2) 产品是否有特许权壁垒。如果某类产品是国家特许经营的，特许经营本身就是一种最强有力的壁垒。此外，由于我国实行国土资源的国有制度，所以，一些资源开发型创业企业所开发的资源性产品也通常能够获得特许权壁垒。

(3) 产品是否能够形成规模壁垒。这通常适用于那些具有规模经济优势的产品。因为，对这类产品而言，一旦能够迅速形成较大的生产经营规模，就能大幅度降低生产经营成本，使那些有意模仿者最终望尘莫及，偃旗息鼓。

二、企业的管理

由于再好的产品与营销模式都是靠“人”，而且是有组织的“人”来完成的，所以，企业组织体系尤其是管理团队应当成为商业计划书最重要的审查内容。

（一）对管理团队基本情况的审查

首先，应了解管理团队的基本组成。虽然并不要求一开始创业就能使各路英雄都集聚在一起，但关键人物的知识结构和社会经验应能胜任创业的需要。如果缺乏某方面的高管人员，作为投资方的自己是否能够物色到所需的人才？其次，应初步了解管理团队的创业经历。一个有过创业经历并且曾经创建出成功企业的创业家总是能够为再次创业的成功增加一份希望。但对于那些虽然创业失败但并不是由于他本身的原因，或即使是由于他本身的原因但他能够总结过去失误的创业者，创业失败的教训或许是一笔宝贵的财富。最后，应初步了解管理团队的社会关系。一个拥有丰富社会资源的创业管理团队，往往可以节省不少创业成本。

（二）对企业组织体系的基本了解

创业企业在创业之初通常采取扁平的组织结构，有时一个组织体系可能同时兼任两个

组织体系的工作，但基本的组织雏形还是应当有的。因此，应当通过商业计划书，初步考察创业企业的研发体系、原料与设备的采购体系、生产体系、销售体系、售后服务体系、行政财务体系等必要的组织体系是否健全。如果其中有些职能分包给第三方，则应当初步了解第三方的情况以及其胜任程度。

（三）对企业分配与激励机制的了解

例如，企业是否已经给职工提供了劳动保险和养老保险，企业是否已经实行了期权激励机制，企业是否建立了特殊的福利计划等等。

三、未来财务状况的预测

一个良好的计划书涉及的第三个关键课题就是资金，提供有说服力的公司财务增长预测乃企业家义不容辞的责任。这种预测不但要条理分明地列出逐年增长的百分率，而且必须有其他有关公司的数据作如实地分析对比。每一个企业家都应十分注意分析、评估自己的财务预测资料，特别是那些根据自己的观点、委托财务公司代为完成财务预测的企业家更需如此。要知道，风险投资者会提出多种质疑。如果预测乃他人代为完成，企业家本人不能充分令人信服地解释相关的一切，则风险投资者将会提问，计划书中的增长数据是否可能实现，此刻，很多风险投资者习惯于把预测的销售额和盈利额均砍掉一半，并认为这种数据才是更现实的。这样一来，企业家就必须进一步努力说服对方相信本公司的预测是成功的。

四、退出渠道

拥有一个良好的退出计划，是风险投资公司决定是否投资的重要因素。因为退出渠道为风险资本提供了持续的流动性，为风险资本提供了持续的发展性，并且有助于准确评价创业资产和风险投资活动的价值，能够吸引社会资本加入风险投资行列并促进风险资本的有效循环。主要的退出渠道有：

（1）公司股票上市，这样，风险投资公司可将自己拥有的该公司股票公开出售。

（2）公司整体出售，即把包括风险投资公司的权益在内的公司整体同时出售给有关公司，通常为大公司。

（3）公司、个人或第三团体把风险资本公司拥有的本公司权益买下。计划书对有关事项应详细说明。

第二节　商业计划书其他问题的分析

一、摘要

在这个部分，风险投资公司所要注意的是，摘要与正文所阐述的情况是否一致，并且摘要中所提出的问题在计划书中是否予以了回答。

二、公司及其未来

（一）概述

风险投资公司要确认商业计划书中提供的公司名称、地址、电话号码、联系人等资料的准确性。

（二）公司的基本情况

风险投资公司要掌握企业所处的行业，以及过去和现在的发展思路，并且知晓公司所走过的历程。

（三）产品或服务

风险投资公司要了解企业出售什么，以及市场上需要什么样的产品和服务；要评估产品的可销售程度和创新程度，并且还要关心公司产品处于产品生命周期的哪一个阶段。另外，风险投资公司还要掌握产品销售对象的情况以及原材料供应商的情况。

（四）行业或市场

风险投资公司将着重认识企业所处的行业，知道该行业的基本发展趋势是什么，该行业是否存在贸易壁垒，企业的销售范围是什么。

对于来自市场的竞争，风险投资公司要知道谁是竞争者，其实力如何，有何优势，以及该企业自身有哪些优势。

（五）市场营销

这里，风险投资公司将集中精力分析、研究该企业的市场营销战略，了解产品从生产到最终用户手中的全部过程。

（六）其他

风险投资公司对于企业的生产要素、劳动力与雇员、设备、资产与资金、专利与商标、研究与发展、诉讼、政府管制、利益冲突、产成品储备及税金等方面也应加以注意。

三、管理

（一）董事和关键雇员

风险投资公司向企业投入了大量资金，因此，它要了解相关董事和关键雇员的经验、年龄、学识、业务经历、婚姻状况以及有几个子女等。此外，它还要根据商业计划书提供的资料，掌握董事和关键雇员的职业道德情况。

（二）薪金

这里，风险投资公司要准确了解，目前企业能收入多少钱，将来打算从公司的收入中分多少钱，以及向关键雇员提供的薪金是多少。

（三）职权分配

风险投资公司应该关心管理队伍的补偿问题，应当掌握当前管理集团成员间职权分配的基本设想以及还有哪些人要加入公司等情况。

（四）认股计划

风险投资公司要了解企业的认股计划，以及掌握是否存在延迟偿付计划的情况。

（五）主要股东

风险投资公司应该了解谁是企业的股东，以及这些股东为获得股权付出了多少代价。

（六）雇员问题

风险投资公司应该掌握每一位雇员的情况，了解企业雇员与企业之间的利益冲突。

（七）企业顾问、会计师、律师、银行家及其他

风险投资公司应掌握企业顾问、会计师、律师、银行家及其他有关人员的姓名、地址、电话等内容，同时还要说明联系人的情况。

四、投资说明

（一）关于投资的问题

风险投资公司应该明确资金进入企业应该采取优先股、普通股还是其他形式，并且相应的股利和价格是多少。

（二）资本结构

风险投资公司应该清楚创业者在债务结构说明中是否列出了全部债务，其中不包括普通的应付账款，只包括长期债券和应付税款等。

（三）投资抵押和担保

风险投资公司应了解创业者可以向自己提供哪些抵押品作为投资的担保，抵押品的价值是多少，定价依据是什么。

是否有个人或公司愿意为创业企业提供担保。如果有的话，风险投资公司应了解担保人的财务状况是否稳定。

（四）报告

风险投资公司应该明确创业者向自己提供财务报告的时间、每年提供财务预测报告的次数等等。

（五）资金支出预算

风险投资公司要确切了解编制预算的依据，以及每项支出的具体用途。

（六）风险投资公司介入企业业务的程度

风险投资公司要了解其能够得到的席位、能否得到交易的否决权，对于某些特殊交易，能否控制董事会。

五、风险因素

（一）经营历史的限制

风险投资公司要了解创业者以前是否开创过自己的公司，为什么创立这家企业，如何

面对企业所遇到的困难，以及如何解决困难。

（二）资源及经验的限制

风险投资公司希望了解创业者在资金短缺的情况下，会采取什么样的措施，需要多少投资能够实现公司的盈亏平衡。

风险投资公司希望了解企业中精通本行业的关键管理人员有多少，有哪些外部优势可以弥补经验上的不足。

（三）市场的不确定性

风险投资公司应该清楚市场管理计划可能出现哪些问题，市场中是否有导致产品老化的新发明。

（四）生产的不确定性

风险投资公司应该清楚创业者按预计价格生产产品的依据是什么，创业者是否有管理生产的经验。

（五）对于关键雇员的依赖

风险投资公司希望知道如果关键雇员离职或去世，企业将如何面对，怎样保护投资者的利益。

六、投资报酬与退出

（一）股票上市

风险投资公司应该向创业者了解预计股票上市的时间，上市时其价格及上涨趋势如何，依据是什么。

（二）出售公司

风险投资公司应该清楚哪些公司会根据自身发展需要购买该企业，出于什么样的原因。

（三）买回

风险投资公司应掌握创业者买回股权的计划，采用哪种定价方式，行业中公司股票的基本行情等。

（四）投资报酬

风险投资公司应清楚如果自己打算提前出售股票，预计能够获得的报酬是多少，如果创业企业不能按照计划实现利润，风险投资公司又能获得多少报酬。

七、经营分析与预测

（一）比率分析

如果计划书中各年的增长率不同，风险投资公司应知道其中的原因。

（二）财务状况

风险投资公司要从资产负债表中全面分析无形资产的信息，进而扣除这种无形资产的价值。

知识拓展：商业计划书中隐藏的问题①

陷阱一：隐性债务

在商业计划书中，财务报表是投资方最关注的部分之一。毕竟投资方第一敏感的问题就是“我该投多少钱，我能有多少回报”。一般情况下，商业计划书里边的“财务分析”属于融资方需要保密的资料。然而，融资方越是把财务分析搞得神神秘秘，投资方越是不信任。其中，隐性债务问题已成为目前令投资方比较头痛的一大陷阱。比如，曾经有这样一家软件厂商，为了扶持其在西部的几家区域总代理商，为代理商担保以便代理商从银行贷款。可是过了不久，有3家代理商跑了，该软件厂商也欠了很多债。后来，这家软件厂商在融资的时候，商业计划书中根本没有提到这件事，导致后来投资方的很大一笔资金被用来偿还旧债。

陷阱二：团队集体私奔

一个成熟的商业计划除了有一个比较诱人的商业模式外，创业团队也成为投资方决定是否投资的一个重要参考因素。因此，一般的商业计划书会对团队组成及核心人物大写特写，力图向投资方传递这样的信息：“这个项目，只有我们这样一个团队才能做得来。”然而，创业团队也是投资方容易遇到的一个大陷阱。有的创业者报给投资方的团队组合非常豪华，但这个公司可能就一两个人；成功融资后“团队集体私奔”的现象更是令投资方烦恼。

陷阱三：专利保护不利

但凡融资成功的商业计划，除了有成熟的商业模式、优秀的创业团队外，还必须有独特的技术，特别是具有自主专利的技术。然而，很多商业计划书里所描述的貌似具有自主专利的技术却让投资者吃了大亏。

这其中包括三种情况：第一种，“竞业禁止”的技术骨干冒险创业。在高新技术企业，尤其是研发部门，公司对技术骨干的控制特别严格，一般都会跟技术骨干签订“竞业禁止合同”。按照合同的规定，该公司技术骨干辞职离开公司后，两年内不得在同行业工作。有很多创业团队里不乏这样的“自由人”，他们往往是原先公司某项技术的开发者。脱离原公司后，自己组织或参与新的团队利用原公司的技术进行融资。在冒着巨大的惩罚风险（按规定，原公司发现后可以对其进行起诉）的同时，也给蒙在鼓里的投资者带来了一个天大的陷阱：一旦被原公司起诉，投资方自然就损失了一大笔投资。

第二种，专利申请期间的冒险创业。有很多技术骨干从原公司辞职，带着原公司正在申请专利的新技术加盟到新公司，并对技术进行包装来融资。由于该项专利正在申请中，

① 参见汪延：《商业计划书暗藏四大陷阱》，载《中小企业科技》，2006（7）。

就可以一时迷惑投资方而圈到钱。

第三种，类似包装、外形设计等技术含量比较低的项目，很多时候创业者没有及时进行专利保护。于是，很多同行模仿了该包装或设计，等到自己真正开始做市场推广的时候难度就极其大，这无疑也会给投资方带来一定的损失。

陷阱四：隐瞒市场风险

一般的商业计划书还会对创业企业的市场前景以及竞争优势作详细介绍。为了增加投资者对该项目的市场信心，很多融资方夸大甚至虚构了市场预期，充分利用一些不确定的市场因素，或者隐瞒一些真实的市场风险，来达到自己圈钱的目的。这些市场风险就包括了政策风险。

经常会有一些创业企业，拿着地方政府甚至中央政府的红头文件、批示以及不算很成熟的商业计划书来融资。这种企业一般都会宣称自己拥有广泛的政府资源，并得知中央立即要加大在某些方面的投入，立即要上哪个项目，还拿出一大堆证明文件，由此来证明自己的项目市场潜力巨大。一般的投资方对这样的项目会比较谨慎，但是也有少数投资方难于挡住这种诱惑而被拉下马。

案例分析：商业计划书原件

一、风险分析

（一）内部风险

1. 技术风险

本公司的生物柴油属于高新技术产品，技术在市场上的领先性直接决定了产品能否顺利打入市场、占领稳定的市场份额和进一步扩大市场，所以技术的不断更新和产品的换代研发至关重要。

一旦最新技术被其他某一生物柴油生产公司控制，那么市场很快会被其垄断，导致本公司的市场占有率逐渐下降，最终被挤出该行业。

2. 经营风险

（1）缺乏高新技术人才和工资成本提高。公司创业初期，在工作环境和福利保障方面可能存在不足，难以吸引高新技术人才。同时为了吸引高素质的技术人才和管理人才，公司将对人才实行高薪、加薪等奖励措施，以稳定公司的技术人才，这样将直接导致工资成本的提高。

（2）管理决策风险。公司的管理结构和方法可能无法适应公司的迅速发展或者市场的变化，从而可能出现决策失误。

3. 财务风险

公司发展过程中，急需打开市场和生产产品，财务风险集中体现在资金短缺、负债率较高、工厂的建立和员工的聘用等方面，资金压力很大。

（二）外部风险

1. 市场风险

（1）对市场容量判断不准确。利用废油脂提炼生物柴油技术在国内属于新兴技术，由于消费传统或者缺少宣传等原因，消费者对此项技术和产品并不熟知和认可，初期可能存在对市场容纳程度判断不准的风险。

（2）市场价格波动。受国际油市价格变化的影响或者国外生物柴油公司进驻国内的影响，生物柴油的市场价格可能不稳定，影响公司收益。

2. 竞争对手

随着行业与市场的不断发展、利润额的增长，必然会有更多的投资者被吸引进入该行业，形成与企业的潜在竞争。

二、风险对策

（一）内部风险

1. 技术风险对策

（1）加大技术投入，以保证技术和产品的先进性，保持技术的领先地位。

（2）密切关注国内外最新的生物柴油技术动态，及时调整研究方向，紧随市场步伐。

（3）为员工创造良好的工作环境，采取有效的鼓励措施，吸引新人才，保留现有人才。

2. 经营风险对策

（1）吸引高素质的技术人才和管理人才，通过岗前培训和在职期间的定期培训，打造一支高素质和高能力的研发和管理队伍。

（2）制定成本管理方案，加强对成本的管理和控制，争取以最低的成本生产最好、最多的产品。

3. 财务风险对策

（1）加强对资金的管理和控制，可委托财务管理公司对公司的资金运行状况进行监控，提高资金的利用效率。

（2）拓宽公司的融资渠道，积极申请国家对生物能源的政策和税收支持。

（3）争取公司上市，透明公司的财务收支，实施公司财务的预算和决算制度。

（二）外部风险

1. 市场风险对策

（1）大力加强宣传力度，积极使用广告策略，使产品在最短时间内被消费者熟悉。

（2）提高产品质量，扩大原料来源，降低生产成本，提高产品的综合竞争力。

（3）建立完善的市场信息网络，根据生产成本和市场的供需状况制定合理的价格。

（4）积极开发衍生品，拓展潜在市场，增强市场应变能力，建立品牌优势。

2. 竞争对手对策

（1）注重对专利的保护，对于市场上出现的假冒、仿冒产品应及时予以检举，并对生产厂家采取相关的法律措施。

（2）坚持对技术开发的投入，使公司产品在市场竞争不断加剧的情况下，在技术上和质量上能够始终保持领先水平。

（3）注重售后服务，及时关注客户使用产品的情况，收集客户的建议和意见，消除客户的后顾之忧。

分析思路与路径：

这份商业计划书对于风险的分析主要分为两个部分，即内部风险和外部风险。其中，内部风险包括技术、经营及财务风险三个方面，外部风险包括市场及竞争对手风险两个方面。该计划书列举出了未来企业发展时，在几个方面可能遇到的风险，针对每条风险都提出了相应的对策，而且基本上都提出了不止一条的对策。因此，这份商业计划书的风险部分制作得是比较成功的。

但是美中不足的是，这份商业计划书的风险部分对于企业破产和关键雇员的依赖问题没有向风险投资公司交代清楚。首先，创业投资是一个风险极高的项目，破产往往是创业者不愿提及的最坏结果，然而，行业本身的特点就注定了创业投资的失败率是很高的，因此，风险投资公司为了降低其投资的风险性，应该就这个问题与创业者事先进行沟通。其次，对于关键雇员的依赖问题，风险投资公司也应该要求创业者团队交代清楚，因为被投资企业往往是高科技企业，因此，这个问题会显得更为突出。比如，负责研发企业核心技术的人员，如果由于某种原因不能继续在该企业中工作，无疑会对企业产生很大的影响。所以，这些问题都应该交代清楚。风险投资公司如果对该项目感兴趣的话，可以约谈创业者，与创业者当面把问题说清楚、讲明白。

实验设计：审查商业计划书

审查在第 5 章中编写的商业计划书，并讨论以下问题：

（1）审查商业计划书应审查哪几方面的问题。

（2）应从哪几个角度审查商业计划书中的风险。

（3）如何针对商业计划书中的风险提出对策。

第10章 投资、控制与退出

案例导读　　蓝山中国资本投资 ITAT 服装连锁

蓝山中国资本（Blue Ridge China）由全球著名投资基金蓝山资本的创始人 John Griffin 先生与中国的互联网企业家、e 龙网（NASDAQ：LONG）创始人唐越先生于2006年3月共同创立，是一只专注投资中国企业的私人股权投资基金，首期基金逾3亿美元，在零售、地产、能源、农业、科技和教育行业有广泛的投资。ITAT 于2004年在深圳创立第一家连锁会员店，其掌门人欧通国生于1960年，是广东惠州人，他创立了所谓的“铁三角”模式来招揽基金管理者，试图将传统的服装业与 IT、地产和供应商等合作，借此产生新的商业聚变而使 ITAT 集团的业务模式“飞翔”。按欧通国的思路，将“服装生产商——ITAT 集团——商业地产商”三者有机地捆绑在一起，三者以销售分成的模式组成一个利益共同体，这被认为是对传统服装销售模式的最大创新，销售分成比例大概为“服装生产商∶ITAT 集团∶商业地产商＝60∶25∶15”。生产商承担生产领域风险，主要是库存；ITAT 集团负责销售运营的管理，主要承担推广费用及人员工资等；而商业地产商则承担机会成本。

这个模式被众多风险投资企业认可，在2006年11月—2007年初，蓝山中国资本、摩根士丹利、Citadel 等多家创投机构总计投资 ITAT 服装连锁1.2亿美元。2008年初，希望上市的 ITAT 接受香港联交所的上市聆讯，但由于其业务模式受到监管当局的质疑，ITAT 的上市申请被驳回。同年8月26日，ITAT 宣布终止与高盛、美林的承销合作。由于现实中的 ITAT 商业模式并非那么完美，疯狂扩张后的 ITAT 连锁店不乏门庭冷落的惨淡之像，再加上大量的供应商货款尚未支付，蓝山中国资本总计 8 000 万美元的投资何时能够安全收回已经成为其掌舵人唐越面临的最大问题。

学习目标

风险投资公司对商业计划书进行初步审查后，会与创业者进行进一步的接触，以商讨未来企业的发展，包括风险投资公司投资企业的方式，签约前后出现的信息不对称问题，以及未来资金从企业撤出机制等问题。本章主要就未来企业组织结构与运作形式作进一步的阐述。要求熟悉会谈中所要解决的问题，掌握信息不对称问题及其解决方法，掌握资金的退出机制。

第一节　与创业者进行的投资谈判

一、谈判之前的准备

在谈判之前，风险投资公司对创业者和企业都要作详尽的调查，以便尽可能确保投资者的资金安全。

（一）对于创业者的调查

由于不同的风险投资者对创业者素质的要求可能不同，而且不同行业对创业者基本素质的要求也各具特色，因此，这里只能大致介绍对创业者的基本素质要求，并不是说每个创业者都必须具备一切良好的素质，但每一个创业者都应有自己的特长所在。综合分析以下七种素质，多数风险投资者以为，忠诚正直应居首位。

1. 忠诚正直

每个风险投资者都希望创业者忠诚正直。尽管某些投资者也了解，某些不忠诚的创业者或许只欺骗其他人而不欺骗风险投资者，并且可以为风险投资者赚钱，然而，多数风险投资者还是只与忠诚正直的创业者合作。因为，他们深刻了解，一个不忠诚的人迟早也会对他们不忠诚。忠诚正直包括若干方面：正直，即创业者要真诚，对风险投资者要坦荡；可信，即创业者在各种交易行为中是可以信赖的；守法，即创业者信守合同，遵纪守法；公平，即创业者奉行公平交易准则。在与风险投资者交往的过程中，要牢记忠诚正直乃成功者必备素质之一，用自己的实际行为在风险投资者心中树立一个忠诚正直的形象。

2. 成就者

风险投资者希望风险企业家确实能为实现既定目标而艰苦奋斗，同时也希望风险企业家之所以努力赚钱是因为它是衡量风险企业家个人成就的尺度。应该说，发明电脑是世界的伟大成就，但是，风险投资者对此却感到无足轻重，因为，电脑技术在起步阶段，还不能赚钱。风险企业家必须向对方证明，自己的理想是赚钱，但不是由于贪心，而是因为赚钱数额的多少是衡量风险企业家个人成就的标准。风险投资者如果无法认定风险企业家是一个成就型人才，就不会支持风险企业家的风险事业。

3. 活力充沛

活力充沛包括多方面含义。首先，风险企业家必须有健康的体魄和勇往直前的奋斗精神，要能够为实现既定目标不懈努力，必须具有完成投资计划规定任务的坚定信念；风险企业家必须向风险投资者证明，自己有能力应付艰苦工作，有奋斗热情、首创精神。其次，风险投资者必须确实了解风险企业家是愿意为实现既定目标而努力不懈的人，并且确实有能力实现既定目标。风险投资者并不喜欢那些不知天高地厚的空想家，而喜欢那些脚踏实地的奋斗者；只有雄心壮志而无实际本领的人，风险投资者是不会支持的。作为一个企业家要耗用大量的精力，如果没有强健的体魄和旺盛的斗志，那么计划书的目标也难以实现。

4. 天资过人

风险投资者希望知道风险企业家是否天资过人。天资过人有多方面的含义。从认可大学取得学位固然可以证明这一点，然而，很多天资过人者都没有机会读大学。关于过人的天资，风险投资者认为是人之天性。有人善于逻辑推理，也有人善于认识复杂的局面，通过综合分析，认识事物的本质。风险投资者很想知道，风险企业家能否在充分分析的基础上，作出正确的判断，进而进行最优决策，同时敢于承担必要的风险。只有全面观察和分析风险企业家的行为，风险投资者或其他人才可能评价风险企业家的聪颖程度。因此，风险投资者考核风险企业家的聪颖程度，还是经由听风险企业家的回答和读风险企业家的计划书进行；对企业家的能力之考核是通过自己的经验及与其他企业家的对比实现的。

5. 学识渊博

风险投资商更感兴趣的是风险企业家的经验和具有的学识能否在某种状态下赚钱。学识也表现在多个方面。接受一定的、良好的高等教育能标志其基本学识，而风险投资者更感兴趣的还是风险企业家的经验。从以往的失败中汲取了哪些教训？在风险企业家从事的行业中积累了哪些经验？在风险企业家头脑中积累了哪些为保证事业成功而必不可少的信息？风险企业家是否已分析了自己所在的行业，并已确认了自己公司成功的关键环节？风险企业家能否接受批评并获益匪浅？总之，风险投资者希望能确切了解风险企业家究竟具有哪些学识，其经验和所具有的学识能否在某种状态下赚钱。

6. 领导素质

对领导素质的研究几乎扩展到了经营管理学说的各个领域，但很少有人从企业家的领导素质角度进行研究。风险投资者必须了解，风险企业家是否具有在发展中的小公司里集结多种力量的能力，是否有勇气承担领导整个公司的责任；必须了解在风险企业家走前人未走过的路且身处逆境时，是否有勇气进行投资并承担责任。人们通常认为，领导素质包括自信、自强和一定程度的以我为核心的能力。风险投资者会努力确切了解，风险企业家是否具有良好的领导能力，是否善于处理日常问题，是否敢于攀登前人未攀登过的高峰；他还要了解，为获取更大利润，风险企业家是否敢于修改计划；还要了解，风险企业家是否拒绝做公仆式工作，是否只热心于解决仅有利于自己的问题。总而言之，领导能力既表现为独立处理问题的能力，也表现为组织他人共同解决问题的能力。

7. 创新能力

虽然企业家具有创新能力很重要，但在数种情况下，所谓创新能力已不局限于原有含义，而被赋予更广泛的含义。风险投资者将努力了解风险企业家是否机敏，是否为处理问题的专家。风险投资者希望看到，风险企业家如果遇到一个意外事件，能否创造性地解决问题。

（二）对企业的调查

（1）收集市场上有关创业项目所经营产品的信息，以验证创业企业所经营产品的真实市场空间及其市场占有率。

（2）收集市场上有关创业项目生产流程与销售体系的信息，以验证其生产经营体系与市场销售体系的可靠性。经验表明，在所有调查中，几乎都要对创业企业进行实地考察，不仅实地考察其产品，还实地考察其生产设施、销售网点，以及企业现有的资产状况。

（3）实地考察创业企业的组织结构和必要的人事档案，以验证其组织管理体系是否能够真的适应生产经营需要，企业人力资源是否能够真的胜任创业需要。尽管在约谈时，投资者已经凭直觉对创业者的综合素质进行了初步考察，但对创业者的印象仍需要通过一些客观资料加以推断与验证。

（4）考察创业企业的既往资料和财务报表，验证商业计划书中关于创业企业财务状况的表述是否客观，并通过相关数据推断企业未来的财务状况。

（5）访谈掌握实情的第三者，包括访谈创业企业当前或潜在的客户，以考察产品是否真的有销路；访谈原材料与设备供应商，以确信原材料与设备供应足够便捷并有保障；还可以访谈创业公司的竞争对手、以前的投资者、其他合作伙伴，以及银行、会计师、律师等机构。

二、谈判需要解决的问题

（一）股权安排与交易定价

股权安排与交易定价是风险投资交易结构设计的重要环节。所谓股权安排是要确定风险投资家在被投资企业全部股权中所占的份额，这里涉及两项内容：一是要确定被投资企业的股权份额；二是要确定风险投资的交易定价。

（1）确定股权份额的方法通常是现金流量折现法。即通过预测被投资企业未来的现金流并折现来确定其在未来某个时点的价值，然后在考虑风险投资额规模的前提下按照双方认可的回报率来确定被投资企业原有股东的权益份额和风险投资人应占的股权比例。通常，早期风险企业的回报率界定为 50％，而成熟期企业的回报率界定为 25％左右。企业价值则一般是企业税后利润或现金流乘以某个乘数，而风险投资家在风险企业中所占的股权份额一般在 15％～20％之间。在股权安排中经常碰到的一个问题是，风险投资家和企业家很难在企业价值评估问题上达成一致。一般来说，风险投资家会采取较为保守的方法来对企业进行估值，而企业家则恰恰相反，他们希望尽可能高估风险企业的价值，以便在获得等额资本的同时尽可能少给投资者股权份额。通常情况下，投资专家采用股票期权的办法来解决这个问题，即允许企业家在未来按照事先约定的较低的价格来增加股权，但这种期权只有在企业家达到原定经营业绩目标时才有效。

(2) 风险投资的交易定价。交易定价同样也是在协商中最容易引起争议的一个方面。在实际操作过程中，风险投资家一般要求定价反映他所期望的预定投资期内的总收益率，既包括当期收入（股利和利息），也包括资本利得。只有当期望收益率能够补偿他所预见的风险时，风险投资家才会接受这一定价。当然，风险投资家对各个投资阶段要求的最低的收益率水平不同，一般对创建期投资要求平均每年50%以上的收益率；而对成熟期投资的收益率要求在25%左右。风险投资家对投资风险的判断和期望收益的预测通常建立在对风险企业进行价值评估的基础上，而对风险企业的价值评估又综合考虑了交易发生时的各种外部条件和内部因素。前者对特定交易来说是一种外生变量，一般与宏观经济环境、证券市场走势、风险投资行业及创业氛围有关，因此不构成主要约束条件。对特定交易来说，内部因素在企业价值评估中起着决定性作用。这些因素主要包括风险企业截至目前的经营业绩，应重点考察以往计划及计划执行情况，风险企业的产品大类、产品线和产品市场格局，大风险企业管理队伍的经验和以往业绩，风险企业的发展潜力。通过对同行业类似企业的比较分析来对收益及产生收益的时间进行量化，从而判断企业所具备的上升或下降潜力；风险企业业务计划中给出的财务预测隐含的假设的可靠性；继续融资将给风险投资家造成的权益稀释和投资回收与退出的难易程度，主要考虑企业能否公开上市或能否顺利出售。

（二）融资工具的设计

通常，融资工具的设计存在两种极端情况。一种是纯债务安排，即风险资本以债权投资的形式进入被投资企业，并享有与债权有关的权益。对风险投资家而言，纯债务安排的主要优点是可以取得固定的利息收入、在被投资企业发生清算时债权资本享有优先清偿权等；不利之处在于风险投资家不能分享企业未来的增长潜力。而对被投资企业而言，纯债务安排使其从一开始就呈现出高负债的资本结构，从而阻碍了被投资企业的后续融资能力，尤其是债务融资能力。因此，纯债务安排既不符合风险投资家的要求，也违背了被投资企业的意愿。

融资工具设计的另一个极端是纯普通股安排，即风险投资家用风险资本购买被投资企业的普通股，并享有与普通股权相关的权益。对风险投资家而言，纯普通股安排的主要优点是作为普通股股东，风险投资家能够分享到企业价值上升的好处；缺点是当企业破产清算时，作为普通股股东，对企业资产只具有最低级别的剩余求偿权，资本不能保全的风险较大。而且，拥有被投资企业的多数股权一般不是风险投资家的目标，而股权过少又会导致风险投资家对企业控制能力的削弱。因此，在缺乏保护条款和合理的治理结构安排的情况下，风险投资家对纯普通股安排一般会提出附加要求，如要求企业家放弃更多的股权份额来换取风险资本，这一要求又将最终反映在交易定价和股权结构的安排上。

纯债务安排和纯普通股安排这两种融资工具设计的极端形式因为存在种种缺点而使风险投资家和企业家就融资工具设计达成一致意见的难度增大，因而几种综合了债权、股权甚至期权的混合安排便应运而生。通常，有关融资工具设计的最常见的几种形式是：优先股、可转换债券和附认股权债。

1. 优先股

优先股兼有股权证券和债权证券的优点。虽然优先股是一种股权证券，并代表对被投资企业的所有权，但是与普通股不同，优先股一般不具有投票权，在优先股未转换成普通股之前，风险投资家作为优先股股东并不具备普通股股东所具有的相关权利；优先股在某种情况下又和债权工具有着相似之处，如在发行时通常事先确定一个固定的股息，而且优先股的价格波动更容易受到利率水平变动的影响，相比之下，市场供求的变动对其影响的程度较小。至于优先股股票具体的优先条件是由公司章程加以明确规定的。一般包括：优先股股东的权利、义务；大优先股股东行使表决权的条件、顺序和限制；优先股股票分配股息的顺序和定额；优先股股票分配公司剩余资产的顺序和定额；优先股转让股份的条件等。

（1）优先股股票的特征。

第一，股东一般不参与企业的经营管理，但在特殊情况下，如优先股股东地位和权益受到影响时，优先股股东有权参加股东大会，并行使表决权。例如，在公司连续几期都不能支付优先股股息、公司讨论有关优先股问题时等。

第二，优先支付股息和清偿剩余资产。一个公司经董事会宣布发放股息时，优先股股息应先全部支付，剩余资金才能支付普通股股息。在优先股股息没有全部付清以前，任何年份都不能给普通股持有者支付股息。当公司因解散、破产等进行清算时，优先股股东又可先于普通股股东分取公司的剩余财产。

第三，股息率固定。优先股股票在发行时即已约定了固定的股息率，且股息率不受公司经营状况和盈利水平的影响。按照公司章程的规定，优先股股东可以优先于普通股股东向公司领取股息，所以，优先股股票的风险要小于普通股股票。不过，由于股息率固定，即使公司经营状况良好，优先股股东也不能分享公司利润增长所带来的额外利益。

第四，股票可由公司赎回。股票（无论是普通股还是优先股）在正常情况下是不能要求退还股本的，但优先股的股东却可以依照优先股股票上所附的赎回条款，由公司予以赎回。大多数优先股股票都附有赎回条款。发行可赎回优先股股票的公司赎回股票时，要在优先股价格的基础上适当加价，使优先股股票的赎回价格高于发行价格，从而使优先股股东从中得到一定的利益。

第五，股息部分免税。美国税法规定，一个公司购买另一个公司的优先股，其股息收入只按 15%计算交纳联邦政府公司所得税，其余 85%免税。因为有这个优惠，所以优先股深受企业欢迎。

根据多数国家公司法的规定，优先股股票可以在公司新设时发行，如在风险企业的种子期或创业期，也可以在公司增发新股时，如在风险企业的扩张期和成熟期，法律不加以限制。但是，也有些国家的法律规定，优先股股票只能在特殊情况下，如公司增发新股或清理债务时才能发行。目前我国尚无优先股发行。

（2）优先股股东的优先权。

虽然优先股的价格增长潜力要低于普通股（因为它的价格更容易受利率变动的影响，而较少受公司利润变动的影响），但是，与普通股相比，优先股股东在以下方面具有明显的优先权。

由于优先股股票在发行时就约定了固定的股息率，该股息率不受公司经营状况和盈利水平的影响，结果是投资风险较小，但不能分享被投资企业成长所带来的收益。按照公司章程的规定，优先股股东优先于普通股股东向公司领取股息。所以，优先股股票的风险小于普通股股票。但是，由于股息固定，所以在公司经营状况较好时，优先股股东不能分享公司利润增长的利益。而且，如果公司当年没有盈余，或有盈余而经股东大会决议本年不分配股息时，优先股股东也不能分取股息红利。

当公司因解散、破产等进行清算时，优先股股东先于普通股股东分取公司的剩余资产。优先股股东一般不享有公司经营参与权，即优先股股票不包含表决权，优先股股东无权过问公司的经营管理。当然，在涉及优先股股票所保障的股东权益时，优先股股东也享有相应的表决权。比如，公司连续若干年（依法律或公司章程规定）不支付或无力支付优先股股票的股息时，优先股股东就可以获得一股一票的权利。又比如，公司要将一般优先股股票改为可转换的优先股股票时，就需召开优先股股东特别会议予以表决。

优先股股票可由公司赎回。由于公司需向优先股股东支付固定的股息，故优先股股票在很大程度上是一种公司举债集资的形式。但是，优先股股票又不同于公司债券和银行贷款。这是因为，股东分取收益和公司资产的权利只能在公司满足了债权人的要求后才能行使。优先股股东不能要求退股，优先股却可以依照股票上所附的赎回条款，由公司予以赎回。大多数优先股股票都附有赎回条款。发行该优先股股票的公司可以按优先股的价格，再加上适当的加价，买回已发行的优先股股票。特别是当金融市场的利率下降时，公司经常行使赎回条款，通过发行新的股息率较低的优先股股票赎回原来发行的优先股股票，借以减少股息的支出。

设立和发行优先股股票的作用在于便于公司增发新股票，也有利于公司在需要时，将优先股股票转换成普通股股票或无担保的公司债券，以减少公司的股息负担。而且，由于优先股股东一般无表决权，这又可以避免公司经营决策权的分散，所以优先股股票对公司的经营意义重大。

不仅如此，优先股股票在公司股份结构中的多少，对于普通股股东的收益有直接影响。因为，优先股股票的股息一般是固定的，而股息又来自公司的利润。所以在优先股股票的股息已定的情况下，如果未来公司总资本的盈利率提高，则优先股股票的发行可以使普通股股票的股息收益大为增加。反之，如果公司的总资本盈利率下降，则优先股股票的发行又会使普通股股票的收益大幅下降。比如，某公司的总资本赚取纯利润 300 万元，需向优先股股东支付 200 万元股息，如果有 10 000 股普通股股票则可得到股息 100 万元，每股股息为 100 元。第二年的总资本盈利增加到 600 万元，支付给优先股股东的股息仍为 200 万元，则普通股股东分得的股息是 400 万元，每股股息为 400 元。可见，虽然用于分派股息的利润增加了 1 倍，但普通股股息却增加了 3 倍。如果第三年的总资本盈利下降为 200 万元，则普通股股东就分不到股息。

2. 可转换债券

可转换债券是兼具债权和股权双重性质的金融工具。它是由公司发行的、其持有人可以按约定条款（转换期限、转换价格等）将其转为发行公司的股份的债券。可转换债券大都和普通债券一样，以一定的方式支付固定的年息，这是其债权性的表现。当然，可转换债券的票面利率通常低于同等条件下的普通债券，以反映可转换债券转换期权之价值。当发行公司的经营业绩取得显著增长时，可转换债券可以在约定期限内根据投资者的选择以预定转换价格转换成发行公司的股份，实现转换不必发生货币的交付，而是以投资者将可转换债券转换成一定数量的公司股份的形式进行。转换期权可以确保债券持有者分享股票持有者的任何未来增长利益，这是其股权性的表现。当然，对于上市流通的可转换债券，当公司股票价格上扬时，持有者可以通过在债市上抛售债券实现收益，而不一定将其转化为股票，但实质上，该收益还是源于可转换债券的股权性。

（1）可转换债券的基本要素。

可转换债券的基本要素包括面值、票面利率、转换期限、转换价格和转换比率等。

①可转换债券的面值是债券计算利息的基础，也是债券在最后到期日的价值。

②票面利率指明了在债券未转换成股票之前，债券持有人所享有的固定的投资回报率。

③转换期限是指持有人有权将债券转换成为公司股份的期限，通常为发行日之后若干年起至债券到期日止。

④转换价格是债券持有人在转换期限内可以据以将债券转换成公司股票的每股价格，除非发生特定情形如发售新股、配股、送股、派息、股份的拆细与合并，以及公司兼并、收购等，否则转换价格一般不作任何调整。

⑤转换比率是指每一份债券可以换多少份普通股股票，它实质上也是转换价格的另一种表现。

（2）可转换债券的期权工具设计。

可转换债券的约定条款还可以设计成买入期权和卖出期权。买入期权是一种发行人期权和强制赎回权，指的是发行公司有权在可转换债券发行完毕一段时间以后，以微小的代价选择赎回其可转换债券。这一赎回权也准予发行公司在适当时刻强制投资者转换股票。一般来说，只有在若干星期内股份高出转换价格颇多时，发行公司方行使赎回权，赎回权的设立有利于公司在减轻偿债能力的同时降低股权筹资成本。同样，也有部分转换债券的发行条款中声明，投资者有权在债券到期前的一定时期内将债券卖给发行公司。设定卖出期权有利于发行公司在制定票面利率、转换价格方面取得优惠，因为该项卖出权为持有人提供了流动性保障，尤其是当债券投资者对公司股价表现丧失信心时。

在风险投资融资工具设计中，风险投资家和企业家有可能在使用可转换债券这一金融工具方面达成一致。因为对风险投资家而言，风险资本以可转换债券形式进入被投资企业可以使其在取得稳定收益的基础上，通过债权转股权的方式获得参与风险企业经营管理并分享成长潜力的机会。而对企业家来说，在获得风险资本的同时，控制权没有过早地被稀释，还能享受筹资成本低所带来的好处。

3. 附认股权债

附认股权债是指在风险资本以债权资本形式进入被投资企业的同时，被投资企业给予风险投资家一项长期选择权（认股权证），即允许风险投资家在未来按某一特定价格买进既定数量的股票。

认股权证在发行后，多数可与其相关的债券分离，并可单独上市交易（也有的必须与其相关债券一起交易）。认股权证是期权的一种，因而具有期权所具有的各种特性。认股权证一般需要约定认购股份的数量，确定认股价格和认股期限。此外，大多数认股权证都附有赎回条款，当较大比例的认股权证已实现认股时，发行人有权要求剩余的小部分权证持有人在较短的时间内实现认股或放弃认股权。对风险投资家而言，附认股权债允许其分享被投资企业未来成长带来的收益，因为在企业前景被看好时债权人有权按一个比较低的价格购买普通股。认股权债的潜在价值和锁住投资风险的特点使债权人同意接受一个较低的利率和较宽松的贷款限制条件。

附认股权债之所以同样吸引被投资企业是由于两个原因：一是利率水平低于正常债券利率水平；二是认股权债与可转换债或可转换优先股最大的不同之处在于，未来其认股权的执行能给被投资企业带来额外的资本。

总之，在金融工具的设计中，不管具体采用何种金融工具和附加什么条款，风险投资家和企业家都试图对自己的利益加以保护，但协商的结果是，双方都必须在享受权利的同时承担一定的义务，正如风险投资本身一样，高收益必然伴随着高风险，因为这是民事法律关系的基本原则。

（三）公司监督权的安排

风险投资过程中的管理监控——风险投资家对风险企业的管理参与、咨询和监控，是减少投资风险、确保预期投资收益率实现的重要手段，也是风险投资区别于其他投资方式的重要标志。风险投资家参与风险企业经营管理最多的工作包括：组建董事会，策划追加投资，监控财务业绩，制定企业发展策略和营销计划，挑选和更换管理层；参与最少的工作是那些操作性的日常工作，尤其是需要花大量时间的细致工作，如选择供应商和设备、产品开发、寻找新客户和分销商、员工管理，这些工作通常是风险企业的管理层应该做的。

1. 组建董事会，制定企业策略

风险投资公司往往至少派一个风险资本家参与风险企业的董事会，甚至希望更多人成为董事会成员，主导的风险投资公司派人担任董事长。风险投资家可以影响、引导和控制董事会，积极和充分地发挥董事会对企业的监督、咨询功能。风险投资家通过董事会对企业的重大决策进行表决，包括追加投资、资产重组、业务发展策略、管理层的聘用。组建并管理董事会是风险投资家有效地执行其他工作职能的基础和体制保障。从风险企业、其他私营小公司以及公众上市公司的董事会结构和作用的对比表中可以看出，风险企业的股权分散度小，由机构投资者掌握，投资者与管理者建立了风险和利益共担的合作关系，重大决策的作出由风险投资家控制，这既有大企业规范式策略制定的优点，又有董事会人数少、精干的特点，体现了风险企业由风险投资家主导的董事会的独特作用。

风险投资家通常是某一行业和相关几个行业的专家，对行业的发展、市场潜力的大小和变化趋势有足够的了解和跟踪，他们帮助企业制定业务发展策略，如产品开发策略和营销计划，使产品抢先一步进入市场，并提高市场占有率，推动企业的发展。

2. 策划追加投资，监控财务业绩

风险投资采取分段投资的策略，追加投资不可避免，包括原投资者的追加投资和其他投资者参与的联合投资，风险投资家和金融界有广泛的联系，他们策划不同的融资方式，如股权和债权、不同的融资成本和投资附加条件、不同的证券投资工具，来满足企业不同阶段的实际资金需要，让投资方和风险企业在利益、风险分配上达到平衡，使双方满意。风险投资家还义不容辞地帮助企业上市和实行其他投资变现策略，以及承担相关资产重组的工作。

风险投资家具有财务管理方面的专长，对财务报表的审核十分严格、敏锐和频繁。通常，他们要求风险企业提供财务月报，尤其是投资后的前两年，强调财务报表制作的精确性、有效性、规范性和实效性，不允许拖延制作财务报表。风险投资家要求企业财务人员作出敏感性分析报告来预测风险和收益分配，并严格控制预算费用支出，这比其他融资方式更严格，也与风险投资中的分段投资策略相符。

3. 挑选和更换管理层

风险投资家不仅仅熟悉一个或几个行业的市场信息和技术发展情况，也熟悉这些行业的创业家或经理人才，与他们保持密切联系，甚至平时选聘这些人为候选的风险企业管理层。当风险投资家投资某个新企业时，往往选聘这些专业人才与新公司的创业家一起组建一个强有力的管理层，使之至少具有四个方面的专业人才，即技术开发、生产运作、营销和财务管理人才。当企业进展与预期计划相差太远时，风险投资家会从各方面（包括人事方面）找原因，在必要时更换管理层，尤其是更换 CEO，这是由于风险投资家在董事会有足够的权力来实施其意志，保护投资者的利益。

（四）退出途径

在谈判中，创业者要为风险投资提出明确的退出路径。风险投资家一般最希望以 IPO 的方式退出风险企业，这样可以获取较高的投资收益。当然，股份回购和被其他公司兼并收购也是风险投资家可以考虑的退出方式。在企业经营不善，且风险投资家认为该企业局势已无法挽回的情况下，可以对该企业终止投资，从该项目中撤出，减少损失。另外，创业家还要向风险投资家提供投资的预期回报。

第二节　投资交易控制中的问题与相应对策

一、投资交易中的信息不对称

与其他投资者和代理人一样，风险投资家与风险企业管理者之间也存在着代理问题和信息不对称问题，即他们的利益需求不同，他们获得的信息也有差别。风险投资契约作为协调风险投资家和风险企业之间关系的重要工具，必然会反映出风险投资家对这些问题的考虑。从前面所列契约的主要内容中，可以总结出解决这些问题的四种方法：第一，风险投资家对投资结构的安排使他们能保持对企业的控制力，其中最重要的控制机制是资本分阶段注入；第二，风险投资家设计的报酬体系能给企业管理层以最适当的激励；第三，风险投资家积极介入他们资助的企业的管理活动，实际起着顾问的作用；第四，风险投资家掌握着使他们的投资顺利退出的机制。

（一）资本的分期注入和其他控制机制

风险投资家很少把一个企业完成经营计划所需要的外部资本一次性全部投入，相反，他们按照企业发展的不同阶段分期投入。这样做的结果是使每个企业在一开始就认识到它能得到的资本只能够支持它实现这个阶段的目标。通过分阶段注入资本的办法，风险投资家保留了放弃前景暗淡项目的权利。这个权利对风险投资家来说是至关重要的，因为只要别人还在提供资本，创业家几乎从不停止对一个失败项目的投资。

资本分期注入还会对创业家队伍产生激励作用。风险投资家提供给每个风险企业的资本都是非常宝贵的资源。这一资源如果使用不当，会使风险投资家付出巨大的代价，而风险企业的管理层往往没有这种感受。为了鼓励企业管理者节约使用资本，风险投资家将对资本使用不当的行为给予严厉的惩罚。这些惩罚通常有两种基本形式。首先，再次增加的投资将要求以更高的比率稀释管理者的权益份额（联邦快递就属于这种情况）。其次，分阶段投资使风险投资机构有权彻底关闭企业。创业家随时会面临不得不放弃在经济上仍然可行的企业的风险，这是风险投资家保护其投资得到良好利用的重要措施（它有点类似银行业的做法）。通过拒绝提供资本，风险投资家还向其他资本提供者发出了该企业是一项糟糕投资的信号。

如果不能拒绝向企业投资，风险投资家还可以通过解雇恣意妄为的管理者或使其离职的办法来约束他们。这时，风险投资契约中的其他条款就会发生效用。例如，企业一般有权以低于市场价值（如账面价值）的价格购回离职管理者的股份。配股计划的使用限制了雇员在企业成熟之前离开企业时能够得到的股份数。最后，非竞争条款能够对那些离开企业的雇员施加强有力的惩罚，特别是当他们的人力资本与风险企业所处的行业紧密联系在一起时。

创业家之所以愿意接受资本分期注入过程，是因为他们常常对自己达成目标的能力有极大的信心。他们认识到如果他们实现了那些目标，到时他们得到的企业所有权份额将远远大于坚持从一开始就拿到全部资本所能取得的股权份额。

最后，尽管风险投资家坚持保留随时放弃被投资企业的权利，他们还是希望在企业由于正当理由需要额外资本时提供更多的投资。这一选择权可以由第一否决权或称先买权来保障。

（二）报酬体系

接受风险投资的创业家所得到的现金收入一般会低于他们在劳动力市场上所能赚到的钱。当期收入的不足由他们得到的风险企业的所有权来弥补。但是除非风险企业能够创造价值并有机会使股权变现，创业家从中得到的普通股或以后收到的任何股票选择权都将一无所获。从这个角度来看，风险资本投资者和创业家的利益是一致的。

风险投资的报酬系统将惩罚有不良业绩的雇员。如果雇员被开除，所有未配给的股权或选择权都将被企业收回。在多数情况下，企业保留以预定价格购回雇员股份的权利。

如果没有上述惩罚措施，创业家有时会产生冒险的冲动，而这一增加的风险又不能增加足够的收益。创业家的报酬中包含了或有求偿权，它的价值将随着标准差（风险）的增大而增加，惩罚措施再加上风险投资家在管理风险企业中所起的积极作用有助于减少这种冒险冲动。

（三）逆向选择

风险投资家在选择投资项目时，一般会要求35%以上的年均投资收益率。这样做可能会在无意中排斥了大多数有能力寻求其他资本来源的创业家，而只留下那些没有其他融资选择的创业家。逆向选择问题是风险投资的难题之一。风险投资家们声称，通过积极地参与企业的管理活动，增加企业的整体价值来抵消他们所提供的过高的资本成本，可以缓解这一问题。此外，投资前实施责任审查的目的也是尽量保证创业家有足够的能力和良好的素质。

尽管从风险投资契约来看，似乎风险投资家掌握了大部分权利，但该体系本身对此仍具有一定的制约和平衡作用。滥用其权利的风险投资家会发现，他将难以吸引最好的创业家，这些创业家能够从别的风险投资家或其他风险资本来源处取得资金，从这一个观点来看，创业家接受风险投资家提供的资金的决定可以被看作他们使其企业现值最大化的一个严肃的选择。

二、企业的后续融资

在企业发展的过程中，很可能会经历几次融资，而且在以后的融资过程中，会有新的风险投资公司加入。所以，为了保护早期风险投资公司在企业中的利益，风险投资公司通常会与创业者在协议中签订反摊薄条款。反摊薄条款是一种用来确保原始投资人利益的协定，按照该协定，后来加入的投资者等额投资所拥有的权益不能超过这些原始投资人。很多投资人常常坚持把某种反摊薄条款作为投资条件之一，尤其当他们是公司的原始大股东之一时。反摊薄条款通常被列入融资协议中，或者以附加购股权或股票期权的形式列入股东出资协议或其他投资人与融资人的协议中。

一项典型的反摊薄条款是，只有在未来出现约定的特定事项时，风险投资者的股权份额才能减少。这些特定事项可能是必须经历的一段时间，或是新增融资额达到了约定规模以及其他约定出现的事项。在这些特定事项没有出现之前，被投资企业增发股票都必须无偿或按双方认可的价格给予风险投资人更多的股份。如某个原始投资人拥有一家风险企业的原始股，购买价格为每股 2 元。当后来该企业以每股 1 元的价格增发新股时，原始投资人应该得到更多的股份，而且无须付费。如果原始投资人获得了足够多的“免费”股份从而使其每股平均价格下降至增发的新股的价格水平，通常他的这种反摊薄权利就被称为“棘轮”。还有一种反摊薄条款规定，如果增发新股的价格低于原始发行价或超过约定数量的新股被发售时，被投资企业应允许原始投资人购买额外的股份。给予原始投资人在未来获得一定百分比的流通股而不是固定数量的股份的权利也是反摊薄条款的内容之一。除此之外，还有许多种反摊薄条款，总之，任何试图确保原始投资人一定股权比例或股份优势的内容都可被视为反摊薄条款。

第三节　投资的退出

一、投资收益实现的途径——退出机制

（一）风险投资寻求退出的原因

在科技成果转化为实际生产力的过程中往往蕴藏着很大的风险，这种风险来自科技本身和市场两个方面。一方面，科研能否成功存在比较多的未知因素，另一方面，即使科研能取得成果，但这一成果转变为现实产品后，能否为市场所接受也不确定。较高的风险以及在高新科技产业中更容易存在的投资者和经营者之间的信息不对称问题，使得高科技企业，特别是中、小高科技企业很难通过传统资本市场的融资渠道获得金融支持。加之，一项技术从研究开发发展到产品批量上市大多要经过较长的周期，一般为 3～7 年，要想在这么长的周期里获得稳定的金融支持就更为困难。为了填补传统资本市场对中、小高科技企业金融支持的不足，风险投资和风险资本应运而生。

在风险投资过程中吸引投资者从事风险投资最重要的原因是其带来的高回报。为了实现这种远远超出一般投资活动所带来的高收益，风险投资活动需要一个可靠的投资退出机制为之提供安全保障。风险投资基金之所以要退出原因主要有两点：

一是因为绝大多数高科技企业的高速成长状态很难长期持续下去，所以，风险投资基金要获得最高额的回报就必须使其资本具有一定的流动性，即在被投资企业即将结束高速成长前出售对其的投资以获得高额资本收益，然后再滚动进行新的投资；二是由于风险投资基金本身是以权益形式筹资的，必然受到自身投资人的约束，在基金的合伙契约中一般都有在一定时间以一定方式退出对风险企业的投资与管理，并为合伙人即投资者带来丰厚利润的承诺。

（二）风险投资退出的渠道

风险投资的退出方式很多，主要有公开上市（包括主板市场、创业板市场）、技术产权交易市场、买壳上市、场外交易、境外上市、偿付协议、出售、收购与兼并、破产与清算等几种方式。

1. 公开上市

公开上市（initial public offering，IPO），又称首次公开发行股票，这种方式是风险投资退出的最佳渠道，风险投资者在投资后，获得的高额回报便是风险企业成功后，其股票公开上市或企业卖出时的资本收益，它可分为主板市场交易、创业板市场交易两种。

（1）主板市场。

主板市场的主要功能是为那些在创业板市场和场外交易中经过一段时间培育，已显示出良好发展前景的高科技企业提供进一步扩展的空间。在创业板市场未建立前，它还是高科技企业的主要上市渠道。但是，由于国家股、法人股、发起人股不能进入流通，主板市

场尚不具备为风险资本提供充分撤出渠道的功能。它只能作为一种过渡性安排，即作为某些现已具备相当规模的高科技企业的筹融资渠道。

作为主板市场内的中小企业板块，2004 年 5 月 17 日经国务院批准，中国证监会正式作出批复，同意深圳证券交易所在主板市场内设立，并核准了中小企业板块实施方案。中小企业板块是深圳证券交易所主板市场的一个组成部分，它将主要安排主板市场拟上市公司中具有较好成长性和较高科技含量的中小企业发行股票和上市，并根据市场需求，确定适当的发行规模和发行方式。

中小企业板块的总体设计可以概括为“两个不变”和“四个独立”，即在现行法律法规不变、发行上市标准不变的前提下，在深圳证券交易所主板市场中设立的一个运行独立、监察独立、代码独立、指数独立的板块。

（2）创业板市场。

创业板市场是专门为高新技术企业建立的股票市场。以著名的美国 NASDAQ 市场为例，创业板市场的发行标准低于主板市场，而且没有规模限制，企业只要符合管理当局公开宣布的标准，就能够上市发行股票。创业板市场的主要功能是帮助风险资本的形成和风险企业的成长，为风险投资的增值、顺利退出提供“出口”。其主要作用在于：

①有利于改善我国上市公司的质量和结构。我国国有企业的发展举步维艰，缺乏有效竞争的市场环境是一个重要因素。长期以来，带有倾向性的融资策略使得民营企业与国有企业在竞争中处于不对等的地位，也降低了国有企业所面临的竞争压力。此外，抓大放小的国企发展策略也加大了中小国企融资的难度。通过建立创业板市场，为民营企业、中小国企提供资本支持，有助于营造一个公平的竞争环境，从而提高市场经济的运行效率。

另一方面，创业板的建立无疑会对已上市的公司和拟上市的公司的结构调整起到积极的示范和推动作用。对那些从事传统产业的上市公司来说，由于成长欠佳，它们必将受到投资者和市场的冷落，从而激发这一类上市公司积极寻求技术创新，提高产品的科技含量，或者采取重组、并购的方式，摆脱传统产业，跨入高科技行业，实现自身的产业升级。从这个角度讲，创业板块的设立不仅不会降低上市公司的重组热情，反而会激发新一轮的重组热潮，从而带动上市公司整体质量的提高。因此，发展高科技产业对于改善我国上市公司的质量和结构，营造公平的竞争环境，激发证券市场活力，提高证券市场的运作效率有非常现实的积极意义。

②减少资本市场受到外来冲击之风险。世界经济一体化决定了我国资本市场必将会对外开放，而亚洲金融危机向世人充分展示了国际游资的力量，东南亚国家在资本市场尚不健全的情况下，过早开放资本市场是导致本次危机的重要原因之一。尽管我国资本市场经过近几年的发展，已初具规模，但容量依然不大。一旦未来我国资本市场对外开放，必将不可避免地受到外部因素的影响。建立创业板市场，扩大市场容量，减少资本市场受到外来冲击之风险，将有利于我国资本市场未来的对外开放，有利于我国与国际资本市场的交流与接轨。

③带动相关产业的发展。我国与证券相关的中介服务业尚不发达，创业板市场的建立有利于带动相关产业的发展。创业板市场的建立将大大丰富投资银行，证券经纪商，律师、会计师事务所提供的服务的数量、范围与品种；同时还将促进风险评级、投资咨询、

投资风险保险等业务的发展。

④提高主板市场的运行效率。建立创业板块将会吸引大量高质量的公司上市，在一定程度上会对现有的上市公司形成压力，从而使其更注重质量；同时，也会增加对上市公司的监督，使其提高自身的运行效率。创业板块在建立的过程中，完全有可能发挥后发优势，汲取我国证券市场建立、发展过程中的经验和教训，成为一个有更高起点、运作更规范、更加充分体现“三公”原则的市场。该板块和现有市场之间应该建立起某种分工和合作的关系。在该板块里发展较好、经营稳定的企业，可以到现有的沪、深股市里申请再上市，而不论其“出身”如何。对所有符合《中华人民共和国公司法》、《中华人民共和国证券法》等法规的企业，实行“国民待遇”。

目前，高科技企业上市过多地依赖主板市场，民营企业则几乎没有机会在主板市场上市。而高科技企业与民营企业构成目前乃至未来我国经济最活跃、最有竞争力的企业群体，因此，建立创业板市场，将吸引大量相对而言前景较好、素质较高的公司上市，一定程度上将会对主板市场形成压力。通过引入这种竞争压力，可促进主板市场优化自身服务，注重上市公司质量，增加对其上市公司的监督管理，进一步提高自身的运行效率。

⑤有利于激发市场活力，重新塑造投资理念。一大批高新技术企业加盟证券市场，其诱人的发展前景和巨大的增长潜力必将拓展投资者的想象空间，激发市场活力。以业绩和市盈率作为投资原则的原有投资理念将会受到一定的冲击，取而代之的是以成长性为核心的新的投资理念，投资理念将会产生革命性变化。伴随着信息革命、知识经济时代的来临，国际证券市场正演绎着一场深刻的革命。我国创业板块的设立将会给我国证券市场带来革命性变革。在不久的将来，我们将会看到上市公司的股价结构出现深、沪股市历史上不曾见过的两极分化，百元乃至百元以上的股价与二元、三元的股价长期并存，中国的微软、雅虎将会从创业板中诞生，而一部分股票由于成长性欠佳、长期无人问津将会从创业板退出，真正实现市场优化资源配置的功能。步入 21 世纪，全球产业面临着革命性变化，把这种变化称为新的产业革命名副其实。发生在世纪之交的这次产业革命，其基本特征是：产业越来越知识化、技术化、符号化和轻型化。过于凝重和物质化的产业，要么渐渐地退出现代经济舞台，要么经过现代技术的改造脱胎为现代产业的组成部分。这次对全球经济产生重大而深远影响的产业革命，既起源于现代科学技术的革命性突破，又是产业结构演变的必然结果。技术创新和金融创新将成为新一轮产业革命的根本动力，而繁荣的证券市场将是产业革命的催化剂。同时，产业革命也将带动证券市场的大发展，并决定了二级市场伴随着产业革命将产生新一轮的大牛市行情。在本次牛市行情中，可以预期，创业板块既是市场的中流砥柱，又对行情起到推波助澜的作用。

创业板市场的建立将在一定程度上加大两个市场的走势波动。由于创业板的上市公司选择标准与主板市场完全不同，后者注重上市公司的资本规模与既有业绩水平，而前者更注重上市公司的未来发展，对其静态的盈利能力与资本规模并不作要求或不作过多的要求，从而使创业板的上市公司在具有潜在成长前景的同时，其未来状况也具有更大的不确定性，这种不确定性反映在市场上就会造成股价的剧烈波动，从而有可能造成创业板走势的大起大落。这种走势也会或多或少地影响到传统市场，从而加剧了我国资本市场的整体波动风险。

主板市场与创业板市场的主要区别如表 10—1 所示。

表 10—1　创业板和主板上市要求的主要区别

市场	创业板	主板
主体资格	依法设立且合法存续的股份有限公司	依法设立且合法存续的股份有限公司
经营时间	持续经营 3 年以上	持续经营 3 年以上
财务要求	最近两年连续盈利，最近两年净利润累计超过 1 000 万元，且持续增长	最近 3 个会计年度净利润均为正数且累计超过 3 000 万元
	或者最近一年盈利，且净利润不少于 500 万元，最近一年营业收入不少于 5 000 万元，或者最近两年营业收入增长率均不低于 30%	最近 3 个会计年度经营活动产生的现金流量净额累计超过 5 000 万元，或者最近 3 个会计年度营业收入累计超过 3 亿元
	最近一期末不存在未弥补亏损	最近一期末不存在未弥补亏损
	最近一期末净资产不少于 2 000 万元	最近一期末无形资产占净资产的比例不高于 20%
		发行前股本总额不少于 3 000 万元
股本要求	发行后的股本总额不少于 3 000 万元	发行后的股本总额不少于 5 000 万元
募集资金用途	发行人募集资金应当用于主营业务，并有明确的用途	应当有明确的使用方向，原则上用于主营业务
资产要求	最近一期期末净资产不少于 2 000 万元，且不存在未弥补亏损，最近一期期末无形资产占净资产的比例不高于 20%	
业务经营	应当主要经营一种业务，最近两年内没有发生重大变化	完整的业务体系，直接面向市场独立经营的能力，最近 3 年内主营业务没有发生重大变化
公司管理	最近两年主营业务、董事和高级管理人员没有发生重大变动，实际控制人没有变更	最近 3 年主营业务、董事和高级管理人员无重大变动，实际控制人没有变更
	具有完善的公司治理结构，依法建立健全股东大会、董事会、监事会以及独立董事、董事会秘书、审计委员会制度，相关机构和人员能够依法履行职责	董事会下设战略、审计、薪酬委员会，各委员会至少指定一名独立董事会成员担任委员
		至少三分之一的董事会成员为独立董事

资料来源：作者根据有关资料整理。

2. 技术产权交易市场

在国外，一个企业的成长过程有多种资本参与，在初期是天使资金投资，成长期则是进入投资俱乐部的多极性资本市场融资。而在我国，技术产权交易市场是指不够主板或创业板上市条件或没有机会上市的企业，通过技术产权转让，在此交易所培育发展、增资扩股的资本市场。

(1) 技术产权交易市场的定位。它的目标是架设科技与资本的桥梁，促进高新技术的产业化进程，为科技企业引进战略性投资伙伴，使成长中的科技企业实现增资扩股，为风险投资提供退出机制，以促进风险资本的良性循环。它以促进科技企业、成长型企业以及各类所有制企业的股权投资、产权交易，创业（风险）资本的股权投资、科技产权交易为主要内容；以科技企业和成长型企业的产权为重点交易对象；以技术型产权交易为突破口，吸引海外投资资金，并为国有资产结构战略性重组作探索。它要营造产权与投资资本的汇集中心。

(2) 技术产权交易市场的交易方式。技术产权交易市场实行会员主导下的委托代理制。非交易所会员单位不能直接入场交易，只能委托交易所会员进行交易。交易所会员根据规定向委托方收取代理佣金和委托交易保证金。交易所只是一个平台，它可以为尚未匹配的买方或卖方寻找卖方或买方，并实现交易；同时为已经匹配的买方或卖方提供成交鉴证服务；条件成熟时，探索开展科技类股份有限责任公司的产权托管和交易。

技术产权交易市场的参与者，一是产权出让方，即科技成果的持有者、需要增资扩股的科技企业以及成长性企业、需要创业（风险）资本套现的风险投资者。科研人员有了好的成果，可以挂牌交易，科技企业为增资扩股、募集资金也可以到交易所上市。一些具有极好成长性的非科技企业也可以上市；国有企业为了实现“有进有退”的资产结构调整，也可以到交易所上市；而风险投资公司为了套现所投资金，更被欢迎进入交易所交易。二是产权受让方，包括各类投资机构、企业以及个人。交易所设立席位会员，主要由投资公司、大型企业集团担任。无论是哪一方，都不受地域限制，只要愿意服务、投资于科技成果产业化，不管国内外、不论所有制都欢迎参与。

总之，技术产权交易市场对于上市公司而言，这里培育成熟的项目是重组并购、提升资产质量的上佳选择；对于风险投资商而言，技术产权交易市场为其提供了一个崭新的运行空间，探索出一条新的退出渠道。

3. 买壳上市

买壳上市是指风险企业通过先收购某一上市公司一定数量的股权，取得对其实质意义上的控制权后，再将自己的资产通过反向收购的方式注入上市公司内，实现非上市的控股公司间接上市的目的，然后风险投资基金再通过市场逐步退出的方式。

(1) 主要特征。购并公司为非上市公司，被购并企业为上市壳公司。壳公司被收购后，并不消失，而是继续存在（名字可以更改），只是将大部分或相对多数的股权交由收购公司持有，收购公司通过资产置换等方式将自己的资产和业务并入上市壳公司。因此，买壳上市又被称作“反向收购”。

(2) 原因分析。国际证券市场上的买壳上市主要源于非上市公司对低成本、高效率上市融资方式的需求。在我国，由于“限报家数”的额度管制政策，上市申请受到诸多非市场化因素的制约，使得上市公司成为稀缺资源。随着现代企业制度的建立，大批国有企业纷纷寻求上市，同时，由于国有商业银行的贷款大部分投向国有企业，使在整个国有经济中三分天下有其一的民营企业依靠银行贷款实现扩大再生产的可能性极小，它们迫切希望获得上市资格以从证券市场上直接融资。另一方面，目前在深沪两地上市的公司不过 820 余家，在股票市场存在高溢价的情况下，只要拿出一小部分国有资产上市就足以使资金面与股票的矛盾发生逆转，因此，管理层考虑到市场的承受能力，重点支持能源、交通等基础设施行业的大中型企业上市，对企业上市进行规模控制，在需求和供给之间寻求一种平衡。因此，通过管制现有上市公司的捷径间接上市就存在着合理之处。买壳上市成为实力雄厚的大型公司或集团公司、具有潜力和高成长性的新兴产业和新兴公司打开资本市场通道的必然选择。民营企业借助买壳上市实现快速融资则是该行为的又一推动力。长远分析，买壳上市在资本市场尚未发育成熟的环境下，还将成为风险资本的重要撤出机制。

4. 收购和兼并

收购与兼并是指风险投资家通过由另一家企业兼并收购被投资企业或被投资企业收购另一家企业的办法来使资本退出原被投资企业的一种方式。

（1）兼并与收购决策的主要依据。对风险投资家而言，只要将被投资企业出售或兼并后其资本收益的折现率比被投资企业仍保持独立存在时的折现率高，则通过兼并收购撤出投资就是合算的。当然，出售或兼并决策还要考虑被投资企业预测的增长率、市盈率（P/E)、新增融资成本、适当的折现因子以及协议转让被市场接受的程度等。

（2）兼并与收购决策的动因分析。

①兼并与收购降低了退出行业的成本。如钢铁和冶金行业，它们的资产专用程度非常高，固定资产比重相当大。这类行业中的企业即便经营状况不佳，也很难轻易退出。而低效企业维持生产，会影响到整个行业的利润水平。兼并解决了退出成本高的问题，有利于行业结构的调整。

②兼并与收购是社会成本最低的一种扩张方式。积累或再投资方式的扩张，如果不以产品消费市场的同步增长为前提，必然会造成产品供过于求的情况。市场竞争淘汰掉其中一批企业，会造成社会资源的浪费，对业内领导扩张的企业也会造成损失。

③兼并与收购可以把收购方的主要竞争对手收购。如果业内主要企业进行内部积累或直接投资，会给其他企业带来压力，如果业内其他企业纷纷仿效，该行业势必面临一场“加速扩张”的竞争。若一家企业的内部扩张引起竞争对手的联合，则更是得不偿失的事情。因此，在竞争对手联合前兼并掉其中强有力的一家或几家，就可以减轻企业经营上的压力。

④兼并与收购可以达到规避税收的目的。事实上，为鼓励优势企业并购亏损企业，各地政府都出台了税收抵免的优惠政策。例如，我国目前对股票转让的资本利得暂不征税，目标公司的股东愿意选择和收购方互换股票的方式，这是一个双赢的结局，因为目标公司的股东可以暂缓交纳股权转让带来的所得税，而收购方则可以省去资金筹集环节。调查表明，我国上市公司目前对股票收购方式的确存在明显的偏好。

（3）兼并与收购决策的主要形式。

①控股式兼并，即公司通过购买企业的股权实现控股，对被兼并方拥有控制权和经营管理权，以实现兼并的方式。

②购买式兼并，即购买企业资产的兼并方式，可采取一次性购买和分期购买的方式进行，以取得对被兼并企业资产的全部经营权与所有权。

③承担债务式兼并，即在资产与债务等价的情况下，公司以承担被兼并方债务为条件接受其资产的方式，这种方式可以实现零成本收购。

④吸收股份式兼并，即被兼并方企业的所有者以其净资产、商誉、经营状况及发展前景为依据综合考虑其折股比例，作为股金投入，从而成为集团公司一个股东的兼并方式。

⑤抵押式兼并，以抵押形式转移产权，进而以赎买手段进行产权的再转移，主要是在资不抵债的企业与作为其最大债权人的公司之间进行。

⑥举债式兼并，采取举债方式筹集资金，利用公司经营与管理等方面的优势，兼并一些地区性的中小企业，实现规模经济，以取得规模效益。

⑦资产置换式兼并，公司将优质资产置换到被兼并企业中，同时把被兼并企业原有的不良资产剥离，依据资产置换双方的资产评估值进行等额置换，以获得对被兼并企业的控制权与经营管理权。

通过兼并收购撤出投资通常是指风险投资家通过由另一家企业兼并收购被投资企业或由被投资企业收购另一家企业的办法来使投资退出原被投资企业的一种方式。

（4）交易方式。收购的交易方式通常有三种：现金收购；股票收购；现金和股票混合收购。

①现金收购，即收购方用现金收购风险投资家持有的风险企业的全部或部分股权。现金收购最大的优点是即付即清，估价简单易懂。对收购方来说，现金收购虽然不会使其原有股东的权益得到稀释，但需要收购方有充足的现金。而对风险投资家来说，现金收购虽然会使收购价格相对降低，但交易金额确定，不必像股票收购那样要承担证券风险，也不受收购方业绩的影响，同时还可以将风险投资迅速变现并将投资收益分配给基金的有限合伙人，因此，现金收购是风险投资家最欢迎的一种交易方式。

②股票收购，即收购方通过增发自己公司的股票来交换风险投资家在风险企业中的股权。股票收购的最大特点是收购方不用支付任何现金即可完成对风险企业的收购。对收购方来说，股票收购对其自身的现金流不产生任何影响，但其原有股东的权益得到了稀释。而对风险投资家而言，股票收购的收购价格可能要比现金收购高一些，但其投资变现还需一段时间（上市公司股票可以直接出售，未上市公司股票可以出售给商业银行变现），而且变现价值受到收购方业绩和市场波动的影响。此外，股票收购还需要对收购方股票进行估值，需要协商确定交换比率，耗时长，监管层次多，不符合风险投资家将投资迅速变现退出的要求。

③混合收购，即收购方以现金、票据和股票的混合组合来交换风险投资家持有的风险企业的股权。混合收购的最大特点是灵活性大，但交易结构安排相对比较复杂。混合收购对风险投资家和收购方的有利影响和不利影响介于现金收购与股票收购之间。

5. 其他退出方式

（1）场外交易市场。场外交易市场又称店头市场或柜台市场，是指在集中的证券交易所之外设立若干专门的高科技企业股权转让市场，使风险资本通过这种分散的局部市场退出。它与证券交易所共同组成一个完整的证券交易市场体系。

这种交易方式早在19世纪70年代就开始在美国出现，起因是一些中小公司因不能上市，便直接委托银行买卖，后来有了中间人（经纪人）代企业出售，代投资者购买，并渐成规模。

它主要的特点有：交易品种多，上市和不上市的股票都可以在此进行交易；是相对的市场，股票不挂牌，股价自由协商；是抽象的市场，没有固定的场所和时间。场外交易市场为那些不够到主板、二板市场上市，且不愿到交易所挂牌流通的企业提供了一个方便又快捷的退出渠道。它是投资体系中不可或缺的一环。

（2）境外上市。我国风险投资企业除了可以在国内上市之外，还可以选择在境外上市。其途径虽然很多，但归纳起来无外乎两大类：直接上市与间接上市。

①境外直接上市。境外直接上市即直接以国内公司的名义向国外证券主管部门申请登记注册，并发行股票（或其他衍生金融工具），向当地证券交易所申请挂牌上市交易，即我们通常说的 H 股、N 股、S 股等。H 股，是指中国企业在香港联合交易所发行股票并上市，取 Hong Kong 第一个字母“H”为名；N 股，是指中国企业在纽约交易所发行股票并上市，取 New York 第一个字母“N”为名；同样，S 股是指中国企业在新加坡交易所上市。

境外直接上市的主要困难在于：国内法律与境外法律不同，对公司管理、股票发行和交易的要求也不同。进行境外直接上市的公司需通过与中介机构密切配合，探讨出能符合境内、境外法规及交易所要求的上市方案。

②境外间接上市。由于直接上市程序繁杂、成本高、时间长，所以许多企业，尤其是民营企业为了避开国内复杂的审批程序，以间接方式在海外上市，即国内企业在境外注册公司，境外公司以收购、股权置换等方式取得国内资产的控股权，然后将境外公司在境外交易所上市。

间接上市的好处是成本较低、花费的时间较短，可以避开国内复杂的审批程序。但要妥善处理三大问题：上市时机；向中国证监会报材料备案；壳公司对国内资产的控股比例。

间接上市主要有两种形式：买壳上市和造壳上市。其本质都是通过将国内资产注入壳公司的方式，达到国内资产上市的目的，壳公司可以是已上市公司，也可以是拟上市公司。

③偿付协议。偿付协议是一种帮助投资人把他对风险企业的投资变现的合约保证。偿付协议在企业家和投资人签订的风险投资协议中通常表现为某些条款。使用偿付协议在风险投资中是很普遍的事情，尤其是当投资人对被投资企业是否能够将其股份在公开市场上顺利出售（如公开上市）不确定时更是如此。由于事实上很多风险投资并不像创业企业家在其业务计划书中所预计的那么成功，因此，对风险投资家而言，签订和执行偿付协议就变得非常重要了。

偿付协议一般包括以下内容：回购条款，按照该条款，风险投资家可以强迫被投资企业按议定的价格回购投资人手中的股份；买卖契约，据此，风险投资家可以强迫被投资企业管理层回购投资人股份或者将其股份卖给投资人。执行该契约通常会使风险投资家变现投资容易一些，即使管理层选择卖出股份时也是如此，这是因为卖出一个公司的控股权益通常要比卖出少数股东权益容易一些（少数股东权益多为外部投资家持有）。

④出售。出售是企业产权交易的一种主要形式，也是风险投资家最常用的退出方法

之一。按照出售对象的不同，它又可分为两种方式：一种是公司之间的“一般收购”；另一种是由另一家风险投资公司接受的“第二期收购”。后者通常发生在前期风险投资基金存续期结束或由于某种原因需要实现收益的时候。另外，在企业管理层与风险投资者关系破裂时，“第二期收购”也不失为一种选择。相对于 IPO 方式而言，出售有其自身的优势。

由于收购方可通过兼并获取协同效应、扩大市场份额或进入新市场，风险投资家通常可要求其支付收购溢价，从而可提高自身的回报率。出售可使风险投资家实现一次性完全退出，剩余风险很小或几乎没有。出售的费用也低于 IPO 方式，它面对的谈判对手只是少数几个买方，而不是整个市场，因此也比 IPO 简便快捷。它适用于各种类型和规模的公司，对于一些小公司还可能是唯一可行的选择。

但另一方面，出售方式也表现出两大缺陷：一是它往往受到管理层的反对；二是它常常难以找到买方，价格也不尽合理。前者主要是由于管理层担心企业被大公司收购后失去独立性，影响管理层对公司的控制。这一问题通常是通过对管理者作出激励安排来协调的，这些安排包括了如下措施：将收购价格的一定比例支付给管理层；给予管理层部分股权或股票期权；离职薪酬与红利安排等。这些激励安排为管理层在购并活动后的权益提供了部分保障，并使其站在投资人的角度来考虑问题，将吸引更多的潜在购买者。

⑤破产清算。风险投资是一种高收益、高风险的投资方式，部分或完全的失败在风险投资业是很普遍的。当风险投资家意识到所投资企业已无发展前途或无法达到预期收益时，唯一能够做的就是果断地退出，即破产清算。否则，让一个无前途的项目占用风险投资者的大量资金是很不划算的，还不如让退出的资金进入下一个投资循环，以谋取高回报。以清算方式退出虽然是痛苦的，却是避免更大损失的权宜之计。因此，及时有效地清理失败项目也是风险资本退出的重要方式。

二、我国风险投资退出方式的发展

如表 10—2 所示，截止到 2005 年，收购（包括国内外企业收购、股权转让、划拨等）等资本重组方式仍然是我国创业风险投资退出的主渠道，占全部退出项目的 44.4%。2005 年，境内外上市比例继续保持较高水平，但是收购与创业者回购仍然是最常被使用的退出方式。

表 10—2　　中国创业风险投资项目的退出方式分布（%）

退出方式	上市（包括境内外上市）	收购（包括国内外企业之间的收购、股权转让等方式）	创业者（原股东）回购、管理者回购	清算	未注明
2003 年	5.4	40.4	36.3	14.9	3
2004 年	12.4	55.3	27.6	4.7	0
2005 年	11.9	44.4	33.3	10.4	0

资料来源：中国科学技术促进发展研究中心：《中国创业风险投资发展报告 2006》，北京，经济管理出版社，2007。

知识拓展：世界主要创业板市场简介

一、美国 NASDAQ 市场

纳斯达克证券市场（NASDAQ）由全美证券交易商协会（NASD）创立并负责管理。它是1971年在华盛顿建立的全球第一个电子交易市场。

纳斯达克实际上并非平常意义上的二板市场。由于吸纳了众多著名的高科技企业，而这些高科技企业又成长迅速，因此，纳斯达克给人一种扶持创业企业的印象。

建立纳斯达克的初衷在于规范美国大规模的场外交易，所以纳斯达克一直被作为纽约证券交易所（NYSE）的辅助和补充。先进而庞大的电子信息技术已经使纳斯达克成为世界上最大的无形交易市场。

纳斯达克共有两个板块：全国市场（national market）和1992年建立的小型资本市场（small capital market）。纳斯达克在成立之初的目标定位在中小企业，但是因为企业的规模随着时代的变化而越来越大，所以到了今天，纳斯达克反而将自己分成了一块“主板市场”和一块“中小企业市场”。

纳斯达克拥有自己的做市商制度（market maker），它们是一些独立的股票交易商，为投资者承担某一只股票的买进和卖出的工作。这一制度安排对于那些市值较低、交易次数较少的股票尤为重要。这些做市商由NASD的会员担任，这与东京证券交易所（TSE）的保荐人构成方式是一致的。每一只在纳斯达克上市的股票，至少要有两个以上的做市商为其报价，一些规模较大、交易较为活跃的股票的做市商往往能达到40～45家。这些做市商包括高盛等世界顶尖级投资银行。NASDAQ现在越来越试图通过这种做市商制度使上市公司的股票能够在最优的价位成交，同时又保障投资者的利益。

纳斯达克市场在技术方面也有很强的实力，它采用高效的“电子交易系统”（ECNS），在全世界共装置了50万台计算机终端，向世界各个角落的交易商、基金经理和经纪人传送5 000多种证券的全面报价和最新交易信息。由于采用电脑化交易系统，纳斯达克的管理与运作成本低、效率高，增加了市场的公开性、流动性与有效性。相比之下，在纳斯达克上市的要求是最严格而且复杂的，同时由于它的流动性很大，在该市场上市所需进行的准备工作也最为繁冗。

二、香港创业板市场

香港联合交易所创业板，即“第二板市场”，成立于1999年11月。当时，正值全球科技网络股概念大兴之时，香港联合交易所创业板秉持着“香港的纳斯达克”这一预期孕育而生，其目的是为具有增长潜力的公司提供主板以外的融资平台。

创业板市场对上市公司没有行业类别及公司规模的限制，且不设盈利要求，也无须像主板上市公司一样必须具备三年业务记录，只需显示公司有两年的活跃记录即可。因此不少具有发展潜力但发展历史较短的公司会通过创业板申请上市交易。一般来说，一些具有增长潜力的公司，如那些具有良好的商业概念及增长潜力的新兴企业，虽然在盈利、业务记录方面未能符合香港主板市场的规定而不能获得上市地位，但创业板就是为填补这个空缺而设立的。

创业板并不规定有关公司一定要有盈利记录才能上市。因此，具有增长潜力的企业可以通过其稳固的市场和先进的技术为未来发展筹集资金，从而使公司能把握好各种市场机会。除了本地区的企业外，国际间的具有增长潜力的公司也可通过创业板上市，加强本身在中国乃至亚洲的业务，以提高产品知名度，即在中国内地、中国香港、百慕大或开曼群岛注册的公司，只要拥有主营业务和两年营运记录，都可以由保荐人协助申请上市，但公司上市保荐人要负责首次公开发行股票的全部资料披露，交易所不对上市申请人的经营能力作任何评价。

这一点使得创业板“买者自负”的运作理念得以产生，从而也吸引着风险偏好较强的投资者。因为对投资者而言，创业板公司以“高增长、高风险”著称，对于具有增长潜力的公司（尤其是没有盈利记录者）来说，日后表现的好坏存在着极大的不确定性。鉴于涉及的风险较大，创业板以专业及充分掌握市场信息的投资者为对象。

三、欧洲创业板市场

在欧洲大陆，有一个与纳斯达克的缩写字母仅一字之差的“EASDAQ”市场，总部设在比利时首都布鲁塞尔，操作方式完全“克隆”纳斯达克，这就是“欧洲证券经纪商协会自动报价系统”。

创建 EASDAQ 市场的设想最早形成于 1992 年底，当时伦敦股票交易所决定关闭为中小企业融资的 USM 交易市场。为了支持创新型中小企业和成长型高科技企业筹措资金，1994 年初，欧洲创业资本协会提议成立一个独立的欧洲股票市场。在欧盟委员会和比利时政府的支持下，1996 年 11 月，EASDAQ 正式开始运作，宣告了欧洲第一个为高成长性和高科技企业融资的独立电子化股票市场的诞生。

EASDAQ 是“欧洲唯一的新型股票市场”，因为 EASDAQ 独立于欧盟国家证券主板市场，其目标是建设一个泛欧洲的流动、高效、公平和透明的交易市场，通过这一市场，那些具有国际化目标的欧洲或世界其他地区的高成长性公司，可以从投资者手中筹集到资金。

案例分析：反稀释条款的玄机[①]

背景介绍：

制定反稀释条款的目的在于，在股份低于转换价格出售时保护优先股持有者的权利。因此，该条款被称为“转换价格公式”反稀释调整条款。双方同意，投资者将优先股转为普通股的数量开始是建立在一比一的基础上的。而如果（有例外情况）公司以低于转换价

① 参见 http://tech.sina.com.cn/VC/index.html。

格发行任何权益证券，则优先股转换时可兑换的普通股股份数会根据一定标准向上调整，以保证前期投资者的份额不会下降。

在本案例中，极软软件和迅速风投分别为融资方和投资方。极软软件的创立者授权迅速风投，将来可以事先约定的办法将优先股转换为普通股，并享受投票权。但是这个转换过程有可能由于极软软件对以后的投资者销售廉价股票而使迅速风投的股权遭到稀释，即每股账面净价值下降。为此，在谈判中，迅速风投提出要制定反稀释条款，以保证其拥有的企业股份的比例在将来某一特定的时期内不被减少。谈判初期，迅速风投主张按照具有最大反摊薄效果的棘轮调整公式制定反稀释条款，棘轮调整不考虑新发行股份规模的大小，只要极软软件向将来的投资者以低于 B 系列优先股转换价格（5 美元/股）发行新的证券，迅速风投就有权获得免费的股票，足以将其持有股票的每股平均价格（包括其所购买，或免费获得的股票在内）降至相当于后来投资者购入的价格。棘轮条款是对投资者有利的反稀释工具。例如，在本案例中，如果后面的投资者以 2.5 美元/股的价格购买了极软软件的 200 万股，迅速风投便可以无条件地得到额外 200 万股 2.5 美元/股的股份。

极软软件的创立者则不同意上述调整方式，认为上述条款对他们不公平，因为即使极软软件以低于 B 系列优先股转换价格出售一股的股票，也必须重新调整 B 系列优先股的价格。他们指出，在规定反稀释条款时，应考虑新发行股票的规模，采取较为温和的反稀释措施。

经过磋商和相互让步，双方最终决定采用反稀释条款中更为普遍的加权平均调整条款。加权平均调整是较为温和的反稀释方式，它考虑在稀释融资中发行多少新股的基础上降低旧的可转换价格，使用一个公式来确定以后以低于 B 系列优先股转换价格销售股票的稀释效应，并通过授予投资者足够的免费股票抵消这一效应，因此，对优先股持股人具有较小的稀释效应。典型的“加权平均”调整可表述如下：

“若在 A 系列发行日期之后公司增发普通股时每股发行价，低于发行之日及该日之前有效的相关 A 系列股转换价格，则有关 A 系列股转换价格应予以降低，降低后的价格为 A 系列股转换价格乘以以下分数：①该分数的分子是发行前发行在外的普通股数量加上公司发行的增发普通股数量获得的总对价，按照发行前有效的 A 系列股转换价格购买的普通股数量；②该分数的分母是发行前发行在外普通股的数量加上增发普通股的数量。在进行上述计算时，发行前发行在外普通股的数量应按照完全摊薄的方式予以计算，如同所有 A 系列股和所有可转换证券在此发行前已经完全转换成普通股，且任何发行在外的期权在此发行前已经在该日完全行权，若公司在 A 系列发行日期后不止一次增发普通股，导致对 A 系列股转换价格进行调整，则作为相同交易或系列相关交易的组成部分，在最终发行时，A 系列股转换价格应进行重新调整，使所有发行如同发生在最初发行之日。”

上述加权平均法用数学公式可表示如下：

$$NCP=OCP(OB+X)/OA$$

式中，NCP 代表新转换价格；OCP 代表新发行前现时有效的转换价格；OB 代表新发行前发行在外普通股总数加上可转换证券转换时和发行在外的期权行权时可发行的普通股总数；X 代表就新发行获得的总对价按照新发行前现时有效的转换价格应发行的股份数量；OA 代表新发行后发行在外普通股总数加上可转换证券转换时和发行在外的期权行权时可发行的普通股总数。

例如，在上述案例中，极软软件的创立者购买了公司 150 万股普通股，关键员工购买了公司 50 万股普通股，假设公司未发行任何期权。而第一轮投资者以每股 2 美元的价格（即转换价格）购买了 100 万股 A 系列优先股，第二轮融资中，迅速风投以每股 5 美元的价格购买极软软件 200 万股 B 系列优先股。反稀释条款分别应用于不同阶段的投资者。假设第三轮投资者以每股 4 美元的价格购买了极软软件 100 万股 C 系列优先股。此时，对于第一轮投资者而言，其所拥有的股份并未被稀释，因此，不需要调整 A 系列优先股的转换价格。但对于迅速风投来说，由于下一轮投资者以低于 B 系列优先股转换价格购买极软软件的股票，其所持有的股份遭到了稀释，因此，根据上述公式，其所持有股票的转换价格将进行相应的调整。

在上述公式中：

OCP＝5 美元

OB＝150 万＋50 万＋100 万＋200 万＝500 万

X＝100 万×4/5＝80 万

OA＝150 万＋50 万＋100 万＋200 万＋100 万＝600 万

所以新转换价格 NCP＝5 美元×(500万＋80万)/600 万＝4.83 美元。极软软件的创立者提出，以上公式为“宽基”加权平均调整，将“发行在外”定义为包括可转换证券转换时和发行在外期权行权时可发行的普通股，即 OB＝500 万，OA＝600 万。相反，“窄基”方法将尚未发行的股份排除在“发行在外”之外，即 OB＝200 万。OA＝200 万＋100 万＝300 万，根据“窄基”方法计算出的新转换价格为 4.67 美元。因为新发行前现时有效的转换价格调整降低，“宽基”加权平均调整对公司更有利。

分析思路与路径：

反稀释条款影响不受该条款保护的股东的利益。企业的管理层和关键员工也会受到影响。为了保护管理层和关键员工，迅速风投和极软软件在反稀释条款中规定了明确的有效期。在极软软件公开发售、被兼并或销售时，反稀释条款就宣告终结，否则将会影响管理层在公共市场或条件有利时兼并、销售筹资的能力。另外，无论什么时候，为了使企业能吸引或留住关键员工，在激励性认股权计划和其他员工激励计划中，投资者的反稀释权利存在例外，如不适用于对管理层发行的特殊股份。

实验设计：模拟风险企业上市过程

参照下面的步骤，模拟风险企业上市过程：

（一）第一阶段：选择合适的投资银行或股票承销商

选择承销商，除了自己要对企业的发展充满信心并选择企业公开发行的最佳时机之外，更重要的是向承销商宣传自己的企业，这主要包括以下几个方面。

让对方了解自己的企业。准备一份简短的公司简介以描绘公司未来的发展前景，并与已经成功完成首次公开发行的公司进行比较。

选择合适的承销商，编一个表格列出那些相关投资银行的名单。这些投资银行在同一产业帮助同样规模的公司实现了公开发行。尽量与这些投资银行中的关键人员建立沟通和联系。

对那些作出反应的银行进行走访，了解它们的基本想法和获取更多的信息，以便选择满意的投资银行作进一步的了解，通过各种调查和咨询最后确定承销商。

风险企业一旦选择了主承销商，它就将代表风险企业管理公开上市的全过程。主承销商不想让发行股票的公司进行干涉，因为承销商和发行股票的公司是站在各自不同的立场上参与这项活动的，但是主承销商会重点考虑并采纳发行股票公司的建议。

了解承销协议的类型。发行股票的公司与承销商签订的协议有两种类型：一种是全额包销方式，即承销商按照协定的价格全部购入发行股票公司的所有股票，然后再转卖给社会公众，并从中获取收益。另一种是代销方式，即股票发行公司与承销商签订其他灵活的承销方式，例如，部分包销部分代销方式、最小承诺方式、全额销售或取消方式、额外分配权方式等。

（二）第二阶段：与承销商谈判

股票发行公司即风险投资企业与承销商谈判是发现合适承销商的重要过程。在证券市场中，政府的监管机构都有明确的办理程序和收费标准，因此，谈判的重点被放在承销方式及对股票发行企业的支持力度上。

发行的初始价值和发行规模一般取决于公开市场上可比较公司的情况，以及主承销商的基本发行原则。重要的是发行成功后如何稳定发行后的市场，使发行后的股票能在合理的价格区间内波动。因此，成功的发行，股票价格应在发行后仍有 10%～20%的上升空间。这就取决于承销商的合理包装和上市宣传。

（三）第三阶段：签订承销意向书和协议

风险企业与承销商之间承诺承销的类型、证券类型、发行价格、发行数量、承销费用和其他基本条件是承销协议的重要内容，是由承销商在承销意向书中提前订立的。

承销意向书一般声明它对承销的承诺不具备法律约束力，但对于声誉比较好的大承销商来讲，它们通常会按照意向书的约定执行。直至公开发行的申请被有关机构正式批准后，承销商会按照意向书的约定与股票发行公司正式签订承销协议，这份协议才具有真正的法律约束力，一般承销协议是一份十分完善和内容详细的法律材料。

（四）第四阶段：注册和股票销售过程

风险企业在确定了承销意向书后，相关的中介机构，包括律师、会计师、评估事务所等，将开始进行详尽的注册准备工作。注册过程通常要持续数周。注册生效后，承销商将按照承销意向书中约定的内容进行全面的工作，包括组织、推销、宣传、确定具体运作方式等，直至最终与股票发行公司签订承销协议，并力争在最短的时间内将股票公开发行上市。

讨论题

1. 谈判之前，风险投资公司需要做哪些准备工作？

2. 在谈判中，风险投资公司和创业者为了维护各自的利益，通常设计怎样的融资工具？

3. 投资企业时，风险投资公司是怎样解决信息不对称问题的？

4. 反摊薄条款的主要内容和作用是什么？

5. 风险投资资金都有哪些退出方式？对各种方式进行简要分析。

第四篇

运营篇

第11章 风险企业的组建

案例导读 特里德恩特资本公司与阿科森技术公司合作组建风险企业

一、特里德恩特资本公司

特里德恩特资本公司（简称“特里”）是1993年成立的，致力于信息技术和商业服务公司方面的投资。2001年，特里公司的投资战略主要集中在网络经济上，主要的投资部门包括信息技术基层管理、互联网和移动数据传输。特里的投资目标包括对处于种子期、早期、扩张期和最后阶段的公司。特里公司1993年筹集的第1只基金为4 400万美元，经过8年的成功经营，公司管理的资金规模已经超过12亿美元，特里公司最近筹集的第5只基金规模为7 250万美元。

彼得·米金（Peter Meekin）是特里公司的投资经理，他具有20多年从事软件、信息技术和服务咨询工作的经验。在加入特里公司之前，他是企业发展协会的副主席，曾经是莲花公司和IBM公司的高级技术人员和高级管理人员。他自己也有丰富的创业经验，曾经在软件行业和咨询行业创立过3家公司。米金现在是伯克利企业合伙公司、Circles公司、Qmfony公司和MainControl公司的董事，也是IBEX技术公司的董事会观察员。

邓拉斯合伙公司的合伙人布林·坎农（Brain Gannon）向米金推荐了阿科森技术公司。邓拉斯合伙公司是一家成立于2001年10月的风险投资合伙基金，致力于投资处于种子阶段的高科技公司。

二、阿科森技术公司

阿科森技术公司是由美国普渡大学信息保障与安全教育研究中心（CERIAS）发展起来的。信息保障与安全教育研究中心是由著名信息安全专家吉恩·斯帕福德（Gene Spafford）创立的，他目前是美国总统小布什的信息技术顾问委员会成员。CERIAS是目前世界上信息安全领域的著名大学研究中心，是国家安全局（NSA）的重点实验室。

阿科森的技术是1998年由CERIAS的一名教师米哈伊尔·阿塔拉（Mikhail Atallah）博士提出研究的，是阿塔拉博士和他的博士生昌海（Hoi Chang）利用CERIAS的10万美元研究基金经过两年的研究开发出来的技术，这项技术外化为两种产品：EnforcIT和MatchIT。EnforcIT是一种反篡改软件解决方案。它自动地、随机地在信息的代码中嵌入二进制“保护”Cguard代码，即使超级“黑客”也很难攻破EnforcIT复杂的网络代码保护。MatchIT是一种在多方之间进行安全通信的加密技术，它能保证其他人不会得到相关通信方的信息，使多方通信更加安全、有效。

根据坎农的介绍，阿科森技术公司刚刚成立，还没有自己的管理团队，坎农的同事厄尔雷（Rich Earley）是邓拉斯合伙公司的创始人并且具有管理公司的丰富经验，暂时担任阿科森技术公司的首席执行官。昌海是阿科森技术的主要开发者，是公司的首席工程师。米哈伊尔·阿塔拉有一年的休假期，在这一年里为公司的首席科学家。埃里克·戴维斯（Eric Davis）是普渡大学负责信息技术商业化的技术经理，代理公司的首席运营官（COO），一旦公司建立起永久的团队，他将负责商业发展部门的业务。阿科森正在讨论首席技术官（CTO）的合适人选。

米金通过对阿科森技术公司的审慎调查，决定对其投资，形成相应的企业组建合同。

三、融资条款清单

清单中“公司”是指阿科森技术有限公司，“特里”是指特里德恩特资本公司，“联合投资者”是特里可以接受的其他投资者。

1. 出资

(1) 投资。初始筹集工作完毕，特里将投资1 056 777美元、联合投资者投资129 094美元以购买公司新发行的序列A—1可转换优先股，这些可转换优先股最初可以转换成185 000股公司普通股。在满足规定条件的情况下，特里将投资另外200万美元用于购买公司新发行的序列A—2可转换优先股。在第二轮融资完毕时，可转换优先股可以转换成3 857 452股公司普通股。在第二轮的融资中，序列A—1的转换价格将上升到与序列A—2相同的水平。

(2) 资本化。资本化表格（略）描述了公司融资前后股份的稀释情况。

(3) 资金的用途。营运资金和多种公司目标。

2. 可转换优先条款

(1) 股利。可转换优先股股利是可累积的，股利将以股份的原始成本加上先前没有支付的股利和前季度末累积的股利之和为基数，以年8%的收益率累积。

(2) 清算顺序。可转换优先股的清算价格将3倍于原始投资成本（即序列A—1的清算价值为 3 554 613 美元，序列 A—2 的为 600 万美元）。当公司清算或解散时，可转换优先股要在其他公司证券参与分配或支付之前优先获偿，数额为所有累积的和没有支付的股利加上①总的清算价值；或者②若没有按照条款①支付总的清算价值，则以每股普通股的支付额乘以可转换优先股转换成普通股的数量所得的总金额进行支付。合并、重组、股票销售、收购或其他交易使现有的公司股东和投资者持有的公司投票权低于多数，或者公司销售部分或绝大部分资产（这些情况统称为“控制权变史”），将被看作进行“清算”，除非占可转换证券多数的持有者同意。

（3）转换。可转换优先股可以根据持有者的选择在任何时间或时期内转换成普通股。序列 A—1 的初始可转换价格为每股 0.64 美元，但随着随后阶段融资的完成，可转换优先股序列 A—2 的转换价格为每股 1.00 美元。第一阶段融资结束时，投资者购买的序列 A—1 将转换成 1850 000 股普通股，代表公司分散股权的 26.3%。在第二阶段融资结束后，序列 A—1 将转换成 1 850 000 股普通股，序列 A—2 将转换成 2 007 542 股普通股，代表公司分散股权的 42.2%。并且，对于任何转换的可转换优先股，公司要支付持有者所有累积的红利和没有支付的红利。

（4）选择性回购。只要多数持有者要求公司回购，公司必须在初次融资完毕后的第 5 年和第 6 年回购序列 A—1 总数的 1/3 和序列 A—2 发行总数的 1/3，在初次融资完毕后的第 7 年回购所有的股份。回购时，公司必须以现金的形式以可转换优先股的清算价值总和加上积累的及未付的红利进行支付。

（5）自动转换。当公司可以以 3 倍的价格进行公开上市时，序列 A—2 将自动转换成普通股，并且如果公司总发行超过 2 500 万股，则所有的可转换优先股将自动转换成公司普通股。

（6）反稀释条款。当新的普通股以低于可转换优先股的转换价格进行发行时，可转换优先股将以完全棘轮为基础进行调整。但是在下列情况下将以加权平均的方法进行调整：第一，公司从投资者之外的第三方筹集 600 万美元；第二，公司达到了双方承认的业绩目标。

（7）投票权。除特别规定或法律要求外，可转换优先股与普通股将同样具有对重要决定的投票权，并且每股可转换优先股以可以转换成的普通股股数作为投票基础。

（8）董事会权利。多数股权持有者，根据公司章程有权选择两名成员参加公司董事会，其他董事的选择参见下面第 3 部分第（2）条款。

（9）违约行为确认。下列事件的出现将构成“违约行为”：①重要协议、公司章程或规章制度所规定的公司业绩任务和目标没有完成（除非公司可以提供证据，a. 证明违约行为不是故意的，是受到财务条件等情况的约束造成的，并且 b. 这些制约因素公司是可以克服的，公司将继续努力迅速地解决这些问题）。②在初始融资或随后融资的任何资料中进行了虚假陈述或保证（除非公司可以提供证据证明这些行为不是故意的）。③惯例破产、明显的决策失误或相似事件。在出现构成违约行为的任何事件时，多数股权的持有者有权选举董事会的更多席位，直到这些违约行为得到解决并由多数股权代表同意时为止。

3. 其他投资者的权利

（1）优先购买权。根据可转换优先股转换规定发行的可转换优先股或普通股的持有人，以及公司现有股东都有权利在公司发行任何股权（或者认购权证）证券时购买相应比例的公司股权。但是根据保留期权计划发行的期权和普通股，以及由公司董事会批准的公司员工期权计划发行的期权和普通股在此规定之外。所有这些优先购买权在限定 IPO 时将终结。

（2）股东协议。公司和所有公司股东将受到与特里公司的协议的限制，这包括下列内容：

①同出售权利。现有股东在其他股东转让其股份时都有权转让相应比例的股份。将股权作为礼物送给家庭成员或亲戚，或转让给附属公司时，只要受让人同意不再转让给其他人，这种情况就不在上述规定范围之内。这一权利在 IPO 时终止。

②优先取舍权。公司现有股东和融资结束时普通股和保证的持有人在任何公司股权转让的提议中都有权至少以和受让人相同的价格、条款和条件购买股份。这一权利在 IPO 时终止。

③强迫销售权。如果现有公司股东中的多数决定并通过董事会批准进行公司销售（股票销售、资产销售、合并或其他形式），那么所有公司股东和权益持有人都要同意提议的交易并且不能对交易制造障碍，还要采取必要的配合行动以保证公司销售的顺利完成。

④董事会构成。董事会成员不超过 5 人，其中 2 名由现有股份多数的股东指定（当可转换优先股仍占重要份额时，这 2 名由可转换优先股股东推举）。普通股多数的持有人指定另外 2 名董事，其中一名将总是由在职的公司 CEO 担任，剩余的董事将由现有股东多数和当时的普通股股东多数都可以接受的外部董事担任。

（3）保护性条款。公司采取或限制重要活动时要求获得现有股东多数的同意，这些重要活动包括：①修订规章或公司章程，②控制权变更或其他清算活动，③授权其他种类的优先股具有比可转换优先股更优或与之相同的权利、优先获偿次序或者权利；④宣告或支付股息，或者购买、回购，或者以其他方式购买公司股本，由董事会批准的购买公司停职员工股份的情况除外。

（4）信息获知权。只要特里公司持有的公司股权不低于 10%，并且其他股东代表股权的 5%或更多股权份额，公司就必须向他们提供审计过的财务决算和未审计过的季度财务决算。另外，只要特里公司持有的股权不低于 10%，每个其他股东持有普通股 5%或更多的股权，公司就要在每个财政年度开始的至少 30 天前提供月度财务决算与计划的对比表，以及该年度的运营计划复印件。只要特里持有的公司股权不低于 10%，每个股东持有的普通股不低于 10%，他们就将有权对公司进行视察和探访。这些条款在 IPO 之后终止。

（5）购买协议。投资者的投资将根据特里公司可以接受的协议进行。购买协议包括公司的陈述、保证和限制，以及违约时的赔偿责任和初始投资及随后投资的条件。

（6）投资条件。投资者在初始融资阶段的投资决定取决于下列条件：①审慎调查的结果令特里公司满意；②没有不利的因素发生；③重要文件的完成和执行令特里公司满意。特里公司在随后的融资阶段的投资决定取决于：①没有不利的因素发生，但不包括竞争性发展或一般经济环境的不利影响，并且②公司业绩达到了多数股东可以接受的“商业生存能力”的程度。“商业生存能力”是指①成功完成具有下列特点的软件版本：a. 使用 Visual Studio 6.0 的图形用户的一个工具，b. 新的编码模糊转换，c. 附加的守卫类型，d. 为专门守卫关系设计的灵活合理的脚本语言，e. 以C和C^{++}语言制作守卫的能力；②成功完成公司现在进行的“黑客”攻击测试。

4. 注册权利

(1) 强迫注册权。持有公司发行的普通股或可转换优先股转换时，持有发行的普通股多数的股东可以要求公司在下列时间注册股票：①在初始融资后的第3年早期；②公司进行IPO后的6个月。权利实行的条件是：a. 在“长表格”的情况下，可注册证券的持有人要求至少以20%的证券进行注册或低于这一比例但在公开市场上的总价格至少达到500万美元；b. 在以“短表格”进行注册的情况下，注册股票总价格不能低于50万美元。在12个月的时间内，公司不能被迫进行3次“长表格”注册，不能进行2次“短表格”注册。公司不能在公司IPO的180天内实施注册。

(2) 跟随注册权。可注册证券的持有人有权跟随公司承销商在依据市场条件注册股份时进行注册。公司没有获得持有可注册证券2/3的股东同意时，不得给予跟随注册权，除非这种注册权隶属于可转换优先股。

(3) 费用。公司将承担要求注册、跟随注册和“短表格”注册的全部费用（不包括承销折扣和佣金）。

(4) 其他。其他是一些惯用条款，包括交叉赔偿、在要求注册中可注册证券持有人对承销商的选择、承销安排和注册公告有效的时间等。

5. 股东和管理安排

(1) 归属权利。公司员工现在持有的所有公司权益都要进行归属安排，自从初始筹资完毕后至少3年内，员工在职期间，其股份按月等额将归属权授予员工。例外情况包括：①厄尔雷在公司融资前所投资的全部优先股和所有公司股本将全部归属于厄尔雷。②由厄尔雷、阿塔拉、昌海、戴维斯、赖斯和科尔布以及他们的隶属机构所持有的权益的25%将在初始筹资完毕后归属于他们，其余的75%将在3年多的时间内归属于他们。另外，如果厄尔雷在特里公司的要求下辞去公司CEO的职务，a. 初始筹资完毕时厄尔雷权益的另外25%将归属于他；b. 如果厄尔雷在公司的工作无原因地终结，特里没有要求他在公司董事会或顾问委员会中任职，那么初始筹资时厄尔雷权益的另外25%立即归属于他；c. 如果此后，他留在公司董事会或顾问委员会中，其未归属的股份则按照他在公司任职时的归属计划进行。

当公司无原因地停止对雇员的雇用时，公司将购回所有这些员工的公司权益，没有归属的权益将以低于原始成本或市场公允价值的价格收购，已经归属员工的则按照市场公允价值收购。公司因故解雇员工或员工辞职时，公司将以低于原始成本或市场公允价值的现金价格购回员工在公司的权益，无论是已经归属还是没有归属的所有权益都是如此。如果由于某种原因公司无法执行购回权利，将由现有股东按持有普通股比例执行购回权利。

(2) 非竞争协议。在初始融资之前公司的现有股东（包括邓拉斯合伙公司）必须与公司签订非竞争协议。

(3) 雇用协议。在特里的要求下，公司将与厄尔雷、阿塔拉、昌海和其他所有公司的员工签署雇用协议。

(4) 现有股权。公司现有优先股（“老优先股”）的优先权现在将排在可转换优先股的后面，由厄尔雷以20万美元现金购买的老优先股在初始融资结束时交换为序列A—1股份，初始转换为311 827股普通股。老优先股的条款将以令特里满意的方式进行修订，包括自动转换条款。

(5) 产权信息。现有公司股东、官员、员工和顾问将签署一项令特里公司满意的产权协议，包括在公司雇用期间及雇用期之外的有关机密性、发明和创新的公司所有权的条款。

(6) 人员生命保险。公司将实施关键人员生命保险政策，人员由特里指定，保险总金额不低于600万美元，由公司支付。

(7) 首席执行官。特里公司在董事会的批准下有权指定人员替换厄尔雷担任公司CEO。特里公司指定CEO之后，厄尔雷将停止担任公司CEO的角色，此后厄尔雷仍然是董事会成员，除非股东的指定与此不符。

6. 其他规定（略）。

学习目标

1. 了解风险企业的基本特征
2. 了解委托代理理论，掌握风险企业的主要合同关系
3. 了解影响组织结构设计的因素，掌握组织结构的主要类型和设计原则

第一节 风险企业的基本特点

接受风险资本的企业为风险企业。风险企业在国外一般指高新技术创业企业，是在高新技术革命浪潮中涌现出来的新型企业。与一般传统企业相比，风险企业有四个明显特征。一是往往从事高新技术产品的研制和开发，产品市场前景具有高度的不确定性；二是经营理念或经营模式具有创新性；三是投资收益具有高度的不确定性，投资的风险大；四是周期性，即风险企业是一个阶段性概念，它一般指从一项高新技术产品的研制开始到开发该产品的企业成功开拓市场，并取得稳定的盈利，使企业进入成熟期这样一个过程，此后的企业便不再称为风险企业。本书所分析的风险企业特指得到风险资本支持的企业，也就是作为风险投资对象的企业，英文是“the venture-backed firm”。具体来说，其特征表现为：

一、产品方面往往是高新技术产品，市场具有高度的不确定性

风险企业总是以技术创新和技术突破为其经营活动的假设条件，而不是像普通企业那样采用常规的或定型的技术进行生产经营活动，这就决定了风险企业要想取得成功必须首先取得技术上的突破，否则就会遭遇失败并蒙受巨大的损失，甚至破产倒闭，因此，风险

企业的技术创新动力要比普通企业高出许多倍。一方面，由于风险企业开发的产品是现实市场上所没有的新产品，所以这种产品问世后能否为市场需求者广泛地接受是个未知数；另一方面，在现代科学技术条件下，产品的生命周期大大地缩短，产品更新速度加快，所以市场竞争情形越来越复杂。这两方面因素决定了风险企业的产品市场前景是很不确定的。

二、经营理念或商业模式具有创新性

经营理念的创新性表现为：从产品供给方面看，风险企业生产出的产品往往是现实市场中还没有出现的产品，这项产品的出现正好填补了市场的空白；从产品需求方面看，风险企业生产的产品不是针对现实市场需求，而是针对潜在市场需求的，这种市场需求是由新的供给创造出来的；从技术利用方面看，风险企业总是利用技术突破在别的企业之前采用新技术、新工艺进行生产。风险企业正是通过技术和生产上的先行战略，取得先动优势来争夺市场的制高点，并以此来获取高额垄断利润的。

除了经营理念外，风险企业可能还有不同凡响的商业模式。商业模式是一种包含了一系列要素及其关系的概念性工具，被用来阐明某个特定实体的商业逻辑。它描述了公司所能为客户提供的价值以及公司的内部结构、合作伙伴网络和关系资本（relationship capital）等用以实现（创造、推销和交付）这一价值并产生可持续盈利的要素。

三、投资回报具有不确定性

风险企业的核心特点是创新性——要么是产品创新，要么是理念创新或模式创新。风险企业的创新性也随之带来了其投资回报的不确定性。与普通企业相比，风险企业投资的成功率往往是很低的，这就决定了投资回报和投资收益是极不确定的；即使投资成功了，高新技术产品进入市场总有一个适应过程，在不同的时期、不同的地区或不同的条件下，高新技术产品的生命周期往往具有较大的差异，所以市场环境的变化也会导致投资回报的不确定性。当然，风险企业投资回报的不确定性可能带来两个结果：一是导致投资血本无归；二是获取超额利润。

四、风险企业具有周期性

风险企业的成长具有周期性，一般要经过五个阶段。一是种子期，在这一阶段，从事新技术和新产品开发的创业者，仅有产品的构想，为实现商品化需进行产品、工艺流程和设备等方面的研究，研究的成果为样品和方案等。该阶段的风险最大，失败率一般为 70%左右。在这一阶段，研发所需资金量不大，资金主要来自创业者自筹或财政拨款，少部分来自风险投资。二是创业期，指从产品开发成功到转入大规模生产的阶段。这一阶段的主要任务是创立企业和进行规模化生产。该阶段的技术风险逐渐减少，但由于在市场化过程中新产品的推广和被潜在顾客接受需要时间，企业经营面临着许多外部的不确定因素，市场风险和经营风险便成为主要风险。在融资方面，创立企业需要购入生产设备、雇用人员、形成生产能力和开拓市场，因此对资金的需求量较大。此阶段企业的现金流量小而且不稳定，需要从外部大量融入资金，但直接从银行贷款的可能性很小，更难以在公开的资本市场上进行融资，此时，风险企业最需要的是股权性资本。三是成长期，该阶段是产品技术不断完善和扩大市场份额的阶段，企业可能仍然亏损。此时企业在经营上已经逐渐取得业绩，为进一步开发产品、扩大生产能力和加强营销力量，需要更多的资金投入。同时，市场上可能出现竞争者，企业将面临竞争的威胁，这些将使企业的财务风险增大，并成为本阶段的主要风险。该阶段是风险资本大量进入的阶段，同时企业也能够从银行筹集到少量债务资本。四是扩张期，企业的产品和劳务已经为广大消费者接受，销售收入和利润开始加速增长，企业的现金流可以满足企业的大部分需要，但新的机会不断出现，企业仍然需要外部资金来实现成长。五是成熟期，企业的产品已经得到承认，生产规模扩大，技术和管理日趋成熟，利润大幅度增加，开始进入稳定的盈利期。在该阶段，企业的各种风险已降得很低，其知名度和社会信誉已经建立。自己的现金流量已经基本上能够满足需求，具备了从银行融资的条件。可见，风险企业的五个成长阶段中，在种子期，风险资本少量进入；在创业期，风险资本中量进入；在成长期，风险资本大量进入；在扩张期和成熟期，风险资本部分进入。在科技风险企业发展的五个阶段中，在国外，处于扩张阶段和成熟阶段的风险企业一般已经具备在二板市场上市的条件，银行信贷等传统融资渠道基本可以满足企业的融资需求。风险企业在这两个阶段引入风险资本的目的是为了美化财务报表和利用风险资本家的声誉为上市做准备。前三个阶段面临的主要风险分别是技术风险、市场风险和财务风险，风险比较大，不确定性强，是科技产业化最困难的环节，因此，这些阶段的风险投资价值最大。同时，处于前三个阶段的风险企业由于都具有很强的不确定性和风险性，因而具有一定的相似性，可以作为一类事物处理。

第二节　委托代理关系的确立

委托代理理论（principal-agent theory）研究和发展的顶峰时期是在 20 世纪 70—80 年代。其产生可追溯到亚当·斯密在《国民财富的性质和原因的研究》中，对国民经济增长原因的研究。他指出，为了“尽可能地增加国家和社会的财富，有必要进行劳动分工和专业化以提高生产效率”，由此，经济权利在整个生产过程若干阶段的重新配置就隐含了委托代理产生的原因。委托代理的概念，最早是由罗斯（Ross）提出的：“如果当事人双方，其中代理人一方代表委托人一方的利益行使某些决策权，则代理关系就随之产生了”。随后，对委托代理理论不同方面的研究和发展，使其逐渐成为现代经济理论的重要内容之一。从信息经济学角度看，张维迎将博弈中拥有私人信息的参与人称为“代理人”（agent），不拥有私人信息的参与人称为“委托人”（principal）。从信息不对称角度来看，一是根据不对称发生的时间，分为事前不对称的逆向选择（adverse selection）模型和事后不对称的道德风险（moral hazard）模型的代理问题；二是信息不对称的内容，可能是参与人的行动或知识的代理问题。这样，委托代理问题的一个简单模型就是：委托人想使代理人按照前者的利益选择行动，但委托人不能直接观察到代理人的行动，只能观测到一些随机变量，这些变量由代理人的行动和其他外生的随机因素决定，因而充其量只是代理人行动的不完全信息。在这种情况下，委托人应该如何设计合同来激励代理人选择委托人所期望的行为。

风险投资的委托代理关系，一般是指风险投资中的三个行为主体即投资者、风险投资企业与风险企业之间相互的行为关系。在投资者与风险投资企业的委托代理关系中，投资者是委托人，风险投资企业是代理人。而在风险投资企业与风险企业的委托代理关系中，风险投资企业是委托人，风险企业是代理人。相对投资者、风险投资企业和风险企业三者的关系而言，投资者是委托人，风险投资企业和风险企业都可被视为代理人。本章主要讨论风险投资企业与风险企业的委托代理问题。

一、委托代理合同的确定

风险投资的委托代理关系建立过程，是不同风险成本转化路径的选择和风险成本转化的过程，这种选择和转化过程的维系是通过合同关系来实现的。从代理人角度而言，这也是一种风险代理合同。这种合同关系，是在明确参与交易的委托人与代理人的产权重要性的条件下，研究风险投资企业和风险企业的组织形成、委托代理关系如何使风险成本转化为预期收益的一种合同关系。它也是一种在风险投资信息结构“四高”特性的环境下，关于产权形成及交易过程的合同安排形式。

由于风险成本源自风险企业，风险投资企业与风险企业间的委托代理关系就是直接对风险成本进行分担、转化和控制的过程。风险投资企业与风险企业间是一种复合式委托代理关系。

（一）风险投资企业与风险企业的合同关系

在风险投资的委托代理关系中，风险投资企业具有投资者的代理人和风险企业的委托人双重身份。一般来说，在首轮投资中，风险投资企业是投资者的代理人，以后就作为委托人进行投资。风险投资企业作为代理人，高风险成本与预期收益并存，应注重中长期效益。

风险投资企业与风险企业之间的委托代理关系，表现为风险成本的转化行为。由于风险企业内、外部环境的高度不确定性、人力资本与非人力资本信息的高度不对称性、技术高度专用性和无形性、无可抵押性等特征，以及风险投资企业因拥有风险投资家后，具备了对风险企业技术创新活动的识别和判断能力，因而，风险投资企业与风险企业的委托代理关系也需要进行激励机制设计。同时，为降低当前及今后相当长一段时期内动态的合同成本、监督成本和定价成本，风险企业内的人力资本与非人力资本，就根据不同阶段的风险成本特点，形成复合式委托代理的合同关系，其实质就是技术创新与企业制度创新相互作用的过程。

风险投资企业与风险企业的复合式委托代理关系，是风险成本能否转化为预期收益的关键。风险投资企业与风险企业的合同关系，可基于：（1）有共同追求的预期收益目标。风险投资企业通过风险资本的增值获得利润，建立市场声誉等多方面的预期收益。同样，风险企业及其人力资本，因技术创新的成功而实现科技成果的转化和自身的预期收益。（2）互补的报酬递增效应。人力资本与非人力资本强烈的互补性，因双方的持续合作而实现报酬递增效应。（3）合作的原则。本着帕累托效率改进的原则，在增大自身收益的基础上，又不损害对方或至少不降低对方的预期收益水平，追求双方未来风险成本转化后的预期收益最大化。双方在讨价还价的合同谈判过程中，就可能改变收益临界值，追求稳定的合作。

所以，风险投资企业与风险企业在第二层次的委托代理关系是风险成本转化的核心。通过风险投资企业与风险企业间委托代理关系的外部市场机制的作用，使双向风险代理关系转为风险企业内企业机制的作用。所以，风险投资企业与风险企业间的合同关系，重点在于风险企业内部的委托代理关系。

（二）风险企业内的合同关系

风险投资企业选择风险企业作为进行风险成本转化的代理人，通过风险企业来实现要素组合效应，以促进风险成本的转化。就本质而言，风险企业内的合同，是关于人力资本产权安排的一个制度解。

人力资本产权的独立及其优势产权地位的实现，是在一个人力资本与非人力资本组成的特别合同里，风险成本的转化状况，它决定了企业产权结构的状况，而企业产权结构的状况又决定了委托权的分配及其代理关系——是非人力资本作为委托人，还是人力资本作为委托人，还是两者相互的动态替代关系的问题。继而，委托权的分配及其代理关系的不同，又决定了风险企业要素组合效应的不同。由于风险企业内的人力资本具有企业所有者和财产所有者的双重身份，实际上它就既可能是委托人，又可能是代理人，并且是委托权的多次重新分配。

在风险企业内，人力资本与非人力资本之间的相互作用关系，形成不同的合同关系。Williamson 等人的研究表明，风险企业的要素之间，在实际的交易过程中，存在大量的交易成本，即内生性风险成本。例如，（1）当事人为搜寻信息的成本。特别是在信息结构的“四高”特性下，若要获取有效的信息，代价是高昂的；（2）交易各方在合同关系的有效期内，可能发生各种或然事件及其应对处理所耗费的费用；（3）交易各方为谈判、协商和签约所花费的签约成本；（4）监督、实施和验证合同或限制代理行为所花费的执行成本；等等。为方便分析，也可将上述交易成本简化为合同成本和监督成本。这些交易成本导致大量的合同是严重不完全的，也就是说合同的执行成本是很高的。不同的成本可能影响不同的合同关系。在这种情况下，研究风险企业内的控制权配置的合同关系就变得很有实际意义了。

关于风险企业内的控制权配置的合同关系的影响因素：一是制度环境。资源最有价值的配置方式依赖于正式的制度环境，所有的自由交易也是在这个制度下得以完成的。制度环境对交易结果产生的影响在于对当事人战略空间选择的制约，以及来自习俗、文化、道德等非正式制度安排的影响。一个局限条件最小化的制度环境是最体现合同自由的环境，同时也隐含了许多不公平的隐患。二是谈判力。谈判力的强弱可以体现在合同当事人拥有的财富和知识数量上。拥有的财富和知识的差别，造成了谈判过程中当事人之间的外在差异，并进一步制约当事人的策略选择。

现代企业理论定义的企业的合同性质，也是在企业控制权的配置给定的制度环境下当事人之间谈判的结果。由于合同各方在企业中投入资产的专用性是不对称的，专用性强的一方就得承担专用性较弱的一方（或无专用性的一方）的道德风险所产生的全部成本。因此，为确保风险企业要素组合的合同效率，就应把企业控制权赋予资产专用性较强的一方，并监督专用性较弱的一方。但是专用性对企业控制权分配影响的强弱程度，是随当事人双方和制度环境而变化的。

二、委托代理双方的责任和义务

风险投资企业与风险企业的合同关系是围绕风险成本的转化过程，它通过控制权的分解、配置和转移的不对称性合同安排，随风险企业风险成本转化程度的变化而变化，以实现风险成本的转化。

就风险企业内的合同安排而言，主要考虑从阶段性投资、可转换优先股、增值服务和风险资本退出渠道等多方面进行的配置和转移，使这些权能与风险成本转化的不同阶段、不同类型的风险成本相适应。以下对一些具有代表性的合同安排进行分析。

（一）阶段性转化合同

阶段性转化合同，是指针对风险企业的风险成本在企业不同成长阶段的特点，通过延期投资的方式，解决合同事前的逆向选择及事后的道德风险问题。设置阶段性投资合同条款，是采取分阶段投入风险资本的方式，通过各阶段的风险成本转化绩效，决定以后各阶段是否继续投资的一种控制机制。形式为风险投资企业先期只注入一定的风险资本，满足风险企业在一定时期或阶段内的技术创新需求，后续各阶段的投资是根据风险企业的技术创新效果来决定的。这也是与不同类型风险成本的转化过程相适应的。

阶段性投入风险资本，也是激励风险企业家努力实现风险成本转化的有效机制。一方面，风险投资企业作为委托人不断获得风险企业技术创新的信息，增加对风险企业在合同执行过程中道德风险的规避，强化对风险企业价值的评价和判断。另一方面，对风险企业家来说，既面临风险投资企业因发现或评估其业绩不佳后对其终止投资的压力，又有如果风险成本不断转化成功后，收入份额增加的激励。

阶段性转化合同，对风险企业种子期、创立期和成长期前期的不确定性风险成本、概率性风险成本的转化作用非常显著。为保证转化的持续性和有效性，阶段性转化合同约定，多采用这样一些条款内容：对或然事件的处理；对不确定性和概率性风险成本转化过程的不同阶段，设置较高的基准回报率；对风险企业进行定期或不定期的评价或审查；规定合同期限；保证委托人与代理人共同利益的分配机制；赋予风险投资企业保留放弃或追加风险资本的权利；等等。

但是，阶段性转化合同也存在一定的负面效应。因为后期的投资是以前期风险成本转化的业绩为依据的，这可能从另一个角度也鼓励了风险企业家过分重视当前的转化业绩，造成代理人风险企业或风险企业家在下期投资合同签订前的逆向选择行为趋向。风险企业各阶段投资周期的长短，与风险成本转化的能力密切相关。周期越短，风险投资企业对风险企业的监控就越频繁，需要搜寻的信息就越多，就必然要进行多次持续的评估，信息不对称程度将显著降低，合同成本和监督成本均下降。同时，也不排除风险投资企业或风险投资家在一定条件下，对风险企业的技术创新充分了解后，产生对风险企业家的替代进而产生委托人道德风险，损害代理人风险企业或风险企业家的利益。

（二）可转换优先股

可转换优先股，是指风险投资企业作为委托人，其所持有的股权在风险企业的不同技术创新阶段，可根据风险成本转化的业绩，选择债权或股权形式的一种权益。可转换优先股，实质上也是委托人与代理人间关于动态控制权配置转移的约定，是一种工具性合同关系，具有激励的性质和功能。它也是一种自动再谈判方式，可节约合同成本和监督成本。当风险成本转化达到预期时，风险投资企业将在新的信息结构条件下作出股权和债权的调整。激励表现为继续以股权的形式进行投资，按比例获得较高的预期收益。否则，就将行使转换权利而以债权形式获得固定收益。

可转换优先股以及其所附带的控制权条款，能够使风险投资企业运用拥有的动态控制权进行适时干预，通过可转换优先股以及其附带的回购实施清算权。除了转换特征外，可转换优先股的一些限制性条款，还包括限制新股发行（防止收益转移）、强制性股份回购以及股份转移（防止控制权转移）等。

可转换优先股合同是减少道德风险行为的有效选择。风险投资家可以根据风险企业的业绩来确定转换比例。通过债务重组，使股权结构和资本结构发生变化，导致风险企业内对代理人的要求和监控方式不同，以实现债券融资与股权融资结合的方式。可转换优先股合同动态化地解决了委托人与代理人双向的道德风险问题，又能获得风险资本。它也解决了信息结构“四高”特性下，委托人与代理人风险成本分担的问题，提高了风险成本的转化能力。

另外，阶段性投资与可转换优先股的配合运用，为委托人提供了在风险成本转化达不到预期收益情况下的退出途径及时机。

（三）增值服务

由于风险企业不受强制性信息披露的约束，风险投资企业通常可采取直接参与风险企业的经营管理决策的方式，为风险企业提供多方面的增值服务。例如，协助其制定发展战略、重大决策，寻找战略伙伴，提供财务金融和市场营销咨询。在密切合作中，掌握风险企业的实际情况，有助于克服风险企业的道德风险。风险投资家参与风险企业的经营管理，能使风险投资企业的风险投资家与风险企业家实现互补。

风险投资企业通过增值服务，也为风险企业提供了组织资本，有利于对风险企业进行管理监控。组织资本是指企业为了获得现实的持续竞争力，促进企业核心能力和劳动生产率的保持与提高，通过改变组织的战略、结构和文化来实现组织资源的潜在价值的过程。组织资本作为人力资本不可分割的组成部分，不仅体现了人力资本的社会特性，而且反映了人力资本的高度知识专用性和组织依赖性。组织资本主要有如下四方面特性：①组织资本的收益递增性。组织的学习效应、组织网络的延伸效应、组织的规模经济（交易成本降低）、组织形象或声誉的收益递增。②组织资本对一般非人力资本和人力资本的激活和催化作用。③组织资本的专用性。由于组织资本主要表现为一种关系资本，因而组织资本的专用性，就表现为这种关系的参与者，没有任何一方对组织资本拥有绝对的所有权与控制权，任何组织资本都天然属于组织本身。④组织资本要素存量间的相互依赖性。投资于组织资本，也就意味着渐进或根本性地调整风险企业的各项功能。

风险投资企业增值服务的提供，通过防范和控制道德风险，着重提高了不确定性风险成本和概率性风险成本的可转化性。风险投资家积极参与风险企业的经营管理，是风险企业在不同发展阶段，将资金、技术与管理有效结合的产权集中形式。同时，风险投资对企业的产权集中行为，不仅为风险投资家作为所有者增加了控制权，还为风险企业家取得了所有权。

（四）风险资本退出安排

风险资本的退出，是风险成本转化为绩效的体现和预期收益实现的方式。风险资本的退出方式是由风险企业所处市场的特性和风险企业的技术创新深度内生决定的。风险投资家将风险成本转化成功后的预期收益，通过退出渠道的安排转移至其他风险企业，可使委托人投资者观察到风险投资企业的风险成本转化能力，以选择在不同风险成本转化路径中重新配置风险资本。在风险投资中，委托代理关系实现风险成本转化后的风险资本回收或终止投资、有效分担风险等，都需要可靠的退出机制。

风险成本转化成功后，预期收益的退出渠道一般有四种：①股份出售（acquisition）；②首次公开上市；③股份回购（redemption）；④清算（liquidation）。理论上讲，IPO 并不是唯一的退出方式，只不过退出时双方得到的高额回报掩盖了收购退出的多样性。但是，IPO 退出却是最有效的且具有激励作用的，原因是 IPO 退出不仅使风险资本得以退出，获得高额的声誉资本，而且，风险企业家获得了以企业控制权转移为核心的非现金激励，风险企业和风险投资家也获得了预期收益。另外，IPO 退出还具有相对完备的信息披露制度和价值发现机制，能提高风险成本转化能力，具有反映风险投资企业和风险企业家的价值的功能。

（五）优先购股权

优先购股权（也称股票期权）是指一旦获得期权，只需支付少许费用，其未来的收入就可能是无限的。在风险企业内采用优先购股权的合同方式，解决了专用型人力资本在持续技术创新过程中的激励问题。将技术创新带来的高度不确定性内化到人力资本，赋予他们一定的剩余索取权，使他们的专业知识与企业组织形成高度的依赖，最大限度地降低非人力资本与人力资本间的合同成本和监督成本。这一机制与风险企业技术创新过程的内在发展规律非常吻合。因此，它的应用有效地促进了风险企业中人力资本的知识创新活动，激发了技术创新活力。在风险成本转化成功后，可行使优先购股权获得预期收益。

优先购股权的主要特点是：①期权是风险企业给予人力资本的一种选择权，是不确定的。它要在市场中实现预期收入，风险企业没有任何现金支出，有利于降低代理成本。②可以锁定持有人的风险，不行使优先购股权就没有额外的损失。由于持有人事先没有支出成本或支出成本较低，如果行权时股价下跌，个人可放弃行权，损失很小。③期权实现了人力资本的可抵押性。人力资本与风险企业二者的利益紧密联系起来，可以使人力资本的预期收益与风险成本转化业绩挂钩，使人力资本和风险企业适应风险成本中长期转化的需要。

（六）其他

还有就是对各项产权权能进行分拆并进行权利的不对称性控制权设计。如投票权清算权、退出决策权或否决权等，赋予风险投资企业在必要时行使；等等。主要是为了强化风险投资企业在风险企业不同阶段的控制，降低不可转化的不确定性风险成本的产生。

第三节　风险企业组织结构的构建

一、组织结构的内涵与内容

企业组织理论产生于20世纪初期，是社会化大生产和专业化分工的产物，在近一个世纪的发展和演变过程中形成不同的理论派别。现有的西方组织结构理论大致可以分为古典组织结构理论、新古典主义组织结构理论、现代组织结构理论。其中，现代组织结构理论包括系统权变组织结构理论、环境决定组织结构理论、经济学组织结构理论以及新组织结构理论。

组织结构是指一个组织内各构成要素以及它们之间的相互关系，描述了组织的框架体系。组织结构主要涉及企业部门构成、基本的岗位设置、权责关系、业务流程、管理流程及企业内部协调与控制机制等。企业组织结构是实现企业目标的平台，组织结构直接影响着企业内部组织行为的效果和效率，从而影响着企业宗旨的实现。

国内外大多数学者认为组织结构应包括三个核心内容，即组织结构的复杂性、规范性和集权性与分权性。组织结构的复杂性是指组织结构内各要素之间的差异性，包括组织内的专业化分工程度、垂直领导的层级数以及组织内人员及各部门地区分布情况等。组织结构的规范性是指一个组织内的记录、规章制度、工作程序、生产过程及产品的标准化程度等。组织结构的集权性与分权性是指组织内决策权利的集中与分散程度。组织结构的这三性揭示了组织结构的真正内涵，它们是组织结构外在表现形式的决定因素，它们直接决定着组织协调机制框架的设计、调整或变革。

二、影响组织结构的因素

对企业组织结构进行研究设计的主要目的之一就是要明白影响和促使组织变革的动力是什么，而企业的发展处在一定的内、外部环境之中，这些环境无疑时刻都影响着企业，由于企业所作出的决策、制定的发展目标都是为了在这种环境中更好地生存，因此环境和企业的生存和发展是息息相关的，它对企业组织活动的影响是巨大的。由于环境对组织运作的重要性，进行系统全面的组织环境研究对组织的生存和发展就显得尤为关键。企业的组织结构不是一成不变的，它必须随着企业内、外部环境的变化而不断进行调整和改革，只有正确地分析环境，让环境与组织结构相互匹配，才能真正地发挥组织效率，保证企业的正常发展。因此，对影响企业组织结构变革的环境因素的研究与分析使企业组织结构的特征适应内、外部环境的性质应该成为企业的管理人员和管理界的学者共同关注的问题。

（一）外部环境因素

存在于组织边界之外、对组织具有影响的各种因素，我们称其为组织的外部环境。相对于内部环境来说，组织对外部环境的可控性较差。但外部环境因素存在于组织外部，通常决定了组织结构模式的选择，它不仅影响该组织的运作，而且也影响到其他许多组织。组织外部环境的变化也经常会引发组织结构的变革。例如，在竞争的市场环境下，每个企业都会承受来自市场激烈竞争的生存压力。企业如果不变革自己，可能就会被淘汰。虽然组织外部环境因素多而且变化多样，但我们可以将影响企业的主要外部环境因素归纳为：知识经济时代的到来、信息技术的运用及科技的飞速发展、政府政策的变化以及市场需求的变化等方面。

1. 知识经济时代的到来

在当今充满变化的世界里，知识在经济发展中的作用越来越大，人类进入一个崭新的时代——知识经济时代。知识经济是以知识及其产品的生产、流通和消费为主导的经济，其生命的源泉在于创新。知识经济的崛起源自以信息技术等高新技术产业迅猛发展为标志的科技革命。随着信息技术的发展，知识的传播、学习与应用逐渐成为整个社会经济生活的中心，这使企业的总体环境呈现出知识化的趋势，具体表现为知识作为生产要素地位的提高及知识在经济增长中作用与价值的增加。经济依赖的知识越多，知识在经济增长中的作用与价值就越大，知识化程度就越高。它将对我们的生产、生活的方方面面产生深刻的影响，如何在知识经济到来的时候抓住机遇、创新发展将是每一个企业面临的重大课题。

知识化使得未来社会的发展更加复杂化和多样化，变化的速度加快，使企业面临一个更加不确定的环境，这就要求企业能专注于某个具有核心竞争能力的关键环节，它要求企业通过对知识的掌握和运用，形成独特的竞争优势，而这些也要求企业的组织结构有相应的变革。企业只有不断地学习，不断地汲取和掌握新的知识，才能保持长久的竞争优势。

2. 信息技术的运用和科技的进步

现代信息技术的迅速发展和广泛应用必然导致企业制度的变革。信息技术是指有关信息的收集、传递、加工、处理的技术。它以微电子技术和计算机技术为基础，还包括人工智能技术、光纤通信技术、网络技术及多媒体技术。电子邮件、BBS（电子公告牌）、视频会议等通信技术的应用不仅使信息的传递能力大大提高了，增加了信息扩散的范围，而且减少了信息传递的中间环节，

信息技术的运用和科技的进步有助于企业组织结构的精简。同时，充分运用信息技术、建立高效的信息系统可以改变传统的信息收集、加工、处理的方式，可以减少由于信息传送渠道过长引起的信息不准确的现象，保证了信息的可靠性、真实性。信息系统能够大大地改善信息的质量，增加信息的数量，加快信息传递的速度。通信技术与计算机技术的结合大大促进了信息技术的发展，这就产生了现代的信息网络。

当今企业组织的生存和发展需要大量的数据、信息和知识的传递、交换和处理。信息技术的发展和运用促进了社会的发展和进步，对企业的组织变革提出了新的要求，同时，也为企业的组织变革提供了条件和基础。随着环境变化日益加速，企业需要的信息量越来越大，信息质量越来越高，这就要求企业建立一种新的组织结构与之适应。

3. 政府政策的变化

企业是整个社会经济体系中的一个基层性子系统。整个社会的政治氛围也形成企业的外部环境。国家的政策对于企业的行为具有很强的影响力、约束力和控制力。政治制度，政治形势，政府的法律、法令和规章政策，规定了企业在一定的时期可以做什么、不可以

做什么。当一国的相关政策发生变化时，会对企业的经营带来相应的影响。为了适应这种变化，企业就要采取一定的应变措施，通过自身的变革以适应这种变化。例如，我国政府对民营企业的政策和态度对企业的发展产生了重大影响。

现在，各国的法律、法规都在不断完善，不同类型的企业将会在同一起点上进行公平的竞争。我国不仅要充分考虑到本国的政治氛围，而且应该考虑到其他相关国家政府的各种经济政策以及政治环境的变化，认真研究这些变化对组织活动的现实和潜在的影响，这对提高企业的生存能力和本国在国际市场的竞争能力有很大的益处。

4. 市场需求的多样化与个性化

市场需求环境既是促进企业组织变革的生存压力，也是企业组织变革的发展推力。市场的全球化、竞争对手的强弱、消费者的权益意识、消费者讨价还价的能力、消费者需求的变化等使市场的竞争进一步加剧，这些都会引起企业的组织变革，使其自身适应这种变化了的竞争环境。

在社会物质文化生活日益丰富以及消费水平不断提高的新的历史条件下，消费者对生产者长期习惯地用标准化的产品和服务来统一消费水平和消费方式的做法日益不满，多样化和个性化趋势越来越明显。信息渠道的网络化带来了用户需求的多样化，企业为满足用户需求必须尽快地推出新技术、新产品，因为每个企业的管理者都知道，要想保持企业的竞争能力，不仅要靠质优价廉的产品，还要不断地满足消费者多样化和个性化的需求。因此，企业在组织结构设计时不仅应具有全球化的经营思想，还要充分考虑市场需求的多样化和个性化。

（二）内部环境因素

内部环境是企业赖以生存和发展的土壤，它的变化会直接或者间接地对企业的生产经营产生影响。内部环境因素存在于组织内部，其影响范围基本上集中在一个特定的组织上。外部环境的可控性较差，而内部环境中诸因素的形成、发展、变化是在组织的影响和控制之下进行的。因此，相对于外部环境来说，组织内部环境具有其内在的“可控性”，组织可以根据外部环境的要求来进行内部环境各种因素的改善，主要通过控制内部环境要素的行为来适应外部环境。企业的内部环境也是在不断变化的，因此，不仅要关注外部环境的变化，还要注意内部环境的变化。

企业组织结构变革的内部推动力量，主要包括以下几方面：

1. 企业的经营战略

经营战略是企业综合地考虑了内外部条件、企业目标而作出的对策和反应，是企业面临充满竞争和挑战的环境，为谋求生存和发展而进行的总体性策划。经营战略具有全局性、长远性、竞争性和纲领性的特点，是企业组织设计中的又一个重要变量。

2. 组织目标和任务

目标对企业来说十分重要。它决定了企业与外部环境之间的关系，决定了企业中每个部门、每个成员的工作任务与工作职责，决定了企业中组织结构的设置，也决定了企业中人与人之间的关系。对企业来讲，组织目标和任务就是提供给社会产品或服务，企业的产品结构和服务方向进行调整时，企业的组织结构要随之进行改革。

3. 组织规模与生命周期

企业规模的大小是影响组织结构的一个基本和重要的要素。不同规模的企业表现出明显不同的组织结构特征。小型组织通常是非正式的，劳动分工少，规章制度较少（正规化程度低），专业人员和办公人员少，甚至不存在正式预算和业绩考核系统。企业规模大直接增加了组织结构的复杂性，一方面，分工细化，部门和职务的数量增加；另一方面，管理层次也会增加。大型组织有着较多的分工、庞大的专业人员、大量的规章制度，以及控制、业绩考核等内部系统。因此，企业规模变大后会引起组织结构的一系列变化，其中的一些变化又存在因果关系。

根据企业生命周期理论，企业的成长过程要经历创业期、成长期、成熟期、衰退期等几个不同的阶段。正确认识企业在成长过程中所处的阶段有利于组织抛开各阶段均存在的，且企业能自己解决的常规性问题，集中精力诊断和解决企业的阶段性非常规问题。

4. 企业人员

企业人员结构及素质的改变是企业组织变革的重要依据之一。企业人员结构和素质的变化可能使组织成员的工作态度、工作作风、工作期望和价值观念等发生变化，从而影响到组织目标、组织结构、权力结构、奖惩制度的修正，即企业组织结构的变革。例如，人员结构和素质的变化，如青年职工、高学历员工比重的增加，使人员的工作态度、作风、期望、价值观等发生变化，从而引起组织结构、权力系统、奖惩制度的修改。

5. 权力

为了提高企业运行效率，保证企业运行中的秩序，企业必须赋予企业中不同成员不同的权力，建立相应的权力体系。权力既决定了企业组织的运行方式，又为企业组织的实际运行所调整和改变。目前，随着市场上顾客地位的日益重要，顾客的意愿对组织有很强的影响力，因此，权力也就从上司转移到顾客了。这就要求企业及时进行组织结构变革。

6. 技术

技术是指那些生产产品或提供服务所必需的知识、技能和设备。企业的技术因素包括企业的机器设备、工艺设备、工艺流程、工艺方法、新技术、新材料、新的质量标准以及新的管理技术等。其复杂程度影响着企业为应用该技术所必须具备的技能素质和合理规模，也可以间接地促进组织任务的改变，或直接促进企业的生产技术条件与生产制造方法的改进，从而影响到组织人员与组织结构。技术进步的速度越来越快，要求组织结构变革的速度也越来越快。新技术的发展越来越成为影响企业生存和发展的关键因素。先进的技术使企业能更好、更有效地满足顾客的需求，技术进步在为企业提供机会的同时也对企业施加了压力。不同技术特点的企业，其组织结构有很大的不同。要想在技术改革的浪潮中把握先机，就必须认真研究技术发展过程中出现的新情况、新问题，掌握技术发展的基本规律。企业只有进行内部变革，采用新的运作方式来适应科技的进步，才能保证技术的先进性，从而获得持续的发展。

三、企业组织结构的基本分类

长期以来，在具体的组织管理实践中形成一些结构形式，典型的有直线型、职能型、直线职能型、直线职能参谋型、事业部型、矩阵型等等。

（一）直线型组织结构

直线型组织结构也称单线型组织结构，是最早被使用，也是最为简单的一种组织结构类型。“直线”是指在这种组织结构中职权从组织上层流向组织基层。它的主要特征是低复杂化、低正规化、高度集权。组织中每一位主管人员对其直接下属拥有直接职权；组织中的每一个人只对他的直接上级报告工作；主管人员在其管辖范围内，拥有绝对的职权或完全职权，即主管人员对所管辖部门的所有业务活动行使决策权、指挥权和监督权。这类组织的结构规模一般较大。

直线型结构形式比较简单，责权分明、权力集中，企业目标清晰。它的优点主要是结构简单、灵活性较高，可以有效地保证统一指挥、集中管理，利于企业目标的实现；上下级关系明确，领导的权威性高，有利于强化各级主管人员的责任心。这种组织形式要求企业的领导者精明能干，具有多种管理知识和生产技能知识。

另外一方面，直线型结构也拥有其致命的缺点：组织结构呆板，缺乏弹性；结构中各部门相对独立，难以协调；强调下级对上级的绝对服从，容易使上级独断专行，使下级缺乏主动性和创造性，也不利于专业化管理水平的提高。这种高度集权的组织结构形式随着企业规模的扩大，将无法及时地处理超载的信息量，导致企业决策缓慢，丧失应有的市场机会。

因此，直线型结构比较适用规模较小、内外部环境较为稳定，或者是初创阶段的企业。在这样的条件下，企业的管理者才能够有效地控制和监督企业运营的全部活动，充分发挥直线型结构的优势。

（二）职能型组织结构

职能型组织结构也称多线型组织结构。其特点是采用专业分工的管理者代替直线型全能的管理者，在组织内部设立职能部门，各职能部门在自己的业务范围内，有权向下级传达命令和指示，直接指挥企业的生产经营活动；各级负责人除了服从上级行政领导的指挥外，还要服从上级职能部门在专业领域的指挥。

职能型组织结构的主要优点是：决策权高度集中于高层管理者，利于高层管理者对企业的直接与严格的控制。每个管理者由于只负责一方面的工作，就可能发挥专家的作用。专业管理工作做得较细，对下级工作指导具体，职能机构的作用若发挥得充分，可以弥补各级行政领导人管理能力的不足。职能结构具有其特殊的专业化生产的优越条件。职能型组织结构主要的缺点是：职能结构中的各职能部门对各自职能目标的过度追求也容易造成其缺乏对企业整体利益的关注，忽略企业的最终目标。由于权力集中于高层管理者，不利于发挥中低层管理者的积极性、主动性和创造性。此外，采用职能型结构的企业还会因其多头领导的特性而形成指挥与执行方面的矛盾。

因此，职能型组织结构因其自身的特点比较适用于规模大、产品品种单一、技术稳定、外部环境复杂但很稳定的企业。

（三）直线职能型组织结构

直线职能型又称直线参谋型，是直线型和职能型的结合。这种组织结构的特点是：以直线为基础，在各级行政主管之下设置相应的职能部门（如计划、销售、供应、财务等部门）从事专业管理，并为该级行政主管搭配一个参谋，实行主管统一指挥与职能部门参谋指导相结合的原则。在直线职能型结构下，下级机构既受上级部门的管理，又受同级职能管理部门的业务指导和监督。各级行政领导人逐级负责，高度集权。因而，这是一种按经营管理职能划分部门，并由最高经营者直接指挥各职能部门的体制。

直线职能型组织既保证了组织的集中统一指挥，又能充分发挥专业人员的才能、智慧和积极性，从而有助于提高组织的管理效率。直线职能型组织结构的内在缺陷具体如下：由于直线职能型组织结构属于典型的“集权式”结构，权力集中于最高管理层，下级缺乏必要的自主权，容易产生权力纠纷；各职能部门之间的横向联系较差，容易产生脱节和矛盾；直线职能型组织结构建立在高度“职权分裂”的基础上，各职能部门与直线部门之间如果目标不统一，则容易产生矛盾。特别是对于需要多部门合作的事项，往往难以确定责任的归属；信息传递路线较长，反馈较慢，难以适应环境的迅速变化；组织规模扩大，纵向层级出现超载；决策堆积，高层管理者不能快速作出反应；协调少导致缺乏创新，每个成员对组织目标认识有限，组织的效率大大降低。

（四）直线职能参谋型组织结构

直线职能参谋型结构是在直线参谋型结构的基础上发展形成的，是现代企业集权结构的典型形式。其特点主要是，职能部门除了起建议、咨询等参谋作用之外，直线主管还将部分与职能部门业务有关的直线职权（如决策指挥权、监督控制权、协调权等）作为职能职权授予职能部门，使其可在一定职权范围内对同级以下直线部门传达指令。

它的优点是：决策迅速，结构灵活，适应性较强，管理工作效率较高，对内外环境变化反应较灵敏，大大提高了管理的有效性；职能部门和专家的作用得到了更进一步的发挥，专业管理得到了进一步的加强，高级管理者的负担有所减轻，使他们摆脱了大量日常事务性、程序性工作，有更多的时间和精力思考全局性问题。其缺点表现在：一是由于实行高度集权，影响了管理工作的灵活性与敏感性；二是横向联系差，不利于协同解决问题，不利于各职能机构的意见沟通。因此，该结构只适用于外部环境较稳定的中型企业或者规模较小的企业，不适用于大型企业，特别是不能适应现代化跨地区、跨国企业集团多样化经营的需要。

（五）事业部型组织结构

事业部型结构亦称 M（multidivisional）型结构，最初是由通用汽车公司建立的，接着在 20 世纪 20 年代被杜邦公司所完善。M 型企业组织结构是一种多分支单位组织结构，是一种分权式层级制组织结构。在这种结构中，分支机构通常是拥有较多自主权的利润中心。这种利润中心可以按产品、商标或地区来分别设立。各事业部通过下设的职能部门来协调从生产到分配的生产经营全过程，事业部在组织内部类似单个独立的企业，有着自身的任务和目标。企业总部的职责一方面是监督协调各事业部的活动并评价它们的绩效；另一方面是负责整个企业的资源的配置。这样使得企业的政策制度和行政管理两项职能实现了分离，完善了决策劳动的分工形式。

事业部型组织结构的优点是，公司能把统一管理、多种经营和专业化分工更好地结合起来，公司和事业部的责、权、利划分较明确，能较好地调动经营管理人员的积极性；事业部型结构以利润责任为核心，能够保证公司获得稳定的利润；该组织最大的优点在于发展经理人方面，该组织能趁早培养及考验经理人担任高层管理者的能力。事业部型结构使组织最高管理层摆脱了具体日常管理事务，有利于集中精力作好战略决策和长远规划，提高组织的灵活性和适应性；同时事业部型也有助于培养和训练全面的管理人才。这是事业部型结构的优越之处。事业部型结构的主要缺点是，公司需要许多素质较高的专业人员来运作和监督事业部的生产经营活动；由于分权可能出现架空公司领导的现象，从而削弱对事业部的控制；各事业部都有本部门独立的经济利益，相互间竞争激烈，可能发生内耗，协调起来也较困难。

（六）矩阵型组织结构

矩阵型组织结构是职能型结构与事业部型结构的进一步发展。它在直线职能型组织结构纵向领导系统的基础上又添加了一种横向项目系统，形成纵横交错的矩阵结构。矩阵型组织结构把按职能划分的部门和按产品（或项目、服务等）划分的部门结合起来组成一个矩阵，使同一名员工既同原职能部门保持组织业务上的联系，又参加产品或项目小组的工作。这种组织结构形式的特点是使一个员工属于两个甚至两个以上的部门。

矩阵型组织结构的优点主要有：它使组织管理中的纵向联系和横向联系较好地结合起来，具有较大的机动性和适应性；利用各个部门的软硬件设施，做到及时沟通、有效决策、行动灵活，寻找到集权和分权的最佳结合点。而且矩阵型结构还有助于激发成员的积极性和创造性，促进组织和组织中个人的技术、能力和责任心的提高。另外，矩阵型结构还在平衡组织不同的目标方面具有独特的功效，有助于达到组织的稳定性和适应性，每个小组所承担的项目可以根据情况的变化而变化。其缺点是：由于这种组织形式实行纵向、横向的领导，若处理不当，会由于意见分歧而造成工作中的扯皮现象和矛盾；组织关系较复杂，对项目负责人的要求较高；由于这种形式一般还具有临时性特点，因而也易导致人心不稳，适用于协作型组织等复杂环境。

（七）组织结构的发展趋势

1. 组织结构扁平化

组织结构的扁平化是为了适应组织环境日益复杂多变提出的模式。其重点在于管理层次的减少和管理幅度的扩大。它的顺畅运作需要具有两个重要条件，一个条件是现代信息处理和传输技术的巨大进步，能够对大量复杂信息进行快捷而及时的处理和传输，能够大大缩减原有的进行信息处理和传输工作的中间管理层次；另一个条件是组织成员的独立工作能力大大提高，管理者向员工大量授权，组建各种工作团队，员工承担较大的责任，普通员工与管理者、下级管理者和上级管理者之间的关系由传统的被动执行者和发号施令者的关系转变为一种新型的团队成员之间的关系。摩托罗拉公司的总裁罗伯特·高尔文曾说，“普通员工在与顾客接触时，享有与总裁同样的权力”。

2. 组织结构柔性化

柔性化是指组织具有参与激烈竞争并对意外变化迅速即时地作出调整的能力。组织结构柔性化的目的是使一个组织的资源得到充分利用，增强组织对组织环境动态变化的适应能力。它具有以下特点：首先，集权与分权的有机结合。也就是在战略性目标得到有效控制的前提下适度分权，以一种宽松的、少干预的管理方式，提高工作人员的主动性、积极性及应变能力。其次，稳定性与变革性的有机结合。保持组织变动性的同时，应保持组织的相对稳定性，使工作人员有归属感和安全感，以保证工作人员和组织目标的有效配合，实现动态平衡。

3. 组织结构网络化

组织结构的网络化从组织结构理论上看，是把企业间的联结关系纳入一定的组织结构框架下，拓宽了组织模式的适应范围，应该说，这是组织结构理论上的一个重大创新。许多美国公司在大量裁员、精简机构和缩小经营范围的基础上，对企业的组织结构进行了重新构造，突破层级制组织的纵向一体化的特点，组建了由小型、自主和创新的经营单元构成的以横向一体化为特征的网络化组织形式。随着时代的发展，企业单独依靠自身发展已经越来越困难，竞争使得企业在追求规模经济和范围经济的同时展开合作。根据木桶理论，企业会不断改进自己的短板，使其适应市场竞争的要求，然而市场的变幻莫测使得企业很难及时地调整自己的短板，不时的调整反而会消耗大量的物力、财力、人力，影响企业的竞争力。如何延伸企业的价值链，如何在激烈的竞争中保持盈利，成为企业需要解决的主要问题。由于企业间的互通、互动增加，企业意识到修补自己的木桶固然重要，然而在大的市场环境下，做大市场才是获利的根本。因此，企业取出长板与其他企业合作，制造新的木桶——更大的市场。这样使得原来企业的价值链重组，成为价值网，各种企业集团和经济联合体以网络化形式把若干命运休戚相关的企业紧密联结在一起。企业组织结构的网络化具有两个根本特点：一是用特殊的市场手段代替行政手段来联结各个经营单位及其与公司总部之间的关系。二是在组织结构网络化的基础上形成强大的虚拟功能。通过这种虚拟功能，企业可以获得诸如设计、生产和营销等具体的功能，但并不一定拥有与上述功能相对应的实体组织，它是通过外部的资源和力量去实现上述具体功能的。伴随着市场竞争的日趋激烈，正是因为网络结构具有这样的特点，才决定了它的发展。

四、组织结构设计原则

传统组织结构的设计是基于传统的组织管理理论的，而传统的组织管理理论试图通过说明和确定某些组织原则来解决组织职能的复杂性。比较权威的传统组织设计原则是由林德尔·厄威克和欧内斯特·戴尔提出的。

古典管理学集大成者林德尔·厄威克在系统地总结、归纳泰勒、法约尔、韦伯等人观点的基础上，在其著作《管理的要素》一书中提出了组织结构设计的八项原则：

（1）目标原则，即所有的组织都应确定一个明确的目标。

（2）相符原则，即有权必须有责，权责必须相符。

（3）职责原则，即上级对所属下级的工作职责是绝对控制的。

（4）组织阶层原则。

（5）控制幅度原则，他认为，任何一名经理，其直接下属不应超过 6 人，这是因为他所监督的不只是每一位直接的下属，还包括各下属之间关系的协调。

（6）专业化原则，即要求组织中每一个人均应尽可能地行使单一的职能。

（7）协调原则，即在工作中使下属人员发生横向联系，在一个共同领导的名义下行事。

（8）明确性原则，即使各种职责都有明确的界限，每一职位的权、责、利，以及与别的职位的相互关系，均应以书面形式确定下来，并传达给所有成员。

美国管理学家欧内斯特·戴尔是经验主义学派的代表人物，他非常推崇传统组织管理理论，并提出了组织设计的五项原则：目的、专业化、协调、权限、责任。戴尔同时还认为，除了上述五项原则外，效率、命令统一、管理幅度等原则也不能被忽视。

知识拓展：有限责任公司的设立①

第二十三条　设立有限责任公司，应当具备下列条件：

（一）股东符合法定人数；

（二）股东出资达到法定资本最低限额；

（三）股东共同制定公司章程；

（四）有公司名称，建立符合有限责任公司要求的组织机构；

（五）有公司住所。

第二十四条　有限责任公司由五十个以下股东出资设立。

第二十五条　有限责任公司章程应当载明下列事项：

（一）公司名称和住所；

（二）公司经营范围；

（三）公司注册资本；

（四）股东的姓名或者名称；

（五）股东的出资方式、出资额和出资时间；

（六）公司的机构及其产生办法、职权、议事规则；

（七）公司法定代表人；

（八）股东会会议认为需要规定的其他事项。

股东应当在公司章程上签名、盖章。

第二十六条　有限责任公司的注册资本为在公司登记机关登记的全体股东认缴的出资额。公司全体股东的首次出资额不得低于注册资本的百分之二十，也不得低于法定的注册资本最低限额，其余部分由股东自公司成立之日起两年内缴足；其中，投资公司可以在五年内缴足。

有限责任公司注册资本的最低限额为人民币三万元。法律、行政法规对有限责任公司注册资本的最低限额有较高规定的，从其规定。

第二十七条　股东可以用货币出资，也可以用实物、知识产权、土地使用权等可以用货币估价并可以依法转让的非货币财产作价出资；但是，法律、行政法规规定不得作为出资的财产除外。

---

①　参见《中华人民共和国公司法》第二章第一节。

对作为出资的非货币财产应当评估作价，核实财产，不得高估或者低估作价。法律、行政法规对评估作价有规定的，从其规定。

全体股东的货币出资金额不得低于有限责任公司注册资本的百分之三十。

第二十八条　股东应当按期足额缴纳公司章程中规定的各自所认缴的出资额。股东以货币出资的，应当将货币出资足额存入有限责任公司在银行开设的账户；以非货币财产出资的，应当依法办理其财产权的转移手续。

股东不按照前款规定缴纳出资的，除应当向公司足额缴纳外，还应当向已按期足额缴纳出资的股东承担违约责任。

第二十九条　股东缴纳出资后，必须经依法设立的验资机构验资并出具证明。

第三十条　股东的首次出资经依法设立的验资机构验资后，由全体股东指定的代表或者共同委托的代理人向公司登记机关报送公司登记申请书、公司章程、验资证明等文件，申请设立登记。

第三十一条　有限责任公司成立后，发现作为设立公司出资的非货币财产的实际价额显著低于公司章程所定价额的，应当由交付该出资的股东补足其差额；公司设立时的其他股东承担连带责任。

第三十二条　有限责任公司成立后，应当向股东签发出资证明书。

出资证明书应当载明下列事项：

（一）公司名称；

（二）公司成立日期；

（三）公司注册资本；

（四）股东的姓名或者名称、缴纳的出资额和出资日期；

（五）出资证明书的编号和核发日期。

出资证明书由公司盖章。

第三十三条　有限责任公司应当置备股东名册，记载下列事项：

（一）股东的姓名或者名称及住所；

（二）股东的出资额；

（三）出资证明书编号。

记载于股东名册的股东，可以依股东名册主张行使股东权利。

公司应当将股东的姓名或者名称及其出资额向公司登记机关登记；登记事项发生变更的，应当办理变更登记。未经登记或者变更登记的，不得对抗第三人。

第三十四条　股东有权查阅、复制公司章程、股东会会议记录、董事会会议决议、监事会会议决议和财务会计报告。

股东可以要求查阅公司会计账簿。股东要求查阅公司会计账簿的，应当向公司提出书面请求，说明目的。公司有合理根据认为股东查阅会计账簿有不正当目的，可能损害公司合法利益的，可以拒绝提供查阅，并应当自股东提出书面请求之日起十五日内书面答复股东并说明理由。公司拒绝提供查阅的，股东可以请求人民法院要求公司提供查阅。

第三十五条　股东按照实缴的出资比例分取红利；公司新增资本时，股东有权优先按照实缴的出资比例认缴出资。但是，全体股东约定不按照出资比例分取红利或者不按照出资比例优先认缴出资的除外。

第三十六条　公司成立后，股东不得抽逃出资。

实验设计：风险企业管理者能力测试

一、测试题（如果回答“是”得1分，“不是”不得分）

1. 习惯于行动之前制订计划。
2. 经常出于效率方面的考虑而更改计划。
3. 能经常收集他人的各种反映。
4. 实现目标是解决问题的继续。
5. 临睡前筹划明天要做的事情。
6. 事务上的联系、指令常常一丝不苟。
7. 有经常记录自己行动的习惯。
8. 能严格制约自己的行动。
9. 无论何时、何地都能有目的地行动。
10. 能经常思考对策，扫除实现目标的障碍。
11. 能每天检查自己当天的行动效率。
12. 经常严格查对预定目标和实际成绩。
13. 对工作的成果非常敏感。
14. 今天能预先安排的工作决不拖延到明天。
15. 习惯在掌握有关信息的基础上制订目标和计划。

二、测试结果分析

0～5分：管理能力很差。但你具有很高的艺术创造力，适合从事与艺术有关的具体工作。

6～9分：管理能力较差。这可能与你言行自由、不服从约束有关。

10～12分：管理能力一般。对你专业方面的事务管理尚可，管理方法经常受到情绪的干扰是最大的遗憾。

13～14分：管理能力较强。能稳重、扎实地做好工作，很少出现意外或有损组织发展的失误。

15分：管理能力很强。擅长有计划地工作和学习，尤其适合管理。

第12章 风险企业的资本运作

案例导读	如家酒店的资本运作

一、如家酒店的创立过程

2001年的一天中午，时任携程网总裁的季琦开车路过北京昆仑饭店附近的一家“建国客栈”，发现这幢米黄色不起眼的小楼和自己在美国住过的经济型酒店很像。此前他从携程网上订房数据中发现，成交量最大的正是这样的、价位在150元～200元之间的旅馆。

季琦马上约见“建国客栈”的投资方——北京首旅国际酒店集团负责人。一年后，北京4家“建国客栈”同时翻牌，成为首批如家酒店。他请来的设计师在这些酒店的外墙上刷了四种不同的颜色，这些色彩也成了今后经济型酒店的标志之一。

如家酒店提供基本的居住设施，房间整洁，装备简约合理，还提供免费的宽带上网服务，价格在200元左右，是典型的经济型酒店。酒店2002年的营业额为2 000万元人民币，2003年升至7 000万元，2004年超过1亿元，如家品牌已覆盖北京、上海、广州等国内主要城市，平均出租率达90%以上。2005年，如家提出的目标是力争在两年内成为首家海外上市的酒店品牌。

二、如家酒店的发展战略

成立于2001年底的如家酒店最早由携程网出资创建，由携程网创始人之一季琦打理，是中国最早的经济型酒店之一。2002年6月，携程网与首都旅游

集团合资成立名为“如家酒店连锁”的公司，首旅集团相对控股。2005年1月，原百安居中国区副总裁孙坚出任CEO。如家董事会看好其在零售业、连锁业的管理经验，将带领公司在两年内上市的重任交给了他。国内酒店业的翘楚首旅集团和专注于旅行生意的携程网强强联合，如家在创建伊始便拥有先天的优良资质，几年来的发展顺风顺水，每年利润增长都超过50%，公司规模稳步扩大。

2002年半年之内开了4家，到2003年底达到13家，2004年底达到35家，2005年底全国开业店数达到70家，2006年开业的门店达到120家。

孙坚将如家的发展比喻为“三步走”，城市—区域—全国。如家起步于北京、上海，然后以中国最大的两个城市为跳板，进入其周边的大中城市，天津、杭州、南京……形成了眼下的“华北区”、“华东区”，以及围绕广州、深圳的“华南区”。

2003年，如家又引入包括IDG、新加坡梧桐创投等在内的境外战略投资。投资一家直营店需要资金五六百万元，这家注册资金为1 000万元的公司，已相继投入了两亿多元。自2005年以来，公司加快了扩张步伐，孙坚已经开始为如家在全国布局，成都、武汉分别成为他棋盘上“西南区”、“华中区”的重点城市。

如家酒店连锁主要采用直营的模式，孙坚认为直营投入固然大，但从投资回报率看却是相当划算的。“做特许加盟店的话，扩张速度会快一些，但只输出品牌和服务，对公司而言，仅仅多收一些管理费而已。”孙坚举例，快餐巨头肯德基在选择特许经营伙伴时是非常慎重的，因为企业要考虑品牌形象。如家在今后一到两年，会以直营为主，“以后做到150家的时候，直营店和加盟店会五五开，目前加盟店只占10%”。

一般的酒店管理属于项目管理的范畴，只要把单个项目做精即可成功，而连锁型酒店不是单一的项目，必须组建一套完整的内部系统。“这个系统必须具备极强的可复制性，复制和创造不同，复制有很多成型的模块，关键的工作在于如何将这些成型的模块放在平台上。”

如家将利用连锁业的经验，建立强大的系统来支持如家服务标准的统一性，做到品牌统一、服务模式统一、客源销售网络统一、管理系统统一、培训及服务标准统一、品牌文化统一。

三、如家酒店的资本运作过程

也许是在携程网的快速发展中充分体会了风险投资支持所带来的好处，在最初规划投资经济型酒店时，几位创始人就有引入风险投资的设想，用季琦的话说，是蓄谋已久的。比如，在合资谈判中坚持由携程网控股，季琦认为，在如家酒店的经营中，将以携程网方面为主导，尤其在融资方面更能发挥优势，“主要是考虑后续融资方面”。

如家的股东之一首旅集团是中国最具实力的大型旅游企业集团，在酒店行业有很好的知名度、品牌效力及强大的资产实力。另一股东携程网是中国最大的宾馆分销商。季琦认为，如家酒店连锁公司整合了中国旅游行业非常优秀的资源，这些对风险投资商应该非常有吸引力。

携程网所吸引的首轮风险投资，就是以投资IT、媒体产业而著称的IDGVC，经过长期的融洽合作，季琦在考虑为如家引入风险投资时，自然首先想到了IDGVC，不过最初

IDGVC 似乎兴趣并不大。

在如家之前，IDGVC 在传统领域的投资只有已于 2003 年 11 月在香港创业板上市的北京物美集团一项，而据 IDGVC 合伙人章苏阳先生介绍，IDGVC 最初投资的是物美的电子商务业务，后来，电子商务业务与物美连锁店合并，才实现了间接投资物美集团。如此看来，直接投资于如家这样传统的连锁企业，在 IDGVC 确实是第一次经历。

携程网开始筹备在 NASDAQ 上市，美国股市比较欢迎主营业务明确的企业，而当时的携程作为如家的控股股东，并存着酒店分销和酒店投资管理这两种有所冲突的业务模块，于上市不利。另一方面，从如家未来的发展考虑，上市是其必然的趋势，而如果如家的大股东也是一家上市公司，显然会对其上市不利。携程网转让其持有的如家股权成为最佳选择，于是，如家酒店连锁公司和携程网的管理团队共同出资受让了携程网所持有的全部股份。

之后不久，IDGVC 的首轮投资 150 万美元到位，不久又追加投资至 200 万美元，合计持有如家不到 20%的股份，投资期内不分红，章苏阳出任如家董事。这一投资条件是由如家提出的。另一家风险投资商美国梧桐投资公司也看好如家，投资很快到位。

至此，如家酒店连锁公司的股权结构中，以旅游业巨头首旅集团、两家风险投资商及如家管理团队三方形成基本均衡的持股比例。季琦认为，这是一个非常健康的股权结构，没有哪方占优势，也没有哪方很小，被忽略。

与国内其他经济型连锁酒店企业主要依托产业资本的发展经历不同，在如家酒店连锁的迅速扩张过程中，风险投资功不可没。乍一看，IDGVC 和梧桐投资都没有酒店行业的管理经验，但是在制定经营战略方面，风险投资的积极参与使如家受益颇深。

学习目标

1. 了解什么是营运资金，掌握其包含的内容
2. 掌握如何建立风险企业的资金管理制度
3. 了解如何监管风险企业的运作

第一节　风险企业营运资金的内涵与内容

一、风险企业营运资金的定义

（一）营运资金的概念辨析

众所周知，企业经营的目标是追求利润最大化，而利润的产生离不开各项资源的运作，只有合理地对各项资源进行整合，企业才能完成现金—资产—现金的循环，以达到不断增值的目的。维持这个循环的资金链就称为营运资金。现代企业财务管理对营运资金的

概念有了更加深入的研究，出现了三种不同的理解，并且在资金内容、经济含义和管理作用等方面有着明显的区别，深入认识这些概念的差异对真正把握营运资金的管理具有重要意义，这三种概念分别为：

（1）将营运资金理解为企业一定时期内全部流动资产减去流动负债后的余额，也称净营运资金。它是一个抽象概念，并不特指某项资产，而是一个差额，因此也被称为狭义的营运资金。一般情况下，此差额大于零时，企业被认为处于流动状态。此时，企业不仅可以使用流动资产，而不必变现长期资产来偿还各种短期债务，而且剩余的流动资产还可以作为清偿非流动负债的资金来源。一个企业的净营运资金状况对企业的内部管理异常重要。净营运资金概念将企业一定时期的短期支付要求与实际资金实力相比较，能有效地反映企业的变现能力和短期财务实力。它与流动比率、速动比率和现金比率等指标，共同构成评价和衡量企业资产流动性和短期偿债能力的财务指标体系。作为判断和分析企业流动资金运作状况和财务风险的重要依据，它在企业偿债能力和财务风险的研究中也被广泛采用。

（2）将营运资金理解为企业一定时期的全部流动资产，也称总营运资金。它是一个具体概念，包含了企业所有的流动资产，即企业一定时期持有的现金、有价证券、应收和预付账款及各类存货资产等，因此也被称为广义的营运资金。这些具体的流动资产的控制、持有状况的确定是企业日常财务管理的重要内容。这一概念将企业的营运资金与企业再生产的各个过程紧密地联系起来，可以促使企业的财务管理渗透到生产和经营管理的各个领域，做到理财与经营相结合。如果运用净营运资金这样的差量概念，就无法把握企业营运资金的具体管理对象及其变化和发展趋势。这种理解方式主要在研究企业流动资产的流动性和周转状况时使用。

（3）将营运资金理解为企业一定时期的流动资产和流动负债的统称。这种观点认为，企业的流动资产管理必须结合流动负债管理一并进行。从财务角度看，营运资金应该是流动资产与流动负债关系的总和。“总和”不是数额的加总，而是关系的反映。

在分析营运资金时，应综合考虑流动资产、流动负债以及二者的差额。净营运资金体现了企业在流动资产及其筹资安排上的效果，反映了企业的短期偿债能力，虽然在指标分析上有一定的意义，但将其作为营运资金管理的整体来看是不完整的。而且从财务管理者的角度看，仅仅谈论流动资产和流动负债的净额是没有什么意义的，尤其当这种差额总处于不断变化的时候；同时，总营运资金片面强调了流动资产总额的多少而忽视了其资金来源，将流动负债对企业一段时期内营运资金的影响排除在外，也不能体现财务管理特别是资金管理本质的要求。因此，第三种概念弥补了前两种概念的不足。在企业营运资金管理中应充分考虑流动负债的影响，因为如何最有效地采用合理的流动负债政策也是企业营运资金管理的重要组成部分。

（二）营运资金管理的概念

与营运资金概念的第三种理解方式相对应，营运资金管理应包括企业流动资产和流动负债管理的全部内容。概括而论，营运资金管理是通过规划与控制流动资产与流动负债，使企业保持良好的偿债能力和获利能力，以经营活动现金流量控制为核心的一系列管理活动的总称。它是现代企业理财活动的一个重要方面。其具体内容包括：确定现金余额的最佳水平并维持之；每周末或每月末投资到有价证券的现金数量；信用条件的变化；短期借款的筹划；存货的控制等等。我国企业的营运资金管理注重对短期资产的管理，比如现金管理、应收账款管理、存货管理和短期证券管理等；而美国的企业则偏向对净营运资金的管理。

二、风险企业营运资金管理的内容

在当今社会激烈的市场竞争环境中，营运资金管理已经成为企业不可或缺的重要管理内容。企业都设有专门部门和人员来进行日常管理工作，它是一个持续的过程。营运资金管理的内容，可以从不同的角度进行归纳。从管理对象上看，营运资金管理的内容包括对流动资产的管理、对流动负债的管理及协同管理；从管理工作环节上看，营运资金管理的内容包括营运资金的预测、决策、计划、控制、考核与分析等部分。现金流量贯穿于整个营运资金管理的始终，营运资金管理实际上就是以经营活动现金流量控制为核心的一系列管理活动的总称。具体内容包括货币资金管理、短期投资管理、存货管理、短期借款管理、应收账款管理与应付款管理等内容。

（一）流动资产项目的管理

流动资产是指可以在一年内或超过一年的一个营业周期内变现的资产，通常包括货币资金、短期投资、应收账款和存货等项目。流动资产一般具有如下特点：(1) 投资回收期短，投资于流动资产的资金一般在一年或一个营业周期内收回，对企业影响时间较短。(2) 流动性。营运资金经过供、产、销三个阶段，占用形态不断变化，一般生产企业的流动资产按“现金—原材料—产成品—应收账款—现金”循环流动。(3) 并存性。流动资产的各种形态在企业运营的某一时间同时存在，企业需要合理配置各项目的比例，以保证其顺利周转。(4) 波动性。流动资产的占用量会发生生产性和季节性波动，据此可将其划分为固定性占用量和波动性占用量两部分，这也要求流动负债的配比波动。流动资产本身并不具有直接的盈利性，应主要关注其流动性，突出加快其周转速度的管理。正确理解流动资产的性质，有助于企业更加有效地达到企业价值最大化的理财目标。

1. 货币资金管理

货币资金是企业中流动性最强、最活跃的部分，因此对它的管理也是企业营运资金管理的重要一环。根据营运资金管理目标以及现金循环周转的特点，可以将货币资金管理归纳为以下两个方面：

(1) 安全性管理。货币资金管理的安全性首先体现为数量的安全性，要保证现金的安全完整，避免现金短缺。企业一旦缺乏货币资金，无力偿还到期债务，即使有利润也可能因此导致破产。其次体现为法律要求的安全性。国家对库存现金、银行存款的使用以及货币资金结算方式都有较为严格的具体规定，例如，企业的开户银行根据实际情况为企业核定一个现金库存最高限额，企业每日的现金结存数额不得超过核定的限额，超过部分应及时送存银行；企业违反现金管理制度，保留过多的货币资金，可能会遭受失窃、白条抵库的损失；企业不自觉、严格地遵守国家有关货币资金管理的规定，将发生融资困难。因此，货币资金的管理应当恪守有关法规和要求，避免任何形式的处惩，以免损害企业的利益。最后体现为生产经营的安全性。企业生产经营的持续发展要求不断地购置材料、商品和发生各种费用支出。为确保生产经营的正常进行，企业必须加强货币资金管理，以便通过现金储备或加快现金收入来保证支付，否则极易导致巨大的财务风险，影响企业的后续融资能力，甚至危及企业的生存。

（2）效益管理。货币资金属于非营利资产，即使是银行存款，其利率也非常低。现金持有量过多，它所提供的流动性边际效益就会随之下降，进而导致企业的收益水平降低。因此，货币资金的效益性管理要求通过实施有效的管理，降低持有现金的所有相关成本，提高现金使用的效益。企业必须合理确定现金的持有量，使现金收支不但在数量上，而且在时间上相互衔接，以便在保证企业经营活动所需现金的同时，尽量减少企业闲置现金的数量，提高资金的收益率。

综上所述，货币资金管理的主要方法包括：采用货币资金持有量模型，核定现金持有量，力争实现现金流出与现金流入的同步；充分利用货币资金浮游量；加速收款，延迟付款；改变传统的还款方式，集中资金提前偿还资金成本较高的资金，以节约利息费用；建立结算中心，统一管理货币资金，以保证其有序使用等。

2. 短期投资管理

短期投资是指企业的对外权益性投资和债权性投资，主要是指有价证券投资。企业持有短期有价证券的目的有二：保持资产的流动性和赚取投资收益。一方面，短期有价证券具有变现能力强、可以随时兑换成现金的特点，常被视为现金的等价物或替代品。它不仅能够维持与拥有现金相同的资产流动性，甚至有可能增强企业资产的流动性。银行可能愿意给予企业更大的信用额度，从而提高企业的融资能力。另一方面，现金的非营利性会使现金闲置，造成资源的浪费。在证券市场比较发达的今天，企业会考虑将暂时闲置的资金投资于有价证券，以赚取一定数额的投资收益。因此，企业从事短期投资管理的基本目标是，在不损害流动性的前提下，充分利用暂时闲置的现金最大限度地赚取利润。

进行短期投资时应遵循以下基本原则：剩余资金投资原则，以免影响企业正常的生产经营活动；组合投资、分散风险。此外，我们还可以利用短期有价证券投资模型，例如，鲍莫尔模型、米勒-欧尔模型等来确定企业短期投资与货币资金之间的转换关系。

3. 应收账款管理

应收账款是指企业对外赊销产品、材料、供应劳务等应向购货或接受劳务单位收取的款项。商品与服务的赊销已成为当代经济的一个基本特征，激烈的市场竞争迫使企业提供信用业务，以此吸引顾客、扩大销售规模。但另一方面，由此形成的应收账款，也增加了企业的经营风险和持有成本。因此，应收账款管理的目的就是要权衡利弊，采取科学有效的措施，在不影响企业销售规模的情况下，减少应收账款持有成本、降低资金占用率、避免坏账损失，保证应收账款的流动性，追求更高的企业效益和价值。基于此，应收账款管理的内容可归纳为：第一，根据企业的实际情况和客观经济环境，制定科学的信用政策，以此指导企业的信用销售和应收账款管理。第二，控制应收账款规模，使应收账款总额保持在最佳水平上，确保应收账款能及时足额地收回。第三，注重应收账款的日常监督与分析，随时掌握应收账款的基本情况，以便及时作出有关决策。第四，加强对应收账款回收的管理，对于确实无法收回的应收账款，建立坏账注销制度。第五，在重点搞好应收账款管理的同时对企业可能发生的其他应收款项实施有效的管理。在应收账款管理中，最关键的一环就是制定合理的信用政策，它是加强应收账款管理、提高应收账款投资效益的重要前提。信用政策即应收账款的管理政策，是指企业为对应收账款投资进行规划与控制而确立的基本原则与行为规范。其构成要素主要包括信用期限、信用标准和现金折扣等。

（1）信用期限。信用期限是企业对外提供商品或劳务时允许顾客延迟付款的时间界限。信用期过短，不足以吸引客户，会使销售额下降；为了增加销售额而盲目放宽信用期，会使企业的资金被占用较长时间，影响企业资金的周转和利用效率，丧失再投资获利的好处，同时也会增加企业坏账损失的风险。因此，延长信用期限所带来的利益，可能会被占用资金的机会成本和潜在的坏账损失所抵消，甚至会造成利润的减少。在实际工作中，企业的信用期限通常根据行业惯例确定，也可以在此基础上采用边际收益法和净现值流量法进行评估。

（2）信用标准。信用标准是企业用来衡量客户是否有资格享有商业信用的基本条件。不能达到信用标准的客户，将不能享受企业的信用优惠或只能享受较低的信用优惠。企业信用标准的确定也需要进行风险与收益的权衡。标准过高，会将达不到标准的企业拒之门外，影响销售；标准过低，将增加坏账风险和收账费用。

企业制定或选择信用标准时应考虑三个基本因素：一是竞争对手的情况。一般情况下，对手强则选择低标准，对手弱则选择高标准。二是客户的资信度。企业必须对客户的信用状况进行考查，在此基础上，判断客户的资信等级并决定是否给予客户信用优惠。通常按照信用的“5C”系统进行评估，包括品德（character）、能力（capacity）、资本（capital）、担保（collateral）和条件（condition）。三是企业承担违约风险的能力。能力强则选择低标准，反之选择高标准。

（3）现金折扣。现金折扣是企业对客户在商品价格上所做的扣减。现金折扣政策的主要目的在于吸引客户为享受优惠而提前付款，缩短企业的平均收账期。同时招揽客户，扩大销售量。企业在确定折扣条件时必须将由此增加的收益和发生的损失进行比较，以此确定合理的折扣期限和折扣率。

在具体实施信用政策的过程中，企业应该对已经发生的应收账款，通过编制账龄分析表进行实时监督。尽量争取按期收回款项，避免因拖欠时间过长而发生坏账，使企业遭受损失。对拖欠时间不同的账款，企业应采取不同的收账方法，制定经济可行的收账政策。对可能发生的坏账损失，则应提前做好准备，充分估计这一因素对损益的影响。此外，企业还可以委托信用评估机构、开户行、会计师事务所对新客户的信用状况进行评估；对老客户按照以往的信用记录划分不同的信用等级。这样便于掌握所有客户的信用情况，从而决定是否予以赊销、确定赊销额度及收款措施。目前，西方国家风行一种利用应收账款进行融资的方法——转让应收账款。具体方式包括应收账款抵押借款和应收账款出售。这种方法能在直接有效地规避应收账款所带来的坏账风险的同时，迅速筹措到短期资金，以弥补临时性资金短缺，且这种融资不会增加企业负债。虽然采用这种方法会发生一定的手续费用，但可由加速资金周转所带来的收益弥补。它也是解决企业应收账款余额高居不下的有效途径之一。

4. 存货管理

存货是指企业在日常活动中持有以备出售的产成品或商品、处在生产过程中的在产品、在生产过程或提供劳务过程中耗用的材料等。存货是联系企业产供销三个经营阶段的纽带。企业存货的变化同生产经营过程的递进有着极为密切的关系。持有充足的存货，不仅有利于生产过程的顺利进行，节约采购费用与生产时间，而且能够迅速地满足客户的各种订货需要，从而为企业的生产与销售提供较大的机会，避免因存货不足带来的机会损失。但同时，这也会产生相关的持有成本，影响企业的获利能力。因此，存货管理就是要权衡存货的功能与成本，以最小的存货资金占有（包括资金消耗）促进生产经营过程的递进，将存货数量控制在最佳状态，以加速资金周转，实现最佳经济效益。

经济订货批量法及其扩展模型为我们提供了解决该问题的好方法。该方法首先以一些假设为前提，将存货的进货成本及储存成本最低时的购入量作为最佳订货量。然后逐步放宽假设条件，扩展到数量折扣模型、存在缺货模型、存货陆续供应和使用模型。近年来，由于物料需求计划（MRP）和制造资源计划（MRPⅡ）的出现，人们逐渐开始研究离散需求环境下的订货批量问题，并出现了时区订货批量法、最小单位费用法和最小总费用法等。

在存货的日常管理中，我们可以采用存货管理的基本原则并配合使用上述模型。此外，20 世纪 50 年代由日本丰田汽车公司首次提出的适时制（JIT）生产系统为存货管理带来了一场革命。它的基本思想与传统生产系统相反，它是一种需求拉动式系统，即以顾客（市场）为中心，根据市场需求组织生产。只在有需求时进行生产且只生产顾客需要的数量。每一个工序只生产下一工序需要的产品，除非下一流程发来信号，否则不进行生产，且生产需要的材料和零件适时到达。JIT 系统要求企业的供、产、销各环节紧密结合，大大降低了库存和相关成本，提高了生产效率和效益。JIT 系统代表了一种全新的库存管理和控制的思想，在日本丰田集团的实施过程中取得了巨大的成效。它将物流、商流、信息流合理组织到一起，形成一个高度统一、高度集中的整体，体现了以市场为中心、以销定产、牢牢抓住市场的营销观念。JIT 系统于 20 世纪 70 年代末传入中国，得到了许多企业的青睐。不可否认，作为新兴的生产系统，JIT 具有其独特的优势，一些中国企业，如四川仪表厂、万向集团、五羊—本田摩托车厂，通过实施 JIT 降低了库存成本、提高了产品质量和生产效率。但 JIT 系统的实施需要具备一定的条件，目前我国企业实际的内外部经营环境与 JIT 的实施要求有很大的差距，因此，在生产中追求消灭一切浪费、实现零库存的做法是行不通的。各个企业应结合自身所处行业、商业环境、管理水平等情况进行综合考虑，有选择地实施 JIT 系统。

（二）流动负债项目的管理

流动负债，又称短期融资，是指需要在一年或者超过一年的一个营业周期内偿还的债务，主要包括：短期借款、应付账款、应付职工薪酬、应交税费及应付股利等。从性质上讲，流动负债是用于满足企业短期资金需求的融资方式。这种资金需求既可以依靠长期负债解决，也可以依靠短期负债或者权益资本解决。虽然流动负债的形式多样，各流动负债之间也有差别，但与长期负债相比，它们普遍具有速度快、弹性高、成本低、风险大的特点。因此，较多地使用流动负债，会导致较高的收益和较大的风险；较多地使用长期负债，则会导致较低的收益和较小的风险。特别是由于流动负债需要在近期偿还，它直接影响着企业一系列流动性和偿付能力指标的高低，也影响着企业的信誉。因此，必须加强流动负债管理，使企业保持良好的筹资能力。企业流动负债管理的目标就是力争使债务的偿还期与投资收益的回收期一致，满足资金需要，降低资金成本，减少财务风险。

1. 自然融资

自然融资是企业在生产经营过程中自发形成的资金来源，主要包括应付票据、应付账款、预收账款和应计费用等。它的优越性在于容易取得，因为不需办理任何融资手续，几乎没有成本，对企业的限制也较小。但不足之处在于期限较短，企业筹资的主动性较小。

应付账款是一种短期免息贷款，且在一定程度上可以展期。在比较发达的市场经济中，绝大多数购买者都不需要在收到货时就付款，供货商常常给予购买者一定的商业信用，小企业对此尤其依赖。因此，它是企业短期筹资中最具诱惑力的短期资金来源。但企业必须在保证财务状况和运营效率的情况下，对应付账款进行有效的控制，否则它会加大企业的债务负担，增加短期财务风险，影响企业信誉。此外，供货商为了保证款项的及时收回，往往提供现金折扣，作为鼓励购买者及时付款的优惠措施。这时，企业应将现金折扣与规定付款期限内的资金投资收益进行比较，并作出决策。一般情况下，放弃现金折扣对企业来讲是不划算的。

应付票据与应付账款类似，区别在于商业票据对于付款时间的要求更为严格。预收账款是卖方企业在交付货物之前向买方预先收取部分或全部货款的信用形式，这相当于卖方向买方借用资金后用货物抵债，一般用于生产周期长、销售成本高的货物。一般企业不将其作为短期资金的主要来源。

应计费用一般包括应付职工薪酬、应交税费、应付股利和预提费用等。这些项目都已经发生但还没有支付，使得企业可以得到短期内资金融通的机会。从某种程度上说，应计费用是一种无成本的融资方式。但对一般企业来讲，这些项目的资金总额相对较少，而且部分项目时间较短，尤其是应付职工薪酬，若过分延迟工资的发放，会引起职工的不满，对企业产生很大的消极影响。因此，企业充分地周转利用这部分资金的可能性不大，操作难度也较大。

2. 短期借款

除自然融资外，企业还可以通过协议融资筹集资金。协议融资主要包括短期借款、信用证和向社会公众发行应付短期债券。信用证主要适用于从事国际贸易业务的企业，应付短期债券则只适合于规模大、信誉好的企业。因此，一般企业主要向银行和其他非银行金融机构借入短期借款，作为短期融资的来源。同时，金融机构针对企业营运过程中需要的不同层次、不同用途的资金提供了不同的金融产品，主要包括：周转信贷、临时贷款、科技开发贷款、专项贷款、买方信贷等。企业可以根据不同的需要向银行申请不同形式的贷款。

第二节　风险企业资金管理制度的建立

一、风险企业资金管理制度建立的目的

作为企业财务管理的重要组成部分，营运资金管理的基本和最终目标应该遵循企业整

体财务管理的目标。概括而论，企业营运资金管理的目的是通过实施有效的管理活动，保证企业营运资金充分的流动性和安全性，并尽可能地提高营运资金的利用水平和周转能力，努力提高企业的整体盈利能力。具体而言，营运资金管理的目标包括：

（一）保持适当的偿债能力

企业的偿债能力，尤其是短期偿债能力，不仅会影响企业的信誉和未来的发展，甚至直接关乎企业的生存。判断短期偿债能力强弱的主要依据是净营运资金、流动比率和速动比率。这三者均与偿债能力成正比。一般而言，净营运资金数额越大，流动比率、速动比率越高，流动资产对于流动负债的保证程度越高，反映的短期偿债能力越强，但还需要考察流动资产的流动性。流动资产中各项目的变现能力不同，其顺序大致为：货币资金＞短期投资＞应收票据＞应收账款＞存货，因此，流动资产中各项目所占比重不同，体现的流动资产总体变现能力也不一样。

（二）不断提高盈利能力

盈利能力是企业在市场竞争中生存与发展的根本条件，其关键在于能否有效运用资金，顺利实现资金周转和增值。成功的企业在营运资金的支持下，在流动资产和流动负债的反复循环转变中，不断获取利润。影响盈利能力的重要因素是营运资金的周转速度。加快营运资金周转速度的关键是加强应收账款和存货的管理，提高应收账款和存货周转率。应收账款和存货是流动资产的重要组成部分，是营运资金运动的必经环节，通过改善它们的周转速度，营运资金的周转速度也将随之加快，最终提高企业的盈利能力。

实际上，保证营运资金充分的流动性和安全性，以维持偿债能力，与保证其具有低成本和较好的盈利能力，是互相矛盾的。从盈利性看，基于流动资产与固定资产盈利能力的差别，以及短期资金与长期资金筹资成本的差别，净营运资金越多，意味着企业将筹资成本较高的长期资金越多地运用到盈利能力较低的流动资产上，从而使企业整体的盈利水平相应降低。从风险性看，净营运资金越多，则发生技术性无力清偿的风险就越小。这并不奇怪，因为风险与收益总是互相矛盾的。因此，除了要加强营运资金的日常管理工作，降低营运资金的持有成本外，营运资金管理的最终目的就是要权衡营运资金的流动性、风险性和盈利性。

近年来，西方企业出现了一种倾向于降低营运资金水平的潮流，强调将获利性作为首要目标，提出“零营运资金”、“负营运资金”管理的观点，并将其视为现代公司理财的最高境界。原因在于，从长远来看，获利能力是偿债能力的保证。如果企业具有较强的获利能力，即使面临偿债危机，也能较容易地筹措到资金而将其化解；但若获利能力较差，无论债权人还是投资者都不会轻易给予投资，企业经营会因此陷入困境。另外，保持偿债能力并不意味着必然要维持很高的营运资金和流动比率，如果企业能够合理地安排流动资产和流动负债的数量、期限，保证它们的衔接与匹配，并且应收账款和存货的周转速度很快，那么就可以动态地保证企业的偿债能力。这种思想对传统的营运资金管理提出了极大的挑战，但并不是不能实现的。

二、风险企业资金管理制度的建立原则

美国学者道格拉斯·R·爱默瑞、约翰·D·芬尼特提出的财务管理原则，为全球大

多数企业所接受，并被应用于其财务管理活动中，其中，最为著名的是自利行为原则、双方交易原则、信号传递原则和有价值的创意原则等。掌握这些原则的要领，有效拓宽其应用范围，在创新中应用，在应用中创新，必将提升风险企业的决策水平和管理效率。

（一）自利行为原则

自利行为原则是指在进行决策时，人们会按照自己的经济利益行事，即选择使自己经济利益最大化的行动。此原则依据的是理性经济人的假设。在该原则指导下，美国企业出于自利，依市场法则规范运作，各种经济往来事先都要制定契约，根据契约行动，且据此裁决纠纷，可节省各种资源，包括时间、金钱、精力等，对提高管理效率是有益的，却不符合东方文化所讲的人情味。而我国企业间的经济往来，往往离不开酒桌，无论交易的质量及前景如何，很多企业每年仅业务招待费就占管理费用很大的比重，这无疑加大了企业的财务负担，减弱了企业的资金获利能力。难怪有的民营企业家无奈地说："若能在办事时减少些请客吃饭、送礼、给回扣这样一些潜规则，我就能让我的企业运行得更有效率，创造更多的价值。"所以，将自利行为原则引入我国企业，并且融入企业的内外部环境，对于挖掘企业潜力大有益处。

企业是经济活动组织，自然讲求创造价值，获取利润，这难免使其蒙上功利色彩。按自利行为原则行事，这无可非议，但不能急功近利。例如，公关活动不同于其他生产或经营活动，它产生的效应难以定量衡量，并且唯有持之以恒，才能奏效。有的厂家开展一两次公关活动，未能收到立竿见影的效果，便片面认为公共关系作用不大，从而放弃不做，这是患了"近视症"。当然，适当节省开支，也是大型公关活动应当注意的问题。公关活动不是为了摆阔比富，而要讲求实效。

（二）双方交易原则

双方交易原则是指每一项交易都至少存在两方，在一方根据自己的经济利益决策时，另一方也会按照其经济利益决策，并且对方和你一样聪明、勤奋和富有创造力，因此，你在决策时要正确预见对方的反应。双方交易原则要求企业在行事时，不能一味以自我为中心，要合理顾及对方的利益，只有己方行事在对方能够接受的条件下才能使交易进行下去。从这种意义上说，双方交易原则是对自利行为原则的有力补充。这就不难理解西方企业非常注重诚信，而且注重客户的利益，不拖欠其款项，不对其施行欺诈行为。因为他们懂得，只有在诚信的基础上才能使双方的交易长期维持下去，且不断扩大，以期达到"双赢"的局面。

现代企业既要追求经济效益，更要讲求社会效益，而企业家则需在"利"与"义"之间寻求平衡点。正如著名管理学家克拉伦斯·沃尔顿所言："企业经理人应该用一种全局观来看待企业的责任，因为在这种观点之下，企业被看成是讲信用、讲商誉、讲道德的组织，而不是赚钱的机器。"

（三）信号传递原则

该原则认为，行动可以传递信息，并且比公司的声明更有说服力，这与我国传统文化中，一向有"观其行"而不要片面"听其言"的忠告，具有异曲同工之妙。在我国投资领域中，众多的投资者受到欺骗后，均归罪于企业利用虚假财务信息谋取不正当利益。这类事件有一个共性，就是别具用心的人将本企业的财务状况吹得天花乱坠，使得外界觉得企业前途光明，投资此企业有利可图。然而血本无归的残酷事实令盲目的投资者大梦惊醒。痛定思痛，方知应当将更多的精力放到考察企业的实际行为上，而不应停留在表面声明上。这条原则还告诉我们，企业在采取某种行动时，不仅应考虑经济利益，还应注意此项行动可能传递的信号。例如，企业将数台闲置的机器设备卖出，虽然可回收些资金，但可能使公众误解为企业生产过剩，产品销路不好，乃至企业陷入财务困境。所以应权衡利弊，三思而后行。

由此原则可知，薄利多销的营销策略未必总是可取的。这固然与商品自身弹性有关，即缺乏弹性的商品降价促销效果甚微，而究其根本原因为：我国市场经济已发展 10 余年，市场秩序日趋规范，加入 WTO，国内市场与国际市场并轨，消费者不仅收入增加，眼界大为开阔，且消费理念不断提升，消费行为日趋成熟。降价促销可能向消费者传递多种信号，消费者可能怀疑该商品的质量，甚至对低价狂甩的动机和以“跳楼价格”抛售的诚意持有疑虑。此种心理必使薄利多销的效果大打折扣。

（四）有价值的创意原则

无数事实证明，新创意会产生意想不到的高额价值，能够带来额外的报酬。此原则要求企业不仅要关注各项日常事务，还应着重考虑如何应用创意，从根本上扭转被动局面，或者使经营锦上添花。创意不仅体现在产品设计上，还体现在市场开发、公共关系活动等各个方面上，有价值的创意可让企业或者商家取得超额利润。

三、企业内部影响因素分析

企业内部环境的好坏直接影响着风险企业资金管理水平的高低。企业内部环境主要包括企业制度（公司治理结构）、财务管理制度、人力资源管理机制等。

（一）建立规范的现代企业制度

风险企业一般都是由小企业发展起来的，投资主体与经营主体是重叠的，随着企业规模的扩大可能仍然没有摆脱小企业的管理模式，很多风险企业不能利用资本的有限责任来确立资本结构，维护资本所有者的权利。因此，应逐步建立健全适应市场经济发展要求的现代企业制度，凡发展到一定规模的企业，应自主逐步变原有的小企业管理模式为规范的股份制企业或有限责任公司管理模式，核心问题是要有明晰的产权和建立在所有者和经营者制衡关系基础上的公司治理结构。建立规范的现代企业制度，为企业进行资金的有效管理和实现资源的有效配置奠定了基础。

（二）健全企业财务管理制度

财务管理是企业经营管理的重要内容，而资金管理又是财务管理的核心内容，科学合理的财务管理制度对风险企业的资金管理相当重要。就风险企业融资来说，企业的筹资渠道和融资方式有多种，为了保证企业资金来源的有效性，企业在进行筹资决策时，必须根据企业内外部环境等，综合判断各种融资渠道与方式的优劣，科学确定企业最优资本结构来选择最佳的融资渠道与方式。实践中，很多风险企业缺乏科学的筹资决策制度，在筹资中带有很大的盲目性，因此，风险企业应建立、健全财务管理制度。

（三）改善企业人力资源配置与管理

人力资源是指能够为企业发展作出贡献的劳动者能力的总称，是劳动者数量和质量的统一，也是劳动者在实践活动中表现出的劳动能力的综合水平，是企业最宝贵的财富。风险企业人力资源管理是指企业通过运用管理系统来有效地组织人才的选拔、使用和培训，以不断提高全体人员的素质，充分发挥其积极性，最大限度地挖掘其潜力的过程。所以，人力资源管理包含很多内容，如员工的配置、员工的选拔、员工的培训、员工的激励机制等等。只有有了人才，并充分发挥其主观能动性，企业的一系列资金管理活动才能得到有效实施，诸如投融资决策才能理性化，企业投融资能力才能得到提高。风险企业为改善人力资源的配置与管理应注意做好以下两项工作：一是树立现代的人力资源开发与管理观念，要爱才、识才，善于挖掘人才，合理使用人才，并要注意人才的继续培养；二是将企业人力资源开发计划与企业的目标及企业的中长期经营计划结合起来，根据企业的发展状况随时进行调整。

四、企业外部影响因素分析

（一）金融环境分析

风险企业的发展需要雄厚的资金支持，需建立科技与经济相结合的多层次、多渠道、多功能的金融体系。实践证明，美国高新技术产业的蓬勃发展离不开其国内发达的资本市场，尤其是风险投资机制以其灵活的投资方式促进了技术创新和大量高新技术企业的健康发展。美国资本市场高度灵活、统一的运作机制为风险投资机制的繁荣奠定了基础，也为风险企业的发展创造了一个良好的资金管理环境。据统计，在 NASDAQ 市场，股票市值居前十名的企业全部为高新技术企业，并且 NASDAQ 市场的地位已超过了纽约证券交易所。根据美国经验，NASDAQ 市场无疑为大量高新技术企业的崛起创造了条件。我国风险企业资金管理的金融环境与发达国家相比相去甚远。风险企业的银行信贷空间狭小，一方面，风险企业的高风险性使得企业从银行贷款比较困难；另一方面，我国缺乏为风险企业服务的小型商业银行。目前，我国小型商业银行很少，滞后于社会经济发展的需要。另外，风险企业通过证券市场融资困难。《中华人民共和国证券法》规定："上市公司的股本总额不少于 5 000 万元，公司须成立三年以上，且最近三年必须盈利，持有股票面值达 1 000 元以上，股东人数不少于 1 000 人等"，"公司发行债券，股份有限公司的净资产额不低于 3 000 万元，有限责任公司的净资产额不少于 6 000 万元"。证券市场的门槛过高无疑限制了我国风险企业通过证券市场融资的渠道，而且我国风险投资机制尚未完全建立。根据发达国家的经验，风险投资的发展不仅需要大量的资金投入，而且要有相应的制度环境及规范化的中介组织。我国目前针对风险投资的法律法规尚不完善，不利于风险投资的发展。

（二）技术环境分析

技术是风险企业成长的动力源泉。国外经验表明，科研所、大专院校等是风险企业的主要技术和创新来源。风险企业将其研究成果和研究人员用于商业化运营，从而在源头和终端之间建立了不断互动的创新体系和完善的知识流动体系。我国目前整个技术创新系统的整合效率过低。一方面，企业、科技、教育等各个子系统相互脱节，没有形成有效的运行系统，企业在与研究机构和高校合作时，总是处于比较被动的地位，抱着试试看的心态。另一方面，由于我国深受传统体制的影响，科技成果大多出自科研院所和高校，与市场严重脱节，缺乏成果转化的时效性观念，每年都有大量的科研成果因时滞问题而成为无价值的知识沉淀。这既大量浪费了资源，又降低了科研成果的转化率，也在一定程度上减少了技术供给，限制了风险企业的发展。为了鼓励高新技术企业的技术创新和科技进步，许多国家制定了相应的政策法规。如美国在1982年颁布的《小企业技术创新开发法》，美国政府通过“小企业创新研究计划”（SBIR）对小型风险企业投资近10亿美元，帮助了约2 000个高新技术企业的创新活动。但我国在技术创新和科技进步方面的政策法规仍不完善。

（三）市场环境分析

首先，从市场的宏观趋势来看，在欧美发达国家，以知识为基础的产业已经在国内生产总值中占据了相当大的比例。专家估计，2010年，信息科学技术中的软件、生命科学技术、新能源和可再生能源科学技术、新材料科学技术、海洋科学技术和有益于环境的高新技术产业的产值将全面超过汽车、建筑、石油、运输和纺织等传统产业。

其次，营销环境发生了新变化。随着知识经济时代的到来，互联网开辟了一个前所未有的新空间，使得市场环境发生了巨大变化：销售渠道发生了变革，营销距离拉近，营销空间在不断拓展和延伸。互联网已经创造了一个即时全球社区，它消除了国与国之间交易的时间和地域障碍。网络已成为高新技术企业营销的快车道。网络营销不仅仅是一种技术手段的革命，而且还包含了更深层次的观念的革命，这种新型渠道的突出优势在于其便捷性和透明度。但同时网络销售毕竟是一个新生事物，在其发展过程中不可避免地存在着各种各样的困难，包括消费者心理障碍、网络堵塞、支付安全、售后服务等等。

再次，高新技术产品在市场竞争中的特殊性。由于高新技术产品是以知识、信息、人力资本等无形资产作为主要生产要素的，并且由于这些要素具有溢出效应和共享性，使得风险企业在产品市场的竞争中必须根据高新技术产品的特性，把握住市场竞争的核心。一个风险企业在产品成长初期要在整个大市场上同时拥有产品优势和市场优势是很困难的，企业面临着两类竞争对手：一类是向同一目标市场提供老产品的原有企业，另一类是拥有同样技术的风险企业。风险企业必须依靠产品优势与前者竞争，依靠市场优势与后者竞争。

第三节　对风险企业运作的监管

对风险企业运作的监管是指风险投资家对企业生产经营活动的重要环节如生产、经营、融资、决策等进行全过程的监管，它的任务是描述企业的真实状况及发展动向。风险投资家对风险企业的监管是非常严格的，虽然其一般不介入企业的日常经营管理，但可用以下办法对企业管理层的履约行为进行监控：

第一，控制董事会，掌握重大事项的决策权。风险投资家至少在企业董事会中拥有一个席位，并担任董事长。其通过控制董事会来对企业的重大决策进行控制，如追加投资，制定企业发展战略，挑选和撤换管理层，企业上市、并购、清算和接管企业等。因此，组建并控制董事会是监督契约执行的制度保障。

第二，建立管理团队，完善公司治理结构。风险投资家一般帮助企业建立起强有力的管理团队，使控制权得到合理的分散和分配。这个管理层至少具有四个方面的专业人才：技术开发和产品生产、市场开拓、财务管理、行政管理。

第三，掌握财务状况等企业信息，严格执行商业计划书。风险投资家一般通过不定期的企业访问、电话交谈以及定期提交的财务报表、项目进展、市场计划等资料，全面掌握企业的信息，判断企业是否严格执行商业计划书的内容，运营是否正常。

第四，加强管理咨询，策划后续融资、企业并购和上市。风险投资家会对企业的重大事项提供管理咨询，如策划追加投资，选择投资退出的最佳途径，策划企业并购、资产重组等各种交易，选择上市地点和主承销商等。

第五，危机事件处理。当企业进展与预期计划相差太远甚至出现危机时，风险投资家会果断出手，亲自接管公司的日常管理，或者让企业破产清算。

知识拓展：企业资本运作中的合理避税

资本运作是一项复杂的商业投资活动，其间存在很大的涉税风险。在资本运作过程中需要注意的问题很多，其中重要的有以下几个方面。

1. 注意个人资产与企业资产的划分

目前，许多私营企业或私营股份企业在生产经营过程中，都存在投资者个人资产与企业资产划分不清的现象，如将个人的房屋、汽车用于公司经营，将企业购买的资产记入个人名下。由于个人资产的所有权不属于企业，按照税法的规定，这些个人资产所涉及的费用支出也不得在税前扣除。不仅如此，按照个人所得税法的规定，企业支付给投资者的个人消费性支出，还要按照股息、红利所得征收个人所得税。这部分由公司使用的资产的支出，就很有可能被认定为个人消费性支出，不但不能在企业所得税税前列支，反而还要征收 20%的个人所得税。

那么，这部分实际由企业使用的属于投资者个人的资产，应该如何将其费用转化为企业的费用才符合税法的规定呢？投资者和企业可以结合实际情况，从下面三种方式中选择一种适合自己的方式进行处理。

一是采取经营性租赁方式投入企业。考虑到企业经营的风险，部分投资者不愿意将个人的资产进行产权转变，为了划分有关资产的使用权限，可以采取企业向个人租赁资产的方式，由企业与个人签订资产租赁协议，企业按照市场价值支付租赁费给资产所有者。这样，企业经营性租赁资产费用可以全额税前列支，使用过程中发生的费用也可以在当期税前扣除，降低企业所得税，但是不能计提折旧。采取这种方式，个人需要按房屋租赁收入缴纳营业税、个人所得税，及其他相关税费。需要注意的是，一般而言，企业租赁个人资产后，个人不得再无偿使用这些资产，需要严格区分个人费用支出与企业费用支出。否则，若个人费用与企业费用区分不清，税务部门会将所有费用一并视为个人费用处理。

二是采取投资方式投入企业。企业创办初期注册时，如果货币性资金不足，可以将部分非货币性资产如住房、汽车等作为注册资金投入企业，从而将这些资产的所有权变更给企业，其资产就可以计提折旧，使用的费用就可以作为企业的费用税前扣除了。当然，在生产经营过程中，也可以将投资者个人的资产通过增加注册资金的方式投入企业，转变为企业的资产，而且个人资产还需要办理产权转移手续。投资资产需要缴纳相应的税款：房产属于不动产，以不动产投资的，按照税法的规定，不需要缴纳营业税，但是企业要缴纳契税；个人不属于个体经营者，以汽车投资的，不构成增值税纳税义务人。这里需要提醒投资者注意的是，作为新办企业，如果希望享受新办企业的所得税优惠政策，应当注意投入不动产的比例是否超过有关规定的要求。

三是采取销售方式投入企业。如果不能采取注册资金投资或增加注册资金投资的方式，投资者可以将自己的资产销售给企业，这样也可以将资产的所有权转移给企业，达到资产可以计提折旧或扣除资产使用费的目的。但是这种方式需要缴纳的税费相对于投资来说，可能会有所增加。首先，个人销售不动产房产（非普通住宅），需要按照购销差价缴纳营业税及相关税费，还要缴纳土地增值税和财产转让所得的个人所得税。其次，企业接受房产，需要缴纳契税。此外，个人销售自己使用过的应征收消费税的机动车，售价超过原值的，按照4%的征收率减半征收增值税。

作为投资者，在将有关资产进行转移的过程中，要注意综合分析所发生费用的平衡关系，避免反向操作，以免给投资者带来不必要的经济负担。

2. 注意投入资本的性质

许多人认为，由于个人独资企业与合伙制企业都适用个体工商户个人所得税法，不再征收企业所得税，因此，两者的税收待遇差不多，在具体操作过程中，不再细究具体细节上的问题。事实上，个人独资企业与合伙制企业在具体征税过程中还是存在差别的，如果纳税人在具体操作过程中能够注意到这点，就可以进一步享受税收筹划的好处。

《财政部、国家税务总局〈关于个人独资企业和合伙企业投资者征收个人所得税的规定〉的通知》（财税〔2000〕91号）规定，投资者的费用扣除标准，由各省、自治区、直辖市地方税务局参照个人所得税法工资、薪金所得项目的费用扣除标准确定，投资者的工资不得在税前扣除。该文件同时还规定："合伙企业的投资者按照合伙企业的全部生产经营所得和合伙协议约定的分配比例确定应纳税所得额，合伙协议没有约定分配比例的，以全部生产经营所得和合伙人数量平均计算每个投资者的应纳税所得额。"

实验设计：风险企业的资本运营机制分析

一、创造良好的企业外部环境

1. 完善资本市场环境

资本市场的高效运作必须具备合理的市场结构和良好的监管机制。我国目前的资本市场存在很多问题。因此，我们要采取一定的措施给企业的发展创造良好的外部环境：一是减少行政计划的因素，减少行政职能部门对企业过多的干涉；二是进一步改进和完善市场结构；三是增进市场的流动性，提高市场的流动性是提高资本运营的前提条件；四是完善市场的价格机制，建立公平、有序的市场价格体系；五是建立与整个经济开放程度相适应的高度权威的管理体制，使整个市场经济活动有序进行，为企业提供良好的市场环境。

2. 完善法律制度

一是完善法律制度，规范证券机构、发行公司和上市公司的行为；二是扩展金融市场容量，完善金融法规体系；三是完善公司法的制度，规范公司的合并、分立和破产等行为；四是完善国有资产管理法律制度，规范国有资产监督管理、国有企业产权界定、国有资产评估以及国有资产产权登记行为。

3. 净化社会中介环境

资本运营是一项系统性、操作性极强的活动，这一活动的各个环节均需要中介机构的参与，中介环境的好坏直接关系到资本运作的成败，因此要建立规范的中介机构。企业资本运营的中介活动主要包括融资的安排、咨询、牵线联系、资产评估等。当前，规范、净化中介环境必须加快投资银行的建设，使其成为企业资本运营的推动力量；必须提高各类资产评估机构的权威性和公正性，使其提供的服务为市场所信任。

二、营造企业资本运营的内部环境

1. 培育资本运营人才

要提高资本运营能力，首先，企业管理者要提高自身的素质，提高自身的业务水平，不断学习、更新知识并运用到实践中；还要牢固树立风险观念和竞争观念。其次，要重视对人的管理，做好资本运营理论的培训，造就资本运营人才，选拔懂资本运营的优秀企业家担任公司经营者是公司资本运营能力提高的关键，要发挥个人的特长和优势。再次，需要提高企业的财务能力，抓好企业的内部生产，降低产品的成本，增强企业的竞争能力并优化企业内部资本结构，以提高企业的盈利能力。最后，企业应该建立对资本运营项目的考核制度。

2. 优化企业资产重组

在企业重组中，兼并、收购往往是企业实现资本低成本扩张的有效途径，企业的并购有助于企业迅速实现规模经济，增加资本竞争力。但是兼并、收购不是单纯的资产相加，也不是企业将不相干的资产并入企业中，而是要兼并、收购与企业的经营范围相似或类似，具有发展潜力，能够提高企业竞争力的企业。通过这类重组，才能优化企业的资产，使重组并入的资源与企业内部资源形成互补和协同效应，增加企业的价值。

3. 拓宽企业融资渠道

筹资是企业一项重要且经常发生的活动，依靠企业自身的积累或传统的间接融资渠道已经不能满足企业的资金需要了。企业应开拓多种融资渠道，既要满足生产经营的资金需求，又要降低筹资成本，避免和降低财务风险。在资本市场，企业要实现从间接融资到直接融资的转变，企业可以以自身的法人财产作抵押实现直接融资，也可以以股权出让和转让的形式以及以存量资产出让、土地资产置换、发行债券等形式筹资，不要局限于传统的融资渠道。

4. 努力实现资本运营形式的多样化

企业应该根据实际情况，分别采用不同的资本运营方式来优化资源配置。在规模经济效益明显的行业，如汽车、电子、机电和化工等行业，可以采取横向并购的方式进行资本运营，对具有纵向一体化优势的行业，可以采取纵向并购的方式进行资本运营，而中小企业则可以联合大企业、大公司，利用大公司的管理优势，进行混合并购。

5. 建立企业技术创新机制

技术创新是资本运营的动力，是企业在激烈竞争的市场中取得胜利的关键，技术创新是企业不断增值的直接推动力，是资本扩张的催化剂。企业，特别是大的上市公司必须要建立强有力的技术开发中心，研究开发新产品、新技术，加快新产品的优化升级，提高技术创新能力。

6. 建立资本运营与商品经营的联动机制

资本运营比商品经营更复杂，企业进行投资、控股扩张的同时，企业风险也在扩张。为使企业的资本运营达到预定的目标，必须考虑对资本运营主体和资本运营程序的控制问题，避免和减少投资运营风险。企业的资本运营应该剥离企业的非经营性生产，提高企业资本运营质量及效率，使商品的经营成果转化成资本运营成果。企业在资本运营中应尽量减少无关联企业之间的兼并，以合理的市场结构形成企业适度的竞争状态，将资本运营行为和商品生产经营的切实需要紧密结合，规划出有序、渐进的资本运营轨道。

三、建立有序的资本扩张机制

在资本扩张中，需要处理好资本运营中资本规模与市场规模的关系，应该注意以下几点：一是资本扩张应通过资本的运营和相关生产力配置的增强、占领市场份额所引起资本利润的提高来进行。二是资本运营过程中资本扩张应重在存量盘活，而不是搞重复建设，通过存量重组扩大相对市场份额。三是资本运营应注重无形资产的运营，无形资本是无形资产的价值体现，无形资本运营是企业对拥有的专利、商标权、商誉等进行的运筹和谋划，使其实现价值的流动。四是目前大多数企业的固定资产价值大于流动资产价值，存量价值大于流量价值，资产负债率和净资产率都很低，通过相应地提高企业的资产负债率可有效地达到规模经济和市场规模的统一。在该过程中，还需要政府制定兼并、产业政策，对市场容量加以指导，加速资本运营扩张机制的培育。

第13章 风险企业的治理

案例导读　国美之争与公司治理

一、人物简介

黄光裕，国美创始人，1987年成立国美电器，并使其于2004年在中国香港成功上市。历经20年的发展，国美电器已成为中国家电零售业第一，黄光裕借此成为中国首富。2008年11月17日，转轨期致富中的“原罪”导致黄光裕入狱，被判有期徒刑14年，现仍为国美电器第一大股东。

陈晓，1985年开始从事家用电器的销售工作，1992年担任某国营家电公司常务副总经理。1996年创建上海永乐家电，任董事长。2005年率永乐在中国香港成功上市。2006年7月，国美在中国香港宣布并购永乐家电，在合并正式落下帷幕的第12天，陈晓担任国美电器总裁。2009年，他又出任国美电器董事局主席。2011年3月，陈晓辞去董事局主席一职。

二、国美之争大事回顾

国美电器成立于1987年1月1日，并于2004年6月在中国香港成功上市。2008年底，国美电器原董事会主席黄光裕涉嫌经济犯罪被拘留调查；1个月后，黄光裕辞去公司职务，陈晓接任董事会主席职务，全面接管国美；2009年6月，公司以可转债方式引入贝恩资本，为陈黄矛盾埋下伏笔；2010年5月11日，狱中黄光裕不满被夺权而发起罢免贝恩董事的行动；随后陈晓利用董事会授权重新任命这三名公司董事；黄家与陈晓谈判未果，黄光裕再次发起罢免职业经理人的行动，接着董事会对黄光裕提起法律诉讼，2010 年 8 月、9 月，双方展开密集的宣传战、拉票战；2010 年 9 月 28 日，国美电器召开特别股东大会，结果出人意料（黄未能打入董事会，陈晓、贝恩董事留任）；2010 年 10 月、11 月，双方继续谈判，达成谅解备忘录（黄打入董事会，陈晓留任）；2011 年 3 月 10 日，陈晓正式退出国美董事会。

三、国美电器控制权更换的四个阶段

1. 自创立至上市初期

黄光裕绝对控股时期公司的治理结构表现为一股独大。黄一人管理公司所有的战略和经营，由于其果断的管理魄力和骁勇的战略眼光，以及国美独创的类金融发展模式，国美迅速扩张为中国家电连锁零售业第一。

2. 国美高速发展时期

黄光裕相对控股时期仍表现为一股独大，出现的问题包括公众股东抱怨回报不佳、董事会受控通过不利于公司的回购、未实施股权激励计划而引发管理层多次动荡及出走。具体表现为黄减持国美股票以套取资金投资地产业和归还赌债，其股权不断稀释下降至 33.98%，控制董事会通过公司回购其股票超百亿元，将上市公司变成大股东的“提款机”；张志铭、华天、何炬等主张股权激励的高管因未获黄光裕支持离开国美，造成人才流失。

3. 国美危机时期

黄光裕因入狱失去人身自由及公司控制权，由陈晓等管理层主持经营并掌握控制权。黄光裕入狱给国美的稳定经营带来了巨大冲击，供货商的信任和银行的授信额度骤然丧失，陈晓以个人资产作担保来贷款，并主持实施了 105 人的股权激励计划，从高管到大区店长等骨干管理层持有了股权，一定程度上形成人力资源稳定的局面。

但在控股大股东缺位的特殊时期，由职业经理人来治理公司也出现了一些负面问题：

委托代理关系破裂（亲笔委托的代理人失去黄光裕的信任，公开反对其主张并呼吁投黄光裕反对票）；有意忽视大股东的正当利益（陈晓在以可转债方式引入美国私募基金贝恩资本时，黄光裕作为大股东没有享有应得的知情权）；重大战略调整不征求大股东的意见（陈晓执掌国美后，立即开始推行以提高单店效率为核心经营战略的转型，黄光裕认为陈晓的精细化经营方式是错误的）。

4. 国美恢复期

国美电器由第二大股东美国私募基金贝恩资本掌握控制权，职业经理人和大股东相互制衡。2010 年 8 月 4 日，陈黄双方谈判破裂，控制权争夺公开化，国美高管力挺陈晓。贝恩资本为追求投资回报率而支持陈晓控制公司，在遭遇黄光裕率先出击罢免其董事之后，贝恩鼓励陈晓对抗黄光裕。但在 2010 年 9 月 28 日特别股东大会之后，贝恩资本实施债转股，成为持股 10%的第二大股东，与大股东有了共同的利益基础。由于陈黄矛盾冲突激烈、不可调和，黄光裕要求陈晓退出国美，贝恩资本凭其第二大股东的身份在其中斡旋，反而掌握了控制权，要求双方各自让步，贝恩资本由弱势地位转为强势地位。

在第二大股东控制公司时期内出现了一些公司治理问题，如二股东联合职业经理人控制董事会反对大股东的资产注入、大股东持股 33%但在董事会中没有对应席位、大股东提出的战略调整建议无法得到董事会的采纳、大股东和管理层之间无法有效沟通而发生商战导致公司资源大量浪费、影响经营业绩等。

四、控制权之争折射出的公司治理问题

公司治理是指协调诸多利益相关者之间的关系，主要包括股东、董事会、经理层的关系，这些利益关系决定着公司的发展方向和业绩。公司治理讨论的基本问题，就是如何使公司的管理者在利用资本供给者提供的资产发挥资产用途的同时，承担起对资本供给者的责任。利用公司治理的结构和机制，明确不同公司利益相关者的权力、责任和利益。建立委托代理人之间激励兼容的制度安排，是提高企业战略决策能力、为投资者创造价值管理的大前提。

1. 民营企业转型期公司治理理念的冲突

2010 年 9 月，国美股东大会宣布陈晓留任，半年之后职业经理人突然辞职，这一事实不由得引起人们对此问题更深入地思考。从法律角度讲，这一事件折射出的核心问题是，董事会中心主义原则在中国公司治理中的模糊与摇摆。尽管国美作为中国香港上市公司，适用中国香港公司法，而不适用内地公司法，但其在公司治理问题上反映出的基本法理是互通的。应当说，宽容的激励机制与投资主体的多元化制度，是作为职业经理人的陈晓的企业文化理念，也是现代企业公司治理的特点，这就迫使国美必须逐步完成去家族化。然而，这种大股东和职业经理人之间经营理念上的相左必然导致冲突产生。因此，陈晓离职显然是董事会中心主义理念并未在国美的公司治理中成为各方共识的表现。

国美之争充分表明，以大股东为代表的家族式治理在现代的中国民营企业中仍占据着优势与稳固的地位，而且短期内是无法撼动的；民营企业要应对转型风险，必须使家族治理和现代企业治理两者有机融合，但对管理层的适度授权、合理的激励约束机制的建立以及监事会、独立董事的监督作用的切实发挥还很难做到。另外，作为民营企业现代公司治理制度建立基础的良好法制环境和相对完善的经理人市场、金融市场短期内也难以实现。

2. 董事会权力过大

现代企业治理中，董事会是公司治理的核心。然而，董事会架构中的法律风险让很多家族企业主对聘用职业经理人进入企业管理核心这一方案望而却步。一方面，股东大会应适当授予董事会一定的权力，否则会导致董事会陷入效率低下的境地；另一方面，放权过大则可能导致董事会偏离或背离股东大会（或股东）行事。可见，适度设定董事会权限非常有必要。

2004 年 7 月国美电器成功借壳上市后，大股东黄光裕为了更为便利地进行资本运作，使股东大会授予了董事会绝对的权力，这在一定程度上为后来的“陈黄之争”埋下了伏笔。2008 年底，黄光裕被警方逮捕，其在董事会的一切权利被迫交予接任董事会主席的陈晓，造成目前众所周知的“特权董事会”。引入贝恩资本、推出股权激励政策等一系列事件因此接连发生。

3. 监督机构成了摆设

现代企业所有权和经营权分离，要做到股东和经营者之间的利益均衡，就需要一个监督部门对股东大会授权的董事会进行有效的监督。根据相关法律规定，监事有权列席董事会，并对董事会的决议提出质询或建议，然而国美监事会并没有发挥应有的作用。贝恩资本实施 15.9 亿元的“债转股”，国美股权结构发生变化，面对如此分散的股权，监事会应该本着对股东负责的态度行事，然而国美电器监事会作为企业重要的监督机构并没有反应，无论是在引入贝恩资本时，还是推出股权激励方案等一系列决策之际，其始终未能提出任何质疑。监事会失去了独立性，陈晓通过拉拢管理层、捆绑投资机构对抗大股东，从而出现了争夺控制权的混乱局面。

4. 缺乏长期激励机制

黄光裕对他的委托代理人是缺乏激励的。他一直认为，老板就是老板，经理人就是经理人，二者不在一个层面上。他作为大股东应掌握绝对的控制权，高管即使持有股票，最多也就是实现经济收益，在投票决策方面不能有多大的空间和影响力。因此，他的历来做法是，高管干得好可以多发工资，让其获得相应的经济收益，但代表投票权和控制力的股权免谈。高管层曾多次向黄光裕表达管理层持股的意愿，黄光裕一直未采纳，而陈晓推出的 105 人股权激励计划则填补了这个空白。这不仅有助于团结人气，而且为陈晓培养了一批紧密向心的管理层。

家族企业在发展到一定时期后，不可避免地要从外部引入部分高级管理人才，成功的人才引入在企业的长远发展规划中发挥着重要作用。而在如何留住贤才的问题上，众多企业家选择给予高额的报酬，而缺少长期激励机制。这一问题也间接造成职业经理人归属感偏低，当其无法从企业中取得应有的回报时，人才外流、“叛变”等问题接踵而至，从而对家族企业造成巨大的打击。

暂且不管以陈晓为首的董事会的股权激励方案是在什么情况下推出的，此方案的推出确实在一定程度上充分调动了高层管理人员的积极性，也是造成大股东黄光裕彻底失去国美控制权的一个原因。因此，作为家族企业的创立者，应当本着宽容和顾全大局的精神，将企业的长远发展放在首位，在客观条件允许的情况下，适时、适度地推出激励措施，从而实现家族企业主与职业经理人的共赢。

5. 缺乏规范的用人体系

目前，我国家族企业普遍存在“任人唯亲”现象，企业的主要经营岗位基本都是由本家族成员担任，即使有专业非家族人员加入，也很难得到重用，这大大浪费了企业的人力资本，严重阻碍了家族企业的发展。

在国美电器 20 余年的发展历程中，有三个人功不可没：杜鹃、黄燕虹和张志铭。三个人分别是黄光裕的妻子、妹妹以及妹夫。他们分别于 1996 年、1994 年和 1993 年加入国美电器，并逐渐被委以重任。虽然随着国美的发展壮大，其家族企业色彩逐渐淡化，但其“人治”模式始终存在，而大股东黄光裕在“陈黄之争”爆发后要求原本已经退出国美董事会的黄燕虹回归也印证了这一点。我们必须看到规范完整的用人体系是企业得以长远发展的基础。随着市场竞争的不断加剧，对人才的要求日益提高，只有拥有一支专业、团结的管理队伍，企业才能具有持久的竞争力。

学习目标

通过本章的学习，了解风险企业应该如何保护股东的权益，加强董事会的功能。在此基础上学习市场是通过哪些方面实现对风险企业的约束的，并且熟悉风险企业的外部监控体系是怎样构成的。

第一节　风险企业的激励与约束机制

一、股东权益的保护

现代公司制下所有权与经营权相分离所造成的代理问题，是公司治理产生的根本原因。公司契约的各方参与者在不同程度上都分担了公司经营的风险，因此这些利益相关者都有动力，也应有权利共同参与公司治理，以维护自己的利益。同时，两权分离下投资日益分散化形成的“搭便车”效应造成股东集体行动不力，难以有效保护自己的利益。如何保护股东的利益不被经营者所侵蚀，依然是现代企业中公司治理的首要问题。

（一）股东会的形式化

在股权分散的情况下，由于经营者操纵、信息不对称，以及“搭便车”效应，股东会的形式化不可避免，这时的股东更像是一位希望获得投资回报而对公司事务没有兴趣的资本贷款者。当认识到自己的投票无法改变公司政策，却要为此支付成本时，不参与公司事务就是股东无可奈何的理性选择。即使是在那些股权相对集中的公司，特别是在那些法人持股比例高、法人互相持股比例高以及多数股东为安定股东的公司中，依然存在股东会形式化的问题。原因是法人持股比例过大必然造成流通股或个人持股比例低，股东大会同样可能出现一言堂局面。

另外，相互持股并不是以经营者对股东更负责任为宗旨，不是互相制约或互相监督，而是旨在加强公司与公司、银行与公司间的长期合作关系。故稳定相互持股者的合作关系取代了股东大会上股东之间的争论和指责，因而股东大会形式化和经营者支配公司的情况仍不可避免。

（二）委托投票权竞争①

一般情况下，股东可以亲自行使投票权，也可委托他人投票，公司的经营者或起领导作用的股东从而得以将分散的小股东的投票权集中起来，来增强对公司决议的影响力。这本是一个能够发挥中小股东权利、维护其利益、对经营者施加压力的治理举措，但在实践中却受到种种限制：

（1）牵头者受“搭便车”效应的影响，在成本与收益比较中，可能缺乏使用该举措的

① 参见杨旭东：《公司治理的内部结构与外部控制》，厦门大学博士论文，2002。

积极性。

(2) 在信息不对称情形下，中小股东难以对在职经营者或潜在竞争者进行深入了解，因此投票或委托投票有一定盲目性，相对而言，他们更容易受在职经营者的影响，抵制外来夺权者。

(3) 在职经营者会利用公司资金和职权等有利因素，从维护自身利益角度出发拉拢小股东投票，造成控制权竞争的不公平。当机构大股东在公司的股权结构中占有一定比重时，委托投票权竞争有可能形成对经营者的有效约束，在这一过程中，机构大股东很大程度上充当了中小股东领导者的角色。

理论研究表明，委托投票权竞争作为一种治理机制，是股东鞭策和罢免那些不称职经营者的重要工具。机构投资者通过争夺委托投票权介入公司治理的根本原因在于机构股东持股份额的增加，使传统的"用脚投票"的方式变得成本过高，这时，即使机构投资者并不想介入公司治理，它也不得不更加关注公司的经营业绩。当持有一定比重股份的机构股东单独或合作进行委托投票权竞争时，通常能够形成一股强大的力量。

(三) 机构投资者参与公司治理的其他方式与障碍①

1. 机构投资者参与公司治理的其他方式

上面我们对机构投资者通过委托投票权竞争发挥自己的力量、影响公司的政策进行了分析，这是在现有制度环境下，机构投资者参与公司治理的主要途径。除此之外，机构投资者还可以通过其他一些途径参与公司治理：

(1)"不合作"或称"消极抵抗"。当公司准备到市场上增资募股时，公司管理层为了实现这种产权变更，需要得到机构股东们的支持。机构投资者这时的不合作态度就会迫使公司管理层与他们进行谈判、协商，机构股东便可以趁机提出自己的一些要求，如针对公司治理的改革，公司管理层为达到目的不得不在这些问题上向机构股东作出妥协。

(2) 机构股东的"院外活动"，即在股东会之外对公司经营提出批评。它通常用于较低价值的公司改革，其优势在于成本较低和具有灵活性。这类批评通常是非公开的，因为把公司内部矛盾公开化会导致公司的股价下跌，自己的利益会因此受损，也会招致别的机构股东的怨恨。鉴于机构股东的实力和它们可能的联合力量，这种私下的批评意见有时会对公司经营者形成压力，迫使其作出政策上的调整。

(3) 机构的"合谋"，在法人股东垂直持股或相互持股的情况下，银行或关系企业等法人股东便可凭借其所持有的股份，直接派人进驻持股公司的董事会或监事会，分享持股公司的权力。这时的法人股东并不是为了股价最大化而干预公司决策的，通常它们是为了稳定公司经营或使双方合作关系长期化而持有股份的，因而它们有足够的积极性参与目标公司的治理活动。在这种情况下，法人股东就可能形成对个人股东利益的侵害。

2. 机构投资者参与公司治理的限制因素

当我们谈论机构投资者的行为时，不要忘了它本身也存在着出资者与机构经理之间的代理问题。机构经理在代表机构进行投资或其他活动时，他们并不一定是以利润最大化即

① 参见杨旭东：《公司治理的内部结构与外部控制》。

投资回报最大化作为目标的，因为机构经理出于自身利益的考虑，为了保持良好的职业声誉，一般以“满意利润”而不是“最大利润”作为行为目标。从根本上说，机构是风险规避型投资者，因此机构投资者的投资对象和投资领域非常分散，而且它们的主要活动方式还是以赚取股票差价收益为主，具有一定的投机性。如果要对持股公司加强干预，就意味着机构投资者对某一特定公司的投资数额需要作适当的集中，并预备长期持有该公司的股票，才能有效降低对公司治理干预的成本，这样的话，机构投资者就得打破现有的分散化投资模式，而冒由于资本灵活性降低而必然增加的风险，这对机构经理们来说，是一种很大的冒险。从能力上分析，机构经理们长于资本管理，但他们并不一定善于管理实际的公司事务，即使没有其他方面的限制，机构经理们如何保证他们在涉及众多领域的情况下，能对所投资的公司实施有效的监控也是个问题。从这个方面来说，不应高估机构投资者在公司治理中的作用。

（四）股东诉讼制度

1. 股东诉讼制度的基本架构

股东诉讼制度是英美率先创设的，其目的在于保护股东利益。随着股份公司规模的不断扩大，股东诉讼制度已经成为广大股东监督公司经营及防止经营权被滥用的一种重要的法律武器，成为西方各国公司股东在其利益受到侵害时，谋求法律救济的主要手段。

2. 股东诉讼制度的一般规定

股东诉讼制度也被称为股东提起诉讼制度和股东派生诉讼制度，是以保障股东权益、规范现代股份企业行为为目的的一种现代股份企业治理结构上的制度安排。它包括两方面的内容：股东直接诉讼和股东派生诉讼。股东直接诉讼是指股东作为公司的投资者、所有者，为了自己的利益，而对违反法律或章程的公司决议及公司行为提起的诉讼；股东派生诉讼是指股东基于公司投资者、所有者的身份，为了公司的利益，有权代表公司对危害公司利益的有关当事人提起诉讼。

3. 对股东诉讼制度的评价

股东诉讼制度的根本目的是激励股东保护自己的合法权益，它能够约束经营者的行为，使其不滥用权力，而且当经营者实际控制企业走向不利于公司或股东的方向时，股东可以根据股东诉讼制度对其利益进行补救。设计股东诉讼制度时，如何协调鼓励股东合法诉讼与阻止股东投机诉讼是一个难以解决的矛盾。

二、加强董事会的功能①

（1）在理论上准确界定董事会的权力基础，使董事会真正成为股东在公司内部的代表。目前有一种流行的观点，认为在现代企业制度中，法人治理就是公司董事会基于法人财产权行使决策权，对外董事会主席是法人代表，对内董事会在一切事关公司发展的重大问题上拥有决策权。这个观点的可取的地方是肯定了董事会在公司决策中的应有地位和作用，而值得商榷的地方则是将董事会的权力基础界定为法人财产权。实际上，将公司财产

① 参见何自力：《公司治理模式：比较与借鉴》，载《南开学报》，1999（6）。

的所有权作终极所有权和法人所有权之分是错误的，其危害是导致董事会权力基础的错位，割断了董事会与股东之间的脐带关系，使董事会成为事实上的“内部人”，并同经理人员联合，与股东作对。显然，要是依然坚持终极所有权与法人所有权相分离的观点，将法人所有权作为董事会存在并发挥作用的基础，那么，任何旨在加强董事会权力的举措都会在客观上产生损害股东的效应。所以必须放弃公司财产所有权“二元论”的观点，用所有权“一元论”的观点指导国有企业公司治理结构的改革。具体地说，就是从理论上确认股东对公司财产的所有权是董事会行使决策和控制职能的法律依据，董事会以股东利益为自己的利益，以股东意志为自己的意志，除了代表股东的利益和意志外，董事会不应有任何独立的利益和意志。明确董事会的权力基础是股东对公司财产的所有权，这意味着资本所有权所固有的控制权与所有权结合在了一起，董事会在公司内部发挥治理作用，实质上体现着股东的意志和利益要求，董事会按照股东的意志行使职能，就是所有权与控制权相结合原则的具体体现。

（2）建立、健全董事提名和任免机制，使股东在董事任免上起决定作用。董事会是股东在公司内部的代表，其职能是对股东负责并对经理阶层进行监控，以使公司运营绩效符合股东利益最大化要求。董事会的职能是通过董事的工作来发挥的，在这里，董事会成员的选拔和任免对于董事会的职能能否按照股东的意志发挥具有决定意义。在国有企业进行公司化改造时，要特别重视公司人事制度的建设，特别是董事会成员的选拔和任免。在这方面，总的原则应该是董事会成员的选择权由国有股和法人股的大股东掌握，具体的提名、审查工作由专设的董事提名机构进行，最后的决定权由大股东支配。在董事会的实际运行中，一旦发现董事不能按照股东的意志和利益行使职能，股东应能够及时罢免其董事职务。由股东决定董事会成员的任免，并不排除经理阶层参与董事的选择，但是经理阶层对董事的选择只拥有建议权而不拥有决定权，决定权只能属于股东。

（3）建立、健全公司信息管理和交流制度，为董事会参与决策并发挥主导作用提供保障。信息是决策的基石，信息量的多少决定着参与决策程度的大小。在公司的运营中，经理人员主要负责日常经营和管理事务，对公司各方面的情况非常熟悉，这种岗位优势客观上使经理人员比董事会对公司的决策更有影响力，而这无疑是对董事会职能的削弱。为此，改制后的国有企业必须建立由董事会领导并独立于经理部门的财务审计委员会，定期对公司财务活动进行审计，并为董事会决定公司重大发展事项提供有关信息和报告，以便董事会能够全面了解公司的运营状况，及时准确地作出决策，增强董事会对公司运营的治理能力。

（4）实行董事股东化，建立强有力的激励机制。董事会代表股东在公司内行使决策权和监控权的基础是股东的所有权，这种安排对于董事会接受股东的监督和控制、为股东的利益服务是必要的。但这还不够，董事会成员能否忠诚于股东，能否负责地行使职能，还取决于对董事的激励。在这方面应抓好两个重要环节：一是确立科学合理的年薪标准，使之对董事构成足够大的激励；二是要求董事必须购买公司一定数额的股份，其数额大小应以能够使董事尽职尽责地为公司工作为标准。董事持股可将其切身利益与公司经营绩效挂钩，有助于激励董事做好治理工作，切实履行自己的职责。

（5）实行外部董事与内部董事相结合、以外部董事为主的董事构成安排。所谓内部董事是指由公司内部主要职能部门经理人员构成的董事；所谓外部董事是指由股东从公司外部聘请的一部分具有会计、审计、理财、法律、心理等方面专业知识的专家，以及大股东直接派往公司的管理人员构成的董事。外部董事进入公司，有助于董事会对公司经营状况进行独立判断并作出客观评价。在内部与外部董事并存的情况下，应增大外部董事的比重，这有利于董事会更有效地发挥职能并对经理人员构成强有力的制约。

第二节　风险企业的监控体系

一、外部控制体系①

公司治理存在两类机制，一类是外部治理机制，另一类是内部治理机制。外部治理和内部治理共同构成公司治理结构，使两者形成总体的互补关系，但两者在逻辑层次上是不一样的。外部治理处于主动地位，它是法人治理的首要条件和基本机制，内部治理则以外部治理为基础，它是外部治理的内生性制度安排。因此，我们可以得出下面的推论：其一，作为外部治理的内生性制度安排，内部治理结构只有在适应外部治理的条件下才能有效率。其二，现实中外部治理条件千差万别，不总是完善的，因而不存在放之四海而皆准的“完美”的内部治理结构模式。这样，在世界范围内，便出现了不同模式的公司治理结构。所谓一个国家的公司治理模式，是对在该国占主导地位的公司治理结构的主要特征的归纳。外部治理机制是指来自企业外部主体如政府、中介机构等和市场的监督约束机制，尤其是指产品市场、资本市场和劳动市场等市场机制对企业利益相关者的权利和义务的作用和影响，例如，兼并、收购和接管等市场机制被称为公司治理市场、控制权市场等对高级管理人员控制权的作用。广义的公司外部治理是一个监控体系，包括市场监控、证券交易所监控、利益相关者监控（主要是银行监控、政府和法律监控、社会舆论监控等）。其中，市场监控又包括股票市场（主要是公司控制权市场）监控、经理市场监控和产品市场监控。狭义的公司外部治理则主要是市场监控和利益相关者监控。

二、市场监控

（一）经理市场监控

委托人与代理人之间的利益冲突，可以通过经理市场在一定程度上得到控制。如果经理市场是完全竞争的，那么能力高、尽职的代理人与能力低、不尽职的代理人就会区分开来，前者会被很快提升并获得丰厚的报酬，而后者则只能得到低职位和低工资，甚至被解雇。在有效的经理市场上，委托人能够很容易找到新的代理人来代替因行为不当而损害委托人利益的代理人。即使现实中的经理市场并非完全竞争的，这种来自经理市场的压力也会在一定程度上使职业经理人为企业努力工作。

① 参见许杰锋：《公司外部治理机制及其作用分析》，武汉理工大学硕士论文，2005。

经理市场是从外部监督公司的重要机制。法马认为，在经营者劳动市场，即经理市场上，以未来工资流为表现形式的经营者人力资本是一种可以进行市场交易的资产，经营者认为他的人力资本价值是随着个人财富最小无偏估计量的变化而变化的，而其财富的变化是由股东决定的。经营者劳动市场就是通过对经营者当前或以往绩效进行完全事后清偿形式的工资调整过程，来解决两权分离情况下经营者的监督和约束问题的。一个有效率的经理市场主要通过公平竞争机制、信息传导机制和信誉机制发挥作用。

首先是公平竞争机制。竞争会创造出两种结局：生存与灭亡。竞争性市场会根据经营者过去的行为表现和业绩估算出其未来的价值，如果经营者被市场证明具有能力且绩效卓著，那么他的未来估值将很高；反过来，如果因为经营不善而遭解雇，那么他的人力资本就会贬值，甚至面临失业的危机。来自市场的激烈竞争有效地约束了经营者的行为，面对竞争，为了生存，为了保护长期利益，即使没有显性激励，经营者也会努力工作，提高公司效益。

其次是信息传导机制。在经营者劳动市场充分竞争的环境中，经营者为了获得竞争优势和所有者的信任，会主动地展示自己的能力、努力程度以及相关的经营信息，从而有利于降低由于逆向选择和道德风险造成的代理成本。也许经营能力和努力程度都很糟糕的经营者，迫于竞争的压力有隐瞒信息的倾向，但短期欺骗可能招致来自市场的长期惩罚的高额成本会令他们望而却步。因此，市场竞争促进了经营者信息的充分公开和信息传导的良性循环，达到了监督和约束经营者行为的目的。

最后是信誉机制。由于市场是根据经营者过去的表现对其未来价值进行评估的，所以经营者为了给市场留下“好印象”，就会勤奋工作，树立良好的形象和声誉。建立信誉机制的目的不仅是为了降低对经营者进行甄别的制度成本，更重要的是维持经营者尽职经营行为的长久性。

（二）产品市场监控

在竞争的产品市场上，只有好的产品才能被消费者接受从而占有市场。股东和董事会可以通过竞争的产品市场了解有关企业经营状况和绩效的有效信息，从而在一定程度上获取有关代理人的能力和努力程度的信息，并据此对代理人作出评价。因此，产品市场的竞争有利于降低委托人与代理人之间信息不对称的程度，有利于对代理人进行有效的监督和控制。

一般说来，如果产品市场是充分竞争的，那么产品生产企业的经营者就会承受来自市场的压力，而这种压力又会使其产生努力工作的动力，可见，产品市场也可以有效地约束经营者的行为。哈特建立的模型假设：第一，经营者是风险规避的，其努力不可观测。第二，市场上存在两种类型的企业，一类由所有者直接控制，另一类由经营者控制。在一个没有进入和退出壁垒以及产品自由定价的竞争市场中，增加一个新企业，整个市场的总产量就会增加，价格就会相应地下降。由于产品价格竞争及由此引起的企业绩效的竞争，增加了经营者实现最低利润约束的难度，于是，他们就不得不更加努力工作，降低生产成本。特别地，由于所有者直接控制的企业不存在两权分离产生的代理费用，生产成本较低，从而能以较低的价格在产品市场上竞争。哈特的模型证明，产品市场的竞争机制正是通过大量所有者控制的企业进入市场，影响市场价格，促使经营者更加努力工作，降低成本来发挥作用的。在市场上，所有者控制的企业越多，竞争将越激烈，对经营者行为的约束力也就越强。但我们认为，即使市场上不存在所有者直接控制的企业，只要没有形成市场垄断，只要有足够数量的中小企业参与竞争，就会对经营者产生压力，达到约束经营者行为的效果。这是因为，一方面，企业经营绩效的好坏是经营者经营能力和管理水平的反映，通过前面所述的信息传导机制和信誉机制对经理构成压力；另一方面，企业经营业绩和经营者自身的财富是紧密相关的，他们相当大的一部分收入是与剩余索取权相联系的股权期权收益，糟糕的经营业绩意味着年薪的缩水。这样，外部市场机制通过内部激励机制给经营者施压。

三、利益相关者监控

随着公司外部治理理论的发展，公司所有者的概念大大超出了它当初的范畴。一方面，公司所有者的范围有所扩大。公司的所有者不仅包括股东和债权人，还包括人力资本所有者，即劳动者，并且随着知识经济的发展和科学技术的进步，人力资本的作用越来越重要。另一方面，公司所担负的责任越来越重。公司运营不仅影响到公司所有者的利益，而且影响到其他利益相关者的利益，如顾客、供应商、当地社区居民、政府等等。除公司所有者外，来自其他利益相关者的监控和制衡对公司的经营正在产生越来越大的影响。

（一）公司员工作为公司人力资本的所有者，在现代公司中的地位和作用越来越重要

首先，现代企业之间的竞争最终都归结为人力资源的竞争，拥有知识和技能的员工是公司竞争制胜的决定性因素。无论是产品的开发研制，还是生产销售，都需要依靠员工的智慧和经验。脱离了员工，企业寸步难行。其次，员工的知识和技能只是一种潜在的生产力，要将这种潜力发挥出来，必须给予一定的诱导和刺激，创造适宜的环境和条件；否则会影响公司的利润流量，甚至会使公司陷入深渊。再次，公司员工作为一种人力资本，具有一定的专用性。这种专用性将员工个人的命运与公司的命运紧密联系起来。他们与公司共荣辱，同患难，具有强烈的责任感和参与意识。只有保护和利用好这种热情，才能使企业充满活力。最后，随着科学技术的进步和知识经济的发展，将会涌现出越来越多的知识型公司，在这些公司中，员工不仅成为人力资本的所有者，而且成为物质资本的所有者，即公司的所有者。

员工作为公司重要的资源和人力资本的所有者，应享有所有权。具体地说，应有以下权利：①剩余索取权。公司员工在按劳动合同和其他规定得到工资报酬的同时，有权以奖金或其他形式参与公司税后利润的分配。②剩余控制权。公司决策对公司员工的切身利益有重大影响，因此员工应享有一部分剩余控制权，一旦某些决策损害自身利益便应及时采取对策。公司不能背着员工搞暗箱操作。③监督权。公司员工作为人力资本所有者，了解公司的真实情况，掌握真实的信息，能有效行使监督职能，因此应享有一定的管理权，如提供合理化建议、自主管理、共同决策等等。

（二）随着生产和交易的社会化，公司的社会责任越来越重了

公司不仅对客户、供应商、当地社区居民和政府等负有不可推卸的责任，而且在某种

程度上，这些利益相关者也拥有监督和约束公司的权利，因为公司的运营与他们自身的利益密切相关。

1. 客户

客户是公司产品或服务的消费者。公司的价值和利润能否实现，在很大程度上取决于客户的选择，这在买方市场的情况下尤其如此。另外，如果公司的产品和服务令消费者满意，通常消费者会形成一种对公司产品的较强的偏好，要改变或取消这种偏好往往会给消费者带来负效用。因此，为了切实保护消费者的权益不受侵害，消费者应拥有对公司的监督权。

2. 供应商

供应商是公司生产经营所需劳动资料和劳动对象即生产资料的供给者，这些生产资料包括机器设备、厂房、仓库、道路、原材料、燃料、动力等等。供应商是引致投资者，即他们的投资是由公司的产量或规模决定的，因而与公司息息相关。供应商为维护自己的利益，应当享有对公司营运的监督权。

3. 社区居民

公司的经营不仅直接影响到所有者、交易者的利益，而且对公司所在社区的居民也会产生很大的影响。

（1）公司为当地居民提供就业机会，增加居民收入。公司经营好，当地就可以有较多的就业岗位，居民收入会增加，福利会提高；公司经营不好，当地居民的生活水平就会下降。

（2）公司的生产经营直接影响当地的环境，对居民的身心健康产生影响。

（3）公司的扩张亦会给社区居民带来影响。

所以，社区居民为维护自身利益，应享有监督公司活动的权利。

四、政府及法律监控

（1）从经济方面看，政府的主要职能是运用经济、法律等政策和手段调控国民经济运行，维护正常的交易秩序，并站在公正的立场上，调解所有者、管理者、员工之间的矛盾和冲突。政府之所以有责任对公司进行监控，主要有以下几方面原因：

第一，政府的目标之一就是促进就业，而公司是吸纳就业人员的主要部门，公司景气程度直接关系到就业问题，从而影响社会和政局的稳定。

第二，维持政府这架机器运转的主要燃料和动力是税收，在政府税收收入中，公司的各项税占主要部分，公司经营不善或偷税、漏税都会减少政府的收入流，从而使政府的运转失灵。

第三，政府庞大的购买清单和公共工程开支计划也需要公司来满足，政府有责任监督公司，以达到顺利完成工程的目的。

基于以上考虑，政府有责任对公司实施监控。

（2）法律法规体系包括股东诉讼制度、信息披露制度、董事及高级管理人员民事赔偿制度等一系列从公司立法到公司章程的有关法律法规，对股东大会、董事会、监事会、经理人员的职权、责任作了全面、详细的规定，对所有者和经营者的权利也作出了相应的制约。股东不能直接支配、处置公司法人财产，不能直接干预公司经营者的具体经营活动；经营者行使法人财产权时，要受出资者所有权的制约；经营的重大决策，经营绩效的考核、评价、奖惩，收益分配，增资减资，债务规模和抵押等，要符合公司章程规定和得到股东的批准，等等。在这里，法律法规起到一个威慑的作用。如果相关的法律法规健全，执法严厉，任何违规违法行为一旦被发现将面临数倍于违规所得的处罚，直接责任人还将承担民事、刑事责任，纵使公司有违规之心，恐怕也会考虑违规成本而不敢做。因此，健全、完善的法律法规体系，辅之以强有力的执法部门，将对公司治理中出现的违法违规行为形成有力的威慑。

五、其他外部监控

在我国实行市场经济体制以后，政府不再直接干预企业的经营。市场中介组织介于政府与企业之间，逐渐成为政府与企业之间相互联系的桥梁和纽带。一方面，它们向政府反映企业的呼声和愿望，是企业经营决策的参谋咨询机构；另一方面，它们又接受政府的指导，严格遵循国家的法律法规，履行政府部门转移出来的对企业管理和指导的部分职责。相对于监事会和法律法规的监督，社会中介组织对上市公司的监督更直接、发现问题更及时、所需成本更低，因此，加强市场中介组织对企业的监控是十分必要的。

知识拓展：美国 3COM 公司虚假陈述民事赔偿案件

所谓虚假陈述民事赔偿案件，是指证券市场上证券信息披露义务人违反证券法规定的信息披露义务，在提交或公布的信息披露文件中作出违背事实真相的陈述或记载，侵犯了投资者合法权益的民事侵权赔偿案件。

1997 年 12 月，美国的 8 位投资者将 3COM 公司告上法庭，代表曾于 1996 年 9 月 24 日—1997 年 2 月 10 日期间购买 3COM 公司股票的所有一般投资者提起集团诉讼，控告 3COM 公司及包括其董事长兼总裁在内的 10 名高管人员违反了美国 1934 年的《证券交易法》，具有虚假陈述等证券欺诈行为，要求被告赔偿损失。经法庭审理，最终判决 3COM 公司及其 10 名高管人员向上述期间购买公司股票的投资者赔偿 2.6 亿美元的投资损失。美国另一公司 Cendant 因虚假陈述被起诉，Cendant 最后庭外和解，高管人员支付和解费 35 亿美元，其中，32 亿美元用来赔偿投资者的损失。可见，在美国，证券民事诉讼对美国公司及其高管人员的震慑力是十分巨大的。

确立股东诉讼制度可以使受到不法损害的投资者利益通过民事赔偿得到补救，能极大地维护投资者的权益，同时也能有效地制裁不法行为和遏止各种侵权行为。一旦上市公司及中介机构有虚假陈述行为，投资者可以立即拿起法律武器，将有关责任人员推上被告席，从而推动上市公司治理结构的完善，这种证券市场投资者的外部治理是任何行政监管都无法比拟的。纵观国际成熟的证券市场，民事侵权责任非常完善，对证券发行和交易活动中的欺诈活动有很强的震慑作用。

实验设计：评价风险企业的治理情况

根据公司治理指数①评价一家风险企业的治理情况。

科学的上市公司治理指数系统设计包括完善的评价指标体系与科学的评价方法。其中，评价指标体系决定了综合治理指数的实质内容。公司治理评价指标体系的设置必须考虑我国上市公司所处的制度环境。公司治理结构与公司治理机制具有“路径依赖”性，一国的历史文化、政治制度、法律以及企业的实践等在公司治理结构与治理机制的确立与演进中起着重要的作用。我国上市公司是在接受悠久的儒家传统文化以及长期计划经济制度的环境下成长起来的，其成长环境的特殊性决定了我国上市公司无论是在股权结构安排上，还是在上市公司的人事安排以及关联交易上均表现出强烈的“路径依赖”性。传统体制遗留下来的计划权力配置使得上市公司的股权结构表现为明显的“双轨制”② 与国有股“一股独大”；同时，长期的儒家伦理观念与关系网络的影响，使得上市公司出现了显著的连锁董事与关联交易等现象。③ 转轨时期法律的空缺以及市场纠错功能的限制，使得中国上市公司的治理模式表现为既不同于英美的一元制模式，又不同于日德的二元制模式。中国上市公司治理指数评价指标体系基于中国上市公司面临的治理环境特点，侧重于公司内部治理机制，强调公司治理的信息披露、中小股东的利益保护、上市公司的独立性、董事会的独立性以及监事会参与公司治理等。图 13—1 显示了中国上市公司治理指数目标层的六个维度。

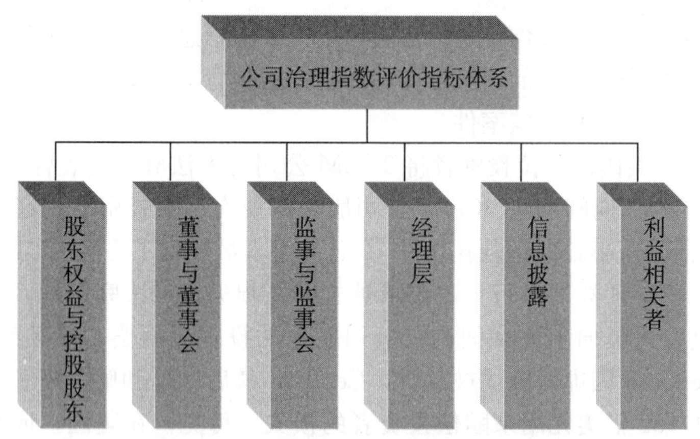

图 13—1　中国上市公司治理指数目标层

① 参见李维安：《中国公司治理指数设计及其应用研究》，第三届中国经济年会。

② 参见滨田道代等：《公司治理与资本市场监管——比较与借鉴》，129 页，北京，北京大学出版社，2003。

③ 同上书，135～137 页。

讨论题

1. 你认为哪种现象对公司股东的权益损害最大，股东的利益应该由谁来维护?

2. 在我国，企业董事会存在哪些问题，我国企业董事会改革的方向是什么?

3. 各国对于股东诉讼制度的规定都有所不同，你认为我国的相关规定是否能起到保护股东的作用?

4. 在我国，一个公司除了向股东负责外，是否需要向其他利益相关者负责? 我国的现实情况又如何?

第14章 风险资金的终结

案例导读　风险投资在李宁有限公司上市后退出

李宁公司的上市历程可分为四个阶段：

第一阶段（1997年8月—2001年）——整合

李宁公司的上市谋划始于1997年，当时李宁在全国各地开办有十几家企业，彼此间互相参股，结构混乱。在资本运作专家的设计下，李宁将北京、广东、烟台三家公司合并为李宁体育用品集团公司，将全国各地的其他公司相继整合到这个核心企业中，初步实现了集团结构的明晰化。

1997年8月，上海李宁成立，注册资本为500 000元人民币。成立当时，公司主要由李宁家族成立的两家公司——上海宁晟和上海力发所控制。

第二阶段（2001年—2002年12月）——改组

2001年，上海李宁原计划由有限责任公司改组为股份有限公司。由于中国公司法要求股份有限公司必须有5名以上发起股东，因此上海李宁部分实际控制人相互转让股权，将上海李宁股东数目增加到6名。

但由于获得私人资本的投资并预期到境外上市，上海李宁最终未能改组成股份有限公司，而采取以下步骤改组为全外资企业：

(1) 2002年10月，为筹备私人股本投资及将上海李宁改组为全外资企业，李宁家族、李宁合伙人及主要高管、两家战略股东在海外注册成立RealSports公司。

(2) 2002 年 10 月 29 日，RealSports 与上海李宁的股东达成协议，同意收购上海李宁发行的全部股票，出资 600 万美元。

(3) 2002 年 12 月 11 日，上海李宁由内资有限责任公司改组为中国全外资企业（外资独资企业），注册资本为 8 000 000 美元，总投资额为 2 000 万美元。

第三阶段（2003 年 1 月—2004 年 6 月）——创业投资正式加入

2003 年，新加坡政府投资公司和中国鼎晖向李宁公司投资 1 850 万美元，2004 年，李宁公司在香港联交所上市，目前该部分股权价值达 2 亿美元，投资回报超过 10 倍。

李宁公司于 2003 年 1 月引入新加坡政府投资公司全资拥有的 Tetrad Venture Pte Ltd. 和 CDH China Fund。两家公司根据私人股权投资协议，分别以 1 500 万美元及 350 万美元认购 RealSports 的新股份，分别持有公司 19.9%和 4.6%的股权。

根据私人股权投资协议，各方同意 Tetrad Venture Pte Ltd. 和 CDH China Fund 拥有提名董事加入董事会的权利。Tetrad 和 CDH 根据私人股权投资协议拥有的优先股的优先权于公司上市时终止。

由于创业投资资本加入后，RealSports 公司财务状况表现优异，使公司以发售价计算的价值有所上升。虽然两家创业投资公司是于 2003 年初正式加入的，但与李宁公司的磋商与合作早已展开，可以认为，李宁公司在海外注册公司以及收购改组等一系列资本运作，均是在为创业投资资本的加入创造条件，并且由于创业投资资本的一再坚持，李宁公司放弃了改组为股份有限公司在境内上市的计划，选择了改组为全外资企业在境外上市的路径。

2004 年 6 月，李宁公司在中国香港主板成功上市。李宁公司的股票受到资本市场的追捧，在中国香港公开发售的认购数量为暂定发售股份总数的 132.2 倍；国际配售也出现了约 11 倍的超额认购。首日上市开盘价报 2.325 港元，较其 2.15 港元的首次公开募股价格上涨 8%。

李宁公司上市之后，两公司迅速减持股份至 15.19%和 3.5%。由于这两家公司并没有禁售期，可以在李宁有限公司上市后随时转让股份。因此，创业投资在李宁海外上市后实现“全身而退”，几乎是必然趋势。

学习目标

通过本章的学习，应该学习到风险企业的收益分配应该遵循什么样的原则，以及企业的收益分配制度。当企业达到预期收益时，创业资金可以通过哪些方式退出风险企业，在退出时会遇到各种各样的退出壁垒，我们应该怎样应对这些壁垒。

第一节　投资收益的实现与分配

一、投资收益分配原则[①]

（一）稳定收益分配的原则

公司利润分配的法律制度确保了公司利润分配的稳定性与一惯性，使投资者在投资前就对投资回报有了清晰的了解与认识。公司利润分配制度通过对利润分配的比例、先后顺序及公积金提取比例的规定，确保了投资人收益的稳定性，促进了更多投资者加入。

（二）有利于公司生存发展的原则

无论在哪个国家，公司利润分配制度都确立了股份投资的不可逆返性，之所以建立这条最基本的限制分配原则，其目的就是保障公司经营的可持续性，使投资者获得稳定的收益，使债权人得到相应的保障。公司的利润分配制度再对利润分配加以适当的强制性限制，这样就实现了资本积累，为公司生存发展提供了资金保障。

（三）利益与风险相一致的原则

公司以法律的形式规定了利润的分配方式，并且投资者的投入要与其所获收益相一致，这一点达到了既鼓励股东用自己的资源冒险，又必须对其风险损失负责的目的，平衡了股东、公司、债权人和社会的利益，使各方的利益与风险相一致。

二、收益分配制度

风险投资企业在成立初期应该根据国家相关规定建立收益的分配制度，这个分配制度主要包括分配的范围、来源和分配的比例。

（一）收益分配制度的特点

我国的收益分配制度在法律上强制性规定了企业最低的注册资本，同时又强制计提资本公积金和盈余公积金，以维护公示资本，还要求在公示资本之外增加对债权的担保，对实缴出资的分配、减资分配和股票回购也作出限制。在会计科目上，我国的所有者权益包括股本、资本公积、盈余公积和未分配利润四个项目。

（二）收益分配的范围和来源

1. 收益分配的范围

根据《中华人民共和国公司法》的规定，公司分配当年税后利润时，应当提取利润的10％列入公司法定盈余公积，并提取利润的5％～10％列入公司法定公益金。公司在从税后利润中提取法定盈余公积后，经股东会决议，可以提取任意法定公益金。公司提取的法定公益金用于本公司职工的集体福利。

① 参见侯宏刚：《公司利润分配制度研究》，中国政法大学硕士论文，2005。

2. 收益分配的来源

根据用于利润分配的价值来源的不同，可将利润分配划分为收入盈余分配、资本盈余分配和资本分配。《中华人民共和国公司法》第 177 条规定，按当年税后利润的 10％提取法定公积金，按当年税后利润的 5％～10％提取法定公益金，同时对股东间利润分配亦作了强制性规定，即规定有限责任公司应按照股东出资比例分配，股份有限公司按照持有的股份比例分配，进而排除了股东之间就分配比例进行的自由约定。

（三）收益分配的比例①

《中华人民共和国公司法》对利润分配比例进行了强制性规定（如上所述）。

《中外合作经营企业法》第 2 条规定，“中外合作者举办合作企业，应当按照本法的规定，在合作企业合同中约定投资或者合作的条件、收益或产品的分配、风险和亏损的分担、经营管理的方式和合作企业终止时财产的归属等事项”。第 22 条规定，“中外合作者依照合作企业合同的约定，分配收益或者产品，承担风险和亏损”。

第二节　创业资金的主要退出方式②

创业资金的退出方式主要有四种：风险企业首次公开发行、风险企业并购、风险企业回购、风险企业清算。这四种退出方式都有各自的适用条件及特点，创业资金在退出方式的选择上应考虑到具体的情况，选择最适合自己的方式。

一、风险企业首次公开发行

风险企业首次公开发行是指风险企业成长到一定阶段时，在投资银行的协助下，在证券市场（通常是二板市场）首次公开发行股票。借助于风险企业的首次公开发行，风险资本家所持有的风险企业股份成为可流通的股票；风险资本家或者直接向风险投资者分配风险企业股票，或者在禁售期后将所持有的风险企业股票在证券市场上套现，从而实现风险资本从风险企业的退出。

风险企业首次公开发行具有以下优点：在风险投资项目退出的四种方式中，风险企业首次公开发行取得的收益往往是最高的，因而是风险资本家和风险企业家最愿意采取的退出方式。风险企业首次公开发行不但能使风险企业家获得巨额的财富，而且更为重要的是，风险企业家可由此增强对风险企业的控制权，风险企业首次公开发行还使风险企业可以在证券市场上获得持续的融资渠道。风险企业首次公开发行不但能使风险资本家获得较多的利润分成，而且更重要的是，有助于风险资本家在风险资本市场上树立声誉。

风险企业首次公开发行也必须具备必要的条件。尽管二板市场的上市标准比主板市场的上市标准低，但实践中仍然有许多风险企业因达不到上市条件而无法实施首次公开上市，另外，首次公开发行的成本高昂。以 NASDAQ 为例，当发行规模超过 2 500 万美元

---

① 参见侯宏刚：《公司利润分配制度研究》，中国政法大学硕士论文，2005。

② 参见程静：《风险投资项目退出的时机与方式选择研究》，载《探索与研究》，2003（9）。

时，发行成本约为发行市值的15%，而当发行规模低于1 000万美元时，发行成本将大大超过15%的水平，风险企业要面临一定的发行风险。风险企业首次公开发行成功与否，不仅取决于风险企业自身的状况，而且还在很大程度上受股票市场活跃程度的影响。首次公开发行以后，风险企业要承受很高的信息披露压力和防御敌意收购的压力，风险企业首次公开发行不能使风险资本立即从风险企业中退出，各国证券监管当局出于稳定股票价格的目的都规定了一定时间的股票禁售期，证券承销商在承销协议中也会限制风险资本家出售风险企业的股票。

二、风险企业并购

风险企业并购是指风险资本家通过另外的企业对风险企业实施整体的兼并或收购，或将所持有的风险企业股份由另外的风险投资机构收购，从而实现风险资本从风险企业的退出。通常，将风险企业被另外的企业兼并或收购称为一般并购；将风险资本家所持有的风险企业股份被另外的风险投资机构收购称为二期并购。风险企业并购具有以下特点：一般地讲，风险企业并购的平均收益率不高，仅为风险企业首次公开发行的1/5，风险企业并购，尤其是一般并购，会影响风险企业的独立性，容易遭到风险企业家和风险企业管理层的反对，因此，在实施并购的过程中，常采取一些激励风险企业家和风险企业管理层的措施。风险资本家可通过风险企业并购将所持有的风险企业股权转换为现金或可流通证券，从而使风险资本从风险企业中迅速地退出。成熟的企业并购市场是风险企业并购得以有效实施的必要条件。近年来，随着第五次兼并与收购浪潮的到来，风险企业并购在风险投资项目退出中所占的比例越来越大，作用日益重大。在风险投资项目退出的四种方式中，风险企业并购是很常见的退出方式，尤其是在股票市场行情低迷的时候。

三、风险企业回购

风险企业回购是指风险企业管理层或员工以现金、票据等有价证券购回风险资本家持有的风险企业股份，从而使风险资本从风险企业退出的行为。风险企业管理层回购和风险企业员工回购是风险企业回购的两种基本形式。期权被广泛运用于风险企业回购。风险企业回购具有以下特点：风险企业家和风险企业管理层对风险企业回购的态度可能是积极的，也可能是消极的，这具体取决于风险企业的发展状况和前景；风险资本家可通过风险企业回购获取现金或可流通证券，使风险资本及时从风险企业退出。风险企业融资渠道的畅通是风险企业回购得以有效实施的必要条件。风险企业回购是风险资本家保证投资收益的重要手段。

四、风险企业清算

清算是指企业由于某种原因需要终止时，对其财产、债权、债务进行的清理与处分行为。通常，风险资本家会在以下情况出现时清算风险企业：风险企业财务状况恶化，无法偿还到期债务，同时又无法得到新的融资；风险企业计划经营期内的经营状况与预计目标相差较大；风险资本无法通过首次公开发行、并购或回购从风险企业退出；风险企业发展方向背离了商业计划及投资协议中约定的目标，风险企业家决定放弃风险企业。风险企业清算有三种方式：解散清算、自然清算和破产清算。一般地讲，清算平均仅能收回投资的 64%。

良好的信用环境和健全的企业清算法规是风险企业清算得以有效实施的必要条件。高风险是风险投资的一大特点，在风险投资项目组合中，失败的风险投资项目总是存在的。对失败的风险投资项目进行清算是风险资本家控制投资风险、锁定投资损失的重要手段。风险企业清算能有效地防止投资损失扩大或风险资本低效率运行。在风险投资项目退出方式中，风险企业清算有着不可替代的地位。

第三节　创业资金退出时机选择的一般性原则

一、创业资金退出时机的动态选择原则①

风险资本退出时机的选择主要与被投资企业的经营状况有关，所以风险资本家会根据企业现有的状况来决定资金的退出时机。如果被投资企业的净资产值具有相当规模，并保持在某一增长速度上，那么风险投资公司不会贸然选择退出。风险资本家会根据企业的运营情况等信息来调整风险资金的退出计划。风险投资项目的退出时机不是事先就能够准确确定的，风险投资项目退出时机的选择是一种动态选择。

二、风险资本增值最大化原则

风险投资家出于业绩表现的需要可能会选择提早退出，但是风险投资公司最终的目的还是为了实现风险资本的安全持有以及最大回报。如果可以从现有的风险企业中获取比投资于市场其他项目和无风险债券更好的回报，风险投资公司是不会选择退出的。风险资本退出是风险资本家实现投资收益、锁定投资损失的重要手段。风险资本家将风险资本投入风险企业的根本目的在于，通过促进风险企业的发展，使风险资本增值最大化。风险资本增值最大化是风险资本家选择风险投资项目退出时机所遵循的财务准则。因此，对风险资本退出时机的决策问题在相当大程度上同风险企业股权价值增值水平相关。

第四节　创业资金的退出壁垒

一、经济性退出壁垒（经济市场方面对退出的阻碍）

经济性退出壁垒主要是指市场发育不成熟、市场体系不健全所形成的资金退出壁垒，主要表现在以下两个方面：一是资本市场不完善。资金的退出需要有一个成熟的资本市

① 参见谈毅、冯宗宪、邵丰：《风险资本退出时机选择与企业股权价值的评估》，载《中国软科学》，2002（5）。

场，而我国的资本市场还处于起步阶段，功能单一，难以满足资金退出后投入到其他企业的需要，在资产的重组和优化配置方面有很大的困难。二是产权交易市场发展滞后。产权交易市场是社会主义市场经济条件下实现资源优化配置的一种重要手段，是资金退出的主要渠道。当前由于我国产权市场发展滞后，一些跨地区、跨部门的产权流动和重组很难实现，因而，制约了创业资金的退出。

二、政策性退出壁垒

政策性退出壁垒是指政府对为了达到保护某些特定行业的目的，采取一些相关政策对资金的退出进行限制。在我国，政府并不是一个完整的利益主体，中央政府与地方政府的利益不完全一致，各级地方政府间也一样。所以，在某些重点行业中，创业资金的退出有可能会影响到该行业的稳定发展，从而影响到地方政府或中央政府，在这种情况下，一些相关政策就会限制资金的退出，使该行业能够稳定、长远地发展。

三、法律性退出壁垒①

我国创业投资设立所依据的法律首先是 2006 年 3 月 1 日起施行的《创业企业管理暂行办法》，另外还需服从《民法通则》、《公司法》、《合伙企业法》、《个人独资企业法》、《外商投资创业投资企业管理规定》，以及一些鼓励发展创业投资的地方性法规。在这些法律法规的管辖下，我国创业资金从企业退出受到了很大的限制。

第五节　创业资金应对退出壁垒的方法

一、建立创业资金灵活进退的机制

在风险企业成立初期，认真搞好市场调查，建立健全信息收集、整理和分析研究网络，提高市场信息的真实性和采集效率，科学评估论证，增强贷款决策的准确性和投放资金的可靠性，建立灵活的资金进退机制，减少资金退出的阻碍。

二、找准创业资金的退出方向

在创业资金退出企业前要选好资金退出的方向，协调关系，有序退出。退出计划必须有目标、有考核、落实责任。为资金的退出选择一个正确的方向，做好后续工作，对于资金的安全、顺利退出有决定性作用。

三、明确退出标准，规范退出行为②

要建立一套严格统一的资金评价标准和退出标准，规范退出行为，防止盲目性、随意

① 参见黄立昕、张于喆：《我国创业投资的组织形式分析》，载《安徽农业科学》，2007（35）。

② 参见鲍道民：《建立信贷资金早期退出机制的建议》，中国农业银行陕西省分行营业部工作论坛，2002（3）。

性及感情用事。制定标准要结合行业市场和行业政策的变化，采用定性与定量、静态和动态相结合的分析方法。对客户除了要分析其财务状况外，更要分析其成长性和核心竞争力。对信贷退出项目要制订明确和可操作的计划，规范操作程序和审批决策行为。

知识拓展：风险资本退出的主要法律问题

1. 首次公开发行上市

风险企业股票发行上市通常是风险资本家们所追求的最高目标。股票上市后，风险资本家作为发起人在经过一段禁期之后即可售出其持有的风险企业股票或者是按比例逐步售出持有的股票，从而获取巨额增值，实现成功退出。境外风险资本所投资的金蝶软件在香港创业板上市便是这一模式的最新典范。除美国纳斯达克、中国香港创业板等证券市场外，我国内地拟开通的创业板也将是风险企业股票上市的首选。当然，部分规模较大的企业也可选择进军我国主板。

风险企业股票发行上市的基本程序包括：聘请主承销商、律师、会计师等组成顾问班子；对企业进行必要的资产、资本结构等重组；将企业通过整体改制变更为股份有限公司；各中介机构进行尽职调查、辅导，并制作、报送股票上市申请文件；证券管理部门核准发行。

2. 股权转让

股权转让是风险资本成功退出的另一条重要途径。在我国现行的公司法体制下，有限责任公司的股权转让通常又被称为“股东出资转让”，股份有限公司股权转让又被称为“股份转让”。如果股权受让方受让股权后获得对风险企业的控制权，则这种股权转让也就形成公司收购。

有限责任公司及未上市股份有限公司股权转让的基本程序包括：企业股东会或股东大会通过同意转让的决议；在财务顾问或者券商、律师、会计师的协助下对企业进行整合包装；转让方和受让方各方的股东会或董事会的授权或同意；协商谈判；制作签署股权转让协议等文件；办理股东变更的工商登记手续或股份过户手续。某些项目在办理股权变更手续前还需报政府主管部门批准，例如，外商投资企业股权转让需报原外经贸审批机关批准；国有股权转让的，评估立项及评估结果需获国有资产管理部门的批准和确认；未上市股份有限公司发起人股份转让则需要股份公司原审批机关批准。

3. 原股东或管理层回购

风险企业原股东回购风险投资方的股权实际上是股权转让的一种特殊形式，即受让方是风险企业的原股东。有的时候是由风险企业管理层来受让风险投资方的股权的，这时则称为“风险企业家回购”或“管理层回购”。以原股东或管理层回购的方式退出，对风险投资方来说是一种投资保障，也使得风险投资在股权投资的同时也融合了债权投资的特点，即风险投资方投资后对风险企业享有股权，同时又在企业原股东或管理层方面获得实现债权的保障。原股东回购在操作程序上与股权转让基本相同，只是这种回购通常依赖于风险资本投入时签署的投资协议中有关回购的条款。

值得一提的是，原股东或管理层回购通常被错误地表述为“企业回购”。从严格的法律意义上讲，原股东或管理层回购与企业回购是性质截然不同的两种交易。原股东或管理层回购只是风险投资商将股权转让给企业的创业股东或企业的管理层，而企业回购则是指风险企业收回风险投资商持有的股权，退回其出资，企业的注册资本要随之减少。从我国现行的公司法来看，企业回购是有障碍的。《中华人民共和国公司法》第三十四条规定，有限责任公司的股东在公司登记后不得抽回出资；第一百四十九条又规定，股份有限公司原则上不得收购本公司的股票。因此，在我国的风险投资实践中，回购退出方式主要是指原股东回购或管理层回购。

4. 清算

对于失败的风险投资项目来说，清算是风险资本退出的唯一途径。纵观美国风险投资业的发展史，由于风险投资的高风险性，走向清算的投资项目也数目众多。对于不成功的投资项目，及早进行清算有助于风险投资方收回全部或部分投资本金。

依据《中华人民共和国公司法》的规定，清算包括非破产清算和破产清算两类。非破产清算是指企业营业期满解散、股东会决议解散或者企业违法被责令关闭解散等情形下的清算；破产清算则是指企业因资不抵债、不能清偿到期债务而被依法宣告破产后的清算。在破产清算中，由于企业已资不抵债，风险投资方作为股东投入的风险资本也就血本无归。

两类清算在具体操作上有很大的区别，但在基本程序上也有其共同点。这些共同点包括：成立清算组；通知债权人及发出债权公告；债权登记与确认；清算组清理公司财产，编制资产负债表和财产清单；清算组制定清算方案；清偿企业债务，若有剩余财产的，则股东按持股比例分配；清算组制作清算报告；向工商管理局申请注销公司登记。

案例分析：Aveling Barford 诉 Perison 公司案①

Aveling 公司在没有可分配利润的情况下，以远低于独立评估师评估价格的价格出售部分财产。买方是 Perison 公司，由 Lee 先生控制，而他同时也是卖方公司的控股方。一年内，受让方 Perison 重新出售该财产，并从中获得一大笔利润。Aveling 公司的清算人诉称：Perison 公司是以建设信托名义持有该收益的，因此，请求受让方返还该笔买卖的收益所得。法院查明：在该交易发生之际，转让方公司的账户显示，公司净资产低于公司股本，即公积金为负数。

Aveling Barford 公司诉 Perison 公司一案，是 2000 年英国公司法改革报告检讨公司利润与资产分配问题中的一个经典的案例。本案之所以成为英国公司法学里的争论焦点，原因在于本案面临这样一个问题：公司集团内部的低价资产买卖，究竟是否构成分配？这一问题背后更为实质的追问是：公司法应如何界定分配的内涵？

法院认为，该交易的实质是为了股东利益而从公司中抽逃有价资产，而该公司原本不

① 参见傅穹：《公司利润分配规则的比较分析》，载《法学论坛》，2004 (5)。

能合法地分配资产。这一交易实际则是为了规避公司法中的分配要求，从某种意义上讲，是旨在规避公司减资的条件限制。法院判决该交易行为无效。

本判决对于完善英国公司法中的分配规则具有里程碑式的意义。本判决的表面价值在于化解了这样一个司法难题：公司集团内部的资产买卖亦可构成公司法中的分配。本判决内在的立法与学理价值在于澄清了这样一个问题：在公司没有利润之际，将公司资产低价卖给同一股东控制的另一家子公司，其实质是公司资本的返还，该项交易应该被视为分配。本判决的贡献在于提出了这样一个学理论断：当公司并非基于其章程真实地行使出卖资产的权利，而试图进行不法的资本返还之际，该交易行为将被视为违法分配，其效力不因股东事先授权或事后追认而被认定有效。

在本判决的推动下，英国公司法学理重新思考了公司分配的界定问题，以便确保类似 Aveling Barford 个案中的交易行为，能够被纳入分配的定性之中。英国公司法学者们建议将“分配”的界定范围扩张化：公司分配行为基于公司将资产分配给成员，或以成员的指令或实质上以成员的指令分配给第三方的交易之上。

实验设计：风险资本退出时机的选择

结合一家风险企业的具体情况，进行风险资本退出时机的选择。

1. 根据市场选择风险投资项目的退出时机

从市场角度看，风险投资项目的退出时机主要受两方面因素的影响：首先是技术替代度，对于风险企业而言，企业拥有的核心技术和独特的管理模式是风险企业的核心竞争力所在，随着风险企业在市场上露面的机会越来越多，企业核心技术外泄的可能性越来越大，当市场上出现替代技术甚至新一代技术的时候，风险企业赖以生存的技术基础就不存在了，这个时候风险企业的寿命可能提前结束，风险资本被迫退出。一个著名的例子是日本曾经有一个企业致力于开发大规模的模拟电视技术，获得了风险投资项目的支持，耗资巨大，但是在这个企业还没有上市的时候，美国的数字技术有了突破，数字化电视技术作为新生事物提前宣告了模拟电视技术的终结，此时风险资本必须退出。其次是市场扩张度，随着市场竞争的发展，市场上可能出现众多的替代品，风险企业的市场扩张势头明显放缓，企业的市场扩张率明显下降，现金流显著增加，出现了成熟企业的特征，风险资本到了该退出的时候。

2. 根据企业生命周期选择风险投资项目的退出时机

风险企业具有独特的生命周期，一般而言，风险企业的生命周期为 3～7 年，中间要经历的周期包括种子期、导入期、成长期、扩张期和成熟期。有关调查研究的问卷结果显示，风险投资项目专家根据风险投资项目的实际情况和发展趋势，选择风险资本退出的合适时机。

后高速增长期前后是退出的最佳时机，因为在此之前，企业还需要注入资本，特别是由于其现金流量为负，而投资者不愿意投资前景不稳定的企业，因而此时选择退出非常困难；而后由于企业的成长较为稳定，获取超额利润的机会已不大，创业资本滞留就没有意义。可以将成长后期或扩张初期的风险投资项目出让给那些抵抗风险能力较低的普通投资者，每年稳定的收益正好符合了这一类投资者的需要。对其他投资者来说，这一批风险投资项目的退出可能是最好的买入时机，而风险投资项目退出的最晚时机应是企业成熟期的初期。当创业企业走向成熟时，风险大为减少，这时创业企业家就希望由自己控制企业，而不是听命于创业投资家，创业投资家也愿意见好就收。就创业投资的特点而言，一般在扩张期的末期就应该考虑退出问题。此时的企业留有一定的想象空间，其退出的价格可能比成熟期还要高。同时，还要根据风险投资项目的发展阶段，选择合适的交易对象，谈判才容易获得成功。

3. 根据财务指标选择风险投资项目的退出时机

从财务指标上看，当风险企业的现金流量实现平衡的时候，标志着企业基本拥有了“造血”能力，但是此时企业的财务报表可能还是亏损的，对于着眼于成功退出的风险投资家而言，一个不够漂亮的财务报告不会很好地体现企业的价值，此时企业应该处于扩张期的末期，不应退出，当风险投资项目进入成熟期后，市场范围已经很大，继续扩张难度加大，此时由于沉没成本的作用，企业的会计利润会有很大程度的提升，发展到一定程度，会实现盈亏平衡。当风险企业完全变成一个具有丰富市场竞争经验、技术成熟和管理团队高效的成熟企业的时候，风险投资项目的使命胜利完成，可以考虑采用适当的方式退出了。

讨论题

1. 如果你是创业投资企业的经理，你会在企业生命周期的哪个阶段选择退出？
2. 投资金退出企业时，你认为哪种壁垒的影响是最大的？
3. 退出的四种方式各有利弊，但公开上市普遍被认为是最好的退出方式，你认为公开上市有什么风险和弊端？

参考文献和网站

[1] R. R. Arrow. 风险投资. 北京：企业管理出版社，1999

[2] 鲍勃·齐德. 风险投资业. 北京：中国人民大学出版社

[3] 杰弗里·蒂蒙斯，小斯蒂芬·斯皮内利. 创业学（第 6 版）. 北京：人民邮电出版社，2005

[4] 王勇. 风险投资新论. 北京：中国财政经济出版社，2000

[5] 彭龙. 投资的革命. 北京：石油工业出版社，2000

[6] 黄汉权. 风险投资与创业. 北京：中国人民大学出版社，2001

[7] 陈尔瑞等. 风险投资概论. 北京：中国时政经济出版社，2001

[8] 范柏乃. 现代风险投资——运行与管理. 上海：同济大学出版社，2002

[9] 刘建钧. 创业投资原理与方略. 北京：中国经济出版社，2003

[10] 杨华初. 创业投资理论与应用. 北京：科学出版社，2003

[11] 陈德棉，蔡莉. 风险投资——运行机制与管理. 北京：经济科学出版社，2003

[12] 蒲祖河. 风险投资学. 杭州：浙江大学出版社，2004

[13] 谢科范，杨青. 风险投资管理. 北京：中央编译出版社，2004

[14] 王景涛. 新编风险投资学. 大连：东北财经大学出版社，2005

[15] 潘焕学，钱军，秦涛. 风险投资运行机理与操作实务. 北京：经济科学出版社，2006

[16] 中国科学技术促进发展研究中心. 中国创业风险投资发展报告 2006. 北京：经济管理出版社，2006

[17] 朱少平.《中华人民共和国合伙企业法》释义及实用指南. 北京：民主法制出版社，2006

[18] 张涛．创业教育．北京：机械工业出版社，2007

[19] 教育部办公厅．普通本科生学校创业教育教学基本要求（试行）

[20] 劳剑东，郑晓彬．创业投资的治理结构与运行机制综述．外国经济与管理，2001（4）

[21] 鲍道民．建立信贷资金早期退出机制的建议．中国农业银行陕西省分行营业部工作论坛，2003（2）

[22] 谈毅，冯宗宪，邵丰．风险资本退出时机选择与企业股权价值的评估．中国软科学，2002（5）

[23] 程静．风险投资项目退出的时机与方式选择研究．科学管理研究，2004（1）

[24] 张军，徐小钦．我国风险投资退出渠道的路径选择研究．科学经济社会，2004（3）

[25] 胡洋，杨京楼．从合伙企业法的修改谈有限合伙制度．经济论坛，2006（14）

[26] 许浩．民间资本投资有了新动力．中国经济周刊，2006－05－22

[27] 曹冬岩．合伙企业法修改的两大亮点．法人杂志，2006（7）

[28] 汪延．商业计划书暗藏四大陷阱．中小企业科技，2006（7）

[29] 王瑞兰．浅论我国风险投资退出方式的选择．商场现代化，2007（11）

[30] 黄立昕，张于喆．我国创业投资的组织形式分析．安徽农业科学，2007（4）

[31] 张凯．创业风险投资对高新技术企业技术创新的影响研究．中国科技论坛，2001（12）

[32] 林鑫太．风险投资对创业企业的作用．现代经济信息，2010（18）

[33] www.idgvc.net

[34] http://tech.163.com/

[35] http://tech.sina.com.cn/VC/index.html

[36] http://www.cnfinance.org/

[37] http://www.hkgem.com/root/tc_default.asp

[38] http://ks.cn.yahoo.com/question/?qid=1406110400716l9；http://www.hexun.com/

[39] http://tech.sina.com.cn/VC/index.html

[40] Kamm Judith B，Nurick Aaron J，"The Stages of Team Venture Formation：A Decision Making Model"，*Entrepreneurship Theory and Practices*，Winter 1993

[41] Gaylen N. Chandler，Steven H. Hanks，"An Investigation of New Venture Teams in Emerging Business"，1998

[42] Michael D. Ensley，Allen C. Amason，"Entrepreneurial Team Heterogeneity and the Moderating Effects of Environment Volatility and Team Tenure on New Venture Performance"，1999

[43] Mitsuko Hirata，"Start-up Teams and Organizational Growth in Japanese Venture Firms"，2000

[44] Simon N. Stockley，Sue Birley，"Strategic Process Adaptation in Entrepreneurial Teams：A Real Time Micro-Theoretical Perspective"，2000

[45] Deborah H. Frances，William R. Sandberg，"Friendship within Entrepreneurial Teams and Its Association with Teams and Venture Performance"，*Entrepreneurship Theory and Practices*，Winter 2000